プレイセラピー
関係性の営み

Play Therapy
The Art of the Relationship

原著第4版

ゲリー・L・ランドレス 著
山中康裕 監訳
訳者代表 江城 望

日本評論社

神が与えてくれた最も重要な仕事は、親になる機会です。
この本を、そのプロセスを分かち合ってくれた妻モニカに、
そして父親であるという喜びを与えてくれた
キンバリー、カーラ、クレイグに捧げます。
親であること、そしてカラ、クリステン、トラヴィス、
ジュリア、アリ、ジョリーの祖父母になる機会を与えられたことは、
本を書くことよりもずっと大切なことです。

PLAY THERAPY: The Art of the Relationship, Fourth Edition
By Garry L. Landreth
Copyright © 2024 by Garry L. Landreth
All Rights Reserved.
Authorised translation from the English language edition published by Routledge,
a member of the Taylor & Francis Group
Japanese translation rights arranged with Taylor & Francis Group LLC,
New York, NY
through Tuttle-Mori Agency, Inc., Tokyo

日本の読者に向けて

　プレイセラピーについて、そしてこの『プレイセラピー：関係性の営み』第2版の最も重要なテーマについて説明させていただきます。

　たいていの大人たちは、自分の感情や、欲求不満や、不安や、個人的な問題を、何らかの形で言語的に表現することができます。子どもにとっての遊びは、大人にとっての言葉のようなものです。遊びは、感情を表現したり、関係を切り開いていったり、自分自身を充実させるための媒体なのです。評価を下したりせず、受容的で思いやりのある関係をもつ機会が与えられれば、子どもは適切に選ばれたおもちゃを使いながら、遊びを通して自分の感情や自分にとって必要なことを表現します。その表現方法やプロセスは、大人と同様です。子どもにとって、表現の力動や、コミュニケーションの手段は違いますが、表現されること（恐れ、達成、怒り、幸せ、欲求不満）は、大人と同様なのです。この視点からみてみると、おもちゃは言葉のように使用されています。つまり、遊びは子どもの言語なのです。子どもたちは、言葉では言うことができないことも、おもちゃを使って表現することができます。だからこそ、子どもにプレイセラピーをするということは、大人たちにカウンセリングや心理療法をするようなものなのです。

　本書の最も重要なテーマ、すなわち焦点は、子どもの内なる人間性や、子どもとの治療的関係がいかに重要であるかということです。子どものもつ問題が、子どもの人間性よりも重要になるということは、決してありません。関係性こそが、子どもの変化を進めていくために必要な治療的な要因なのです。子ども中心アプローチによるプレイセラピーでは、プレイセラピストは、子どもの内的な人間性を深く、そしてはっきりと信頼しています。それゆえに、プレイセラピストの目的は、子どもの、内的にもっている志向性や、建設的な、前へと進んでいく、創造的な、自己治癒的な力が解き放たれるような方法で、子どもと関わることです。プレイルームの中で、この哲学的信念が生かされているとき、子どもたちは力を獲得し、発達する能力は自己探求や自己発見に向けて解き放たれ、その結果として建設的な変化が生じるのです。子ども中心セラピストは、内的な情緒の成長と、子どもの自分自身への信頼を促進するような、そういう関係が展開していくことに関心を払っています。

　みなさんは本書の中で、子ども中心プレイセラピーは子どものために何かする方法というよりも、むしろ一つの態度であり、一つの哲学であり、子どもと共にいるための一つの方法であるということを発見するでしょう。

ゲリー・L・ランドレス

Garry L. Landreth

［著者のこのメッセージは、旧版（原著第2版）用であるが、趣旨は改訂版でも変わらないので再録した］

原著第 4 版　序

　この第 4 版の執筆プロセスは、5 年前に、子ども中心プレイセラピー（Child Centered Play Therapy：CCPT）について新しい考えが浮かぶたびにメモをするところから始まりました。新しい考えの多くは、プレゼンテーションの準備中や、パワーポイントの作成時、ワークショップでプレイセラピストとやりとりしているとき、プレイセラピーコースの大学院生に向けて Zoom でゲストスピーカーをしているときなどに浮かんできました。また、新しい考えの中には、運転中に浮かんでくるものもあれば、関係のないできごとに刺激されて出てくるものもありました。これらが集まって、紙に書き留めたアイデアや紙の上で深く検討された考えでいっぱいの箱ができあがりました。そして 1 年前に私は第 4 版の執筆を決意し、それからほとんどの日を、新しい考えを発展させることに捧げました。本を書くことはいつも、私にとってほとんど休みのない消耗するプロセスです。これらの新しい考えを既存の第 3 版に統合していくのは、巨大なパズルに取り組んでいるようなもので、イライラさせられ、時間のかかるプロセスでした。この 1 年間は、寝ている間にも新しい考えがいくつか浮かびました。夜中に目が覚めると、その日の早い時間には満足のいく表現ができなかったことを解決する方法がわかったことに気がつきました。私は起きて、しばらく執筆した後、満足してベッドに戻りました。**この第 4 版を執筆するうえで抱き続けた動機は、教授したいポイントを読者に生きた形で伝えることでした。**

　私が執筆するうえでいつも苦労しているのは、応答のない数ページの紙の上に書かれたいくつかの言葉という不十分な手段では、子どものダイナミックな世界について私が知っていること、信じていること、そして経験したことをきっと伝えられないということです。感情や経験は書かれた言葉では十分に伝えることができませんが、大人と子どもの関わり方に影響を与えるための私の取り組みにおいて、私が使用できるのはこの構造のみです。私が子どもについて信じていること、そして心の中で真実だと経験したことを伝えようとするのは大変な仕事です。私は読者と触れ合うことができるでしょうか？　理解してもらえるでしょうか？　子どもに対する私の熱意を感じてもらえるでしょうか？　読者は子どもを少しでも違った目で見るようになるでしょうか？　子どもの世界のダイナミクスと特徴はよりよく理解されるでしょうか？　私が書いたものは読者の子どもへのアプローチと関わり方に違いをもたらすでしょうか？　このとき、私は明らかにこの執筆プロセスに多少の不安を抱えながら踏み出したのです。

　CCPT は、子どもとのカウンセリングにおけるダイナミックなアプローチであると私は経験してきました。そのアプローチによって、私はありのままの自分を表現し、子どもから伝えられる繊細で微妙なメッセージを受け取るために、自分自身を開くプロセスを踏むにつれて、子どもの世界を完全に体験できるようになりました。子どもの伝えるメッセージは子どもの

パーソナリティのユニークさをよく表していました。私の知るところでは、子どもが経験する問題は、子どもという人間から切り離されて存在するものではありません。したがって、CCPTは、子どものダイナミックな内部構造に、同じようにダイナミックなアプローチを組み合わせていきます。

　大人が意欲的で、忍耐強く、学ぶ姿勢をもっていれば、子どもは大人に自分について教えることができます。子どもは生身の人間であり、周囲の大人の単なる付属物ではありません。子どもは親の反応とは独立した感情や反応をもちます。「神経質な母親に神経質な子ども」という仮定は当てはまりません。家が爆破されても母親が平静を保っていれば、子どもは影響を受けないかというと、そうではないでしょう。子どもたちは独立した人間であり、彼らの人生において重要な大人とは独立した感情や反応を経験します。

　この本は、子どもたちが私に教えてくれた彼ら自身と彼らの世界に関する重要な学びについて書かれています。子どもたちは、私がこの本で説明できた以上のことを成し遂げることができます。同様に、プレイセラピーと呼ばれる関係や経験は、この本に描かれているよりもはるかに複雑です。自分らしくいることが許されている子どもと関わるプロセスは言葉では表現できず、その関係を一緒に体験する、実際の瞬間にしか知ることができません。私の目的は子どもが存在し、経験し、探求し、評価している世界を理解し、驚き、興奮、喜び、悲しみ、そして色鮮やかな人生の世界を創造していくための扉を開くことです。

　この第4版で記されているのは、次のことです。

新しい章
- 文化に対して感性をもつこと
- スーパーヴィジョンとプレイセラピーのトレーニング
- 意味がないように見えるときに意味を発見する
- 短期集中的プレイセラピーの章は、過去10年間の研究に基づき書き直しました
- CCPTに関する研究のエヴィデンスの章は、CCPTがエヴィデンスベースドの実践として認定されることにつながった厳格な研究の方法論を採用した現代のCCPT研究に焦点を当て書き直しました

新しいトピック
- 治療的変化における遊びの役割の概念モデル
- CCPTのより深い問題
- プレイセラピーにおける沈黙には意味がある
- プレイセラピーにおける感情的なブロック
- プレイセラピーでは、無意味なできごとは起こらない
- 子どもと"共にいる"ことは息をすることと同じである
- 歴史は運命ではない
- 研究によって明らかになった、関係性をポジティブな方向に動かす乳児の生来の能力

- 性的虐待を受けた少女キャシーの事例
- 自分が知らないとわかっていなかった知らないことを発見する

新しいプレイセラピーの記録
- プレイセラピーで沈黙している子ども
- プレイセラピーにおける ACT を用いた制限設定
- プレイセラピーにおける感情的なブロック
- 頼りがちなダレルのケース：責任を戻すこと
- 最もドラマチックな私のプレイセラピーのケース

新しい経験則
- 13 の新しい経験則を追加し、合計 31 の経験則が CCPT における関係性を明瞭に説明しています

　第 4 版の変更点と追加点によって、CCPT が以前よりも明確に提示されているといえます。

　第 4 版には、1995 年以降の短期集中型 CCPT と、子どもと親の関係性セラピー[訳注1] (Child Parent Relationship Therapy: CPRT) に関する研究も含まれています。プレイセラピーのセッション間の時間を短縮することの有効性に関する研究によって、セッション間の時間を短くして、セッション数を減らす時間制限モデルの使用が強く支持されています。

　この第 4 版では、プレイセラピーのプロセスと子どもとの関係のダイナミクスを学ぶうえで大学院生が重要だと指摘したトピックと問題の探求も継続しました。本書に含まれる重要なトピックは次の通りです。

- CCPT の原理とプレイセラピーの治療プロセスに関する独自の考え、鍵概念、目的
- プレイセラピーのプロセスで子どもたちが学ぶこと
- プレイセラピストという人間像、必要とされる人格特徴、治療経験におけるプレイセラピストの役割
- 子ども自身が責任をもてるようにするための具体的なガイドラインに沿った、促進的な応答の特徴
- プレイルームの運営と、推奨されるおもちゃや道具に関する詳細なガイドライン
- 親との関わりやプレイセラピーの説明方法に関する具体的な提案
- 乗り気でない・不安な子どもと交流し、プレイルームでの治療体験を作っていくこと
- 制限設定のタイミング、治療的な制限設定の手順、制限を超えた場合にどうするか
- プレイルームで起こりがちな問題と、応答方法の提案
- 子どもたちがプレイセラピー体験をどのように捉えているか
- 子どもの遊びに参加するか、贈り物を受け取るか、誰が片づけをするか、などのプレイセラピーで問題となること

- 短期集中的プレイセラピー
- プレイセラピーにおける治療の進展の判断と、終結手順に関するガイドライン
- プレイセラピーにおけるテーマの読み方

　この本の一部は、私自身、私の経験、私の応答、私の気持ちについて書かれています。そのため、私は人称代名詞の「私」を用いてパーソナルな応答を伝えようとしました。「著者」という慣用的な表現では、私が伝えたかったパーソナルな側面を伝えることができなかったのです。

[訳注]

1) CPRTについてはランドレスらによる著書（Landreth & Bratton, 2006）があり、小川による邦訳（2015）も刊行されている。本書ではそれらに倣い、CPRTを「子どもと親の関係性セラピー」と訳出している。

原著第4版　謝辞

　本書の第4版を執筆し完成させることができたのは、妻モニカの愛情あふれるサポートと励ましのおかげです。モニカはテクノロジー全般で大きな役割を担ってくれました。コンピューターの問題は隠れて私を待ち構えており、突然、テクノロジーの問題がうなり声をあげ、私と本を一気に飲み込んでしまいそうになります！　モニカは私と本を何度も崩壊から救ってくれました。また、モニカはこの第4版に収録するプレイセラピーのビデオの書き起こしも手伝ってくれました。クリエイティブな提案や、校正の手伝いをしてくれた娘のキンバリー・テイタムのサポート、励まし、助けにも感謝しています。

　スー・ブラットン博士は、第6章「文化に対して感性をもつこと」の論点の校正と方向性の決定に、かけがえのない時間を惜しみなく割いてくれました。彼女のサポートに感謝しています。スー・ブラットン博士とアリッサ・スワン博士に心からの感謝を捧げます。お二人は、子ども中心プレイセラピー（CCPT）の研究のエヴィデンスに関する章を完全に書き直し、CCPTがエヴィデンスベースドの実践として認定されるのにつながった厳格な研究の方法論を採用した現代のCCPT研究に焦点を当て、この第4版を完成させる手助けをしてくれました。お二人は寛大で思いやりのある友人です。ノーステキサス大学プレイセラピーセンターの博士課程の学生であるレジーン・チャンにはとりわけ感謝しています。彼女は短期集中的プレイセラピーという特殊な分野を見つけて、まとめるという研究や、その他にもたくさんの点で私を助けてくれました。第4版の表紙をデザインしてくれた、ノーステキサス大学プレイセラピーセンターの博士課程学生、アンバー・リー・マルティネスの才能あるスキルに感謝します。グラフィックを担当してくれたクリステン・テイタムにも感謝します。

　大学院生やワークショップの参加者が、CCPTのプロセスにおいて、心を解放し成長を促す側面を発見したときの興奮は私に刺激ややりがいをもたらし、この第4版の執筆プロセスを始める重要な理由となりました。本書の初版から第3版まで多くの人に役立ったと感じていただいたことに、心から感謝しています。CCPTの有効性に関する研究に継続的に取り組んでくれた博士課程の学生たちには、とても感謝しています。世界に向けた翻訳版を読んだ人々からの声を聞くことは、とくに報われる思いになりました。

　この本に掲載されている写真はボランティアの方のもので、クライエントではありません。子どもたちとその両親の協力にとりわけ感謝しています。私の論文の一部、または全文を転載することを許可してくださったジャーナルの編集者にも感謝の意を表します。以下の論文は初出時、次のタイトルで掲載されました。「死にゆく子どもから生きることを学ぶ」（1988, *Journal of Counseling and Development*, 67, 100. American Association for Counseling and Development の許可を得て転載）、「プレイルームをもつカウンセラーと呼ばれるこの人物は誰なのか？」（1982, *The School Counselor*, 29, 359-361. American Association for Counseling and

Development の許可を得て転載）、「子どもの人生におけるプレイセラピストのユニークさ」（1982, *Texas Personnel and Guidance Association Journal*, 10, 77-81.）、「プレイセラピー——小学校カウンセリングにおける子どもの遊びの促進的利用」（1987, *Elementary School Guidance and Counseling Journal*, 21, 253-261. American Association for Counseling and Development の許可を得て転載）。

原著第4版への監訳者序文

山中康裕 （京都大学名誉教授・京都ヘルメス研究所長・日本学術会議第19期会員）

　本書は、2007年6月に、原著第2版を本邦初訳として出版した、ゲリー・ランドレス（Garry L. Landreth）による *Play Therapy: The Art of the Relationship* の Fourth Edition（第4版）の全訳である。旧版において、筆者は、解説として、次のようなことを書いた。

　ゲリー・ランドレス教授は、1967年以来、ノーステキサス大学で、全米の子どもたちのプレイセラピー、つまり、遊戯療法、に関わって、精力的に子どもたちの、真の自由と解放のために、渾身の力を発揮した人である。特に、誰に師事し、誰のもとで学んだかなどということは一切書かれていないが、本文を読む限り、第一の道：精神分析学派にも、第二の道：認知行動療法学派にも、はたまた、第三の道：人間性心理学派の、どの学派にも偏らず、終始一貫して、ひたすら子どもたちのために献身してきた人といっていい。かの有名な、アクスライン賞が与えられていることだけでも、彼が、いかに優れた子どもの治療者であるかが知られるだろう。

　ランドレスは、1967年以来の臨床家、というが、奇しくも、筆者自身の臨床経験とまったく重なる。つまり、彼と筆者とは、まったく同世代のセラピストなのである。筆者は、名古屋で精神科医として出発し、『分裂病の精神病理』中の「自閉症の治療論」（東京大学出版会、1977～）シリーズの3本の論文と、『少年期の心』（中公新書、1978）と、『思春期の精神病理と治療』（中井久夫氏との共編、岩崎学術出版社、1978）の三つの業績で、心理臨床学の旗頭、河合隼雄教授に見出されて、そののち、京都大学臨床心理学教室の主宰となり、日本遊戯療法学会の初代会長として、これまでわが国の遊戯療法を、ひたすら主導してきた。つまり、日米において、この領域の最先端にあって、両国の子どもたちの自由と解放のために尽くしてきた自負がある。残念ながら、彼と直にまみえたことはないのだが、彼の大学の隣の州のニューメキシコ州のアルバカーキには、国際学会で出かけたことがあり、こんなことなら、あの時、ちょっと時間を作って会っておけばよかったな、と思っているのだが、それも我々二人のそれぞれの運命なので致し方ない、わけだ。

　一応、本書の訳者たちと訳文について一言断っておこう。彼らは、筆者の京大時代の、Pädie（ギリシャ語の「子ども」をドイツ語風に名づけた、子どものセラピーのための、筆者の作った）研究会の教え子たちで、旧版の時と、少しメンバーが変わっている。訳自体は、とても信頼のおける良い訳文となっている。

　さて今回、第6章「文化に対して感性をもつこと（Being Culturally Responsive）」、第8章

「スーパーヴィジョンとプレイセラピーのトレーニング（Supervision and Play therapy Training）」、第13章「意味がないように見えるときに意味を発見する（Discovering Meaning When There Seems to Be No Meaning）」がこれまでのものに追加され、さらに第19章「子ども中心プレイセラピーに関する研究のエヴィデンス（Research Evidence for CCPT）」が書き改められているが、筆者に言わせれば、「それまで、シュンとしてまったく元気もなく、何事もできないような顔をしていた子どもたちが、（プレイセラピーの後）目をキラキラ輝かせて、雄々しくも新しい世界に立ち向かっていく」姿にまみえることが現成するだけで、立派なエヴィデンスであることを、アメリカの治療者たちは、どうして気づかないのか。筆者には信じられないことであるが、とにかく、今という、とんでもない「変な」時代（世界では、ロシアのプーチンや、イスラエルのネタニヤフ、アメリカのトランプ等という、とんでもないことばかりする首魁があらわれ、日本でも、従来かつてないようなトンデモナイ詐欺事件や殺人事件が頻発する時代……）に、こうした、本来なら、意味もない些末なことに拘泥して、本来必須な、子どもたちの真の自由を守る、という、最も大事なことを忘れている時代に、著者ランドレスの、渾身孤軍奮闘する必死の努力にも、頭が下がる。

　以前にも、少し触れたが、本書は、いくつかの章の頭に掲げられたエピグラフを読むだけでも、この著者の、治療センスの一端が、垣間見えて面白い。取り出してみると、第2章「鳥は飛び、魚は泳ぎ、子どもは遊ぶ。——ゲリー・ランドレス」。第11章「世界にこんな場所があるなんて思ってもみなかった。——プレイセラピーを体験している子ども」。

　ほかならぬ子ども自身が主人公の発言者として選ばれていることも、微笑ましいが、ここにいう、「鳥は飛び、魚は泳ぎ、子どもは遊ぶ」とは、言ってみれば、特殊なことでも何でもなく、「ごく、フツーの、何でもないこと」こそが、日常、実現していないことの方が、実は、大問題であることを、読み取ってほしい。子どもは「真に、何も気にせずに、遊ぶことができたら、自分で治っていく」ものなのだ。

刊行に寄せて

小川裕美子 (マリスト大学)

　この本の「刊行に寄せて」を依頼されてから、何をどのように書こうか、とまどった。アメリカで「プレイセラピーの聖書」とまでいわれているこの本の日本語翻訳版に、浅学の身の私が「刊行に寄せて」を書くのはあまりに重荷である。自信を失いかけていたときにランドレス博士が学生に口癖のように語る次の言葉が私の頭をよぎった。"You can't accept a child if you can't accept yourself." 先生のこの言葉に励まされて「刊行に寄せて」をお引き受けすることにした。何か立派なものを書こうと背伸びをするよりは、この本の日本語版が出ることにワクワクしている今の自分の気持ちを表現しようと思う。

　日本で心理学修士の学位を取得してから、都内の教育相談所で働き出し、セラピストとしてたくさんの子どもたちと出会うようになった。教育相談所にはいくつかのプレイルームがあり、その部屋では子どもたちはまるで水を得た魚のように、遊び出し、遊びのもつ象徴性を通していろいろなことを表現してくる。大学の授業や研修先での経験をもとに、プレイセラピーの知識を絞り出して、子どもたちとの時間を過ごしていたが、どうも見過ごしていることがたくさんあると思うようになった。子どもたちがいろいろと表現しているのに、自分はその想いを聴けていない。そんなわだかまりが積もっていたときにこの本に出会った。すでにこの本は多くの言語に翻訳されていたが、日本語版は当時まだ存在せず、「こんなにすばらしい本なのに、どうして日本語に訳されていないのだろう」と不思議に思った。この本が、かつて京都大学の Pädie 研究会に所属していたみなさんによって翻訳されたことは、日本でもプレイセラピーへの関心が高まり、遊びのもつ治療的機能への関心が深まってきた証左であったと思う。そしてこのたび第 4 版の翻訳が出版されるのは、プレイセラピーへの関心が時代を超えたものであることの証である。

　私が都内の教育相談所に勤めていたときは、新人セラピストは「子担」、経験者が「親担」というのが普通だった。今でもその傾向にあると聞いている。言葉の代わりに遊びがコミュニケーションの媒体となっているがため、プレイセラピーは心理療法の中でもどうも「新人向け」という位置づけになり、その奥深さが十分に理解されない傾向がある。しかしながら、アクスラインの 8 原則が示すように、すべての心理療法に共通する治療要因に必要不可欠なエッセンスがプレイセラピーには備わっている。それゆえ、プレイセラピーの経験が大人のカウンセリングを効果的に行うことにも役に立つということは研究結果からも実証されている。プレイセラピーと何十年も取り組んできたランドレス博士でさえ "I never had a perfect session." と言う。「プレイセラピーは初心者向け」と思われている人にはプレイセラピーの奥深さを理

解していただくために、またプレイセラピーの謎めいた複雑さに圧倒されているセラピストの方々には、子どもとの真の関係をどのように築き、営んでいくか、そしてプレイセラピーのプロセスにいかに付き合っていくかを理解するために、この本の果たす役割は大きい。

クライエントと共に歩む旅が回ごとに違った航路をたどることはむしろセラピーの醍醐味である。しかし、その予測不可能性はセラピストに不安を誘発するものでもある。カウンセリング理論は自分がクライエントと共にどこにいるのか、またこのクライエントとの旅がどこに向かっているかを示す方位磁石の役割を果たす。しかしながら、プレイセラピーの指導、訓練においては、技術、対応法、診断に重点が置かれ、基盤となる理論の重要性がおろそかにされがちである。この本はロジャーズのパーソンセンタード療法から発展し、アクスラインによって築かれた子ども中心プレイセラピーに焦点を絞り、その理論と実践を巧みに説明している。パーソンセンタード療法、そして子ども中心プレイセラピーは、セラピストが使うテクニック（技術）よりもセラピスト自身の人間性を強調しているために、一見極めて単純であるかのように見えるが、実は奥深いものがある。セラピストが自分自身の中に潜在するさまざまな欲求を認識していなければ、その欲求に対する自己統制力も駆使できず、クライエントとのセッションを自分の欲求を満足させる利己的目的に知らずと活用してしまうこともある。プレイセラピーは子どもたちのことを理解していく過程であると同時に、自分自身についても学んでいく過程である。子ども中心プレイセラピーについての造詣とともに、自己理解を深めることを意図しているのはこの本の大きな特徴である。

『プレイセラピー：関係性の営み』の初版（原著）は1991年に刊行され、今回の第4版が出版されるまでの約33年間で、プレイセラピー、とくに子ども中心プレイセラピーにおいては飛躍的な発展がみられた。2012年の第3版以降、2023年の第4版に至る11年間には、パンデミック、各国での自然災害、紛争・戦争、さらにはアメリカでのブラック・ライブズ・マター運動の勃興など、社会的・文化的な変化が相次ぎ、これらの出来事は、子どもたちやその家族に深い影響を及ぼした。この11年間は、これらの時代的な変化がもたらした特有の苦しみに応えるべく、プレイセラピーの進化と適応が求められた時期でもある。この時期、子どもたちが安心して自分を表現し、内面の治癒を促進する方法を提供するために、セラピーの理論と実践は新たな方向性を模索し続けた。第4版で新しく加わった章にはそのようなプレイセラピーの新たな動向が反映されている。

たとえば、第4版では文化に焦点を当てた新章（第6章）が加わった。「文化」という言葉は一般的に国籍や人種を想起させるが、ダイバーシティの観点からは、それ以外にも性別、性的指向、ジェンダー、宗教、障害の有無といった要素も含まれる。この多様性への理解と対応は、日本を含むさまざまな文化圏でも参考になると思われる。また、第8章ではプレイセラピストのスーパーヴィジョンとトレーニングが取り上げられている。プレイセラピストが成長するためには、「良い」スーパーヴィジョンを受けることが鍵となる。この「良い」スーパーヴィジョンとは、スーパーヴァイザーがスーパーヴァイジーに対し、自己探索を深める機会を

提供することであることが強調されている。さらに、第13章「意味がないように見えるときに意味を発見する」ではランドレス博士らしい洞察が光る。この章では、「沈黙」のような一見何も起きていない瞬間にも、実は子どもたちからの重要なメッセージが隠されている可能性について論じられている。意味がないように思われる状況も、セラピストが忍耐強く、好奇心を持ち続け、子どもと真に向き合うことで初めて、その背景に潜む子どもの思いが明らかになる。この章は「早い結果」や「解決」を求めがちなプレイセラピストへのランドレス博士からの警鐘のようにも思われる。

　そして第19章「子ども中心プレイセラピーに関する研究のエヴィデンス」は第3版の第17章「プレイセラピーに関する調査」がさらに深化した内容になっている。第3版から第4版が出版されるまでの11年間における子ども中心プレイセラピーの大きな成果の一つとして、いくつかの領域で子ども中心プレイセラピーがエヴィデンスベースドプラクティスとして認められたことが挙げられる。子どもへの心理療法としてプレイセラピーの効果を、研究に基づいて高める必要性が1990年代から強く提唱されてきていた。その結果、子ども中心プレイセラピーの研究も活発に行われるようになった。第3版では1995年から2010年にかけて行われた52の研究が紹介されたが、第4版では1995年から2022年にかけて実施された、ランダム化比較試験やメタアナリシスなど研究手法の優れた40の研究が取り上げられている。本書の英語の副題は"The Art of the Relationship"となっている。子どもとセラピストの関係性をもとに子どもが自己治癒力を発揮していくことを前提としている子ども中心プレイセラピーのアートの側面と、その効果を客観的に測定して科学的に裏づけをしていく側面の両者に第4版は焦点を当てている。

　この第4版に取り組んでいたランドレス博士に、学会で再会した際のことを覚えている。「第4版の進み具合はどうですか？」と尋ねると、彼はいつになく苦闘している様子を見せながらも、いつものあたたかな笑顔で「悪戦苦闘中だよ。伝えたいことがたくさんあるんだ……」と答えてくれた。その姿から、彼が全身全霊でこの大作に取り組んでいることが伝わってきた。ランドレス博士は、プレイセラピストやプレイセラピー教育者としての長いキャリアの中で、多くの道を切り開き、計り知れない叡智を蓄積してきた人物だ。そしてそのすべてを惜しみなくこの第4版に託し、それを人生の集大成としてできる限り多くの読者に届けたいという彼の強い思いが、この第4版には込められている。

　実際に第4版を手に取ったとき、不思議とその重さが単なるページ数の増加だけによるものではないように感じられた。それは、博士の生涯にわたる情熱と思い、そしてプレイセラピーや子どもたちへの深い愛情が、本書の隅々まで詰まっているからではないだろうか。

目次

日本の読者に向けて　　i
原著第4版　序　　iii
原著第4版　謝辞　　vii

原著第4版への監訳者序文　　山中康裕　　ix
刊行に寄せて　　小川裕美子　　xi

第 1 章　私、ゲリー・ランドレスについて　　1

第 2 章　遊びの意味　　5

遊びの機能　　5
子どもは遊びを通して伝える　　6
治療プロセスにおける遊び　　8
象徴的な遊び　　12
プレイセラピーのプロセスにおける段階　　15
適応的な子どもと適応的でない子どもの遊び　　17

第 3 章　プレイセラピーの歴史と発展　　21

精神分析的プレイセラピー　　22
解放療法　　24
関係療法　　25
非指示的／子ども中心プレイセラピー　　26
小学校でのプレイセラピー　　27
プレイセラピー協会　　28
プレイセラピーセンター　　28
大学での訓練　　29
フィリアルセラピー　　29
大人のプレイセラピー　　30

第 4 章　子どもたちとは ……………………………………………………………………… 35

　　子どもたちと関わるための信条　35
　　子どもたちには回復力がある　37
　　ポップコーンのような子どもたちもいれば
　　糖蜜のような子どもたちもいる　39

第 5 章　子ども中心プレイセラピー ………………………………………………………… 41

　　人格理論　42
　　パーソナリティと行動についての子ども中心の考え方　46
　　子ども中心プレイセラピーの鍵概念　47
　　適応と不適応　49
　　成長に向かうためのセラピーの条件　51
　　心理療法的な関わり　59
　　子ども中心プレイセラピーの目的　72
　　子どもたちがプレイセラピーにおいて学ぶこと　74

第 6 章　文化に対して感性をもつこと ……………………………………………………… 79

　　子ども中心プレイセラピーと文化への感性　80
　　"共にいること"というアプローチの文化に対する考え方　83
　　子どもと親の関係性セラピーと文化への感性　83
　　文化的に多様な人々に関する子ども中心プレイセラピーの研究　85

第 7 章　プレイセラピスト ……………………………………………………………………… 87

　　違いを生み出す　88
　　カレブ──私にとって最もドラマチックなプレイセラピーの経験　89
　　共にいること　90
　　パーソナリティの特徴　91
　　セラピストの自己理解　96
　　セラピストの自己受容　99
　　プレイセラピストであること　102
　　ライアン──プレイセラピーの中で死にゆく子ども　103

第 8 章 スーパーヴィジョンと プレイセラピーのトレーニング 109

スーパーヴィジョンを受けながらの実践は自己洞察を促す　109
推奨されるトレーニングプログラム　114

第 9 章 プレイセラピーのパートナーとしての親 117

背景についての情報　117
親にもセラピーが必要か　119
プレイセラピーのプロセスにおけるパートナーとしての親　121
親にプレイセラピーを説明すること　123
分離に向けて親が準備すること　126
親面接と会話の記録　127
プレイセラピーにおける倫理的問題と法的問題　134
精神科への紹介　136

第10章 プレイルームとプレイ道具 137

プレイルームの場所　137
プレイルームの大きさ　138
プレイルームの特色　139
プレイセラピーのためのその他の設定　141
おもちゃやプレイ道具の選定に関する理論的根拠　142
おもちゃの種類　145
トートバッグ・プレイルーム　150
プレイルームにお勧めのおもちゃと道具　151
特別に考慮されるべきこと　153
学校でのプレイセラピープログラムを説明するのにお勧めの呼び方　155

第11章 関係性の始まり ── 子どもの時間 157

子どもとの関係の原則　158
関わりの目標　159
子どもと触れ合うこと　160
待合室での最初の出会い　162

プレイルームにおいて、関わりを築いていくこと　165

子どもの目から見たプレイセラピーの関係　175

子どもたちの質問テクニック　178

マジックミラーと記録についての説明　184

セッション中に記録をとること　185

各セッションを終える準備　185

最初のプレイセラピーセッションに対するセラピストたちの応答　187

関わりの基本的な次元　188

第12章　促進的な応答の特徴 ……… 191

感受性豊かな理解──共にいること　191

思いやりのある受容　193

治療的な応答の特徴　194

頼りがちなダレルのケース　210

責任を戻す目的　213

促進的ではない応答の典型例　218

シンディ　操ろうとする子ども　224

第13章　意味がないように見えるときに意味を発見する ……… 233

プレイセラピーの沈黙には意味がある　233

プレイセラピーの中で沈黙に応答すること　234

プレイセラピーセッションの記録──沈黙の始まり　237

無意味に見えるできごとは、無意味ではない　243

プレイセラピーの中で感情的なブロックを発見すること　244

第14章　治療的な制限設定 ……… 247

制限設定の基本的なガイドライン　247

いつ、制限を提示するか　249

治療的な制限設定についての理論的根拠　250

治療的な制限設定の手続き　257

治療的な制限設定のプロセスにおけるそれぞれのステップ　259

制限が破られたときは　262

制限設定の際にためらいがちであること　267

状況に応じた制限　268
制限設定に対する駆け出しのプレイセラピストたちの反応　273

第15章　典型的な問題とその対応 …………………………………… 275

子どもが話さなかったら　275
子どもがおもちゃや食べ物をプレイルームに持ち込みたがったら　277
子どもがほめられようとし続けたら　278
子どもに変な話し方だと言われたら　280
子どもが愛情の表現を求めてきたら　281
子どもがハグしたりセラピストの膝の上に座ったりしたがったら　282
子どもがおもちゃを盗もうとしたら　284
子どもがプレイルームから出るのを拒んだら　285
もし、セラピストが思いがけず予約を守れなかったら　286

第16章　プレイセラピーの諸問題 …………………………………… 289

守　秘　289
子どもの遊びへの参加　291
プレイセラピーで子どもから贈り物を受け取ること　294
セッションの最後に子どもにご褒美を与えること、
もしくは終結のときに記念品を与えること　296
子どもに片づけるように求めること　297
子どもたちにプレイセラピーを受ける理由を伝えること　299
プレイルームに友だちを連れてくること　300
親やきょうだいをプレイルームに招き入れること　302

第17章　治療的なプロセスと終結の決定 …………………………… 305

セッション内での治療的な動きを見つけること　305
変化の次元　307
終結の意味　318
終結を決定する際の参考点　319
関係の終わりへの手続き　321
最終セッションに対する子どもたちの反応　323
早すぎる終結　324

第18章 短期集中的プレイセラピー ·· 327

集中的子ども中心プレイセラピー　327

集中的な子ども中心プレイセラピーについての研究　329

短期子ども中心プレイセラピー　332

短期子どもと親の関係性セラピー　334

まとめ　335

第19章 子ども中心プレイセラピーに関する研究の
エヴィデンス ·· 339

子ども中心プレイセラピーに関する研究の状況　340

子ども中心プレイセラピーに関するメタ分析および体系的なレビュー　340

子ども中心プレイセラピー独自の成果研究　352

文化に即した子ども中心プレイセラピー研究　356

子ども中心プレイセラピー研究の長所と限界　357

子ども中心プレイセラピー研究のリソース　359

結語　360

訳者あとがき　365

事項索引　367

人名索引　372

※本文中の ［　］ は訳注を示す。

第1章

私、ゲリー・ランドレス
について

　書き手を知ること、少なくとも書き手に関するなにがしかについて知ることは、書き手が伝えようとしていることをより明確に理解する助けになると、私はいつも感じています。ですから、私についてみなさんにお伝えしようと思います。私の言葉が十分にメッセージを伝達できないとしても、自己紹介がおそらく、私の書くことの意味をより理解する助けとなるでしょう。紙に印刷された言葉は、最善を尽くしても、重要な何かを伝えるには十分ではありません。——そして、子どもや子どもの世界について、話すよりも大事なものはありうるでしょうか？　子どもといるときに体験すること、子どもに対して感じること、子どもへの信頼や希望、プレイセラピーと呼ばれるプロセスが、子どもたちの生において重要な意義をもつということを、印刷された文字を通して伝達しようと考えると、私は不安や不十分さを本当に実感します。だからこそ私は、プレイセラピーという関係の中で子どもと共にいることになる機会をとてもありがたいと思うのでしょう。そこでは、コミュニケーションが言葉に限定されていないからです。

　私が子どもだったころ、私はやせっぽちで発育がよくなく、母親が教えていた田舎の小学校で8学年を一つの教室で過ごしました。この環境の中で、ありのままにものごとを見る純粋な観察眼や努力する性質、学びへの愛、社交的な活動やソフトボールなどの技能が必要な競技に選ばれなかった私のような子どもへの感受性を育みました。そういった経験のおかげで、私は目を向けられていない子どもたちに鋭く気がつくことができるのです。

　この文章を読んでいる多くの方と同じように、私は子どもと一緒にいて、いつでも心地よく感じるわけではありませんし、子どもの世界について経験的にも感情的にもわかっていなかったことを残念に思っています。いえ、本で、また、子どもの発達に関する大学の学部でのコースで学んで、知的にはわかっていました。ただ、私は子どもにまつわることだけを知っていたのです。子どもやその世界に触れるやり方で心から子どもについて知ることはなかったのです。子どもたちはそこにいました。私は彼らに注意を向けていましたが、彼らとのコミュニケーションを築き上げようという気にはなっていなかったのです。成熟した大人として評価さ

第1章　私、ゲリー・ランドレスについて　　1

れたいという私にとっての必要性から、私の内なる子どもは長らく背景に押し込められていました。私にとって大人になるということは、生に真剣になること、責任を負うことを意味していました。今となっては、その一部は不安を克服しようとする試みであったとわかっています。実際、学部時代から高校教師となった21歳ごろまでずっと、私は実年齢よりもはるかに若く見え、しばしば高校生に間違えられていたのですから。

　教員として4年間勤めた後、修士課程に進み、高校のスクールカウンセラーとしての2年間を経て、ニューメキシコ大学のマンザニタカウンセリングセンターの博士助手として、子どもの世界を初めて覗き見ることになりました。そこには、感受性豊かで洞察力のある教授でありプレイセラピストである私のスーパーバイザーがいて、自分でもわかっていなかった私の資質を見出してくれ、プレイセラピーの中で子どもに関わることを学んでみてはと勇気づけてくれました。彼の洞察が私の人生を変え、プレイセラピーのワクワクする多面的な次元へと導いてくれました。プレイセラピーを通して私は、子どもの世界を少しずつ発見し明らかにする体験をし始めたのです。

　誰かの人生において、生き方がまったく変わるような発見を本当に描写することなどできるでしょうか？　それがもし可能なら、その体験はかなり小さいか、重要でないか、またはその両方だということになるでしょう。ほとんどの言葉はちっぽけでつまらないものだからです。今このとき、私は子どもと出会う純真な喜びと、それが私の人生にどれだけの深みを与えてくれるかを伝えようとしていますが、私にはそれができないことを認めざるを得ません。子どもたちの驚き、生を経験する興奮、生に迫るときの鮮烈な新鮮さや驚くべき回復力を、どのようにしたら描き出すことができるでしょうか？　自分の心が音を立てて停止し、うまくいかないと私は感じるのです。私の心はもはや動いていません。すべての回路は開かれ、言葉を探しています。私は自分の感情をよく知っているのに、その体験を描き出す言葉がないのです。

　生は描写不可能です。それは体験され、味わわれるのみです。記述は常に評価できますが、生はそうできません。生はそこにあるのです。生は開かれていて、その瞬間に完全であり、それ以上でもそれ以下でもないのです。私たちは、ある人の生が小さすぎるとか大きすぎるとか判断し、評価する目で見ることはありません。そして、私の大事な発見の一つに、幼い子どもは他の幼い子どもについて価値判断することはめったにないということがあります。彼らは相互に交流し、十分に他の人を受け容れます。専門家としての歩みの初期に、無条件に子どもから受け容れられる体験をしたことは、重大な経験でした。彼らは、私にそれ以上であるとかそれ以下であることを求めませんでした。そのとき、私自身であることを子どもたちに受け容れられる体験をしたのでした。彼らは私を変えようとか違うようにしようとはしませんでした。彼らはありのままの私を好いてくれました。

　初期のプレイセラピーにおける子どもたちとのやりとりによって、子どもが体験する生が展開していくプロセスを深く認識し、ひるがえって私自身の人生のプロセスへの新しい理解も得ることとなりました。それは、人生の価値を変えたり打ち消したり克服したり証明したりすることではなく、神がそのように創造した個人として存在することの興奮を認め、生き抜くということでした——私は私なのです！　より十分に自分であるということは、より十分に人間で

あることを意味します。私には弱さと同じように強さがあるので、私は自分の弱さと同じように自分の強さを受け容れます。私の過ちが明らかにするのは、私には紛れもなく過ちがある——つまり人間であるという事実にすぎません。それは私にとって重要な発見でしたが、今振り返ると、それは発見というものではなく、そのときに起こったことが示されているということのように思えます。それは、人生同様、経験し、徐々に気づいていき、ゆっくりと理解が進む一つのプロセスだったのです。子どもたちに言いたいことは、Peccei（1979-1980）の『子どもの名にかけて』の中にまさに表現されています。

　　もしも子どもの生の驚異が私たちに十分にそのままに届くなら、そしてそれが私たちの師となってくれるなら、こんなふうに言いたい。ありがとう、人の子よ……人であることの喜びと興奮を私に思い出させてくれて。ありがとう、あなたと共に成長させてくれて。おかげで私は、素朴さ、強さ、完全さ、驚きや愛といった、忘れていたことについてもう一度学ぶことができるし、私自身の人生のかけがえのなさを尊重することを知ることができる。ありがとう、成長の痛みとこの世の苦しみにあなたが涙することから、学ぶことを許してくれて。ありがとう、他の人を愛し他の人と共にあることが、生の驚異を生きるときに花開く最も自然な恵みであると、私に見せてくれて（p.10）。

　プレイセラピーで子どもとの関係が展開するにつれて、思春期にある人や成人とのカウンセリングセッションについてもかなり驚くべき発見がありました。カウンセリングのプロセスがスピードアップしたように思えましたし、私はより効果的に働きかけられるようになりました。停滞していた成人のクライエントのほとんど進行しないプロセスが、治療的に展開し始めましたし、クライエントが自己を共有し探索する新たな深みに達することになりました。この展開を調べてみると、クライエントの中にずっと潜在するかすかな手がかりに敏感に気がつくようになり、それに反応するようになったことが理由だと説明できそうでした。クライエントの中にあるかすかな手がかりに対する感度がよくなったのは、子どものかすかなコミュニケーションの在り方に対して感度が増したからだと思われました。

　私は、1966 年にノーステキサス大学のカウンセラー教育部門に加わり、1967 年に初めてプレイセラピーコースで教えました。当時はテキサスを含めてアメリカのどこでも、プレイセラピーはまだそれほど知られていませんでしたが、そのようなささやかな始まりから、とてつもない成長を遂げました。それは何ともワクワクする冒険でした。私がノーステキサス大学に設立したプレイセラピーセンターは、今や世界で最も大規模なプレイセラピー訓練のプログラムです。

　プレイセラピーを教えることの真の楽しさの一つは、ロールプレイをすると、私の中の子どもの部分がしばしば顔を出せるということです。そしてそれが、ものごとを過剰に深刻に捉えやすい私の傾向についてバランスを取ってくれるのです。今では私という人間の中の子どもの部分を心から尊重することができます。それゆえ、子どもたちのそうした資質をより十分に認識し、敏感に気づくことができるのです。子どもといるときには、どうすべきかという知的な

第1章　私、ゲリー・ランドレスについて　　*3*

部分よりも、どのような人間であるかということのほうがずっと重要なのだと気がつきました。

　子どもたちと共に、その遊びの複雑な素朴さや内界にある感情のきらめく彩りの広がりを体験しながら、私はいまだ子どもたちについて、また私自身について学んでいます。

参考文献

Peccei, A.（1979-1980）. In the name of the children. *Forum*, 10, 17-18.

第2章

遊びの意味

鳥は飛び、魚は泳ぎ、子どもは遊ぶ。
——ゲリー・ランドレス

　子どもは、発達的な観点からアプローチされ、理解されなくてはなりません。子どもは大人のミニチュアではありません。子どもの世界は具体的な現実の一つであり、子どもの経験は遊びを通してわかることが多いのです。子どもが情緒的世界を表現し、探求するのを促そうとするとき、セラピストは自分の現実世界と言語表現から自由になって、子どもが心に描く表現豊かな世界へ入っていかなくてはなりません。言葉がコミュニケーションの自然な手段である大人とは違って、子どもにとってコミュニケーションの自然な手段は、遊びや活動なのです。

遊びの機能

　子どもが自然に発達し、全体的な存在であるために、遊びは欠かせない重要なものです。遊びは誰もがもつ、奪うことのできない子ども時代の権利であると国連宣言は強調しています。遊びは子ども時代の特別で主要な活動であり、どんなときにも、どんなところでも生じます。子どもは遊び方を教えてもらう必要はありませんし、遊びを強要されるべきでもありません。遊びは自然に生まれ、たいていは楽しく、自発的なもので、目標を目指すわけではありません。子どもの遊びについて理解を深めるため、遊びを子どもの仕事と意味づけて考えた大人もいます。成功させよう、成長の過程を急かそうとすると、多くの大人は「子どもが遊びによって時間を無駄にすること」を許容できません。

　遊びが子どもの仕事として述べられてきたことは残念です。このことは、何とかして遊びを理に適ったものと考えようとする苦心に見えますが、大人が自分たちの世界で重要と考えることとどうにか合致する場合のみ、遊びは大切になりうると言っているようなものです。子ども

第2章　遊びの意味　**5**

時代には固有の価値があり、それが成人期の単なる準備ではないのとまったく同じように、遊びには固有の価値があり、その先のことに重要性が左右されるものではありません。仕事では目標が定められ、そのときの状況の要請に応じて、課題を遂行したり完成させたりすることを目指します。対照的に、遊びはそれ自体で完結しています。遊びでは外的な報酬にかかわらず、子どもがスプーンを車として使うように、子どもが心に描くものに合わせて世界を取り入れます。

Frank（1982）は、遊びとは誰も教えられないことを子どもが学ぶ道であると言っています。それは、場所や時間、ものごと、動物、建物、人といった実際の世界を探求し、そこに順応していく方法です。子どもは遊びに入っていくことによって、そして同時に、それぞれのやり方で探索して、試み、学びながら、意味や価値というような、私たちの世界で生きることを知るようになるのです。

Woltmann（1964）を引用します。

子どもは自発的に自然に動くことで、自身の経験やそれに伴う感情を概念化し、体系化し、具体的な活動にしていけるようになる。すなわち遊びとは、子どもが困惑したり葛藤したり混乱したりするような状況を「動きで表現する」機会を与えるものである。とくに小さな子どもは、統覚能力が流動的に成長している過程にあるため、意味をうまく扱うことができない。そのため、さまざまなタイプの遊びの素材があることは、子どもが感情や態度を表現するのに適しており、理想的だろう（p.174）。

10〜11歳以下では、たいていの子どもにとって一定の時間じっと座ったままでいるのは難しいことです。幼い子どもはじっとしていようと意識的な努力をしなくてはならず、そうすると創造的なエネルギーが非生産的な活動に向けられて消費されることになります。プレイセラピーは、体を動かすという子どものニーズに応えるものです。遊びの中で、子どもはエネルギーを放出し、人生の義務に備え、困難な目標を達成し、欲求不満を和らげます。子どもは身体的な接触を得て、競争への欲求を解消し、社会的に受け容れられるやり方で攻撃的にふるまい、他者とうまくやっていくことを学びます。遊びは、子どもが想像力を自由に表現し、文化の特徴を学び、スキルを発達させる助けとなります（Papalia & Olds, 1986）。子どもは遊びながら、自分の個性を表現し、内的な資源を引き出しています。そしてそれを、自分のパーソナリティに組み込んでいくことができるのです。

子どもは遊びを通して伝える

子どもの遊びは、それが子どものコミュニケーションの自然な手段だとわかると、さらによく理解できます。子どもはみずから始めた自然な遊びを通して、言葉で表現するよりももっと十分に、もっと直接的に自分自身を表現します。というのも、子どもは遊んでいるときのほう

が無理なく表現できるからです。子どもにとって、自分の経験や感情を「遊びで表現する」ことは、子どもができる最も自然で生き生きとした自己治癒的なプロセスです。遊びは、やりとりの手段です。子どもに言葉で話すように制限するのは、実際に「きみは私のコミュニケーションの水準まできて、言葉で伝えないといけないよ」と言って制限を課すようなことであり、おのずと治療的な関係を妨害する壁を築いてしまうことになります。セラピストの責務は、子どもの水準に行き、子どもがなじんでいる手段でコミュニケーションを取ることです。なぜ、子どもが大人に合わせなくてはならないのでしょうか。セラピストとは、相手によく合わせることができて、対処能力を身につけていて、あらゆる水準での効果的なコミュニケーションの方法を知っていて、子どもを発達面から理解しているはずの人です。セラピストが「話して聞かせて」と言えば、幼い子どもはセラピストに合わせなければならないという不都合な立場に置かれてしまいます。

　治療的に働くような子どもとの関係は、遊びを通して最もうまく築かれます。そしてその関係は、私たちがセラピーと呼ぶ活動にとってきわめて重要なものです。遊びは、葛藤が解決され、感情が伝えられる手段となります。「おもちゃは、まさに子どもの表現手段であるので、そのプロセスを進める。[…] 自由な遊びは、子どもがしたいと思うことの表現である。[…] 指示されることなく自由に遊ぶとき、子どもは自立した考えや行動の段階にいることを表現している。子どもは、表に出るのを押しとどめてきた感情や態度を解放するのである」（Axline, 1969, p.23）。直接表現するにはあまりにおびやかされるような感情や態度は、子どもが自分で選んだおもちゃを通して安全に投影することができます。子どもは思考や感情を言語化するのではなく、砂の中に埋まったり、ドラゴンを撃ったり、赤ちゃんの弟の代わりに人形を叩いたりするのです。

　子どもの感情は、言語的なレベルでは接近できないことが少なくありません。発達的に子どもは、感じたことを表現する認知的、言語的な能力に乏しく、また、自分がどれくらい強く感じているかを意識して、それを言葉のやりとりで適切に表現することができません。ピアジェ（Piaget, 1962）などの研究から、発達上、子どもは11歳ごろまでは抽象的な推論や思考を十分にできないことが知られています。言葉は象徴から成っており、象徴とは抽象的なものです。ですので、私たちが言葉で伝えようとすることの多くが、抽象的な性質をもつのは不思議ではありません。子どもの世界は具体性の世界であり、子どもと触れ合う場合には、そのようにアプローチしなければなりません。遊びは子どもの具体的な表現であり、子どもが自分の世界に対処する方法なのです。

　子どもは現在の世界に生きています。しかし、大人の世界で出会う経験の多くは未来志向的で抽象的なものです。子どもが遊びを通して、そのような未来志向的で抽象的な経験を再現すると、それは今ここでの具体的なできごとになり、子どもは自分のやり方で抽象的なものを理解できるようになります。そのような経験を遊びで表現することで、見知らぬものがよく知ったものとなるのです。

　　標準的で能力のある子どもの多くが、生きていく中で乗り越えられないと思うような問

第2章　遊びの意味　　**7**

題に遭遇する。しかし、自分の選んだやり方で、遊びで表現することによって、子どもは段階を追って対処できるようになるだろう。子どもは、自分自身でさえも理解することが難しい象徴的なやり方でそうすることがよくある。そのとき子どもは、無意識の深いところに起源が埋まっているような内的なプロセスに反応しているのである。このことは、目的や結末がわからないために、その時点では大人にとってほとんど意味のない遊びとなったり、浅はかに見えることさえもある。差し迫った危険がなければ、子どもがただ遊びに没頭しているという理由だけでは干渉せず、遊びを見守るのがたいていは最もよいのである。子どもがもがき苦しんでいるのを助けようと尽力することは、よかれと思ってしても、最もよい解決となることを子どもが自分で模索し、最終的に見つけることから遠ざけてしまう可能性がある（Bettelheim, 1987, p.40）。

治療プロセスにおける遊び

　遊びは、自発的で内発的な動機に基づいた、子どもが主導する活動です。何をどのように使うかは自由です。外から与えられる目的は存在しません。ふつう、遊びはプロセスを楽しむものであり、その成果はあまり重要ではありません。遊びは、創造的な表現の中で、子どもの身体的、精神的、情緒的な自己と関わり、社会的な相互作用を伴うこともあります。そのため、子どもが遊ぶとき、全体としての子どもが存在しているといえるでしょう。プレイセラピーという言葉は、遊びと考えられうる活動が存在することを前提としています。本を読んでいる子どもを「遊んでいる」とはいいません。このような遊びについての説明を踏まえると、プレイセラピーとは、子ども（あるいはあらゆる年齢の人）とプレイセラピーの技法の訓練を受けたセラピストとの間での力動的な相互関係であると定義されます。セラピストは入念に選んだ遊び用具を準備し、子ども（あるいはあらゆる年齢の人）にとって安心できる関係が発展することを促します。そこでは、子どもの自然なコミュニケーション手段である遊びを通して、自己（感情、思考、経験、行動）が十分に表現され、探求され、最も適した成長と発達に向かうのです。

　パーソンセンタードの理論やセラピー（Rogers, 1951）と一致しますが、この定義における不可欠な要素は、関係性に焦点を当てていることです。実際、セラピーが成功するかしないかは、治療的な関係性の発展と維持にかかっています。子どもとの関係性が、子どもの変化と成長を支える媒体となります。この関係性の発展は、子どもが望むような自己表現をできるように、発達的に適した方法を提供することによって促進されます。

　たいていの大人は、自分の感情、欲求不満、不安、個人的な問題を何らかの形にして言葉で表現することができますが、子どもは言語化という方法を通して自分自身を十分に表現することができません。遊びは子どもにとって、大人にとっての言語化と同じものです。遊びは、考えや感情を表現し、関係性を探求し、経験を理解し、願望を明らかにし、対処法を上達させるための、発達に応じた方法を提供してくれます。機会があれば、大人がするのと似たような表現の仕方や経過で、子どもは感情や欲求を遊びで表現するでしょう。表現の力強さやコミュニ

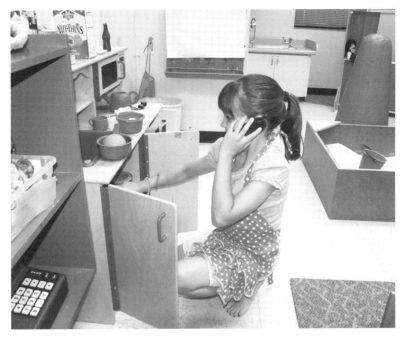

図2.1　子どもにとって、自分の経験や感情を「遊びで表現する」ことは、子どもができる最も自然で力強い、自己治癒的なプロセスです。

ケーションの手段は子どもによって異なりますが、表現するもの（恐怖、満足、怒り、幸福、不満、安らぎ）は大人と同様です。この観点からすると、**おもちゃは子どもによって言葉のように使われるものであり、遊びは子どもの言語であるといえます**。セラピーを言語的な表現に限定することは、最も生き生きとした表現の形——すなわち、活発な動きの存在を否定するものです（図2.1）。

プレイセラピストには「子どもに話をさせる」ことを目標とする人もいます。このような場合、セラピスト自身の不安や居心地の悪い状態、子どもに話をさせることによってコントロールしたいという思いの表れであることがほとんどです。プレイセラピーは、話すことによる治療に限られてはいません。話すことによる治療があるのなら、遊ぶことによる治療はないとどうしていえるでしょうか。プレイセラピーは、言語的な行動だけでなく、子どもの全体的な行動に応じる機会を与えるものです。

　Smolen（1959）は、セラピストと言葉でのやりとりがほとんどなかった子どもが改善していくのを分析し、次のように述べています。

　　　私たちは、「話すことによる治療」は「行動による治療」の適切な代わりとなる場合にのみ効果があるという、かなり明らかな結論に達した。大人のセラピーにおいてさえも、言葉が必ずしも行動の適切な代わりとならないことは、セラピーで行動化する患者の問題をめぐって発展してきた膨大な文献によって示されている。そして、言葉は行動に代わ

第2章　遊びの意味

り、行動を象徴するものとして、長年の経験を積んできた大人にはとても意味あるものとなりうることが多い。しかし、成長過程の力だけがあって、話すことや考えることの抽象性や象徴的な形式を十分に活用する能力を獲得していない子どもにとっては、これはどれほど当てはまらないことだろうか。たとえ多くの子どもが語彙を知っているとしても、セラピーにおいて有用となる可能性からすると、それらの言葉が情緒的な体験の凝縮された意味あるものとなるような、経験や連想の豊かな背景が子どもにはないのである（p.878）。

子どもが、自分は何を感じているのか、自分の経験からどのような影響を受けたのかということを言葉で述べるのは、かなり難しいことかもしれません。しかし、親身で感受性があり、共感的な大人がいてくれるならば、子どもは自分で選んだおもちゃや用具を使ったり、それに対して何かをしたり、物語を演じることを通して、内にある感情を表すでしょう。遊びは、子どもにとって意味深く重要なものです。というのは、子どもは遊びを通して、言葉では入ることの難しい領域にまで自分自身を広げていくからです。子どもはおもちゃを使って、言えないことを言ったり、不快に感じるようなことをしたり、言葉にすると叱られるかもしれない感情を表現したりすることができます。遊びは、子どもの自己表現の象徴的な言語です。そしてそれは、(a) 子どもが経験してきたこと、(b) 経験したことに対する反応、(c) 経験したことについての感情、(d) 子どもが願っていること、望んでいること、必要としていること、(e) 子どもの自己の知覚、を表すことができます。これらは、プレイセラピストがプレイセラピーの体験で、子どもの遊びの中に探し求めている重要なメッセージです（図2.2）。

図2.2　プレイセラピーの中で、子どもはおもちゃを使って、言えないことを言い、言葉にすると叱られるかもしれないことを表現します。

遊びは、子どもが自分の経験や個人的な世界を体系化しようとする試みを見せてくれます。遊びのプロセスを通して、子どもは、たとえ現実には環境がそうでなかったとしても、自分がコントロールしていると感じる体験をします。このように子どもがコントロールしようとする試みについて、Frank（1982）は次のように説明しています。

　　　遊びの中で、子どもは積み重なってきた過去と自分自身とを関係づける。それは遊びを通して、絶えず自分自身を現在に向かって位置づけ直すことで行われる。子どもは過去の経験を何度も演じ、それを新たな知覚と関係づけのパターンに同化させる。［…］このようにして子どもは、世界との関係が変化するたびに、絶えず自分自身を新たに発見し、できる自分やあるべき自分といったイメージを修正していく。さらに、子どもは遊びの中で、遊び用具やしばしば大人の道具をうまく使って、困惑や混乱に折り合いをつけたり、遊びで表現したりしながら、問題や葛藤を解決しようとするのである（p.24）。

　子どものときには、自分がほとんど、あるいはまったくコントロールできないと感じる経験がたくさんあります。遊びは、子どもが生活の中でバランスを取り、コントロールするための方法です。というのも、遊びにおいて表現されている生活経験を実際にコントロールすることはできないかもしれませんが、遊んでいるとき、子どもは遊びの中で起こるできごとをコントロールしているからです。子どもの情緒的発達と望ましいメンタルヘルスにとって大切なのは、実際にコントロールすることではなくて、プレイセラピーの体験の中でコントロールしているという感覚や感情なのです。

　子どもの遊び行動を理解することは、セラピストが子どもの内にある情緒的生活へより深く入っていく手がかりとなります。子どもの世界は動きと活動の世界なので、プレイセラピーはセラピストに子どもの世界に入る機会を与えてくれます。セラピストが適切なおもちゃをさまざまに選ぶことで、子どもは感情に基づいた表現を幅広い範囲で出しやすくなります。このように、子どもは何が起こったかを話すことには制限されず、遊んでいるその瞬間に、過去の経験や関連する感情を生き抜くのです。それゆえセラピストは、状況としてのできごとを追体験するのではなく、子どもの情緒的な生活を体験し、そこに関わることができます。子どもは自分の全存在を遊びの中に入れ込むので、表現や感情を、詳細で具体的な今のこととして体験します。そうしてセラピストは、過去の状況よりも、子どもの今の動きや発言、感情や情動に応じることができるのです。

　子どもがセラピストに紹介されてきた理由が攻撃的な行動であるとしたら、セラピストは遊びを媒介にすることで、子どもがボボ人形（空気入りバッグ）を叩いたり、ダート銃でセラピストを撃とうとするような攻撃的な行動をじかに体験できるだけでなく、適切で治療的な制限設定の手続きで応じ、子どもに自分をコントロールできるようになる機会を与えることもできます。遊び用具がなければ、セラピストは子どもが前日か過去数週間に見せた攻撃的な行動について、子どもと話すことしかできません。プレイセラピーの中では、紹介されてきた理由が何であれ、セラピストは子どもが体験しているそのときにその問題を体験し、積極的に関わる

機会があるのです。

　遊びによって、子どもは自分の内的な世界を外的なものにすることができます。アクスライン（Axline, 1969）はこのプロセスについて、その中で子どもが自分の感情を遊びで表現することで、感情を表面に浮かび上がらせ、表出し、直面するものとして考察しました。このプロセスは、4歳のキャシーのプレイセラピーでの遊びにはっきりと表れていました。一見したところ、キャシーはごっこ遊びをしているふつうの4歳児のようでした。しだいに、人形の下着に動揺し、その人形に毛布をかけ、医者に連れていってくわしい検査をしてもらい、人形の足を下ろさないといけないと言うようになり、あるパターンやテーマが明らかになってきました。キャシーが虐待を受けたときはとても幼かったのですが、その経験の一部に何とか決着をつけようとしているように見えました。

象徴的な遊び

　ピアジェ（Piaget, 1962）によると、遊びは具体的経験と抽象的思考との間を橋渡しするもので、遊びの象徴機能こそがとても重要です。遊びにおいて、子どもは感覚運動的なやり方で具体的な対象を操作しますが、その対象とは、子どもが直接的あるいは間接的に経験してきたことの象徴なのです。その結びつきがきわめて明らかな場合もあれば、結びつきがいくぶん弱い場合もあるでしょう。どちらの場合も、遊びは子どもが自分の経験を統合しようとしていることを表しています。そして遊びは、子どもが自分をよりコントロールでき、それゆえに、より安心していられる、生活の中での数少ない場面の一つかもしれません。

　子ども中心プレイセラピー（CCPT）の理念では、遊びは子どもの健康な発達に欠かせないものと考えます。遊びは子どもの内的な世界に具体的な形と表現を与えます。情緒的に重要な体験は、遊びを通して意味のある表現となります。**プレイセラピーの体験における遊びの主要な機能は、象徴的な表現を通して、現実には扱うのが難しそうなことを何とかやれるような状況に変えることです。それは、子どもが主導的に探索していくことで、うまく対処することを学ぶ機会になります。**遊びは子どもが自己を表現する象徴的な言語であるため、プレイセラピストは子どもに遊びを用います。「セラピストが言葉で考えすぎる人であったり、子どもが空想の世界に飛び立つのを大人にとっての意味に直さずにはいられないような人であったら、ときに途方に暮れてしまうのも無理はないかもしれない」（Axline, 1969, p.127）。

　象徴的な遊びによって、子どもは環境に制約されずに、自分の経験を自由に同化することができます。同化は、子どもに意識されることはありませんが、実質的な変化が促されます。子どもはプレイセラピーの体験の中で遊んでいるとき、その遊びにおける象徴的な表現を意識していることはまずありません。子どもにとって遊びの体験が安全であるのは、できごとから離れた、この次元があるからです。子どもは意識的に「ぼくを虐待しているお父さんが怖い。このお父さん人形は、ぼくのお父さんをそのままに表している。だから、ライオンをぼくのお父さんにして、ぼくは子ライオンで見せかけたら、誰にもぼくがやっていることは知られないだ

ろう」などと考えてはいません。遊びの中で、子どもは自分の経験や感情を安全に表現することができます。なぜなら、恐ろしい経験を象徴的に遊びで表現していることに、子どもは意識できるほどには気づいていないからです。怯えさせられたり、外傷的な経験や場面を象徴的に表現することで、そして遊びを通して何度もそのできごとに立ち戻ることで、あるいは遊びという活動の中で、その結末を変化させたり入れ替えたりすることで、子どもはその経験をコントロールすることを遊びの中で体験し、心の中での解決に向かって進み、その問題に以前より対処したり順応することができるようになります。

　子どもが遊びの中で、できごとや経験、心配ごとや問題などを無意識的に表現することは、6歳のブレンダとのプレイセラピーのセッションにおいて、たやすく見てとれます。ブレンダは手術後の合併症のためにカテーテルを装着しなければなりませんでした。ブレンダは、学校でカテーテルバッグを適切に空にして、元の位置に戻して必要な接続をしようとするときに、相当な困難を経験していました。接続部分からいつも漏れるため、ブレンダは大きなフラストレーションと恥ずかしさを感じていました。プレイセラピーのセッションで、ブレンダはドールハウスを使って、水漏れのシンクや関連する配管の問題を描写したストーリーを何度も繰り返して遊びで表現しました。ブレンダはとても憤慨しながら受話器をつかみ、配管工に電話をかけて言いました。「このだめなシンクからまた水が漏れている！　もう一度このバカなやつを直しにきてよ」。カテーテルバッグを正しく装着できるようになった週に、ブレンダがこのような場面を表現することはなくなりました（図2.3）。

　しかし、自分のしたことをセラピストに見せようとする場合のように、子どもが遊びの中に

図2.3　あまりに恐ろしくて直接表現できないような感情や態度を、子どもは自分が選んだおもちゃを使うことで、安全に表現することができます。

第2章　遊びの意味　　13

文字どおりのメッセージを意識していることもあります。たとえば7歳のスコットは、ボボ人形の首をハンマーロックのようにつかみ、私に向かって「今日、公園でロジャーにしたことを見せてやる！」と叫びました。

　次に述べる概念モデルは、CCPTにおける遊びの役割と、子どもの変化という治療的な次元に関するものです。プレイセラピーの体験の中で子どもに生じる促進的なプロセスについて、よりよい理解を与えてくれるでしょう。

　子どもは**現在の／具体的な世界**に生きています。しかし、より大きな世界で出会う経験の多くは**未来志向的で抽象的なもの**です。プレイセラピーの中で、子どもは自然に、このような抽象的なできごとを遊びで表現しようとします。それは、子どもが理解できないできごとなのですが、理解できないものから意味を引き出そうとしているのです。子どもが遊びを通して、そのような未来志向的で抽象的な経験を再現すると、それは今ここでの具体的なできごとになり、子どもは自分のやり方で抽象的なものを理解できるようになります。そのような経験を遊びで表現することで、見知らぬものがよく知ったものとなるのです。

　遊びは常に、今現在の具体的な体験です。それゆえ、抽象的な生活経験を遊びで表現すると、子どもは、その経験をある程度コントロールできるようになります。このようにして、**遊びは、理解できない抽象的なものと、具体的な現在のものとの間を橋渡しします**。

　子どもは遊びながら、自分が望んでいるようになるやり方で、**自分の生活経験（すなわち自分の世界）を構成**していきます。したがって、子どもが主導的に遊んでいるそのときは、プレイルームの外での現実が違っていても、子どもは自分の人生をコントロールできているという体験をします。子どもは遊びながら、**自己を現在に向けて位置づけ直すプロセス**を体験します。というのは、遊びは具体的で現在志向的な体験だからです。このようにプレイセラピーは、**変化する生き生きとした関係性**になります。そこでは、プレイセラピストはその関係性の力動的な役割の一部を担い、子どもは、このような理解の変化を取り入れながら、自分が望んでいるように、**自分の個人的な世界を自由に構成**します。これは、子どもが**自己をあらためて発見し続けるプロセス**です。それは新しい自己の知覚といえるものでしょう。

　2001年9月11日にニューヨークの世界貿易センタービルをテロリストが攻撃した後の数日から数週間において、子どもと大人とでは感情や反応の表現の仕方が違うということを、とてもよく思い出させてくれることが起こりました。大人たちは、そのときの衝撃や恐怖の体験を繰り返し話しました。同じ体験に苦しんだ子どもたちは、そのことについてほとんど話しませんでした。子どもたちの恐怖の反応は、遊びを通して表現されました。子どもたちはブロックでタワーを作り、そこに飛行機を衝突させました。ビルが燃えて地面に崩れ落ち、サイレンが鳴り響き、人々は死傷し、救急車で病院に運ばれました。ある3歳の子どもは、プレイセラピーの中で何度もヘリコプターを壁に衝突させ、床に落ちるのを見て、激しい口調でこう言い

ました。「おまえなんて大っ嫌い、ヘリコプター！　おまえなんて大っ嫌い、ヘリコプター！」

プレイセラピーのプロセスにおける段階

　プロセスとは、プレイセラピーの関係の中での展開のことです。それは達成されるべき目標でも、成し遂げられたり完成されたりするような活動でもありません。プレイセラピーのプロセスは関係性であり、その中でプレイセラピストと子どもは関係を築き、それを発展させていきます。プレイセラピーとは、できごとではなく、プロセスなのです。プレイセラピーのプロセスにおける段階は、セラピストと子どもの間で共有される相互作用の結果です。それは、プレイルームという評価的ではない、自由な環境の中で体験されます。そして、セラピストという全体としての人間を通して伝えられる、子どもへの真の思いやりと尊重によって促進されます。この特別な生き生きとした関係の中では、子ども独自の性質や個性が受容され、大切にされます。そして子どもは、セラピストが心の内側で感じて伝えてくる受容の程度につれて、自分の世界を広げてよいのだということを体験します。このように自己の可能性を体験して広げていく様子は、プレイセラピーのプロセスが進展していく中で、はっきり変化の段階であることがわかるような形でよく現れてくるものです。

　ムスターカス（Moustakas, 1955a）は、情緒的に問題を抱えてプレイセラピーを受けた子どもたちの事例研究を分析しました。そして、自己認識へと向かう治療的プロセスにおいて、子どもは五つの段階を経て進んでいくことを観察しました。最初は、子どもの遊びのいたるところで、冗長な否定的感情が表現されます。たとえば、どんな汚れも我慢できずに、清潔さや整頓に過度に気を取られている子どものケースです。部屋やおもちゃ、セラピストに対して、敵意をまき散らすような反応で表現されることもあります。また、プレイルームの真ん中でただ立ち尽くすだけで何も動けないでいる子どものケースのように、高い水準の不安が伴うこともあります。このような表現に続いて、第2段階は、多くの子どもが、一般的には不安や敵意といったアンビバレントな感情を表現します。ムスターカスは、ある子どもが人形を一つひとつ取り上げ、嫌悪の叫びを上げながらテーブルに叩きつけ、床に投げ、「どれも好きじゃないけど、これは好き」と言って、ネズミの人形を取り上げた様子を述べています。そしてすぐにその子は「やっぱりこれも好きじゃない」と言って、ネズミの頭を握りつぶしてしまったのでした。

　第3段階は、もっと直接的で否定的に焦点づけられた感情が、両親やきょうだい、子どもの生活の中にいる他の人たちに対して表現されるのが特徴です。このような感情や態度は、子どもの象徴的な遊びの中でよく明らかになります。たとえば、両親と生まれたばかりの赤ちゃんに対する強い否定的な反応を表現した子どものケースがあります。その子は、母親、父親、赤ちゃんの家族人形を並べて、「こいつらは泥棒なんだ。だから撃ってやる」と宣言し、そして実際に一つずつ撃っていったのでした。

　第4段階では、再びアンビバレントな感情が子どもの遊びの中で表現されます。しかし、

第2章　遊びの意味　　**15**

肯定的および否定的な感情や態度という形で、両親やきょうだい、子どもの生活の中にいる他の人たちに対して表現されます。6歳のデイビッドは、空気の入った人形をすごい勢いで叩いたり蹴ったりして、「ボコボコにしてやる。誰もおまえのことなんか好きじゃないんだ！」と叫びました。その後、彼はお医者さんキットを持ち出してきて、その人形を治療して「きっとよくなるよ」と言ったのでした。

　第5段階は、はっきりと異なった別の態度で、通常は現実的で、肯定的な態度も否定的な態度もあるのが特徴ですが、子どもの遊びの中では肯定的な態度が優勢になります（Moustakas, 1955a, p.84）。この最終段階は、セラピストによって築かれた、理解され、受け容れられ、大切に扱われるという関係性がそのまま結果となったものです。その関係性の中で、子どもはなりたい自分になっていけるような、十分な安心を感じます。この在り方の質が、セラピストが何をするかよりも重要です。プレイセラピーで子どもにもたらされるような受容的で安全な環境において、それぞれの子どもの独自性がより自由に表現され、その結果、より完全に表現されます。この独自の自己がセラピストによって大切にされ、受け容れられると、子どもはその受容を内在化し、自分自身の独自性を受け容れて大切にし始めます。このようにして、自己認識のプロセスが始まります。そして、このような自己認識は、遊びという促進的なプロセスを通して表現されます。

　プレイセラピーのプロセスに関する最も包括的な研究の一つとして、Hendricks（1971）はCCPTのプロセスの記述的分析を報告しました。彼女は、子どもの遊びの行動と情緒的な表現が、セッションをまたいで以下のパターンをたどることを見出しました。

　　セッション1〜4：この段階では、子どもたちは好奇心を表現した／探索的な遊び、あいまいな遊び、独創的な遊びに没頭した／説明と情報だけの発言をした／喜びと不安の両方を示した。
　　セッション5〜8：この段階では、子どもたちは探索的な遊び、あいまいな遊び、独創的な遊びを続けた。一般的にみられる攻撃的な遊びが増加し、喜びと不安の表現は継続し、自発的な反応がはっきり表れた。
　　セッション9〜12：探索的な遊び、あいまいな遊び、攻撃的な遊びが減少した／関係を作る遊びが増加した／独創的な遊びと喜びが優勢だった／セラピストとの非言語的な確認が増加した／家族や自分についての情報が多く出てきた。
　　セッション13〜16：独創的な遊びと関係を作る遊びが優勢だった／具体的な攻撃の遊びが増加した／喜び、困惑、嫌悪、不信の表現が増加した。
　　セッション17〜20：劇のような遊びと役割遊びが優勢で、具体的な攻撃性のある発言が続き、セラピストとの関係構築が生まれた。喜びの表現が目立った情緒であり、子どもたちは自分や家族についての情報を提供し続けた。
　　セッション21〜24：関係を作る遊びと劇や役割遊びが優勢で、偶発的な遊びが増加した。

　CCPTのプロセスに関する2番目に主要な包括的研究は、Withee（1975）によって完成さ

れました。彼女は、最初の3セッションで次のことに気づきました。それは、子どもたちは自分の行動へのセラピストの映し返しに対して言葉での確認が最も多かったこと／最も高い水準の不安を示したこと／言語的、非言語的、探索遊び的な活動に夢中だったこと、です。セッション4～6では、好奇心と探索は低下し、攻撃的な遊びと言葉による効果音がピークに達しました。セッション7～9では、攻撃的な遊びは最も少なくなり、独創的な遊び、喜びの表現、家や学校や他の生活面についての言葉での情報提供が最も多くなりました。セッション10～12では、関係を作る遊びが最も多くなり、あいまいな遊びは最も少なくなりました。セッション13～15では、あいまいな遊びと非言語的な怒りの表現がピークに達し、不安がそれまでの水準より上昇し、言葉で関係を作るやりとりとセラピストに指示する試みが最も高い水準になりました。また男女差も認められました。男の子は、怒りを多く表現し、攻撃的な発言をして、攻撃的な遊びに没頭し、効果音をたくさん発しました。女の子では、独創的で関係を作る遊び、喜び、不安、セラピストの反応に対する言葉での確認、肯定的および否定的な考えの言語化が多くみられました。

　これらの研究は、プレイルームで築かれる治療的関係における子どもの遊びのプロセスには、明確な段階があるということを示しています。プレイセラピーのプロセスが進展するにつれて、子どもは、より直接的で現実的に、より焦点を定めて具体的に、感情を表現し始めます。最初のうち、子どもは探索的な遊び、あいまいな遊び、独創的な遊びをします。第2段階で、子どもはより攻撃的な遊びをして、家族や自分について言葉で話すようになります。後のセッションでは、劇のような遊びとセラピストとの関係が重要になってきます。不安や欲求不満、そして怒りが表現されます。

適応的な子どもと適応的でない子どもの遊び

　適応的な子どもと適応的でない子どもの遊びは、ムスターカス（Moustakas, 1955b）が述べたように、いくつかの部分で異なっています。

　適応的な子どもは話し好きで、世界が自分のために存在しているかのように話す傾向があります。それに対して、適応的でない子どもの中には、最初の数回の遊びのセッションで完全に沈黙したままで、セラピストに対してとても話しにくそうにしかできない子どもがいます。他にも、最初のセッションの間、矢継ぎ早に質問と会話を続ける子どもがいるかもしれません。適応的でない子どもの最初の反応は、慎重で用意周到です。適応的な子どもは、自由で自発的に遊びます。

　適応的な子どもは遊ぶ環境全体を吟味し、豊富な種類の遊び用具を使います。これに対して、適応的でない子どもは少しだけのおもちゃを使って、小さい領域で遊びます。適応的でない子どもは、何をしたらよいのか、何をしてはいけないのかを教えてほしがることがよくあります。適応的な子どもは、治療関係の中での自分の責任と限界を知るために、さまざまな方略を用います。

悩んだりイライラすると、適応的な子どもは具体的な方法で自分の問題を明らかにします。適応的でない子どもは、絵の具や粘土、砂や水を使って、象徴的に自分の感情を表現する傾向が強くあります。適応的でない子どもはよく攻撃的になり、遊び用具を壊したがったり、ときにはセラピストにそれを向けることもあります。攻撃性は適応的な子どもにもみられますが、大規模な破壊をせずに明瞭に表現され、その表現に対する責任を引き受けます。適応的な子どもは、適応的でない子どもほどには、自分自身やセラピスト、あるいは自分の遊びについて、深刻になったり激しい感情をもつことはありません。

ムスターカス（Moustakas, 1955b）は、適応的な子どもと適応的でない子どもとのプレイセラピーにおける経験から、**すべての子どもは、適応の質に関わりなく、同じような種類の否定的な態度を表現する**と結論づけました。よく適応している子どもと適応していない子どもとの違いは、最初に子どもが示す否定的な態度の種類ではなく、むしろそのような態度の量と強さにあります。適応的な子どもが否定的な態度を表すことは少なく、より焦点づけて、方向性をもって表現します。適応的でない子どもは、否定的な態度をたびたび強く示しますが、焦点づけて方向性をもって表現することは少ないのです。

HoweとSilvern（1981）は、攻撃的な子ども、ひきこもりの子ども、よく適応している子どものプレイセラピーでの行動の違いを明らかにしました。攻撃的な子どもでは、頻繁な遊びの中断、葛藤的な遊び、自分をさらけ出す発言、高頻度での空想遊び、セラピストやおもちゃに対する攻撃的な行動が表れていました。ひきこもりの男の子では、不安に対する反応としての退行、奇異な遊び、セラピストの介入に対する拒否、遊びでの不快な内容が特徴的でした。よく適応している子どもは、情緒的な不快感を出すことが少なく、社会的に不適切なことをあまりせず、空想遊びも少しでした。ひきこもりの女の子については、よく適応している女の子との違いはみられませんでした。

Perry（1988）は、適応的な子どもと適応的でない子どものプレイセラピーでの遊び行動を研究し、適応的でない子どもは、不快な感情、葛藤的なテーマ、遊びの中断、否定的に自分をさらけ出す発言を、適応的な子どもよりも有意に多く表現することを見出しました。また、適応的でない子どもは適応的な子どもに比べて、遊びの時間の中で、怒り、悲しみ、恐れ、不幸、不安を感じて過ごしていることも多かったのです。そして、より多くのプレイセッションで、自分の問題や葛藤を話し、遊びで表現しました。社会的に不適切な遊びや空想遊びの使用では、適応的な子どもと適応的でない子どもとの間に有意差はみられませんでした。

プレイセラピーの初回セッションでの行動について、適応的な子どもと適応的でない子どもを比較したOe（1989）は、診断を目的として子どもの遊びの価値を調査しました。適応的でない子どもは適応的な子どもに比べて、環境を拒否するような遊び行動を有意に多く示しました。初回セッションでの遊び行動の頻度に両者間での有意差はありませんでしたが、適応的でない子どものほうが適応的な子どもよりも、プレイルームで劇や役割を演じる遊び行動をより激しく表現することをOeは見出しました。適応的でない女の子は適応的でない男の子よりも、劇や役割を演じる行動を、より頻繁に、より激しく示しました。

プレイセラピストは、子どもの遊びの意味について勝手な推論をしないように気をつけなく

てはなりません。子どもが使うおもちゃも、そのおもちゃの使い方も、情緒的な問題を絶対的に示しているわけではありません。環境的な条件、最近のできごと、経済的な困窮が、その要因を構成しているかもしれないのです。

参考文献

Axline, V.（1969）. *Play therapy*. Houghton Mifflin.（小林治夫訳〔1972〕『遊戯療法』岩崎学術出版社）

Bettelheim, B.（1987）. The importance of play. *Atlantic Monthly*, 3, 35-46.

Frank, L.（1982）. Play in personality development. In G. Landreth（Ed.）, *Play therapy: Dynamics of the process of counseling with children*（pp.19-32）.

Hendricks, S.（1971）. A descriptive analysis of the process of client-centered play therapy（Doctoral dissertation, North Texas State University, Denton）. *Dissertation Abstracts International*, 32, 36V89A.

Howe, P., & Silvern, L.（1981）. Behavioral observation of chilldren during play therapy: Preliminary development of a research instrument. *Journal of Personality Assessment*, 45（2）, 168-182.

Moustakas, C.（1955a）. Emotional adjustment and the play therapy process. *Journal of Genetic Psychology*, 86（1）, 79-99.

Moustakas, C.（1955b）. The frequency and intensity of negative attitudes expressed in play therapy: A comparison of well adjusted and disturbed young children. *Journal of Genetic Psychology*, 86, 309-325.

Oe, E.（1989）. Comparison of initial session play therapy behaviors of maladjusted and adjusted children（Doctoral dissertation, University of North Texas, Denton）.

Papalia, D., & Olds, S.（1986）. *Human development*. McGraw-Hill.

Perry, L.（1988）. *Play therapy behavior of maladjusted and adjusted children*（Doctoral dissertation, North Texas State University, Denton）.

Piaget, J.（1962）. *Play, dreams, and imitation in childhood*. Routledge.

Rogers, C.（1951）. *Client-centered therapy*. Houghton Mifflin.（保坂亨、末武康弘、諸富祥彦訳〔2005〕『クライアント中心療法』岩崎学術出版社）

Smolen, E.（1959）. Nonverbal aspects of therapy with children. *American Journal of Psychotherapy*, 13（4）, 872-881.

Withee, K.（1975）. A descriptive analysis of the process of play therapy（Doctoral dissertation, North Texas State University, Denton）. Dissertation Abstracts International, 36, 6406B.

Woltmann, A.（1964）. Concepts of play therapy techniques. In M. Haworth（Ed.）, *Child psychotherapy: Practice and theory*（pp.20-32）. Basic Books.

第3章

プレイセラピーの
歴史と発展

　遊びは長らく、子どもの生活において重要な位置を占めていると理解されてきました。古くは 18 世紀にルソー（Rousseau, 1762/1930）が、子どもについて学び、理解するにあたり、遊びを観察することがいかに大切であるかを論じています。彼は、『エミール』の中で、子どもの訓練と教育について論じ、子どもは小さな大人ではないことを観察しました。興味深いのは、260 年たった今なお、私たちが子どもに対するこの概念と格闘しているということです。子どもの遊びやゲームについてのルソーの意見は、遊びを治療的に利用するというよりも教育的な目的に沿ったものでしたが、彼の著作からは、彼が子どもの世界を細やかに理解していたことがうかがわれます。「子どもの状態を尊重するがいい。そして、良いことであれ、悪いことであれ、早急に判断をくだしてはならない。[…] 長いあいだ自然のなすがままにしておくがいい。はやくから自然に代わってなにかしようなどと考えてはならない。そんなことをすれば自然の仕事をじゃますることになる。[…] 子ども時代は理性の眠りの時期だ」（Rousseau, 1762/1930, p.71）。

　フレーベルは早くも 1903 年に遊びの象徴的要素を強調しました。彼は、遊びはその性質にかかわらず、明確な意識的、無意識的な目的があり、それゆえに意味を見出すことができると提唱しました。「遊びは、子ども時代における最も高度な発達です。なぜなら、遊びだけが、子どもの魂にあるものを自由に表現しているからです。[…] 子どもの遊びは単なるスポーツではありません。それは意味と重要性に満ち溢れたものなのです」（Fröbel, 1903, p.22）。

　遊びの治療的な活用と、子どもへの心理学的アプローチについて述べられた最初の公刊物としての事例は、ジークムント・フロイトが 1909 年に報告した、5 歳の恐怖症を患う「ハンス少年」という古典的な症例です。ジークムント・フロイト（Freud, 1909/1955）はハンスを一度だけ短時間診察し、ハンスの遊びについて父親が書いたメモをもとに、ハンスの父親に対応の仕方をアドバイスすることで治療を行いました。「ハンス少年」の事例は、子どもの問題が情緒的要因から生じていると記録した最初の症例です。今日では、情緒的要因は非常に容易に受け容れられているため、当時新しい概念であった子どもの心理的障害の重要性を認識するこ

第 3 章　プレイセラピーの歴史と発展　　*21*

とはおそらく難しいでしょう。Reisman（1966）は、20世紀初頭に専門家は一般的に子どもの疾患は教育と訓練の不足の結果であると信じていた、と指摘しました。

　カナー（Kanner, 1957）は、自身の研究から、20世紀が始まった時点では、いかなる意味でも児童精神医学と見なせるような方法やアプローチが子どもに適用されることはなかった、と結論づけました。プレイセラピーは、精神分析的心理療法を子どもに適用しようという取り組みから発展しました。1900年代初頭には子どもについてほとんど知られていなかったことを考えると、想起や回想のプロセスを通じて解釈の素材を得るために大人の分析で使用される、形式的で、しばしば高度に構造化されたアプローチが子どもの分析には不十分かつ不適切であるとすぐに認識されたことには、少し驚くかもしれません。

精神分析的プレイセラピー

　ジークムント・フロイトのハンスの研究に続いて、1900年代初頭にヘルミーネ・フーク＝ヘルムート（Hug-Hellmuth, 1921）は、子どもの分析において遊びは不可欠であると強調し、治療を受ける子どもたちに自己表現のため遊び道具を与えた最初のセラピストの一人と見なされています。彼女の仕事はアンナ・フロイトやメラニー・クラインに先行していますが、具体的な治療方法を考案したわけではありません。しかし、彼女は大人のセラピーの方法を子どもに適用することの難しさに注意を促しました。今日私たちが直面しているのと同じ問題、つまり大人との間で確立された方法を子どもに適用しようとすると、子どものセラピーが大人のセラピーとは別物であることを見出すという問題は、当時も存在していたようです。こうした初期の時代に、分析家たちは、子どもは大人のように自分の不安を言葉で表現することができないことを見出しました。また大人と違って、子どもは自分の過去を探索したり、自分の発達段階について話し合うことにはほとんど興味を示さず、自由連想を試すのも拒否することが多かったようです。したがって、1900年代初期のほとんどの子どものセラピストは、子どもの観察を収集するという間接的な治療的接触に頼っていました。

　1919年、クライン（Klein, 1955）は、6歳以下の子どもを分析する方法として遊戯「技法」を用い始めました。彼女は、子どもの遊びは、大人の自由連想と同様に、動機に基づいて決められていると仮定しました。分析は言語による自由連想の代わりに遊びを用いて行われました。したがって、プレイセラピーは、子どもの無意識に直接接触することができると考えられました。彼女は自分の解釈の結果、子どもの遊びにさらなる素材が生じたと報告しました。同時期に、アンナ・フロイト（Freud, A., 1946, 1965）は、子どもと同盟を結ぶのを促す方法として遊びを用い始めました。クラインとは異なり、アンナ・フロイトは、子どもの絵や遊びの背後にある無意識的な動機を解釈する前に、子どもとセラピストの情緒的な関係を築くことの重要性を強調しました。クラインとアンナ・フロイトは両者ともに、過去を明らかにし自我を強化することが重要であると強調しました。また両者は、遊びが子どもたちが自分自身を最も自由に表現できる手段であると信じていたところも共通していました。

クライン（Klein, 1955）は子どもたちが空想や不安、防衛を表現しやすくする手段として遊びを用い、それを解釈しました。クラインとアンナ・フロイトとの大きな違いは、クラインが子どもたちの遊びの前意識的、無意識的意味を解釈することに大きな信頼を置いていたことにあります。彼女はほとんどすべての遊びの活動に、象徴的意味、とりわけ性的な意味を見ていました。そして無意識の探求がセラピーの主要な課題であり、それは子どもとセラピストの転移関係の分析を通じて最大限達成されると信じていました。クラインは、セラピスト‐子ども関係における欲望や不安を、その起源である乳幼児期まで遡り、最初の愛情対象である両親、とくに母親との関係において捉えることを強調しました。彼女は、早期の情緒や空想を再体験し、それらを理解し、セラピストの解釈を通して洞察を得ることで、子どもの不安は軽減されると信じていました。

　クライン（Klein, 1955）は、おもちゃの人形を積み木で取り囲んだ子どものプレイセラピーのエピソードを記述し、解釈の重要性を説明しました。

　　私なら、子どもが部屋を表現し、人形は人を象徴していると結論づけ、解釈するだろう。このような解釈は、子どもの無意識との最初の接触に影響を及ぼす。なぜなら、解釈を通して、子どもは自分の心の中ではおもちゃが人々の象徴であり、おもちゃに対して自分が表現する感情は人々に関係していることに気づき始めるからである。また、解釈がなされるまで、子どもはこのことに気づいていなかったということを実感し始めるだろう。子どもは自分の心の一部は自分にとって未知であること、つまり無意識が存在しているという事実を洞察し始める。さらに、分析家が自分に何をしているのかが、しだいにわかってくるようになるのである（p.225）。

　クラインが用いたおもちゃや道具は、基本的にシンプルで小さく、構造化されておらず、機械的なものではありませんでした。小さな木製の男女の人形、動物、車、家、ボール、ビー玉、紙、はさみ、粘土、絵の具、のり、鉛筆などです。彼女は遊び道具を子どもごとに引き出しに鍵をかけて保管していましたが、それは子どもとセラピストとのプライベートで親密な関係を表していました。クラインは、身体的攻撃は許しませんでしたが、言葉による攻撃など、他の方法で子どもが攻撃的な空想を表現する機会を提供しました。彼女は、たいていの場合、子どもたちの深い動機を即座に解釈することで、状況をコントロールすることができると述べました。

　アンナ・フロイト（Freud, A., 1946, 1965）は、子どもの遊びを、子どもがセラピストに対して肯定的な情緒的愛着を抱くよう促す手段として、また子どもの内面に近づくための方法としておもに用いました。そのおもな目的は、子どもにセラピストを好きになってもらうことでした。遊びの直接的な解釈は最小限にとどめ、遊びの状況で起こることすべてを象徴的に見ないよう警告しました。彼女は、遊びの中には最近の経験を単に意識的に繰り返しているだけで、ほとんど情緒的価値のない遊びもあると信じていました。アンナ・フロイトは、子どもは転移神経症を形成することはないと信じていました。彼女は遊びの観察や親からの聞き取りに

第3章　プレイセラピーの歴史と発展　**23**

よって広範な知識を得るまでは、子どもの遊びの本当の意味について直接的に解釈するのを遅らせました。

ジークムント・フロイトが発展させた自由連想は認知的な性質のものであったため、アンナ・フロイトは子どもを感情レベルの経験に参加させることで、その構造を修正しました。彼女は子どもが白昼夢や空想を言葉で表現することを奨励し、子どもが感情や態度について話すのが難しい場合には、子どもを静かに座らせ、「絵を見る（see pictures）」よう促しました。この方法を使用することで、子どもは自分の最も深い部分の思考を言語化し、分析家の解釈を用いて、それらの思考の意味を見出すことができるようになりました。こうして子どもは自分の無意識についての洞察を得ました。セラピストとの関係が進展していくにつれ、セッションの焦点も、遊びから言葉によるやりとりへと移っていきました。

クライン（Klein, 1955）は1929年にアメリカを訪れ、後に、この国では遊びが子どもの治療的手続きの一つとしてほとんど使われていないと報告しました。フーク＝ヘルムート、アンナ・フロイト、そしてクラインの仕事は、子どもと子どもの抱える問題に対する態度を変化させたという点で革命的でした。

解放療法

プレイセラピーを確立していくうえでの2番目の大きな発展は、1930年代に、デイヴィッド・レヴィ（Levy, 1938）が解放療法を創案したことでした。解放療法は、特定のストレスや不安を引き起こす状況を経験した子どものための構造化されたプレイセラピーのアプローチです。レヴィは解釈の必要はないと考え、遊びの除反応の効果に対する信念に基づいてアプローチを構築しました。このアプローチでは、セラピストのおもな役割は、場面の転換者となること、つまり選ばれたおもちゃを使って、過去に子どもの不安反応を引き起こした経験を再現することです。子どもは、部屋やセラピストに慣れるために自由に遊ぶことを許されます。その後、セラピストが適切だと感じたときに、遊び道具を使ってストレスを生み出す状況を作り出します。外傷的な出来事を再現することで、子どもはその状況が引き起こした苦痛や緊張を解放することができるのです。その他の時間は、子どもは自分で自由に遊びを選ぶことができます。経験を「遊びで表現する」、または再現するプロセスの中で、子どもは遊びをコントロールし、これまでの「される」という受動的な役割から、「する」という能動的な役割に移行します。子どもが遊んでいる間、セラピストは表現された言語的および非言語的な感情を子どもに照らし返すのです。

プレイルームでは、三つの解放療法の活動形態が生じます。

1. 物を投げたり、風船を割ったりする攻撃的行動の解放、または哺乳瓶を吸う幼児的な快楽の解放
2. 母親の胸に赤ちゃん人形を置くことで、きょうだいの競争心を刺激するなど、標準化さ

れた状況での感情の解放

3．子どもの人生における特定のストレス体験を遊びの中で再現することによる感情の解放

レヴィ（Levy, 1939）の語る次の事例は、解放療法のアプローチの本質を示しています。

　　2歳の女の子が、2日前に始まった夜驚のために紹介されてきた。彼女は恐怖で目を覚まし、ベッドの中に魚がいると悲鳴を上げた。［…］夜驚は、まさにその日に魚市場に行ったことと関係していた。魚屋が魚が見えるように彼女を抱き上げたのだ。

　　二つ目の訴えは、紹介の5ヵ月前に始まった吃音だった。それまで、話し言葉は正常に発達していた。［…］遊びのセッションが10回行われた。2回目のセッションでは、粘土で作られた魚が登場した。なぜ人形は魚が怖いのか、という質問に対する答えは、魚は噛みつくし、目や耳や膣を指さして「ここに」入ってくるから、というものだった。夜驚が起こる数日前、彼女は裸の父親を見て、性別の違いについて尋ねた。遊びのセッションの各所で魚が登場する以外は、彼女自身の遊びを促してあげることがおもな方法だった。［…］たとえば、彼女は、フィンガーペイントを見て、それで遊びたいと言った。私はやり方を教えたが、彼女はそれに触ろうともせず、彼女の手に絵の具の点をつけることもさせてくれなかった。まず私がフィンガーペイントで遊び、彼女がそれを徐々に扱えるようにする中で、彼女はそれを好むようになっていった。

　　最初のセッションが終わっても彼女の行動面には何の変化もみられなかった。［…］魚に対する恐怖は3回目か4回目のセッションの後には消え、吃音は6回目のセッション以降に改善し、最後のセッションの2週間前には消失した。フォローアップは7ヵ月後まで行われた。改善は維持されました（p.220）。

Gove Hambidge（1955）は、「構造化プレイセラピー」という論文の中で、レヴィの研究を拡充し、より直接的に子どもに不安を引き起こした出来事を導入しました。治療関係が確立された後に、不安を引き起こす状況を直接再現し、子どもがその状況を遊びとして体験し、その後、侵入的な手順から回復できるように自由に遊ばせる、という形式でした。

関係療法

　ジェシー・タフト（Taft, 1933）とフレデリック・アレン（Allen, 1934）が始めた関係療法と呼ばれる研究の登場は、**プレイセラピーにおける3番目の大きな発展**でした。関係療法の思想的基礎はオットー・ランク（Rank, 1936）の仕事から発展しました。ランクは、過去の歴史や無意識を重視することをやめ、セラピスト－クライエント関係の発展が重要であると強調し、一貫して現在、「今ここ」に焦点を当てました。

　関係療法では、セラピストと子どもの情緒的関係がもつ治癒力に主眼が置かれています。ア

第3章　プレイセラピーの歴史と発展　　*25*

レン（Allen, 1934）は次のように述べています。

　　　私が関心があるのは、患者が自分自身をより適切に受け容れ、自分が生き続ける世界と
　　の関係において何ができて、何を感じられるのかを明確に認識することのできるような、
　　自然な関係性を構築していくことである。私は一人の人間としての患者に関心があること
　　を患者に知られるのを恐れていない（p.198）。

　過去の経験を説明、解釈することに労力は割かれません。現在の感情や反応が主要な焦点で
あり、このアプローチのおかげでセラピーの長さが大幅に短縮されることになったと報告され
ています。アレンとタフトは、子どもを、自分の行動を建設的に変える力を備えた内的な強さ
をもつ存在として見なすよう強調しました。それゆえに、子どもたちは、遊ぶ／遊ばないの選
択や、自分の行動を決める自由を与えられました。仮説では、子どもたちは、自分が独立した
人間でありそれぞれの努力をしていること、そして独自の資質をもつ他の人々との関係の中で
存在することができるということを徐々に理解していくのではないか、と考えられています。
このアプローチでは、子どもは成長過程における責任を引き受けなくてはなりません。そして
セラピストは、自分の問題よりも子どもに関する問題に集中します。

非指示的／子ども中心プレイセラピー

　関係療法のセラピストたちの仕事は、カール・ロジャーズ（Rogers, 1942）によって研究さ
れ発展させられました。彼はこれらの概念を拡大し、非指示的セラピーに発展させました。こ
れは後にクライエント中心療法（Rogers, 1951）と呼ばれるようになり、今日ではパーソンセ
ンタードセラピーと呼ばれています。
　プレイセラピーにおける４番目の主要な発展は、ロジャーズの教え子で、後に同僚となっ
たヴァージニア・アクスライン（Axline, 1947）の仕事によってもたらされました。彼女は、
ロジャーズの非指示的／パーソンセンタードの理念と原則（たとえば、個人の生まれつき成長
に向かおうとする努力への信頼や、個人のみずから方向づけようとする能力への信頼）を、プ
レイセラピーにおける子どもとの関わりに応用できるように効果的に運用しました。非指示的
プレイセラピーでは、子どもをコントロールしたり変化させたりしようとはしません。そし
て、子どもの行動はいかなるときも完全な自己実現への希求によって生じるという理論に基づ
いています。非指示的プレイセラピーの目的は、子どもの自己への気づきとみずからの方向づ
けです。セラピストには充実したプレイルームがあり、子どもには自分の好きなように遊ぶこ
とも、沈黙していることもできる自由があるのです。セラピストは、子どもの感情が表現さ
れ、認識され、受け容れられると、子どもが感情を受容し、自由に対処できるようになると信
じて、積極的に子どもの考えや感情を映し返します。
　アクスライン（Axline, 1950）はプレイセラピーに関する彼女の概念を要約する中で、次の

ように述べました。「遊びの経験は治療的である。なぜなら、遊びは子どもと大人の間に安全な関係をもたらすからである。その結果、子どもは自分自身の言葉で、自分自身のやり方で、自分自身の時間で、その瞬間の自分自身を正確に表現できる自由と余裕をもつことができる」(p.68)。このアプローチは後にクライエント中心プレイセラピーと呼ばれ、その後、子ども中心プレイセラピー（CCPT）と呼ばれるようになりました。CCPTはエヴィデンスベースドのアプローチでもあり、最も広く研究され、プレイセラピーの実践家によって最もよく用いられているアプローチです（Smith et al., 2022）。

小学校でのプレイセラピー

1960年代に小学校でガイダンスとカウンセリングプログラムが確立されたことで、**プレイセラピーの5番目の主要な発展**の扉が開かれました。1960年代までは、プレイセラピーはおもに不適応の子どもの治療に重点を置いた個人の実践家の領域で行われていました。プレイセラピーに関する文献もこの状況を反映していました。しかし、小学校にカウンセラーが加わるようになると、Alexander（1964）、Nelson（1966）、Muro（1968）、ランドレスら（Landreth et al., 1969）、Waterland（1970）、MyrickとHoldin（1971）、そしてランドレス（Landreth, 1972）といったカウンセラー兼教育者たちは、自身のプレイセラピーの経験をいちはやく文献の中で記述するようになりました。この著者らは、不適応の子どもだけでなく、すべての子どもの幅広い発達ニーズに応えるために、学校環境でのプレイセラピーの活用を奨励しました。プレイセラピーの予防的な役割を生かそうとするこの傾向は、その後も続きました。ノーステキサス大学のプレイセラピーの授業で私が初めて教えたのは1968年ですが、その授業には数人の小学校カウンセラーが登録していました。

DimickとHuff（1970）は、子どもが他人に対して十分かつ効果的に自分自身を表現できるような言語コミュニケーションの能力と洗練度合いに達するまでの間、子どもとカウンセラーの間に重要なコミュニケーションが行われるためには、遊びという媒体を用いることが必須であると示唆しました。彼らは、主な問題は、小学校のカウンセラー、学校心理学者、ソーシャルワーカーのいずれがプレイセラピーを行うべきか、ではなく、小学校でプレイセラピーをどのように用いるべきか、ということであると主張しました。

小学校の究極の目的は、子どもに十分な学習機会を提供することで、子どもの知的、情緒的、身体的、社会的発達を援助することです。したがって、小学校の環境で子どもにプレイセラピーを用いることのおもな目的は、子どもたちが提供された学習経験から利益を得る準備を整えることです。子どもたちに学ばせることはできません。どんなに腕のよい教師でも、学習する準備がまだできていない子どもたちを教えることはできません。したがって、プレイセラピーは学習環境への補助であり、子どもたちが学ぶ機会を最大限生かせるようにするための体験なのです。

近年では、プレイセラピーを活用する小学校のスクールカウンセラーの増加は目覚ましく、

プレイセラピーを用いるメンタルヘルスの専門家全体の中で大きな割合を占めています。現在、多くの大学のカウンセラー養成プログラムでは、スクールカウンセリングの課程の中でプレイセラピーのトレーニングが必須とされています。

プレイセラピー協会

　1982年のプレイセラピー協会（the Association for Play Therapy: APT）の設立は**プレイセラピー分野の進歩的な成長における6番目の重要な発展**でした。APTの結成は、プレイセラピーの発展を目的とした国際学会を構想したCharles SchaeferとKevin O'Connorの発案によるものでした。APTは、学際的かつオリエンテーションとしては折衷的です。APTは、*the Play Therapy Magazine*と*the International Journal of Play Therapy*を発行し、毎年10月にアメリカのさまざまな地域でプレイセラピー協会年次国際会議（the Annual Association for Play Therapy International Conference）を後援しています。APTは成長を続ける組織で、現在は7500人の会員がいます。APTには43の州支部があります。APTは子どもとの仕事に関心のあるメンタルヘルスの専門家の入会を歓迎します。入会に関する問い合わせはwww.info @ a4pt.orgまでご連絡ください。

プレイセラピーセンター

　1973年にノーステキサス大学構内に設立されたプレイセラピーセンターは、**プレイセラピー分野における7番目の大きな発展**といえます。センターは、プレイセラピーの文献、訓練、リサーチに関する情報センターとして、また継続的なプレイセラピーのトレーニングとリサーチの場として機能しています。センターには、十分に設備の整った八つのプレイルームと、三つのアクティビティセラピールームがあり、各部屋にはビデオ設備とマジックミラーが備えられています。カウンセリング、発達、高等教育部門のプレイセラピーセンターでは、各学期にスーパーヴィジョンつきの実習とインターンシップ体験を含む、プレイセラピーの修士および博士レベルのコースを八つ提供しています。また、6月にスーパーヴァイズを受けながらの4日間の集中的な実習を含む2週間のサマープレイセラピーインスティテュートを提供しています。さらに、センターではCCPTと子どもと親の関係性セラピー（CPRT）の認定トレーニングを提供しています。センターではプレイセラピーの著名な貢献者を特集した臨床プレイセラピーセッションのビデオシリーズが制作されました。また、修士課程と博士課程の研究のための奨学金も提供しています。プレイセラピーセンターは、世界最大のプレイセラピーのトレーニングプログラムとして認められています。そこでさまざまな国から来た学者、研究者、大学院生、そして大学教授たちは、センターで学んだり、大学のサバティカル休暇に施設を利用しています。

連絡先は、メール：cpt@unt.edu、ウェブサイト：http://cpt.unt.edu です。

大学での訓練

　プレイセラピー分野における8番目の大きな発展は、プレイセラピーのトレーニングに対するこの分野の専門家やトレーニング中の準専門家たちの関心の高まりに応えて、プレイセラピーの講座やスーパーヴィジョン体験を提供する大学の数が増加していることです。APT のデータによれば、2022 年では少なくとも 173 のアメリカの大学が1学期、あるいはそれ以上の期間の講座でプレイセラピーのトレーニングを提供しています。1989 年には、プレイセラピー講座を提供していたのはわずか 33 の大学のみでした。APT は、Find University Play Therapy Directory というウェブサイトで、プレイセラピーのトレーニングを提供する大学のオンラインディレクトリを掲載しています。

フィリアルセラピー

　親と子の関係性の質は子どもの現在と未来のメンタルヘルスにとって最も重要です。したがって、将来の成人集団のメンタルヘルスによい影響がもたらされるためには、すべての子どもたちのメンタルヘルスを大幅に改善すべく、一層の努力が必要となります。メンタルヘルスの専門家たちのスキルは、未来の大人たちの人生に大きな影響を与える最適な立場にいる親にトレーニングを通じて伝えられなければなりません。親が子どもの人生において治療的役割を果たすための訓練であるフィリアルセラピーは、1960 年代に Bernard Guerney と Louise Guerney 夫妻によって創案された革新的な考え方でした。フィリアルセラピーが、プレイセラピー分野における9番目の発展といえるでしょう。Guerney 夫妻が初めてこの考えを提示したとき、メンタルヘルス分野の専門家たちの多くは過激でとんでもないと考えました。Guerney 夫妻が考案したフィリアルセラピーのモデルは、親に子ども中心セラピーの基本的なスキルを訓練し、週に1回自宅で特別な遊びの時間を実施することで子どもの生活の中の治療的存在になってもらうというものです。
　フィリアルセラピーの全体像を知るためには、フィリアルセラピーの定義をお示しするのがいいでしょう。フィリアルセラピーは次のように定義されます。

　　プレイセラピーの訓練を受けた専門家が、啓発的な指導、プレイセラピーセッションのデモンストレーション、自宅でのプレイセラピーセッションの必須の実習、そして支持的雰囲気でのスーパーヴィジョンという形式を通じて、親が子どもにとっての治療的存在になるために親をトレーニングするユニークなアプローチ。親は、映し返すように傾聴すること、子どもの感情を認識し応答すること、治療的な制限設定、子どもの自尊心を高める

第3章　プレイセラピーの歴史と発展　　**29**

こと、そして厳選されたおもちゃの特別なキットを使って子どもと義務づけられた毎週の
プレイセッションを構成することなど、CCPT の基本的な原則とスキルを教えられる。
親は、親と子の関係性を強化することで、子どもと親の両者にその人自身の成長と変化を
促進するための、非評価的で、理解し受容する環境を作り出す方法を学ぶ（Landreth &
Bratton, 2020, p10）。

　Guerney 夫妻の仕事をもとに、私はより凝縮された 10 セッションの親のトレーニング
フォーマットである CPRT（Landreth, 1991）を開発しました。これは、時間的、金銭的制約
によって親が長期間のトレーニングに参加できないことが多いという私の経験に基づいていま
す。Landreth と Bratton（2006, 2020）は 10 セッションのフォーマットをテキストによって
定式化しました。それを CPRT、すなわち 10 セッションのフィリアルセラピーモデルと呼ん
でいます。CPRT プロトコルはマニュアル化されています（Bratton et al., 2006）。Bratton と
Landreth（2020）は『子どもと親の関係性セラピー治療マニュアル』の第 2 版を出版し、モ
デルの汎用を許可しています。このマニュアル化された治療アプローチは、プレイセラピー分
野では初めてのものです。フィリアルセラピーは、メンタルヘルス分野の中では心強い発展で
す。治療技法は親と共有する必要があります。セラピストがプレイルームで子どもと一緒にや
ることが子どもの役に立つのであれば、親が示す同じ行動は子どもたちの全体的な成長と発達
に役立つ可能性があります。

大人のプレイセラピー

　セラピーの場で大人にプレイセラピーを用いることへの関心が高まっています。こうしたプ
レイセッションでは、大人は遊びの活動そのものに没頭し、単なる言語化を通しては知り得な
い一種の気づきを得ます。遊びを通じて、大人は自分自身と会話しますが、それは直接的な関
与が必要となるため、非常に個人的な経験となります。ドールハウス、砂場、ダーツ銃、絵の
具、ボボ人形、その他典型的なプレイセラピーのおもちゃは、大人にとって促進的な材料にな
り得ます。私の著書『プレイセラピーの革新：問題、プロセス、そして特別な人々』（Landreth,
2001）では、介護施設の高齢入居者とのプレイセラピーセッションは非常に効果的であると
述べられています。セラピストの中には、大人のクライエントが自分の悩みを話す際に、プレ
イルームのおもちゃを自由に選んで使えるようにすることで驚くべき結果が得られたことを報
告している人もいます。また、プレイルームでグループセッションを行い、大人のメンバーに
自分を表す象徴となるような物を選んでもらうセラピストもいます。こうした物は、メンバー
同士で分かち合ったり、他のメンバーからフィードバックを受けたりするときの焦点になりま
す。

家族療法におけるプレイセラピーの手続き

　家族療法家は、セッションにおもちゃや画材を持ち込むと、子どもと親の関わりや表現が促進されることの価値を認識し始めています。9〜10歳以下の子どもは、家族面接に効果的に参加するために必要な言語能力をもっていません。遊び道具を導入しないと、多くの家族療法セッションは大人の参加者同士の言語的やりとりが主となり、子どもは傍観者となるか、実際に、もしくは頭の中で目的もなく部屋をさまようことになるでしょう。子どもに家族人形を手渡して、家で何が起きているかを見せてくれるように頼むことは、家でのやりとりの様子を言葉で述べたり説明したり確認したりするよりもはるかに効果的です。また、家族全員が遊びの活動に参加することは参加者すべてにとって非常に促進的で、大きく治療的になることもあります。遊びの活動の企画に、親が子どもと一緒に参加するよう頼まれると、親と子は将来の家族とのやりとりで役に立つような問題解決の方法を学ぶことになります。家族のプレイセラピーでは、セラピストが家族とのやりとりの中でファシリテーターやロールモデル、参加者、教師、あるいは教育者などさまざまな役割を担うことができます。

グループプレイセラピー

　グループプレイセラピーはプレイセラピーの発展の歴史の中でずっと用いられてきましたが、その活用は非常に限られてきました。1961年に出版され、1994年に再出版されたハイム・ギノットの「子どもとの集団精神療法：プレイセラピーの理論と実践」（Ginott, 1961/1994）、1999年に出版されたDaniel SweeneyとLinda Homeyerの「グループプレイセラピーハンドブック」、2014年に出版されたDaniel Sweeney、Jeniffer Baggerly、Dee Rayの「グループプレイセラピー：力動的アプローチ」は、グループプレイセラピーをテーマに出版された唯一のテキストです。

　思春期や成人のグループカウンセリングと同様に、グループプレイセラピーは、基本的には子どもたちが互いに交流する自然な流れの中で、他の子どもだけでなく自分自身についても学んでいくという心理的、社会的プロセスです。やりとりのプロセスの中で、子どもたちは互いに人間関係の責任を負えるよう助け合います。その後、子どもたちは、グループプレイセラピーの場以外でも自然に、かつ速やかに仲間との交流を広げることができるようになります。グループカウンセリングの他のほとんどのアプローチとは異なり、グループプレイセラピーにはグループの目標がなく、グループの結束はプロセスを展開させるために必須の要素ではありません。他の子どもを観察することで、子どもは自分がやりたいことに挑戦する勇気を得るのです。

病院におけるプレイセラピー

　入院は、幼い子どもたちにとって恐ろしくストレスの多い経験となる可能性があります。子どもは、あらゆる種類の侵襲的処置が行われる慣れない環境にいるのです。馴染みなく、見知らぬ活動や環境の中で、子どもは不安やコントロールを失った感覚をしばしば経験します。Golden（1983）によると、子どもたちが病院に来たときよりも健康になって退院できるのを

助けるうえで、プレイセラピストのおもちゃは、外科医のメスと同じくらい重要です。子ども
が恐怖や不安を適切に表現し、対処する機会をもてなければ、情緒的な問題が生じ、健康面で
の適応が変わってしまう可能性があります。

　世界中の病院で、プレイセラピーの原則と手続きの応用が見られます。アメリカでは、チャ
イルドライフプログラム（Child Life Programs）[訳注1] が本来は無菌環境である場所にプレイ
ルームとプレイセラピーの手続きを組み込むうえで重要な役割を果たしてきました。チャイル
ドライフセラピストは病院の機器、注射器、聴診器、マスクなどを人形やパペット人形と組み
合わせて使い、決められた遊びを通じて子どもたちに医療的処置を理解させ、それによって子
どもたちの病院関連の不安を減らすことができます。子どもに道具を選んでもらい、遊びを決
めてもらうことでもよい結果が得られています。子どもたちは、経験したばかりのことを遊び
の手続きの中で演じることがよくあります。これは、経験したことを理解しようとする子ども
のやり方や、コントロールを発達させるやり方であると見なすことができます。子どもが遊ん
でいるとき、子どもは自分の世界をコントロールしているともいえます。

　また、構造化された人形遊び（Structured Doll Play）も、病院やその他の環境といった、
馴染みがなく不安を誘発するような経験を子どもが理解し、適応するのを助ける優れた手続き
です（Landreth & Bratton, 2020, pp.334-336,「構造化された人形遊び」を参照してください）。

［訳注］

1) 医療にまつわる子どもの体験を改善するために、"遊び、プリパレーション、教育のプログラム"として
　北米で始まり、発展してきたプログラム。子どもの発達やストレスの対処に関する専門知識をもつチャイ
　ルド・ライフ・スペシャリスト（Child Life Specialist: CLS）が、子どもと家族が長期間の過酷な治療など
　によって心に傷を負うことのないよう、心理社会的支援を提供することを指す。日本には一般社団法人日
　本チャイルド・ライフ・スペシャリスト協会がある（https://jaccls.org/）。

参考文献

Alexander, E.（1964）. School centered play-therapy program. *Personnel and Guidance Journal*, 43（3）, 256-
　261.

Allen, F.（1934）. Therapeutic work with children. *American Journal of Orthopsychiatry*, 4（2）, 193-202.

Axline, V.（1947）. Nondirective therapy for poor readers. *Journal of Consulting Psychology*, 11（2）, 61-69.

Axline, V.（1950）. Entering the child's world via play experiences. *Progressive Education*, 27, 68-75.

Bratton, S., Landreth, G., Kelllam, T., & Blackard, S.（2006）. *Child parent relationship therapy (CPRT) treat-
　ment manual: A 10-session filial therapy model for training parents*. Routledge.

Bratton, S., & Landreth, G.（2020）. *Child-parent relationship therapy (CPRT) treatment manual: An evi-
　dence-based 10-session filial therapy model*（2nd ed.）. Routledge.

Dimick, K., & Huff, V.（1970）. *Child counseling*. William C. Brown.

Freud, A.（1946）. *The psychoanalytic treatment of children*. Imago.

Freud, A.（1965）. *The psycho-analytical treatment of children*. International Universities Press.

Freud, S.（1909/1955）. *Two case histories "Little Hans" and the "Rat Man."* Hogarth Press.（総田純次責任
　編集〔2008〕『フロイト全集第10巻　症例「ハンス」　症例「鼠男」』岩波書店）

Fröbel, F.（1903）. *The education of man*. D. Appleton.（小原國芳、荘司雅子訳〔1976〕『フレーベル全集第
　2巻　人の教育』玉川大学出版部）

Ginott, H.（1961/1994）. *Group psychotherapy with children: The theory and practice of play therapy*. Aronson.（中村悦子訳〔1965〕『児童集団心理療法』新書館）

Golden, D.（1983）. Play therapy for hospitalized children. In C. Schaefer & K. O'Connor（Eds.）, *Handbook of play therapy*（pp.213-233）. John Wiley.

Hambidge, G.（1955）. Therapeutic play techniques: Symposium, 1954: 4. Structured play therapy. *American Journal of Orthopsychiatry*, 25（3）, 601-617.

Hug-Hellmuth, H.（1921）. On the technique of child-analysis. *International Journal of Psychoanalysis*, 2, 287-305.

Kanner, L.（1957）. *Child psychiatry*. Tomas.（本書は第3版。第2版までは、黒丸正四郎、牧田清志訳〔1974〕『カナー児童精神医学』医学書院として翻訳がある）

Klein, M.（1955）. The psychoanalytic play technique. *American Journal of Orthopsychiatry*, 25（2）, 223-237.（小此木啓吾・岩崎徹也責任編訳〔1985〕『メラニー・クライン著作集4 妄想的・分裂的世界 第8集精神分析的遊戯技法』誠信書房）

Landreth, G.（1972）. Why play therapy? *Texas Personnel and Guidance Association Guidelines*, 21, 1.

Landreth, G.（1991）. *Play therapy: The art of the relationship*. Routledge.

Landreth, G.（2001）. *Innovations in play therapy*. Routledge.

Landreth, G., & Bratton, S.（2006）. *Child-parent relationship therapy (CPRT)*. Routledge.（小川裕美子ら訳〔2015〕『子どもと親の関係性セラピー CPRT』日本評論社）

Landreth, G., & Bratton, S.（2020）. *Child-parent relationship therapy (CPRT): An evidence-based 10-session filial therapy model*（2nd ed.）. Routledge.

Landreth, G., Allen, L., & Jacquot, W.（1969）. A team approach to learning disabilities. *Journal of Learning Disabilities*, 2（2）, 82-87.

Levy, D.（1938）. "Release therapy" in young children. *Psychiatry*, 1, 387-389.

Levy, D.（1939）. Release therapy. *American Journal of Orthopsychiatry*, 9, 713-736.

Muro, J.（1968）. Play media in counseling: A brief report of experience and some opinions. *Elementary School Guidance and Counseling*, 3（2）, 104-110.

Myrick, R., & Haldin, W.（1971）. A study of play process in counseling. *Elementary School Guidance and Counseling*, 5（4）, 256-265.

Nelson, R.（1966）. Elementary school counseling with unstructured play media. *Personnel and Guidance Journal*, 45（1）, 24-27.

Rank, O.（1936）. *Will therapy*. Knopf.

Reisman, J.（1966）. *The development of clinical psychology*. Appleton-Century-Crofs.

Rogers, C.（1942）. *Counseling and psychotherapy*. Houghton Mifflin.（末武康弘、保坂亨、諸富祥彦訳〔2005〕『カウンセリングと心理療法』岩崎学術出版社）

Rogers, C.（1951）. *Client-centered therapy*. Houghton Mifflin.（保坂亨、末武康弘、諸富祥彦訳〔2005〕『クライアント中心療法』岩崎学術出版社）

Rousseau, J.（1762/1930）. *Emile*. J.M. Dent & Sons.（今野一雄訳〔2007〕『エミール 上 改版』岩波書店）

Smith, E., Carns-Holt, K., McKim, C., & Barrows, M.（2022）. Impact of play therapy training on students in counselor preparation programs. *International Journal of Play Terapy*, 31（1）, 1-9.

Sweeney, D., & Homeyer, L.（1999）. *The handbook of group play therapy*. Jossey-Bass.

Sweeney, D. S, Baggerly, J. N. & Ray, D. C.（2014）. *Group play therapy: A dynamic approach*. Routledge.

Taft, J.（1933）. *The dynamics of therapy in a controlled relationship*. Macmillan.

Waterland, J.（1970）. Actions instead of words: Play therapy for the young child. *Elementary School Guidance and Counseling*, 4（3）, 180-187.

第4章

子どもたちとは

宇宙は私たちが探索すべき最後の開拓地であるといわれてきましたが、子ども時代こそ、本当のところ、私たちの最後の開拓地かもしれません。私たちは、子ども時代における複雑に絡み合った事柄についてあまりにも知らなすぎ、また、子ども時代のもつ意味を発見し理解しようとする努力には限界があります。というのは、私たちは、それらを子どもたちから教えてもらわざるを得ないからです。

経　験　則

子どもたちについての最も重要な事柄は、子どもたちから学ぶしかない。

プレイセラピーの中でプレイセラピストが関わっている子どもだけが、その子についてセラピストが知らない重要なことをセラピストに教えることができます。子どもたちについては、子どもたちからしか学べません。子どもたちがセラピストとの関わりの中に持ち込むものは、その子の人間性を複雑に織り上げていくための材料となる、情緒的な可能性を豊かに含んだタペストリーのようなものです。これらの情緒的な可能性がどこに向かうかは、セラピストの人間性、セラピストの対応の仕方、子どもがセラピストをどのように感じるかに影響されます。

子どもたちと関わるための信条

子ども中心の観点からいうと、子どもたちと関わるプロセスは、子どもたちについての以下のような信条に基づいています。その信条は、セラピストにとっては、子どもに対して体験的に自己を投影する態度に枠組みを与えます。その信条は次のようなものです。

第4章　子どもたちとは　　**35**

1. 子どもたちは大人のミニチュアではない。セラピストは、子どもが大人のミニチュアであるかのようには応じない。

2. 子どもたちは人間である。子どもたちは深い苦痛や喜びの感情を体験することができる。

3. 子どもたちは、かけがえのない存在であり尊敬に値する。セラピストは、それぞれの子どもがもつかけがえのなさを重んじ、その子どものあるがままの人間性を尊重する。

4. 子どもたちには回復力がある。子どもたちは、自分が生きるうえでの支障や境遇を克服するとてつもない能力をもっている。

5. 子どもたちには生まれつき成長と成熟に向かう傾向が備わっている。子どもたちは、心の中に直観的な賢さをもっている。

6. 子どもたちには積極的に自分で方向性を決める能力がある。子どもたちは創造的なやり方で自分の世界に対処することができる。

7. 子どもたちの自然な言葉は遊びである。これこそが、子どもたちが最も無理なく自己表現する方法である。

8. 子どもたちは沈黙を守る権利がある。セラピストは、話すまいとする子どもの決意を尊重する。

9. 子どもたちはいつか心理療法での体験を自分がいるべき場所で生かす。セラピストは、子どもがいつ、あるいは、どのようにして遊ぶのかを決めようとしない。

10. 子どもたちの成長を急かすことはできない。セラピストはこのことを認識し、子どもの発達の過程を忍耐強く待つ。

　子どもたちは生まれながらにして人間です。あらかじめ決められた年齢になれば、あるいは、何らかの基準に合致すれば、人間になるというわけではありません。それぞれの子どもがかけがえのない個人であり、そのかけがえのなさは、その子の生活の中に誰か重要人物がいることが理由ではありません。子どもの行動によって、その個人的な重要性が増減するものでもありません。つまり、個人としての価値と尊厳をもつがゆえに、子どもたちは尊敬に値するのです。セラピストは、彼らのかけがえのなさを重んじてその価値を認め、その子を一人の人間として対応します。子どもたちは人間です。努力して人間であることを認められる必要はないのです。

　子どもは研究の対象ではありません。むしろ、その瞬間のダイナミックな動きの中で理解されるべき一人の人間です。プレイルームの中でセラピストの前に立っている子どもは、分析されるべきやっかいなものではなく、全体的な個人として関わられ、理解されるべきものなのです。子どもたちは、実はすべての人間がそうであるように、価値のある人間として耳を傾けられ、認められたいという願望をもっています。子どもたちの中には、注目され、愛されることを日々待ち望んで生きているように見える子どもがいます。そして日々、子どもたちの周りにいる大人たちは、こうした情緒的なメッセージを無視しているのです。しかし、プレイルームの中では、子どもたちは注目され、耳を傾けられ、言うことを聞いてもらえ、応えられ、そし

て、自分自身の生きる計画を自分で立てることを認められています。これこそ、子どもたちにとって、成長するために、そして自分でものごとを方向づけするために、自分の内的資質が使えるようになるというプロセスであり、これによって子どもたちは自由になっていくのです。プレイルームの中で受容され、安全であり、許されているということが体験されるので、子どもたちは自分の個性を十分に表現することができます。

子どもたちには回復力がある

　子どもたちは内的な強さをもち、回復力があります。何かあっても、子どもたちは立ち直ります。子どもたちは家庭環境の産物であると説明しようとするのは、あまりにも単純に割り切りすぎていて、同じ環境に育った子どもたちに違いがあり均質ではないということを考慮に入れていないことになります。生活の中で起こる、周りからはつらい体験に見えるものに傷ついていないように思われる子どもがいることを、どのように考えればいいのでしょうか。子どもたちの中には、愛情のない無神経な親によって日常的に殴られるという体験をしながらも、精神的には打ちのめされない子どももいます。貧困の中に育っても、心豊かに、また人生観豊かに成長する子どももいます。アルコール依存症の親をもっても、“共依存的な同胞”のようではなく、独立心があり、十分に適応的な子どももいます。情緒的に混乱した親に育てられても、自分自身は10代の少年少女や大人としてそれなりに成功し、十分に適応的な子どももいます。これらを説明することができるものとして、こうした体験の内在化のされ方や、周りの環境と相互に作用し合うにつれて個人の中に起こってきた統合ということが考えられます。このような例を見ると、**逆境の最中にあってさえ達成と成熟に向かおうとする、人間という有機体の能力と努力**の重要性がよくわかります（図4.1）。

　ある子どもたちを傷つきにくくさせる要因として研究者たちが主張してきた有意な変数は、自尊心の高さ、自己コントロールの強さ、内的な動機づけの強さ、個人としてのアイデンティティをもっているという感覚です。これらをもっている子どもたちは、自分自身を信頼しています。こうした子どもたちは、周りの環境をコントロールする力を発揮できると感じていて、目的志向的です。そのような子どもたちの親は、子どもに自分でものごとを方向づけさせることがかなり多いということが、研究者たちの間でわかってきました（Segal & Yahraes, 1979）。こうした知見は、子どもたちが体験するような、プレイセラピーでのセラピストとの関わりの力動やプロセスにもそのままいえることなのです。

　回復力のある子どもたちといえば、私は、当時1歳6ヵ月だったジェシカ・マックルーアのことを思い出します。それは、西テキサスの使われなくなった井戸の竪穴に落ちてしまい、世界中の人々の注目を集めた子どもです。幼い子どもにとって、なんて恐ろしくぞっとする体験でしょう。たしかに、大人が体験しうるどのようなことにも匹敵するほどのひどい体験です。彼女はほとんどまる2日間、その小さな竪穴の中から動けなくなり、その間彼女に話しかけてくれる人も、触れてくれる人も、なぐさめてくれる人もいませんでした。彼女には、自分がど

図4.1　子どもたちは、成長と成熟に向かって奮闘するための能力を生まれながらにもっています。プレイセラピーの関わりは、そうした能力の発達を促します。

こにいるのか、あるいは、自分に何が起こったのかを知るすべはありませんでした。その2日間はたしかに、ジェシカにとっては永遠とも思えるほど長かったに違いありません。彼女が暗い竪穴の中に閉じ込められて46時間ものあいだまったく一人でいたのち、レスキュー隊がマイク越しに初めて彼女と接触したとき、彼らは、この小さなよちよち歩きさんが一人でそっと歌を口ずさんでいるのを耳にしました。**子どもたちに自分自身をなぐさめ気づかおうとする内的な動機が生まれつき備わっている**ことの、なんて見事な実例なのでしょう。私たち大人は、子どもたちの能力と潜在的な可能性がわかるほど賢いわけではありません。子どもたちに対する私たちの見解はたいてい、あまりにも狭く限られたものです。大人たちの中には、自分の限りある理解の範囲で子どもたちを制限しようとする人もいますが、人間という有機体のもつ能力は、私たちの理解のレベルを凌駕するものなのです。

　通常、子どもたちはものごとをおもしろがります。子どもたちは元気いっぱいです。機会があれば、子どもたちは興奮し、のびのびと、そして驚きをもって、生きるということに取り組みます。子どもたちはみんな、日々の暮らしの中で何らかの喜びを体験するべきですし、日常的に子どもたちと関わり合う大人たちすべてがこのことを目指すべきです。課題をやりとげるように急かして子どもの成長を早めようとするなら、子どもたちは喜びを奪われてしまいます。穏やかに忍耐強く待つ環境が、すべての子どもたちの暮らしの中にあるべきです。というのは、穏やかに忍耐強く待つ雰囲気の中でなら、子どもたちは、自分の内的な資質を発見して試すことができるからです。子どもたちは基本的な信頼をもっていて、それゆえに傷つきやすいのです。大人たちは、子どもたちの信頼につけ込まないように気をつけなければなりませ

ん。大人たちは、子どもたちの内的な体験に対して非常に敏感でなければならないのです。

　子どもたちは、過ぎた日々にしがみついてはいません。**その子の生きている世界は現在なの**です。子どもに「待ちなさい」と言うことはできません。というのは、その子どもの世界は、今体験されている世界だからです。子どもの世界は、ものごとがゆっくりと進み、めまぐるしい活動が時折起こる世界です。子どもたちはシンプルなことを好みます。子どもたちは、ものごとをさらに複雑にしようとはしません。子どもたちは絶えず、内面的にも外面的にも成長し変化していますが、このダイナミックなプロセスに、心理療法のアプローチも同じようにダイナミックに合わせていかなければなりません。

ポップコーンのような子どもたちもいれば
糖蜜のような子どもたちもいる

　ある程度長い期間子どもたちと一緒にいたことのある人なら誰でも、子どもたちは独自のやり方で世界を探求し、その探求で示される人間性や行動がそれぞれ違うことをよくわかっています。子どもたちの中にはポップコーンのような子どもがいます。そのような子どもたちは何事をするにも、ものすごいエネルギーと活力をほとばしらせます。何かを思いついた場合、その子どもたちは生き生きと弾けるように前進し、この新たなすばらしい思いつきを活性化させます。その子どもたちは何かに興味を惹かれると、マルハナバチ同様、一見したところでは動きがないようにはばたきながら、そこにとどまっている能力があります。それから彼らは爆発的に動き出し、ぶんぶん音を立てて何か他のおもしろいものを見つけに急ぐのです。

　糖蜜のような子どもたちもいて、そのような子どもたちは、ある場所から他の場所へと流れていくことがなかなかできません。そうした子どもたちは何事をするにも慎重で注意深く考え、一見すると惰性で動いているようで、自分の周りに生じている動きに影響を受けません。ジャイロスコープのようです。内側ではあらゆることがちゃんと機能し回転しているのですが、外側で観察できる動きや変化はほとんどありません。

　マッシュルームのような子どもたちもいます。そうした子どもたちは一夜にして突然成長します。ランのような子どもたちもいます。花を咲かせるのに7年から12年かかります（Nutt, 1971)。**効果的にプレイセラピーをするセラピストは、ランの花が咲くのを待ち、マッシュルームにも辛抱強いような類いの人です。**どちらの子どもも、問題解決と人生をどう生きるべきかということへの、独自のアプローチをしています。したがってセラピストは、成長してよく適応し成熟した個人になっていくことに必要な性質を子どもがすでにもっているので、子どもが自分の独自性を発見するのを辛抱強く待つのです。セラピストは、困難を解決する子どもの能力を心から信じているゆえに、セラピストの我慢の足りなさから、もっと他のことをしたらどうかと促したり、他の重要な大人がこの変化を必要としている子どもが探求すべき重要な話題だと言ったことについて話したりしません。セラピストは子どもを尊重しますから、子どもの邪魔をしたり黙らせたりしませんし、子どもが言うことや子どもが体験している感情を子どもだからといって割り引いて聞くということもしないのです。

第4章　子どもたちとは　　**39**

参考文献

Nutt, G.（1971）. *Being me: Self you bug me*. Broadman.

Segal, J., & Yahraes, H.（1979）. *A child's journey: Forces that shape the lives of our young*. McGraw-Hill.

第 5 章

子ども中心プレイセラピー

　子ども中心プレイセラピー（CCPT）のアプローチは、内在化されなければならない、そして生き抜かなければならないものであり、それについて語れればいいとか、わかっていればいいというだけのものではありません。CCPT のアプローチは、セラピストが子どもたちと関わりながら自分自身の人生を生きるということを含んでいる考え方です。プレイルームに入るときに羽織って離れるときに脱ぐ、テクニックのマントのようなものではなく、子どもたちとの関わりの中で自分の人生を生きるための態度や行動を生み出す考え方です。それは、子どもたちや、苦労して成長と成熟に向かう子どもたちの生来的な能力への、決して揺るがない信頼を意識して関わることに基づいている方法なのです。CCPT は、徹底して心理療法的なシステムです。それは、ラポールを形成するためのテクニックを単にちょっと応用するというものではなく、建設的に自分で方向性を決めている子どもたちの能力と回復力への、深くて揺るがない信頼に基づいています。子どもたちは、自分自身の成長を適切に方向づける能力をかなりもっています。そして、子どもたちは、遊びを通して感情や体験を表出するプロセスにおいて、プレイセラピーの中の関わりでは、自分自身でいる自由を認められています。子どもたちはプレイルームの中で、みずからの歴史を創造し、セラピストはそれぞれの子どもが自分で決めた方向性を尊重するのです。

　CCPT のセラピストは、子どもたちが生まれながらにもっている、内的に方向づけられた、建設的な、前へと動く、創造的な、自己治癒的な、成長へと向かう動きを信じています。プレイルームの中で、この考え方が子どもたちに対して生かされるとき、子どもたちは力づけられ、彼らの発達していく能力は自己探求や自己発見に向けて解き放たれ、その結果、建設的な変化に至ります。イェール大学で 2007 年に行われた調査研究は、6〜10 ヵ月くらいの赤ちゃんが、生まれながらにして、人間関係をよくする方向にもっていく能力があることを確かめました。6〜10 ヵ月の赤ちゃんに、ぎょろ目人形がジェットコースターの山のようなところを登っていくのを見せます。次に、違う格好をしたぎょろ目人形が、初めの人形の山登りを助ける場面を見せます。3 番目に見せるのは、もう一人のぎょろ目人形が来て、初めの人形を山の

第 5 章　子ども中心プレイセラピー　　41

上から突き落とす場面です。その後、赤ちゃんたちは、助けてくれたぎょろ目人形と、助けて
くれなかったぎょろ目人形のどちらで遊ぶかを選ぶ機会が与えられます。ほとんどすべての赤
ちゃんが、助けてくれたぎょろ目人形のほうを選んで遊びました。

　子ども中心プレイセラピストは、子どもたちが内的にもっている情動の成長と彼らが自分に
自信をもつことを促すような関わりを、どのように発展させるかに苦心します。CCPT は、子
どもたちのために何かをする方法であるというよりはむしろ、子どもたちと"共にいる"ため
の姿勢であり、哲学であり、方法なのです。"共にいる"のためには、子どもが見て体験して
いるものをセラピストも見て体験すること、子どもと同じようなものの見方ができること、わ
かりすぎないこと、我慢強さ、子どもの感情的な苦闘を理解していることが求められます。

人格理論

　セラピストが与えることができる"重要な"情報は、パーソナリティの発達にとって重要な
ことのみではありません。子どもが自分自身についてどのように感じるのかということが、行
動における重要な相違を生じさせます。どの子どもも、自分や、自分にとって現実だと思って
いる世界について、自分なりの認識をもっています。そして、この自己認識は、生きているう
えで日々どんな体験をしたとしても、その子が個人として機能するための基礎を与えます。ど
の子どもにもある、この自己認識と限りない可能性は、CCPT のアプローチがよりどころとす
る人格構造理論にとって基礎的なものなのです。こうした原理は、セラピストの信条・動機・
態度の複雑さを理解するための枠組みを与え、セラピストの生き方としての子どもたちへのア
プローチを形成します。

　こういうことを言い始めると、私の傾向として、子どもたちと、子どもたちが人生を創造的
に生きるということにアプローチするためのすばらしく新鮮でわくわくさせるやり方について
書き続けそうになります。しかし、理論についての議論は必要です。理論のうえでの人格形成
の仕組みについて理解しそれに従うことは、セラピストの子どもたちに対するアプローチに一
貫性を与え、子どもたちの内的な体験世界に対する感受性を高めます。

　私は、カウンセリング理論が、年齢にとらわれない人格理論と行動理論に基づいていること
を指摘する必要性を感じます。私が教えているプレイセラピー専攻のコースでは、ときどき、
大学院生たちやメンタルヘルス実践者の反応に戸惑い、手こずってきました。彼らは、子ども
中心アプローチが、子どもたちとのプレイセラピーの面接に役立つことに興奮するのですが、
同じ人格理論と行動理論の構築が、カウンセリングを体験する青年期や成人期の人々にも当て
はまるということを信じないのです。カウンセリング理論は、全年代にわたってのパーソナリ
ティの発達と行動を包括的に説明する理論であり、老若にかかわらず適用に違いはないので
す。ある 5 歳児が生まれながらにして自己実現傾向をもっているからセラピストはその子の導
くほうへ従う必要がある、ということを信じているのに、次の瞬間、ある 30 歳の大人が心の
悩みを引き起こす認知的な弱点をもつ傾向があるからセラピストの役割はその大人に何が論理

的で何が非論理的かを教育することである、とどうして考えることができるのでしょうか？私は、そのように年齢によって個人の発達についての正反対の見方を当てはめることからくる不一致を、うまく整理することができません。

それはともかく、理論の探求に戻りましょう。CCPT の理論構築は、子どもが潜在的にもっている成ることのできる自己に関わっていくプロセス、そしてその自己を発展させるプロセスの内的な力動に焦点を当てています。子ども中心人格構造理論は、(a) 人間性、(b) 現象の場、(c) 自己、という三つの中心的な構成概念に基づいています（Rogers, 1951）。

人間性

人間性とは、子どものあるがままにすべてのことです。つまりその子どもの思考、行動、感情や身体的な在り方すべてです。CCPT の人間性についての基本的な命題は、どんな子どもも「自分が中心となっている、絶えず変化する体験世界に存在している」（Rogers, 1951, p.483）というものです。この変化する体験世界に反応するときに子どもは有機的な人間全体としてそうするので、ある部分の変化は他の部分の変化をもたらすことになります。したがって、継続的でダイナミックな、人間同士の相互作用が生じると、全体で機能する人間として、子どもは自己実現を目指して奮闘するのです。この活発なプロセスは、より積極的に機能する人間になっていくことや、一人の人間として、向上、自立、成熟、自己を高めることへと向かいます。このプロセスにおける子どもの行動は、その子にとっての現実を構成するその子だけの現象の場の中で体験されており、個人的な欲求を満たす何らかの目的があるのです。

現象の場

現象の場は、（意識的なレベルであろうとなかろうと）子どもが経験するすべてのことから成り立っており、外的なものだけではなく内的なものもあります。その中には知覚、思考、感情、行動が含まれます。現象の場は、人生をどのように見るのかという内的な準拠枠の基礎を作ります。

経 験 則

認識は現実の基礎となる。

子どもが認識しているできごとは何であれ、その子どもにとっては現実です。したがって、CCPT の基本的な信条は、もし子どもとその行動を理解しようとするならば、その子の現実認識を理解しなければならないということです。もしその子との間に大事な関係を打ち立てようとするならば、その子の現象の場に焦点を合わせ、理解しなければならないのです。その子の行動は、その子にとっての現実を構成するその子だけの現象の場の中で体験されており、個人的な欲求を満たす何らかの目的があって現れてくるのです。

したがって、実際に何が起こっているのかという現実よりも、子どもが現象の場で認識しているもののほうが何であれ重要であると考えられます。何が現実かということは主観的に決まるので、**子どもの行動は常に、その子どもの目を通して見ることによって理解されなければなりません**。だから、セラピストは意識して、子どもの行動（たとえば、絵、積まれたブロック、言葉を綴ろうとする試み、粘土の作品など）がどんなに単純なものであっても、審査したり評価したりすることを避け、その子どもの内的なものの見方を一生懸命わかろうとします。もしそのセラピストが、子どもの人間性と触れ合おうとするならば、子どもの現象の場に焦点を当て、理解しなければなりません。セラピストは子どもに、あらかじめ決められた基準に合うだろうとか、あらかじめ考えられたカテゴリーに当てはまるだろうとかいう期待をかけないのです。

子どもの人間性、つまり思考、行動、感情、身体的な在り方と、子どもが経験している環境との相互作用が絶えず変化しているのと同様に、その子どものものの見方や態度、思考も絶えず変化しています。このダイナミックな動きは、セラピストにとって大きな意味をもちます。セラピストは、1週間に一度しか子どもと会わないかもしれません。今週の子どもは先週のその子とは何か違っているとしたら、セラピストは、その子が認識している世界や、今週その子はどんな世界にいるのかということに対して開かれていなければなりません。子どもの認識と内的な現実世界が変化すれば、子どもが先週あるやり方で反応したできごとに、今週は違った反応をするでしょう。このように子どもの中で統合されていくものが絶えず変化しているということで、子どもたちのもつすさまじいまでの回復力や、希望を生み出そうとする努力に説明がつくように思われます。生きるということは、個人が絶えずダイナミックな体験をし続ける過程であり、子どもたちは絶えず、思考や感情、態度の再組織化を内的に体験しています。したがって、過去の経験は、日々、初めと同じ程度の強烈さや衝撃を伴って体験されるわけではなくなります。だから、CCPT のセラピストは、子どもを過去の経験に連れ戻す必要はありません。というのは、子どもの世界に対する見方は昔のできごとがあったときから成長しており、過去の経験はもはや、以前と同じ衝撃を子どもに与えないからです。したがって、セラピストは子どもが導くままに、その子が今のプレイルームの中での体験を自分が必要としているところへともっていけるようにするのです。

自　己

子ども中心人格構造理論の三つ目の中心的構成概念は自己です。ロジャーズ（Rogers, 1951）は、どんな子どもも、変化し続ける体験世界の中に存在しており、その世界の中心に子どもがいるという説を述べました。子どもは、有機的な全体で人間として、その子が体験し認識したこの世界に反応します。その子どもにとっては、その世界が現実なのです。発達中の乳幼児が環境との相互交流、とくに重要な他者との相互交流をするにつれて、徐々に、その子の全体としての私的な世界（知覚の場）の一部が"私"（自己として識別されたもの）となり、自分自身についての、環境についての、そして環境に関係する自分自身についての概念が形成されます。だから自己は、その子どものそうした認識を総合したものなのです。

Patterson（1974）によれば、子どもは他の人間と相互交流することによってのみ一人の人間となり、自己を発達させることができます。自己は、現象の場との絶え間ない相互作用の結果、成長し変化します。ロジャーズ（Rogers, 1951）は自己の構造を次のように述べています。

　　（自己の構造は）気づくことができた自己認識の、組織化された形である。それは、自分の特性と能力への気づき、他者や環境との相互交流の中での自己についての認識や概念、体験やものによって連想された場合に認識される価値観、ポジティブまたはネガティブな要素があると認識される目標や理想、といったような要素から構成されている（p.501）。

　だから子どもはたいていの場合、自分の自己についての概念に合致した行動を取るのです。
　発達するにつれて、子どもは両親や重要な他者からの反応や評価を体験し、こうした評価に基づいて、自分が良かったのか悪かったのかを認識していきます。両親が、子どもがばかげていて無能であるかのように応じれば、その子は自分をばかげていて無能であると考えるようになります。ある子どもに対して、誰も彼が有能であるように応じないとしたら、どのようにしてその子は自分が有能であると感じることができるでしょうか？　ある子を誰も好きではないとしたら、どのようにしてその子は自分を好きでいることができるでしょうか？　ある子どもを誰も信じないとしたら、どのようにしてその子は自分を信じることができるでしょうか？　ある子どもを誰も受け容れないとしたら、どのようにしてその子は受け容れられていると感じることができるでしょうか？　ある子どもと一緒にいることを誰も望まないとしたら、どのようにしてその子は自分が望まれていて重要であると感じることができるでしょうか？　ある子どもの価値を誰も認めないとしたら、どのようにしてその子は自分の価値を認めることができるでしょうか？　ある子どもに自分の責任を引き受ける機会を誰も与えないとしたら、どのようにしてその子は自分で責任をもつことがどんな感じなのか知ることができるでしょうか？
　ロジャーズは、現象の場との継続的な相互作用の結果、自己は成長して変化するという説を唱えました。子どもの行動は自己概念と一致すると考えられます。したがって、プレイセラピーでの体験は、自己概念の肯定的な変化を促すことができます。CCPTの関わりでは、その子を誠実に気づかい、ありのままに受け容れ、その子と一緒にいることを望み、その子の能力を信じ、責任のある決定ができると信じ、一人の人間としてのその子を信じ、許容と受容の雰囲気の中でその子に責任を返す大人を体験します。このような安心できる関係の中で、セラピストは、子どもの人生において重要な人間となります。そして子どもは、自分という人間に対するセラピストの態度と反応を内在化し、十分に満足するようになり、自分自身を受け容れるようになり、自分自身を認めるようになり、自分自身を有能だと思うようになり、自分自身を信じるようになり、自分自身を好きになり、責任をもって行動するようになるのです。

パーソナリティと行動についての子ども中心の考え方

ロジャーズ（Rogers, 1951）は、パーソナリティと行動に関して、19 もの提案を述べています。それは、人間の発達・行動・動機の理解に概念的な枠組みを与え、CCPT の考え方の中核を反映し、また、心理療法的な関わりがもつ変化を促進する性質とどのようにして子どもに心理的な変化が起こるのかを説明します。これらの提案は子どもに適用されるものとして次のように集約され、子どもの人間性と行動について子ども中心の見解を述べており、プレイセラピーにおいて子どもたちと関わるための基盤を与えてくれます。

どの子どもも、絶えず変化する体験世界の中に存在しており、その世界の中心にいます。子どもは、この体験世界に対して、経験され認識されるのに応じて、有機的な全体で人間として反応します。つまり、この知覚の場こそが、子どもにとっての"現実"なのです。子どもが発達し、環境と相互に関わりをもつにつれて、その子どもの個人的な世界（知覚の場）全体の中の一部が徐々に"私"（自己として識別されたもの）として認識されるようになり、その子どもは自分自身についての概念や、環境についての概念、環境と関連した自分自身についての概念を形成します。

子どもは体験している自己を実現し、保ち、高めようとする基本的な傾向をもっています。結果として生じる行動は基本的に目的志向的で、自分が認識したままの世界で、自分が体験したままの欲求を、情動に流されるままに満たそうとする子どもの試みなのです。したがって、**子どもの行動を理解するためには、その子どもの内的な準拠枠から見ることが最もよいのです。**

子どもの行動のほとんどは、その子どもの自己概念に一致したものであり、自己概念と一致しない行動をすることはありません。心理的な自由や適応は、自己概念が子どもの体験すべてに一致する場合に存在します。そうでない場合には、子どもは緊張あるいは不適応を体験します。自己概念と一致しない体験は、脅威として認識されるでしょう。その結果、子どもは今ある自己概念を守ろうとして、行動が堅苦しくなります。

自己についての認識をおびやかすものがまったくなければ、子どもは自由に、以前には自己概念と合わなかった体験を吸収し取り入れるため、自己概念を作り変えるのです。その結果としてよく統合された、あるいは肯定的になった自己概念によって、子どもは他者をより理解することができるようになっていき、したがってよりよい人間関係をもつことができるようになります。子どもの動機は外的なものから、自己評価の気づきを取り入れた内的なものになるのです（Rogers, 1951, pp.481-533）。

ロジャーズの 19 の提案をもっとくわしくいうと次のようになります（Rogers, 1951, pp.481-533）。

子どもというものは、

1. 個人的な現実とは何かを最もよく決められる。子どもの認識世界は"現実"である。

2．有機的な全体の人間として行動する。

3．自立すること、成熟すること、自分を高めることに向かって努力する。

4．欲求を満たそうとして目的に向かう。

5．理性を邪魔する感情の影響を受けて行動する。

6．自己概念に一致するように行動する。

7．自己概念と一致しない行動はない。

8．脅威に対しては堅苦しい行動で対応する。

9．自己がおびやかされることがなければ、自己一致していない経験に気づくことができる。

　パーソナリティと行動についてのこれらの理論構築を理解し、またこれらを足がかりにすることで、プレイセラピストは、子どもの人間性と行動を理解し、子どもが認識している現実世界においてその子が何を見ているのかを、もっとはっきりと見ることができます。そして、プレイセラピーの関係におけるプレイセラピストの役割は、より一貫した、効果的なものとなるでしょう。

子ども中心プレイセラピーの鍵概念

　CCPT は、成長と成熟に向かおうとする子どもたちの人間本来の能力についての基本的な考え方であると同時に、建設的に自分で方向性を決めていく子どもたちの能力に深く揺るがない信頼を置いた態度でもあります。それは、成長へと向かう発達段階を通して観察可能な、人間という有機体に備わっている前に向かおうとする本質の理解に基づいています。その発達段階とは、ふつうは進歩的で、常にさらなる成熟へと向かうものなのです。この傾向は生来のものであり、外的に動機づけられたり教えられたりするものではありません。子どもたちは、自然に好奇心をもち、熟練と達成に喜びを覚え、自分たちの世界や、世界に関連した自分たち自身についての発見を絶えず追求しながら、精力的に人生を生きているのです。

　自己発見と自己成長といえば、ムスターカス（Moustakas, 1981）は次のように言っています。

　　　セラピーで挑戦することは、子どもが意志を活性化させ、行動を選択し、興味と欲望の先には何があるのかを追求しようとするのを、子どもに興味と関心をもちながら助け、待つことである。このことには、常ならぬ忍耐が必要とされ、自分で道を見つけて生きていくうえでの制限や緊張と折り合いをつける子どもの能力への揺るがない信頼や、心で聴き自分を高める選択をする子どもの力への信頼が必要とされる（p.18）。

　子どもには、適応、精神衛生、発達的な成長、自立、人間としての自律性、そして一般的に

いわれる自己実現へと、それとなくまっすぐに向かう傾向が生まれながらに備わっています。子どもたちが生きることの基本的な性質あるいは本質は、活動性です。生きることに対する子どもたちのアプローチは活動的なプロセスであり、このことはおそらく、子どもたちの遊びを身近に観察することで最もよく知ることができるでしょう。遊びは、活動的であり、受動的ではなく、人生を生きるという活動の中で自己充足をする機会を作ることへと向かって、前向きに動いているものなのです。発見や発達、成長へと向かう生まれながらのこの推進力は、乳幼児の発達段階においてよく観察されます。身体的な発達課題を達成したり、それに習熟したりしようとする試みに困難や欲求不満を感じた場合、乳児は自然に、うまく切り抜けるための自分独自の手段を熟達させようと励み、新たな活力や努力、決心で再挑戦する傾向へと向かうのです。

　乳児は、ある場所から他の場所へと、ハイハイし続けることには満足しません。立ち上がることへの内的な衝動の後に、発達していこうとする内的な奮闘が続き、その結果、彼らは歩くということを身につけます。これは意識的に決心することでも、よく考え抜かれて計画することでも、歩行を教えようとする大人の努力の成果でもありません。それは子どもの本質に生まれつき定められた成長と発達の結果として、それが必要となる状況があれば自然発生的に生じるのです。この生まれながらに方向づけられた過程があるからといって、次の段階への移行の成功が自動的に保証されているわけではありません。乳児は、ある場所でつかまり立ちをし、そこから手を離し、ふらふらしながら不安定な一歩を踏み出し、転び、立ち上がり、数歩前に踏み出してふらつき、再び転びます。

　このプロセスの中で何か苦痛なことを体験しようとも、乳児は、成長へと向かって前進するこのプロセスを続けます。その乳児に、何が苦痛をもたらしているのか、何が間違っているのか、その子の行動が身近にいる重要な大人たちにどのように影響するのか、あるいは、求める目的に到達するためにどう行動を変える必要があるのかという説明は、しても無駄です。ハイハイへの一時的な退行が起こるかもしれませんが、たとえそうだとしても、この**方向づけられた奮闘**は、**乳児が次の段階に進む準備ができれば自然発生的に生じる**でしょう。乳児は、自分が満足するほど歩行に習熟するまで、挑戦に挑戦を重ねるでしょう。これらの体験によって乳児は自分に責任をもつようになっていくので、達成とそれに付随する満足は内在化され、自己を強化します。成長へ向かうこの持続的な奮闘は、未成熟な行動よりも成熟した行動をより満足のいくものにします。

　このような例は、非常に複雑な過程を単純化しすぎたもののように思われるかもしれませんが、**子どもたちが自己決定の能力をもっている**ことをわかりやすく強調しています。自立性や自己規定、自律性を増し、外的な圧力のコントロールから自由になろうとするこの傾向は、乳幼児が発達していくうえでの課題達成に限られたものではなく、人生におけるすべての発達水準や発達段階で、個人が重要な対人関係を作ったり自己を高めようとしたりするときに、全体としての人間の主要な原動力となると思われるものです。子どもたちは、自分で方向性を決めることに、ちょっと見ではわからないすばらしい能力をもっており、適切な決定をすることができます。

48

すべての子どもには強い力が備わっており、絶えず自己実現のために奮闘します。この生まれつきの奮闘は、自立や成熟、自分で方向性を決めることへと向かいます。子どもの頭脳と意識的な思考が、その子の行動を情動が欲求するほうへと向かわせるわけではありません。むしろ、子どもが必要とするところへと子どもたちを連れていくのは、内的な均衡へ向かおうとする、子ども自身の生まれもった本質なのです。

個人の行動はいつも一つの衝動、つまり完全な自己実現への衝動によって引き起こされているように見える。個人が、自分にとっての完全な自己実現の達成をより困難にさせる妨害にぶつかったとき、そこには決まって、抵抗や軋轢や緊張の問題がある。自己実現へと向かう衝動は続き、個人の行動は、その人が現実の世界の中で自分の自己概念を打ち立てていく外的な戦いによってこの内的な衝動を満たしていること、あるいは、その代わりに、その人があまり苦闘せずに自己概念を打ち立てることができる自分の内的世界に衝動を閉じ込めることによって衝動を満たしていることを証明している（Axline, 1969, p.13）。

適応と不適応

自己実現や、自己の存在価値の確認へと向かう内的な衝動は、基本的な欲求であり、子どもはみな、これらの欲求を満たすために絶えず奮闘しています。

適応的な人とは、行く先々であまり多くの妨げに出くわさない人間、そして、当然の権利として自由であり自立する機会を与えられてきた人間であるように見える。適応的でない人は、苦労せずにこれを達成する権利を、どういうわけか与えられていない人間であるように見える（Axline, 1969, p.21）。

この最後の一文に述べられている原則を体現しているような例を探せば、たとえば次に挙げるマットの事例のように、ある種の子どもたちの生き方の中にすぐに見つけることができます。

7歳のマットは、神妙に私のそばを歩いてカウンセリングセンターに入ってきました。彼は、両手をポケットに突っ込み、肩をすぼめ、顔にはうつろな表情を浮かべていました。年齢よりも老けて見えましたが、それは、州政府のオフィスビルの上階にある、暑く、臭く、暗い留置所の独房の中に4日間閉じ込められていたという不快で恐ろしい現実にうちのめされていたからでした。その4日間、彼をなぐさめてくれるような親しい人は誰もいなかったのです。彼の両親は留置所に歩いてこられるところに住んでいましたが、マットを訪ねてくることはありませんでした。両親の判断力は心の中の深いところに押し込められていて、自分たちでもどうしていいのかわからなかったか、わざと来るのを差し控えたかしたのです。

私がその日の朝早くに独房で立っていたマットに会ったとき、彼は懸命に、平静でほとんど

第5章 子ども中心プレイセラピー **49**

無関心であるように装っていましたが、彼の目に浮かんだ恐怖や下唇を浮き立たせている光った赤い半円形の噛み痕が、彼の内心の不安を暴露し、怯えた幼い少年の姿をさらけ出していました。その少年は、子どもたちの必要としていることを理解したり、それに応えたりするようにはできていない、そして少年用の留置施設をもたないシステムの犠牲者だったのです。

　マットが「攻撃的な行動があり、注意が持続せず、頻繁に遅刻し、気分にむらがある」ということで2年生の担任の先生からプレイセラピーセンターに紹介されてきたのは、新しい学年になってすぐのことでした。テストの結果だけでは何ともいえませんが、その結果からは、学業が申し分なく進んでいる可能性がうかがわれました。彼はプレイセラピーを受けることを勧められ、週に1回の面接を6回にわたって続ける間は、学校からプレイセラピーセンターまでの一区画を、学校の職員に伴われて歩いてやってきました。7回目の面接にマットが来なかったので、学校に電話をかけたところ、彼が留置所にいることを知りました。彼は食料品店から、何も入っていないソフトドリンクのボトルを盗んで捕まっていました。それで、1ヵ月の間にそのような事件を起こすのは2度目だったので、州判事は、マットを更生困難であるとし、留置所への送致という判決を下しました。マットの両親は、「私たちには、あの子はどうしようもない」という理由で、マットを法的に裁く権利を州判事に委ねていました。

　私は、私が責任をもつということで裁判所を説得し、マットを釈放させました。それで今、私たちはまた、プレイルームに一緒にいるというわけです。マットは、自分の欲求不満をボボ人形にぶつけながら言いました。「誰でもときどき、親がほんとに自分に愛情をもってんのかわからないなって思い始めることがあるんだよね。だから、家から出てって、何かちょっと悪いことをやんなきゃ。それで、それに気づいたときにぶちのめしてくれたら、親が愛情をもってくれていることがわかるんだ」。マットは自己を高めようと奮闘していましたが、同時に、自分がまさに望んでいるものを遠くに押しやってしまったのです。というのは、両親が彼を受け容れなかったのは、彼の行動のためだったからです。

　マットは、自分が愛されている人間であると感じたかったし、家族から受け容れられて、価値のある一員として加わりたかったのです。しかし彼は、十分には愛情をもって支えられた関係ではない家庭環境にいることに気がつきました。愛されている人間として認められ応じられたいと切に望んでいた彼自身の部分を建設的に直接表現するには、安心感や所属感が与えられることが必要でした。マットは自己を高める内的な衝動を外に向けて表現することができなかったので、自己に価値があるということを確信するために、間接的で自虐的な最終手段に訴えたのでした。

　アクスライン（Axline, 1969）は、適応的な行動と適応的でない行動との違いを次のように説明しています。

　　　個人が自信を十分に発展させ、意識的にかつ目的をもって、自己実現という人生の最終
　　的な目的を達成するために、自分の行動を評価し、選択し、応用することによって方向づ
　　けているとき、その人はよく適応しているように思われる。
　　　一方、個人が自分のこれからの行動を率直に計画することに自信を失っているとき、自

己実現という点では、直接に自己実現に向かうよりもむしろ、自己実現の代用品に向かって成長することで満足しているように見え、この自己実現への衝動をより建設的で生産的な方向へと向けることがほとんど、あるいはまったくなく、したがってその人は適応的ではないといわれる。その人の行動は、完全な自己実現を達成しようとする試みの中で作り上げてきた自己という内的な概念と一致してはいない。その人の行動と自己概念とがかけ離れていればいるほど、不適応の程度も大きくなる（pp.13-14）。

　不適応はすべて、実際の体験と自己概念との間に生じる不一致の結果です。ある子どものある体験についての認識が歪められたり否定されたりする場合にはいつも、自己概念と体験との間の不一致の状態があり、心理的な不適応をもたらします。子どもの自己概念と体験の不一致はふつう、行動の不一致をもたらします。したがって、**子ども中心プレイセラピストは、子どもが自己と体験をどのように認識しているのかを理解するために、子どもの目を通して見ることを意識しており**、また、その子が十分に安心して自分自身を表現し、それがどのように認識される体験だったのか検討できるような、理解し受容する関係性を築くのです。前述したように、安全な関わりの中では、子どもたちには、自分の心理的な不適応の要因を体験する能力や、不適応状態から脱して精神的に健康な状態へと向かう能力と志向性があります。

成長に向かうためのセラピーの条件

　前述したような、前進へと向かうこうした自己実現傾向があるということは、プレイセラピーをするための子ども中心アプローチにおける中心的な信条であり、これについてロジャーズ（Rogers, 1980）は次のように簡潔に述べています。「個人には、自己を理解し、自己概念や基本的な姿勢、自分で決めた行動の修正をするための非常に豊かな資質が備わっている。ある特定の傾向をもった促進的な心理学的態度で臨むことができれば、これらの資質は活性化する」（p.115）。プレイセラピストの態度は、セラピーの関係の基礎を形作るものであり、成長へと向かう子どもたちの内的資質が花開くことを促すものですが、その態度とは、誠実さ（真実であること）、支配的ではないあたたかさ（あたたかい目で気を配ることと、受け容れること）、共感性（感受性で理解すること）なのです（Rogers, 1986）。

真実であること
　CCPT の関わりは、セラピストがある役割を演じようとしたり、あらかじめ決まったやり方で何かしようとしたりする体験ではありません。それは、真実であるということにも、誠実であるということにもならないでしょう。態度とは生き方であり、必要そうなときにそれに応じて用いるためのテクニックではありません。誠実さは基礎的で根本的な態度であり、それは**セラピストにとって、何かするための方法というよりもむしろ、そこにいるための方法です。真実性は、"身につける"ものではなく**、むしろ、子どもとの関わりの中で今この瞬間に自己

を"生き抜く"ということなのです。このことをどのくらい可能にするかは、セラピストが自分自身の感情や態度に気づくという働きにかかっています。誠実さ、つまり真実性があるということは、そのセラピストが、高度な自己理解と自己受容ができており、子どもとの関わりの中でそのセラピストが感じることと表現することとが一致している、ということを意味しています。この考えは、プレイセラピストが十分に自己実現していなければならないということを意味するものではありません。むしろ、セラピストが、子どもとの関わりの中で洞察をもつことや矛盾がないことの重要性や必要性を述べているのです。

　プレイセラピストは、拒否感といった個人的な感情についての自己理解や洞察を十分にしないといけません。その感情とは、プレイルームの中での子どもの行動に関連して体験されるものなのです。この自己理解というものは、プレイセラピストになるにはとくに重要です。というのは、初心のセラピストの体験と価値体系は、ものを散らかす行動をしてみせたり、ごまかそうとしたり、言葉でセラピストを罵ったりする子どもに対して、拒否やあるいは嫌悪さえも覚えるという体験を引き起こすかもしれないからです。こうした領域での自分自身の心の動きへの自己理解が欠けているプレイセラピストは、拒否感を子どもに不適切に投影するかもしれません。プレイセラピストは、プレイセラピーでの体験から離れて、スーパーヴィジョンやコンサルテーションでもつ関係の中で、このような問題を考え抜くべきです。

　真実であることは、心の動きを伴った洞察によって自分自身の感情や反応に気づき、受け容れることであり、また、進んで自分らしくあり、適切なときにこれらの感情や反応を表現するということなのです。そのようなとき、セラピストは真実である、つまり誠実である状態であり、子どもたちに、専門家としてよりもむしろ、一人の人間として体験されうるのです。もし子どもがしてほしいと言ってきたことに対してセラピストが不快に感じるならば、そうした不快であるという感情を表現することがまさに真実なのです。子どもたちは、プレイセラピストの状態に繊細で、ちょっとでもにせものの顔を見せたり専門家の役割をとったりすると鋭くそれに気づきます。子どもと一緒にいるその瞬間を、真実性をもって生きている大人と共にいるという体験は、子どもにとってとても価値があるものとなり得ます。そのような体験は、ある子どもが言った次のような言葉に集約されています。「先生はカウンセラーには見えないね。ただほんものの人みたいだ」

あたたかい気配りと受容

　あたたかい気配りと受容について論じるならば、まずはプレイセラピストには自己受容が必要であるということに焦点を当てなければなりません。子どもと一緒にいる時間は、子どもを機械的に受容するというような客観的な関係をもつのではありません。むしろ、セラピストが自分を受容し、それを基本にして関わっている自己の延長線上にあるものなのです。何かを受け容れるとき、子どもたちは気さくで、その受け容れ方は基本的に無条件です。私は、子どもたちとの体験から、私が私という人間であること、つまり私が私という状態でいることで、子どもたちが私を好きになって受け容れてくれるのだということを学んできました。子どもたちは私を分析しよう、あるいは診断しようとはしません。子どもたちは私を、私の強さを、そし

て私の弱さを受け容れてくれます。子どもたちから受容されるという体験によって、私は自由になり、私という人間であることをそれまでよりももっと受け容れられるようになってきました。もしプレイセラピストが、自分自身でそのように感じていなければ、どうしてそのセラピストは、真からのあたたかさを子どもたちに分け与えることができるでしょうか。セラピストが自己に対して拒否的である体験をしている、つまり、自分という人間であることを受容していないとすれば、どうしてそのセラピストは子どもを受容していくことができるのでしょうか。もし私が自分自身を尊重していなければ、どうして私は子どもを尊重することができるのでしょうか。受容は、誠実さと同様に、共にいるということについての一つの姿勢、一つのやり方であり、セラピストという人間の延長線上にあるものであり、セラピストのその瞬間の在り方をまるごと含んだものなのです。

　このような類いの受容とあたたかい気配りには、子どもを価値のある人間として肯定的に尊重するという特徴があります。セラピストは無条件に、子どもに対して心からのあたたかさと気配りの感情を体験します。このような気配りは、経験的に感じられるものです。それは、カウンセリングや心理学の読みものや大学院課程で取り上げられるような、他者の価値や尊厳を尊重し受容するというような抽象的な姿勢ではありません。セラピストは子どもに本当に気を配り、子どもの人間性を本当に高く評価するという体験をし、そこで起こることには、評価も批判もないのです。体験に伴う気配りは、子どもとの関わりにおける相互交流をもとにしており、子どもの人間性を知るようになるにつれて起こってきます。したがって、子どもと最初に出会って数分で、可能な限り最も深いレベルでの気配りが自動的に生じるというものではありません。それと同様に、ロジャーズ（Rogers, 1977）が指摘しているように、セラピストは常に無条件の気配りを体験するかというとそうでもありません。無条件の気配りと受容は、すべてか無かという性質のものではなく、程度の問題として考えるのが最もよいのです。それは、子どもとの関わりの中で、プレイセラピストの、子どもたちの生き方に対する深く、いつまでも続く感情、信頼、受容からくるものとして体験されるのです。子どもが挑戦的だったり、むら気だったり、怒ったり、反抗的だったりするときにも、協力的だったり、幸せだったり、気持ちよくセラピストの言うことを聞くときと同じように、尊重され価値を認められるのです（図5.1）。

　あたたかい気配りや受容によって、子どもは自由に、プレイルームでの関わりに生じる連帯感の中で、十分にその子ども自身であることができます。**セラピストは子どもたちに、何らかの点で違っていればとは望みません。**セラピストの姿勢に絶えず込められるメッセージは、「私はあなたをあるがままに受け容れます」であり、「もしあなたが……だったらあなたを受け容れてあげましょう」ではありません。受容といっても、子どもがすることを何でも許すということではありません。第14章で述べるように、子どもたちのすることの中には、プレイルームの中では受け容れられないと考えられ、治療的な制限設定をする必要のあるものがたくさんあります。しかし、このようなことについての中心的な考えは、子どもはかけがえのない一人の人間として受け容れられ認められるべき存在であり、子どもの行動がその価値を高めたり低めたりするという評価をされることはないというものです。そうした価値づけをしない受

図 5.1 あたたかい気配りや受容によって、子どもは自由に、プレイルームでの関わりに生じる連帯感の中で、十分にその子ども自身であることができます。セラピストは本当にその子を気づかい、評価したり批判したりはしません。

容は、子どもが自分の心の最も奥まったところにある感情や思いを表現して外に出せる、安心できるような雰囲気を作り出すのに、絶対に欠くことのできないものです。

　ほとんどの子どもたちは、大人たちを喜ばせることを強く望んでおり、セラピストのほんのちょっとした拒否のきざしにさえかなり繊細に気づきます。子どもたちは、プレイセラピストが体験することには何であれ、鋭い注意を向け、繊細になるのです。したがって、セラピストの自己認識や自己理解の重要性を、ここで再び強調する必要があります。子どもたちは自分を中心にものを考えるので、セラピストが抱く退屈さや我慢できなさ、隠された批判、否定的な行動についての感情を、自分への拒否として内在化しがちです。子どもたちは、発達するうえで、大人たちの非言語的なコミュニケーションにみられる合図を"読む"ことに頼ってきたので、セラピストが感じていることには何であれ繊細になるのです。

　子どもがひとつかみの粘土を取って、それを繰り返し茶色の絵の具が入ったコップの中に落とすようなときにセラピストが何らかの内的な緊張を体験するならば、子どもはそれを感じるでしょうし、さらなる体験的なコミュニケーションや探求を押さえ込んでしまうでしょう。子どもがプレイルームの真ん中に黙って突っ立っていてなかなか遊び始めないことにセラピストが我慢できないと、それは声のちょっとしたトーンの違いや、「ここのおもちゃで遊びたくないの？」というような言語的な表現、「ベス、そこにあるあのお人形のどれかで遊んでみたいよね」というような示唆の中に表れるでしょう。ベスにはこうした言葉は、自分がセラピストを喜ばせていないという拒否のメッセージであるように聞こえます。哺乳瓶に水をいっぱい入

れて長い間それを吸うある 10 歳の男の子に対して、セラピストの反応は、「うわあ、何だ！この子はそんなことをする年じゃない！　たぶんこの子は退行しているんだ。何とかして止めなきゃ」というものかもしれません。そのような批判的な反応は、眉を上げたり、横目で見たり、歯を食いしばったりすることに表れるでしょう。そして、それはすぐに、子どもには受容されていないように感じられることになるでしょう。そうなれば、子どもの反応は、"赤ちゃん"遊びをしたということに対する罪悪感を覚えるというものになりがちです。もしセラピストが、子どもが遊んでいるときの何らかの行動に対して、あるものにはすぐに反応し、あるものにはそうでないとしたら、子どもはそのことに気づいて、すぐ反応されなかった遊びは受け容れられなかったように感じます。

　こうしたことはちょっとしたことですが、プレイセラピーにおける子どもとの関わりにおいて重要な力であり、子どもが体験する受容の程度に最も大きく影響します。あたたかい気配りと受容は基本的に、子どもが体験している世界に対する受け容れの姿勢なのであり、子どもはそれによって、セラピストは信頼できるということに気づいていくのです。

繊細に理解すること

　大人と子どもとの相互交流のほとんどにおける典型的なアプローチで特徴的にみられるのは、子どもたちについて知っていることに基づいて、大人たちが子どもたちを評価する態度です。子どもたちの内的な準拠枠、つまり子どもたちの主観的な世界を理解しようと努力する大人はめったにいません。子どもたちは、自分の主観的な体験世界が理解され受容される関係を経験するようになって初めて、探求したり、限界を試したり、自分の生活の中のぞっとするような部分を共有したり、変わっていったりすることが自由にできるようになります。セラピストは、自分自身の経験や期待をわきへ押しやって、子どもたちの人間性、活動性、体験、感情、思いを尊重すればするほど、子どもたちを繊細に理解できるようになります。ロジャーズ（Rogers, 1961）によれば、この種の共感は他者の内的な準拠枠を想定することによってその人の世界を知る能力なのです。「クライエントの個人的な世界を、あたかも自分自身のものであるかのように、しかし『あたかも』という性質を常に失わずに感じること、これが共感であり、それは心理療法に欠くことができないように思われる」（p.284）。

　子どもたちの視点から子どもたちを繊細に理解しようとすることは、最も難しいことの一つでしょうし、潜在的には心理療法的な関係の最も決定的な要素でもあるでしょう。というのは、子どもたちがプレイセラピストに理解されていると感じるようになると、自分自身のもっと多くの部分を共有することを勇気づけられるからです。そのような理解は、子どもたちを引きつける性質をもっているように思われます。理解されていると感じるようになると、子どもたちはセラピストとの関わりの中で、思い切ってさらに前進することができるほどの安全感をもつようになります。そして、自分の世界に対する子どもたちの認識は変わるのです。

　このようにプロセスが進展し、親しみを感じるものが新しい意味づけを与えられるようになることが、『星の王子さま』（de Saint Exupery, 1943）というとても楽しい物語に、生き生きと描かれています。この物語に出てくるキツネは、王子さまに、自分が王子さまと仲良くなる

第 5 章　子ども中心プレイセラピー　　**55**

（王子さまと関係を打ち立てる）とはどういうことかを納得させようとします。キツネは王子さまに、自分の生活はいつも同じで退屈であるということ、自分がニワトリを追いかけ、人間は自分を追いかけるということを話します。そこには期待するような変化はない、つまり決まりきったものがあるだけです。キツネはニワトリのことを、みんな似たりよったりだし、人間もみんな似たりよったりだと述べます。そしてキツネは次のように言うのです。

　　だけど、もしきみがぼくと仲良しなら、それはもう、ぼくの暮らしに太陽が輝き始めたようになるだろうな。きみの足音一つでも、他のみんなのとは違ったように聞こえるんだろうな。他の足音がすると、ぼくは急いで地下の穴に潜る。きみのはさ、音楽みたいに聞こえてきて、穴の外に誘い出されるんだろうな。それからほら、向こうに小麦畑が見えるかい？　ぼくはパンを食べないから、小麦なんかに用はない。小麦畑を見ても何も感じないし、それは悲しいことだよ。だけど、きみは小麦のような金色の髪をしているね。きみがぼくと仲良しになったら、その金色の髪がどんなにすてきに見えるか、考えてみてよ！小麦もさ、おんなじように金色だから、きみのことを思い起こさせてくれるんだろうな。そうなると、小麦畑を吹く風の音だって、大好きになりそうだな（p.83）。

　この言葉と、プレイセラピーでの理解し受容する関わりの影響で子どもたちの認識を変化させうるということとの間に著しい類似点があることは、とても印象的です。世界について子どもの認識を変化させるような関わり方がもつ、また、ほとんど意味のないものが新しく重要な意味を帯びるというプロセスがもつ癒しの力についての、なんとすばらしい記述でしょう。**重要な関わりの結果として、認識は変化するのです。**
　私がスーパーヴィジョンをしているあるプレイセラピストは、リカルドという子どもとの8回目の面接の事例報告の中に、重要な関わりが認識に及ぼす影響と、真実であろうとする彼女自身の奮闘を、次のように述べました。

　　リカルドが部屋にあるおもちゃの多くが新しくなったはずだと確信していたことは、私にとってとても興味深いことだった。これまでの回にそのおもちゃのいくつかで遊んでさえいたのに、彼は初めてとてもたくさんのおもちゃに気づいた。まるで、自分の新しい一部を発見したことで、彼にはすべてのものが新鮮に見えているようだった。私は、私たちが両方とも面接の中でこれまでよりももっと自分自身でいられるようになり始めたと感じている。自分自身でいることへの私の防衛や躊躇は、リカルドにも同じような行動を取らせていたのだと、今は気づいている。今や私は、プレイルームの中で前よりも自由に自分自身でいられる。私はもはや、子どもを援助しようという私の欲求に圧倒されながらプレイルームに入っていきはしない。まるで、子どもとセラピーのプロセスへの信頼が深まれば深まるほど、私がより自由に自分自身でいられるようだ。私は、より自由に自分自身でいられるだけではなく、一人ひとりの子どものすばらしい展開をより自由に楽しめるようになった。

プレイセラピストが自分自身を信じ始めるとき、その人は子どもを信じることができ、子どもとの関わりは深いレベルのものに変化し、その深い関わりの中で子どもは自分自身をこれまでと違ったものとして認識します。子どもの自己認識が変化するとき、子どもは、自分の世界もこれまでと違った、より満足なものとして認識するのです。

私がスーパーヴィジョンをしている他のプレイセラピストも、同じようなプロセスを述べました。ジャマルという子は、それまでにプレイセラピーに9回来ていました。10回目の面接で、彼はたくさんのおもちゃを指して、「新しいおもちゃを入れたね」「これは前回なかったよ」「うわあ、他にも新しいおもちゃがある」と言い始めました。プレイルームに新しく入れたおもちゃなどなかったのです。プレイセラピーの関わりの結果ジャマルの自己認識が変化し、今や彼は、それまでとは違った目で自分の世界を見ているのです。今や彼は、自分の世界からもっと多くのものを受け取れるようになったのでした。

プレイセラピーの関わりでは、セラピストはセラピーが進む流れの中で、子どもの内的なリズムを予測し、その子の気持ちの動きを感じ取ります。子どもたちに共感的であることはしばしば、プレイルームの椅子に座って、子どもたちに心に浮かんだことを何でもさせ、セラピストからの反応や応答はないか、あってもわずかであると見なされることがあります。これほど真実から遠いものはありません。子どもと十分に一緒にいるというこの関わり方は、セラピストの側にとって高度な相互作用のプロセスであり、情緒的で、精神的、言語的なプロセスなのです。繊細に理解すること、つまり的確に理解することには、セラピストが子どもとの情緒的な相互交流を高いレベルで保つことが必要となります。子どもが遊んでいるとき、セラピストは、子どもの感情をときどき反射するだけというよりもむしろ、自分が個人として（あたかも）子どもと同じであるという感じをもつのです。

子どもと十分に一緒にいて、繊細にそして的確に子どもを理解するというこのプロセスは、子どもとの関わりの中に献身的であることを必要とします。子どもとの関わりの中で十分に献身的であることは、結果的にセラピストが関与しうる中で最も積極的な体験の一つとなり、セラピストの側が著しく情緒的、精神的に巻き込まれることや、言語的な反応を必要とします。これは、軽々しく始められるような、客観的で目に見える活動ではありません。理解をもって子どもの個人的な世界を的確に感じ取ってそこに入っていくことには、精神的で情緒的な努力が求められるのです。子どもたちには、どんな場合に自分がこのようにして"触れられ"てきたのかわかっています（図5.2）。

繊細に理解するということは、プレイセラピストが、子どもが認識し体験している現実世界との間に情緒に満ちたつながりをもつことを意味します。子どもの言語的な、あるいは行動化された、この個人的な体験世界と関わっている感情や体験の表現に対して、セラピストが疑問や批評をもつことはありません。セラピストは一生懸命、子どもがその瞬間に体験していることや表現していることのすべてに対して、十分に波長を合わせようとします。セラピストは子どもが体験することを前もって考えようとしたり、意味を見出そうとして何らかのやり方で内容を分析しようとしたりはしません。セラピストは、可能な限り深く、その瞬間に子どもが体験していることを感じ、可能な限り十分に、直感的で共感的な反応が自分の中にあらわれるこ

第5章　子ども中心プレイセラピー　　*57*

図5.2 子どもと関わることは、その子どものかけがえのなさを絶えず認めることであり、その場にいる子どもの内的な方向づけが決める展開のペースに合わせて、その子どもの世界を一瞬一瞬生き抜きながら、共感的に体験することなのです。

とをその瞬間にとって満足のいくものとして受け容れるという姿勢をとることになります。したがって、子どもと関わることは、その子どものかけがえのなさを絶えず認めることであり、その場にいる子どもの内的な方向づけが決める展開のペースに合わせて、その子どもが自分の世界を生き抜く一瞬一瞬を共感的に体験することなのです。

　セラピストは、怯えている子どもに「何でもうまくいくようになるよ」と言ったり、子どもを「でもお母さんは、本当はきみに愛情をもっているんだよ」という言葉でなぐさめようとしたりするような、必要もないのに子どもを元気づけて、子どものつらい体験を遠くに押しやることはしません。そういう行いは、子どもがその瞬間に感じていることを拒否することになるでしょう。そのような反応は、子どもに、つらさを感じる体験をすることは許されないのだというはっきりとしたメッセージを送ってしまいます。子どもが感じているものが何であれセラピストは、状況にかなった感情であると考えます。もしジェフがお気に入りのクレヨンをなくして悲しいと感じているとしたら、セラピストはその悲しみを体験するのです。それは、たぶんその子どもが感じているほどではなくても、"あたかも"悲しいという体験が生じるということなのです。たとえセラピストが、アルコール依存症の父親からの虐待を身をもって経験していなかったとしても、ケビンが感じているその恐ろしさと怒りはセラピストの直感的な体験の中で"あたかも"体験され、「きみはまったく何の助けもないような気持ちで、お父さんのことがとっても怖かったんだね。お父さんに対して本当に腹が立っているんだね」というように、言葉でケビンに伝えられます。セラピストは、自分の生活上の経験がそのような感情や体

験を侵害し色づけすることのないように、注意していなければなりません。

心理療法的な関わり

　CCPTは、子どもとの個人的な関係性です。その関係性の中で、プレイセラピストは、その関わりの即時性の中で可能な限り十分に、子どもの人間性に対して献身的になります。この献身は、プレイセラピーの関係性が打ち立てられるための特別な贈り物です。言葉では、この関係性を適切に述べることはできません。あるいはたぶん、触れることができないけれども私の頭ではわかっている、心と魂では感じていることを述べる試みには、私の言葉はあまりにも不十分かもしれません。答えを聴くわけでもなく子どもの思いを聴き取って理解するときや、もっと違っていたらよかったのにと願わずに子どもをありのまま受け容れるとき、子どもの生活にいる重要な大人たちが私に述べてきたことよりもはるかにいろいろなことができるようになるということを知らず知らずのうちに私が知っているときに、体験されるその種の関係性を描写しようとすると、私は言葉がおそろしく不十分だとわかるのです。

　子どもという人間と関係を共有する場合に特徴的にみられる、ほとんどかすかなものでしかない、しかしたしかに存在しているといえる微妙なニュアンスを述べようとすることは、指で小さな水銀の泡をすくい上げようとするのと少し似ています。水銀の本質とはまさに、すくい上げることのできないようなものなのです。子どもと共有する体験、つまり、一人の価値ある人間として十分に受容されているという安心感の中で体験される、信じがたいほどの情緒の解放を一生懸命表現する子どもの熱意を、どうやったら十分に述べられるでしょうか？　そのような瞬間に体験される感情を不足なく述べる言葉があるのでしょうか？　もしあるとしても、私はそういった言葉を知りません。というのは、言葉はいつも、子どもと共有するそのような瞬間の本質を伝えるには、あまりにもふさわしくない手段であるように思われるからです。

　子どもとの関わりの意味を述べるためには、おそらく、プレイルームでのそうした体験を生き抜いている子どもを見てみなければならないでしょう。5歳のジャスミンは、自分の腕を上下にばたばたさせながらプレイルームの中央に立ち、興奮して、「こんなところがあるなんて、誰が思ったかな！」と繰り返し言いました。実際、このようなプレイルームでの関わりは、ほとんどの子どもたちにとって、これまで経験したことのないものです。ここでは、大人は子どもにあるがままでいさせます。まさにあるがままです。子どもは、あるがままの人間、そしてその瞬間のあるがままのものとして受容されるのです。

　プレイルームの中で子どもといるとき、誰もそれまで耳を傾けてこなかったその子のより深いところからくるメッセージをもらさずに聞き取り理解するために、私は注意深く耳を傾けたいと思います。その子の中にある触れられなかったものに触れるために、私はその瞬間にその子に十分に献身的でありたいと思います。CCPTではそうした関係性こそが心理療法的であり、セラピストがどんな方法を知っているかよりも、セラピストの人間性が重要になります。私がするすべてのことはそうした関係性への反応となるように、私は子どもとの関わりに没頭

第5章　子ども中心プレイセラピー　**59**

していきたいと思います。プレイセラピーにおいて重要なことはすべて、関わりの流れの中で起こるのであり、また、プレイセラピーで起こることはすべて、関わりに影響を及ぼします。関わりこそが、心理療法なのです。

　関係性へのプレイセラピストの献身について述べようとするのは困難です。というのは、CCPTのセラピストにとって、あるやり方で定められたはっきりした役割はないからです。関係性は、行動する方法というよりもむしろ、存在する方法なのです。CCPTの関わりは、セラピストがある特定の役割を設定したり、決まったやり方で何かを行ったりする体験ではありません。それは真実でも誠実でもないものでしょう。私が子どもとの関わりの中にたちまち没頭してしまうときには、特定の方法を取ろうとしたり、特定のことをしたり、次に何をするべきか計画したりすることを考えることはできなくなります。これがその瞬間瞬間を子どもと一緒に生き抜くというやり方であり、それは必要そうなときに使うテクニックではないのです。私が今述べているのは、計画やあらかじめ決められた構造なしに子どもと一緒にいる方法であり、プレイセラピストが子どもに何も期待せずにいる関わり方のことであり、子どもが自分の中にこみあげてくるあらゆるものを表現したり探求したりできるくらい安全だと感じられる関わり方のことであり、子どもが他者の期待に沿っているかどうか心配することなくただ自分が決めたように“小さなありのままの自分自身”でいられる場所のことであり、理解と受容の場所のことであり、子どもがこれまで気づいていなくて使っていない自分の強さを発見できる場所のことであり、子どもが価値のある人間として認められる場所のことであり、癒しのある関わり方のことなのです。

　私がスーパーヴィジョンをしている初心のプレイセラピーのセラピストは、このような方法でやってみたプレイセラピーのプロセスについて、次のような発見をしたと述べました。「プレイセラピーの中で子どもというものを体験することを通して、私は心理療法の関わり方における生き生きとした本質がわかってきた。私は、一人の子どもと出会い、その子の中に私が教科書の中には決して見出せなかったものを見つけるというダイナミックな体験を以前より十分に理解し感じることができる。それは子どもと一緒に動いている私自身だ。私には、知的な記述や分類を超えて、支援についての抽象的な見解を超えて動くこと、私自身の内的な体験に出会うことが必要だったのだ。子どもと強い関係性を作ることは易しいことではない」。彼女は、プレイセラピストであるということは、一つのできごとだというわけではなく、むしろセラピストになっていくプロセスなのだということを発見したのです。

　このような関係性は、子どもからその子の内的な世界を知ることを許してもらって子どもと“共にいる”ことを本当に体験する関係性であり、訓練で身につくものでも、知性を磨いて身につくものでもありません。それはただ、心をひらいて学ぶしかありません。“共にいる”ということは、心から子どもに没頭する態度であり、心から子どもが体験している痛みを感じ抜く熱意なのです。『星の王子さま』のキツネは、王子さまにさよならを言ったときに、このような関係性について次のように言いました。「ほら、ぼくには秘密があるんだ。とてもかんたんな秘密だよ。正しくものを見ることができるのは、心でだけなんだ。大切なものは目には見えないんだよ」

子どもが深い苦しみや痛みを体験しているとき、その子は、知性からくる問題を解決する答えや解決策を必要としているわけではありません。その子が必要としているのは、その子と"共にいる"体験を進んでする誰かなのです。答えや"解決策"を与えることは、セラピストにとっては、子どもの苦痛を避けてしまうやり方になりかねません。子どもの心の壁にひびが入ってしまっているときに、その子が傷つかないようにすることはできないとわかっていても、私は進んで子どもと一緒にその隙間にたたずんでいたいと思います。しかし、私はその子と一緒にいて、痛みを和らげる手助けはできます。

経　験　則

もし子どもの言葉を心で聴こうとしないなら、
たぶんそれは聴いていないということだ。

　子どもとの関わりの中で心からの反応が重要であるということは、『オズの魔法使い』の中に出てくるブリキのきこりの言葉が生き生きと表しています。彼はかかしと次のような会話をしています。

　　「よくわからないな」。かかしは快活に答えました。「ぼくの頭にはわらが詰まっているんだよ、ね。だからぼくは、脳みそをくれるようにお願いするためにオズのところに行くところなんだ」
　　「ああ、なるほど」。ブリキのきこりが言いました。「でも、結局、世の中で一番大事なことは脳みそじゃないよ」
　　「きみは脳みそがあるのかい？」。かかしが尋ねました。
　　「いや、ぼくの頭はすっかり空っぽさ」。きこりが答えました。「でも前は脳みそがあったんだ、それから心もね。両方試したことがあるからこそ、ぼくは心のほうがずっと欲しいね」（Baum, 1956, pp.55-56）

　子どもの人間性を尊重し、子どもの世界に価値を認めることは、知性の働きではありません。それらは純粋に、セラピストが内的な人間性で感じることや体験することであり、子どももそれらを感じ取ります。子どもはそのような無条件の受容があればセラピストの真価を深く認めるのです。プレイルームでの子どもとのこうした関わりは、したがって、受容し真価を認め合うという互いに共有された関わりなのです。そうした中で、どちらの人間も個人として尊重されるのです。
　これは独特な関わり方ですが、**それは予想に基づいたものであって、期待に基づいたものではありません**。期待は、通常あらかじめ得られた子どもについての情報に基づいており、その子がするはずの、ある在り方でいることや、あらかじめその子らしいと認められたある行動を

第5章　子ども中心プレイセラピー　　**61**

取ることや、ある遊び方をすることを子どもに期待しながら行動に焦点を当てることです。期待するという関わり方は、特定と価値づけを足がかりとした行為に基づいています。期待は、子どもを制限して囲い込んでしまいます。たとえば私がプレイルームの中でブライアンに何も期待しなければ、ブライアンにがっかりすることもないでしょう。

　予想とは、子どもと共にいることからの予期という、プレイセラピーの中でのセラピストの生き方であり、ダイナミックな性質をもっています。今日、ブライアンはどんな様子でしょうか？　子ども中心プレイセラピストは、熱意や共有、発見といった態度を貫きます。予想は生き生きとしていて、力動的で、未知の可能性をもったものなのです。**予想するという関わり方は、子どもの過去や情報に依拠したものではありません。私は子どもに何も期待しません。私は子どもの中の耳を傾けられてこなかったものに耳を傾けたいと思います。**私は、子どもについて言われたり報告されていたりしていることだけが子どもについて知るべきことのすべてであるという考えには賛成できません。子どもについて他の人が考えることは、私の考えではありません。私が子どもについて教えられてきたことはおそらく、真実ではないか、完璧ではないのです。

　私はいつもプレイセラピーでの子どもたちとの関わりにおいて、予想をもって、その子がどのようであるだろうということを心から楽しみにしながら、接してきたように思います。私と一緒にいて子どもが何をしてくれるのか、どんなふうにいてくれるのかという期待はまったくありません。その子の中で耳を傾けられてこなかったことに耳を傾けたいのです。私の心の中には予想する気持ちがいちばんにあるので、特定のできごとが何を意味するのか知らなくてもよいのです。

　私は何度か、プレイセラピーにおいて子どもたちとの関わりを発展させていくことは、真っ暗な部屋に入っていくのに似ているというファンタジーを体験したことがあります。その部屋の中には、美しくとても価値のある花瓶を誰かが台の上に置いておいたのです。私は、その花瓶がどこかにあると知ってわくわくしながら、そして、それがどのようなものであるのかを知り、その美しさを鑑賞するためにそれに触れたいと熱心に願いながら、真っ暗な部屋の中に入っていきます。そのような状況では、私は、暗い部屋の中を大またで歩くことはせず、花瓶のある場所を探して手探りを始めることもしないでしょう。花瓶に触ろうとして腕を振り上げるようなことは決してしません。私の腕が不意に、そんなつもりはなく、台や高価な花瓶にぶつかって、床に落ちないようにするためです。そのような行動は思慮のないことでしょう。その代わりに、私は注意深く暗い部屋に入り、まずはこの新しい環境に慣れ始められるようにそこに立ち、部屋の大きさを感じ取ろうとします。私は自分のもつエネルギーすべてを、近くにあるかもしれないものの存在に繊細に気づくということに集中的に向けます。

　部屋の最初の暗さに慣れてきて、非常に注意すれば周囲がわかるようになってくると、私はそっと、利用できる手がかりを探して部屋の中を探索しようと前に足を踏み出します。私はゆっくり動きます。部屋の中で私が体験しているのは何なのかがわかるようになり始めると、私は私の全存在が体験し感じていることを、できる限りはっきりと心の目で見るようになり始めます。私のもつものすべてが、花瓶のありかを感じ取ろうとしてぴんと張り詰めています。

花瓶の場所を探し出そうとする私の努力がしばらくの間成功しなくても、すぐに、やり方を変えて前に向かってすばやく動いたり、新しいやり方を試そうとして床の上を這い回ったりはしません。それとはまったく逆に、私は花瓶がこの部屋のどこかにあることを知っているので、花瓶にそっと触るために我慢強く進んでいきます。

　急いで花瓶を発見しようとは思いません。急ぐ代わりに、努力しながら、花瓶を探すことを、時間をかけて我慢強くやり通します。ついに、そっと動かした手が、何かに触ります。私はとても静かに立ち止まります。ここに何かがあることがわかるぞ！　私は、安心、喜び、期待、花瓶はどのようなものだろうと不思議に思う気持ちが、洪水のように押し寄せてくるのを体験します。それから私は、本当にそっと花瓶に触り、花瓶の形や美しさを手で探りながら、その美しさを自分の心の中で思い描き始めます。プレイセラピーで子どもと共に体験することは、この花瓶を探す体験のようなものです。そして私は同じようなやり方で、情緒的に傷つきやすい子どもに近づき、体験し、「触れたい」のです。

　私が子どもと関わりをもつとき、私は、その子の中にある触れてはいけないものに触れてしまうことへの、言葉にならない内的な葛藤を体験します。**触れられるようになるのは、私がその子の内的な平穏を認め、味わえるようなってからです。待つことは、心理療法のプロセスの一部です。子どもを待つことは、その子を信じていること、その子を信頼しようとする意思を伝えるものです。**私は子どもの内的なプロセスに対して我慢強くありたいと思います。もし子どもと触れ合おうと努力して成功したければ、

　　　私はじっととどまり、子どもを**見**なければならない。
　　　私はそっと、子どもの言うことに**耳を傾け**なければならない。
　　　私はそっと、子どもの想像力と**触れ合わ**なければならない。
　　　私はそっと、子どもが**行くほうへついていか**なければならない。
　　　私はそっと、子どもというものを**体験し**なければならない。
　　　私はじっととどまり、子どもの内的に秘された人間性に**触れ**なければならない。
　　　私はじっととどまり、子どもを**待た**なければならない。

　もし私がある子どもの役に立てるようになろうとすれば、私は、私たちが共に過ごす時間の中で、あらゆるレベルでその子どもの人間性に触れなければなりません。じっととどまるというのは、私が子どもに反応しないということや、まったく動かないということではありません。非常に多くのものが、言葉やそれ以外の手段によって、常に子どもから伝えられているのです。そして私は、私が聴いたことや理解したことを子どもに伝えたいのです。私はその子どもの情緒的世界にそっと触れたい、また、できる限り十分にその子どもが表現する思いや反応、言葉に耳を傾けたいとも思います。私は、その子どもが体験している内的世界を、私の能力が及ぶ範囲で知り、理解しようと熱望する気持ちの深さを子どもに伝えるために、言葉や言葉以外のものよって、つまりは自分の人間性すべてで反応したいと思います。その内的世界とは、子どもがその瞬間に知り、体験し、感じ、表現し、生き抜いているような感情や考えの世

第5章　子ども中心プレイセラピー　　**63**

界なのです。

　ちょうど私がその子の思いを聞きたいと思っているように、子どもも、自分の人生の恐ろしい一部分であると感じているであろうことを、私と共有したいという望みをもっています。それはつまり、私や他の人から拒否されるかもしれないと子どもが恐れている人生の一部分なのです。子どもは聞いてほしいという気持ちと批評や批判を恐れる気持ちとの間でこうした内的な葛藤を体験するので、私との関わりの中で、集中や方向性を欠くと見えるようなやり方でですが、思い切ってこちらに踏み出してきます。そのようなときに、ためらいがちに、そしておそらくほとんど気づかないくらいかすかに、子どもの自己の傷つきやすい部分を共有するということが起こります。それは、簡単には気づくことのできない不明瞭で遠まわしなやり方でなされるでしょう。というのは、そのメッセージはとても目立たず、ベールに包まれているからです。

　子どもは、おそらくは意識さえされないレベルで、私たちが体験している関わりを直接的に共有したいと思っているのですが、その瞬間にはおそらく、その子自身やその子の体験の根底にある、どこか深いレベルでそのことをただあいまいに気づくだけです。子どもが心のどこかで、自己の傷つきやすい部分に耳を傾けられ、受け容れられたいという根深い熱望をもっていることを、すぐに気がつくレベルで感じることができるときもあります。子どもの行動は、あるときは異様で、あるときは一本調子で、あるときには、コントロールできないのかわざとなのか、挑発的であったりします。その行動の奥には、怯えている子ども、喪失感を覚えている子ども、絶望的に孤独である子ども、傷ついている子どもがいるのです。私たちの関係が発展していくプロセスの中で、私の態度、言葉、感情、声の調子、顔の表情や身体に表現されるものによって、私という人間のすべてによって、子どもが安心を感じ、受容されていると感じ、価値を認められていると感じることができるようにするやり方で、私が**共にいる**ということを伝えたく思います。**共にいる**こととはつまり、この深いところでのメッセージを聞き、理解し、受け容れているということなのです。私は、その瞬間の私全体をもって、子どもの体験をたしかに受け取りたいのです。

　私は、おおいに気づかいながらそっと子どもの痛みや恐れに触れるような言葉として、自分の共感的な反応で次のようなことを子どもに伝えられたらと思います。「私は喜んでそれをきみと体験するよ。きみは今は独りじゃない。私はこのプロセスの中できみを信じているよ」。私がそういった態度や信頼を子どもに伝えることができたとき、私は一人の人間として、その子の強さへの信頼を伝えているのです。そのような瞬間、私は、その子の中の触れることのできなかったものに触れています。私の大人のクライエントの一人が、こうした種類の**共にいる**という関わり方に感じた衝撃について手記の中で次のように述べました。

　　　私でいるための場所
　　　私のすべて、どんな私でも
　　　そして私のすべてと一緒にいてくれるための誰か
　　　なんという宝物……なんという奇跡。

ある子どもは同じような感情を、6回目のプレイセラピーの面接に呼んだきょうだいに、こう表現しました。

　　「ここでは、おまえはただ、小さな自分自身でいられるんだよ」。彼は安全だと感じていたのです。

他の大人のクライエントは、私たちの共にいる関わりの重要性についてこう書きました。

　　もしあなたに価値があるとわかってくれる人が一人でもいたら、たぶんあなたは幸運だ。もつべきものは、あなたがそこにあるとは知らなかった豊かさを発見する手助けをしてくれる人、あなたがどんなに貴重で、どんなに価値があって、どんなにすばらしいか本当にあなたが信じられるようにあなた自身の在り方を発見する手助けをしてくれる人だ。私にとって、あなたはそのような人だ。

　そのような瞬間にときどき、私の反応の仕方によっては、一緒に旅する中で子どもがドアの前で立ち止まり、私が優しくそのドアを開けているように思われることがあります。そして、私はそうした身振りによってその子どもに次のように伝えているのです。「私は、ドアの向こう側に何があるのか、本当に確かなことは何もわからない。私には、ドアの向こうにあるものがきみを怖がらせるかもしれないとか、直面したくないものであるかもしれないとかいうことはわかる。しかし私は喜んで、きみと一緒にそのドアを通り抜けよう。私はきみの先に立ってドアを通り抜ける気はないし、きみの後ろから押したりついていったりしてドアを通り抜けることもしないだろう。私はきみのそばにしっかりといるつもりだから、私たちは一緒に、ドアの向こうに何があるのか見つけるだろう。私たちがそこで見つけるものが何であれ、私はきみが、このプロセスの中で、それに直面し対処することができると信じている」。このような関わり方について、ロジャーズ（Rogers, 1952, p.70）は、「そのプロセスによって、セラピストとの関わりに安心を感じ自己の構造は緩められる。そして、それまで拒否されてきた体験が認識されて、新しくなった自己に統合される」と述べました。
　それまでとは違った自己に向かうこうした動きは、セラピストのあたたかさや関心、気づかい、理解、純粋性、共感を子どもが感じ取ると、それに促されて始まります。心理的な態度が動きを促すというこの傾向（Rogers, 1980）によって、子どもは、自分で決めて行動するために、そして、自分の自己概念や基本的な姿勢を変化させるために、自分自身の非常に多くの資質をあてにできるようになるのです。このように、**変化するための能力は子どもの中にあり、セラピストが方向づけや忠告、情報を提供した結果として生じるものではありません**。ロジャーズ（Rogers, 1961, p.33）が表現したように、「もし私がある種の関わりができたなら、相手の人間は自分自身の中にその関わりを成長と変化のために使うという能力を発見し、個人的な発展が生じるだろう」ということになります。その関わりは、心理療法的であるということができ、また、子ども中心プレイセラピストの、鍵となる基本的な姿勢の働きであるという

第5章　子ども中心プレイセラピー　　**65**

ことができます。そうしたセラピストは、発展していく関わりのプロセスの中で、進んで子ども
もたちを知ろうとし、子どもたちに自分を知ってもらおうとするのです。

　CCPTの関わり方を進めていくことは、息をするようなものです。子どもたちと可能な限
り共にいるということは、私にとっては自然なことです。このプロセスを考えてやっているわ
けではありません。したがって、検証しなければならない疑問はありませんし、とくに手に入
れたい情報もありません。そのような疑問などを考えることは、関わりのプロセスを人工的な
ものにしてしまうでしょう。私はただ子どもと共にいるということを貫いているだけであり、
それは息をするようなものです。私はなぜ自分が息をしているのかとか、自分の呼吸をどのく
らい長くあるいは短くすべきかとか、どのくらいの頻度で呼吸すべきかとか、いつ呼吸を止め
るべきかとか考えません。私は関係性を打ち立てることに取り組んでいるわけではありませ
ん。私は関係性を生き抜いているのであり、それは呼吸をする無意識的なプロセスと同じよう
なものです。私は何かしようと計画しているわけではありません。子どものもっている問題に
ついてもうこれ以上知る必要はありません。この瞬間のプレイセラピーの関わりで十分です。
その瞬間を超えて、何かを見ようとする必要はないのです。私はその瞬間没頭しています。

経 験 則

子どもとのその瞬間を生き抜け。
問題の解決は放っておいても何とかなる。

　私が子どもとプレイルームの中にいるときには、私には一瞬一瞬しかありません。その瞬間
を生き抜くというプロセスは子どもとの関係性を打ち立てます。そして、その関係性こそが心
理療法なのです。子どもと共にいるときには、以下のことは不可能です。

- 次に自分が何をしたいか考える
- その子について自分が知りたいことを質問する
- 自分自身に焦点を当てる
- ストレスや疲労、睡眠不足、体調不良、心配、不安の影響を感じる
- 子どもについて何か決める
- 子どもに話すことや遊ぶことを期待する
- ゲームや活動を構造化する

　CCPTは、子どもたちにとっては直接の、現在の体験であり、その中で、治療的なプロセ
スが、セラピストと共有している生き生きとした関わりから現れてきます。その関わりは、セ
ラピストが絶えず子どもたちに伝えている子どもたちへの受容と、子どもたち自身の助けにな
る能力に対するセラピストの信頼を基礎にして発展したものであり、したがってCCPTでは、

子どもたちは自由に、自分自身の強さを思い切って使えるのです。この、自分自身を受容されるという体験をすると、子どもたちは自分自身を尊重し始め、自分自身をかけがえのない、他とは違うものと感じ、受け容れるようになります。

　子どもたちが徐々に自分自身になるということを体験するにつれて、子どもたちは自由に現在を生きるという体験をし、自分の個性を創造的に、責任をもって使うようになります。セラピストがこういったことを生じさせようとしても何もできないのです。セラピストは子どもに自分の信条や解決策を押しつけることなしに、子どものものの見方のポイントを見てそれを体験し、それが子どもにとって意味することを理解しようとします。セラピストのこのような基本的な意図は、今ある問題や子どもの文化的背景に左右されるものではありません。Glover（2001）によれば、「セラピストとは異なった文化をもつ子どもたちにとってCCPTを理想的な介在とするものは、まさに、こうした受容と、敬意に満ちた関わりである」のです（p.32）。

　学びと変化へ向かうための動機づけは、子どもに生まれながらに備わっている自己実現傾向から生じるので、私が子どもを動機づけしたり、エネルギーを与えたり、子どもの行動をあらかじめ決められた何らかの目標に向かわせたりする必要はありません。子どもが、私たちが共にしている体験を自分にとって必要なところへと導いていくことを、私は信じています。私は、私たちが関わっていく中で、子どもがどのようなところにいるべきなのかということや、子どもが何をすべきなのかということを知っているほど賢いわけではありません。自分にとって必要なところへと体験をもっていく子どもの直感的で内的な方向づけを、私は信じています。私たちが共に過ごしている時間に、子どもがどのようなことに取り組んでいくべきなのかということについて自分が知っているとは、私は決して確信できません。そして私は、子どもの生き方や必要性に関わる方向性について、親たちや教師たち、その他の大人たちから教えられたことに頼ることはありません。プレイセラピーの関わりにおいては、子どもが自分が必要だと思うほうへ私を連れていってくれるだろうと私は信じています。CCPTのこうした要素の重要性は、次の事例にはっきりと表れています。

　5歳のキャシーは、幼稚園でクラスの子どもたちを噛むというので、ノーステキサス大学のプレイセラピーセンターに紹介されてきました。彼女は幼稚園の先生をも何回か噛んでいました。キャシーの両親は、彼女が夜、怖がって起きているが、その理由はわからない、と言いました。彼らはまた、彼女が「規律を守れなくなってきたんです。前はとても協調性のある子だったのに」ということも心配していました。彼らを心配させるこうした行動がどのくらいの間続いているのか尋ねると、「だいたい6ヵ月くらいです。私たちは、そのうちよくなるだろうと思っていたのですが、あの子はよくなりませんでした」とのことでした。

　こうした行動はどれも、おそらくは比較的簡単に扱えるものでした。子どもの噛むという行動、睡眠の問題、規律の問題に対処するためのテクニックや行動的な手順を使うことを両親と先生に教えることはできました。しかし、プレイセラピーセンターでは、私たちは問題をただすということには関心はありません。CCPTのセラピストは、子どもが自分の必要なところに面接の焦点を当てるだろうということを信じているのです。

　キャシーは、私がスーパーヴィジョンをしているセラピストと一緒にプレイセラピーをする

ことになりました。キャシーのプレイセラピーの3回目が始まって15分経ったとき、彼女は医療用具の入っている棚に行き、注射器を取り出して、セラピストのところに来て、「シャツを脱いで。注射をします」と言いました。セラピストは、「シャツは脱げないよ」と言い、人形のある場所を指して、「人形が私だと思って、人形のシャツを脱がせることはできるよ」と言いました。キャシーは人形のところへ行って、大人の女性の人形を選び、その人形の服を脱がせて、注射器を使って明らかにとても性的な行為をその人形にしたのです。その回を観察したとき、私は、自分が観察していることが、子どもが試しにやってみたとか、偶発的に起こったという行動ではないと思いました。というのは、それはあまりにも明確で、目的をもって行われたからです。今やっていることをキャシーは以前に見たか、あるいは、彼女が表現している性的行為が彼女に対してなされたかのどちらかでしょう。どちらにしても、彼女はおそらく性的虐待を受け、誰も（もちろん加害者以外は）そのことを知らなかったのです。もしプレイセラピストが、キャシーの問題行動に焦点を当てていたら、彼女はどうなっていたでしょうか？　性的虐待の体験は、永久に彼女の中に封じ込められていたかもしれません。一つはっきりしていることがあります。子どもだけが、子どもについて私たちが知らなかったことを教えてくれるのです。

　子ども中心アプローチにおいては、子どもが遊びのテーマや内容、プロセスを選びます。子どもはどのおもちゃで遊ぶかを選び、ペースを調節します。いかに些細に思えるものであっても、セラピストが子どもについて何か決めるということはありません。したがって、子どもは自分自身の責任を受け容れ、そのプロセスの中で自分自身の強さを発見することができるようになっていくのです。

　子ども中心アプローチにおけるセラピストと子どもとの間の相互交流の本質は、「アクスラインの8原則」（1969）の中にはっきりと表れています。その原則とは、子どもへの治療的な接し方の指針を与えてくれるものです。これらの原則を改訂して拡大したものをここに挙げます。

1. セラピストは子どもに純粋に関心をもち、あたたかく、気づかう関わりを発展させる。
2. セラピストは子どもを無条件に受容することを体験し、何らかの点で子どもが違ったようであったらとは望まない。
3. セラピストは関わりの中で、安全で寛大な感じを生み出す。それゆえに子どもは、自由に探求し、自分自身を完全に表現する。
4. セラピストは常に子どもの感情に繊細で、そうした感情を、子どもが自己理解を発展させるようなやり方で優しく反射する。
5. セラピストは責任をもって行動する子どもの能力を深く信頼し、個人的な問題を解決する子どもの能力を揺らがず尊重し、子どもに解決をさせる。
6. セラピストは子どもの内的な志向性を信じ、あらゆる関わりにおいて子どもが導くままにし、子どもの遊びや会話を方向づけたいという衝動に屈さない。
7. セラピストは治療的なプロセスの、ゆっくり進むという本質を理解し、そのプロセスを

早めようと試みたりはしない。
8．セラピストは面接を現実に根づかせ、子どもが責任をもって個人的で適切な関わりを受け容れられるようにする治療的な制限のみしか設けない。

　このアプローチにおいては、**焦点を当てるポイントは子どもであって、問題ではありません**。もし、プレイセラピストが子どもとの相互交流の中で、その子がもっているとされる問題に焦点を当てるとすれば、その子に対して「きみ自身よりも、きみの問題のほうが大切なんだよ」というメッセージを与えることになります。

> ### 経　験　則
>
> 　問題に焦点を当てると、子どもを見失う。

　子どもはいつでも、子どもが体験しているかもしれないどんな問題よりも大切です。もしある子どもが、私が人間としてのその子よりも、その子が抱えているかもしれない問題のほうに私が興味をもつ、あるいは関心を寄せていると考えたとしたら、私は仰天してしまうでしょう。どの子どもも、その子の行動してきたことや体験してきたこと以上の存在なのです。私は子どもたちから、**子どもたちがどういった人間であるかということが体験によって決まるわけではないこと**を学びました。子どもたちは自分の体験にしばられてはいません。彼らはこれまでしてきたこととか既成事実には制限されないのです。
　それは、本書の読者であるあなたが、人生の中で挫折した体験や、夢が壊れたことや、圧倒的な悲劇や、深刻に混乱する体験や、外傷的なできごとや、心も張り裂ける喪失を経験してきたかもしれないこととちょうど同じです。あなたという人間は、そのような体験で決まるのではありません。あなたは、大学院に在籍していて、今や自分の人生の方向性を得ているから本書を読んでいるのかもしれません。あなたがそのような打撃を受けた体験を克服してきたということは、人間という生き物の回復力と、あなたという人間がそのような体験で決まるのではないという事実の証拠なのです。

> ### 経　験　則
>
> 　子どもについての事実は、その子の人間性をたいして物語らない。

　子どもについての事実は、スナップ写真のようなものでしかありません。事実は、子どもの行動に焦点が当てられています。行動化・虐待・事故・慢性疾患によっては、子どもの人間性は決まりません。そのようなできごとや体験は、スナップ写真のように瞬間を切り取っただけ

第5章　子ども中心プレイセラピー　　**69**

のものです。瞬間を切り取ったものが絶望的なように見えたとしても、それは一つの枠で切り取られたものであり、自分の人生を生き抜くプロセスの途中にある子どもの一つの姿にすぎません。子どもは、その子が体験してきたもの以上のものであると、私は深く信じています。子どもがこれまで何をしてきたかや、その子に何が起こったのかよりも深い問題があります。その深い問題とは、この子がどのようになる可能性があるのかということです。プレイセラピーでの私の関わり方では、私が焦点を当てるのは、子どもの人間性、子どもがどのようになる可能性があるのかということであって、その子の過去の在り方ではないのです。

経 験 則

歴史は運命ではない。

　プレイセラピストは、ある子どもについての限られた理解によって目をふさがれることや、セラピスト自身の複雑な問題の解決にとらわれることを避けなければなりません。その子がもっているとされる問題は、深刻な事柄や原因が目に見える徴候として現れているにすぎないかもしれません。私は、両親や教師、その他子どもの生活にとって重要な人間が子どもについて話したことが、その子にとって最も重要なことであるとか、そこに子どもについて知らなければならないすべてのことがあるとは思いません。したがって、プレイセラピーの関わりの中で私が目標にするのは私が知らないものを発見することですが、その知らないものとは何かも私は知らないのです。子どもの中に何を探すべきか知っているほど、私は賢くはありません。そして、私は何を探せばいいのかわからないのですから、私はどのようにしてそれを探していくことができるのでしょうか？　私は、自分が知らなかったことを、子どもが言葉にしないメッセージを深く聴き取ることで見出します。

　子どもたちについて私が知らないことはとても多くあります。おそらく最も重要なことは、私が知らないことなのでしょう。私は子どもが何に取り組むべきなのか知るほど賢くありません。したがって、私はこの関わりの中で、その子が自分にとって必要であるところに私を伴うと信じています。私は知らなくていいのです。プレイセラピーの関わりでは、知らないでいるということにも利点があります。知らないということは、信頼と信用とを必要とします。知らないということは、子どもとその関わりに責任を戻します。知らないということは、子どもに責任をもたせますが、知っているということは、セラピストに責任を負わせます。知らないということは、創造性と独創性とを生み出します。私は子どもについて前もって何かを決めたりしません。そのように前もって決めることは、子どもの創造的な成長を阻むでしょう。私は、驚嘆と熱心な予想をもって、その子の傷つきやすい内的な人間性が明らかになってくるのを忍耐強く待ちます。

経　験　則

子ども中心プレイセラピーは、発見の旅である。

　CCPT は発見の旅であり、その中でセラピストと子どもは、その子がどのようになっていく可能性があるのかを発見するという関係性を生き抜きます。この発見は、それが起きるように設計できるものでも、計画できるものでも、作り上げられるものでもありません。それは計り知ることができないものです。この発見は、推理するだけではわからないものを知ることです。この発見は、ただ体験できるだけなのです。それは、子どもが生き抜いている直感的な発見なのです。

　関係性を作るのにかかる過程は意味があるものですが、それは子どもの過去の歴史を見定めることではなく、問題の原因を見定めることでもなく、過去の行動を暴くことでもなく、環境因を見つけ出すことでもなく、教育的な計画を進めることでもなく、セラピストが方向づけることでもなく、調停をお膳立てすることでもなく、子どもの問題を解決することでもありません。それは、子どもと共にいることであり、子どもの世界を十分に体験することであり、その子のもつある部分を見て、体験して、私がそれまで体験してこなかったこととして受け取ることなのです。グループスーパーヴィジョンに参加したあるプレイセラピストは、「セラピーは私がしなければならないことではなく、その一部になるものです。プレイセラピーは子どもと一緒に行く旅なのです」という結論を述べていました。

　CCPT は対症療法的なアプローチではないので、診断は必要ありません。セラピストは、ある特殊な問題で紹介されてきたからといって、アプローチの仕方を変えたりはしません。発展する関わりと、この関わりが解き放つ子どもの中の創造的な力が、子どもにとっての変化と成長のプロセスを生じさせます。そのような関わりこそが心理療法なのであり、それは心理療法や行動の変化のために準備されるものではありません。子どもの中にある資源と可能性の解放を促し、子どもが体験した困難を遊びとして表出し、意味がわかるようにし、克服させる支えとなるのは、セラピストとの関係性なのです。

　プレイセラピーの結果子どもの中で発達するものが何であれ、それは子どもの中にすでにあったのです。セラピストは子どもの中に何も作り出しません。セラピストは子どもの中にすでに存在するものを解き放つ助けをするだけです。どのような肯定的な行動上の変化や成長が生じようとも、子どもがどのようになろうとも、それはセラピストに会う前から子どもの中にすでにあったのです。それゆえ、その変化をセラピストの功績ということはできません。このプロセスの中では子どもは自分自身に責任をもちますが、より積極的な行動へと自分で方向性を決めることを通してそのような責任をもつことを訓練する能力が、子どもには相当にあるのです。

　CCPT においては、おもちゃの使用や、何らかの技法の適用や、行動の解釈ではなく、子どもとの関わりが成長への鍵となります。したがって、子どもとの関わりでは常に、子どもと

第 5 章　子ども中心プレイセラピー

の、現在の生き生きとした体験に焦点が当てられています。

問題というよりは、むしろ子どもの人間性
過去というよりは、むしろ現在
思考や行動というよりは、むしろ感情
説明というよりは、むしろ理解
矯正というよりは、むしろ受容
セラピストの教示というよりは、むしろ子どもの志向性
セラピストの知識というよりは、むしろ子どもの知恵

　子どもと関わることによって、一貫した子どもへの受容が生じます。それは、子どもが自己を高めるような自己表現の内的な自由と安心感を十分に発展させるために必要です。子どもとの関わりの中で鍵となる、子どもの成長を促進している要素は、次に挙げる**プレイセラピーでの関わりにおける心理療法的要素**に集約されます。

子どもへの信頼
子どもの尊重
子どもの受容
子どもの心の中にいる子どもの傾聴
子どもの意志の受容
子どもの欲求に当てた焦点
子どもが自分自身の方向を決めるための自由
子どもが選択するための機会
子どもの心の境界線の尊重
プロセスに対する忍耐

子ども中心プレイセラピーの目的

　CCPT のアプローチの目的について述べる場合、子どもに課せられた個人的な目標よりもむしろ、広い意味での心理療法的な目的に重点が置かれます。特定の目標を設定することは、子ども中心の考え方と矛盾します。というのは、目標は評価的なものであり、外の世界で定められて子どもに求められているものを具体的に達成することを意味するからです。明確な目的が子どもに個人的に設定されるようなことがあれば、セラピストはほとんど確信をもって、問題とされていることに関する目的に向かって子どもが取り組むようにそれとなく、あるいは直接的に後押しするという罠にふらふらと落ち込むでしょうし、したがって子どもが自分で方向を決められる機会を制限してしまうでしょう。では、セラピストは、親たちや教師たちが "問

題"であると決めたことに関心をもたないのでしょうか。そんなことはありません。というのは、子どもについてのそのような情報は、子どもが生きるということ全体の一部をなしており、子どもがプレイルームの中で何を伝えているのかということをセラピストによりよく理解させることができるもの（必ずしもというわけではありませんが）なのです。

　特筆すべき重要な注意点は、セラピーが始まる前の子どもについてのそのような情報を知っているということが、プレイセラピストの子どもに対する認識の仕方に先入観を与えるかもしれず、そしてその結果、セラピストがその子の他の部分を"見る"ということをしないかもしれないということです。現実にありうる心配として、セラピストが子どもと一緒にセラピーをする前に、親たちや教師たちと面接をする必要がしばしば起こり、子どもに初めて会う前にその子についての情報にさらされてしまうことが多くの場合避けられません。というのは、設定によっては、親面接を行うための他のスタッフを用意することができないことがあるからです。起こりうる可能性のあるこの問題は、もしセラピストが非常によく自己理解をしており、認識に先入観がある可能性に気づき、セラピストと共にいるその瞬間に子どもが自由にあるがままの人間でいられるプロセスに没頭していれば、だいたいにおいて克服できます。

　CCPT の一般的な目的は、子どもに内的に備わっている、自己実現に自分で向かっていく努力と一致します。そのための最も重要な前提は、理解して受容してくれる支持的な大人がいる前で、子どもに建設的に成長するという体験が与えられるような関係を子どもとの間に打ち立てることです。そうすることで、子どもは自分の内的な強さを見つけることができるようになるでしょう。

経 験 則

問題との間には関係性を打ち立てることはできない。

　CCPT は、子どもの問題よりもむしろ、子どもの人間性に焦点を当てるので、子どもが、より適切に、一人の人間として、自分に影響を与えるであろう現在と未来の問題に対処しようとする努力を促進することが強調されるのです。そうした目標のために、CCPT は、子どもが次のようなことができるようになることを目的としています。

1．建設的な自己概念をもっと発展させるようになる。
2．もっと自分で責任を引き受けられるようになる。
3．もっと自分で方向を決めるようになる。
4．もっと自己受容するようになる。
5．自己をもっと信頼するようになる。
6．自己決定に携わる。
7．自分がコントロールできているという感覚を体験する。

第 5 章　子ども中心プレイセラピー　　**73**

8．ものごとを処理するプロセスに繊細になる。

9．価値のある内的な資源を発展させる。

10．自分自身をもっと信用するようになる。

CCPT のこうした目的は、子ども中心のアプローチの特性とプロセスを理解するための一般的な枠組みを与えてくれます。子どもに対して個別の目的を設定しているわけではないので、セラピストは自由に、人間性に焦点を当てたこうした目的に向けての発展を促進することができます。このことによって、子どもが自分で表現する必要を感じている個別の問題に取り組むことが妨げられるわけではなく、このことのためにかえって自由にそうすることができるのです。こうした子ども中心の関わりにおいては、セラピストは、自分自身の目標を設定するという子どもの能力を信頼しています。しかし、プレイセラピーにおいて子どもたちは、めったに自分自身の個別な目標を、少なくとも言語的には、そしておそらく意識的には設けません。4歳の子どもが自発的に、「1歳の弟を叩くのをやめなきゃいけないの」と言ったり、5歳の子どもが、「目標は自分自身をもっと好きになること」と言ったりはしません。同じように、6歳の子どもが、「性的虐待をしたお父さんに対して感じる怒りや憤りに取り組むために、ここにいるんだ」と言ったりはしません。子どもたちはそのような問題を目標として言わないかもしれませんが、その問題は子どもたちの遊びを通して行動となって表れるでしょうし、関わりのプロセスの中で、子どもたちはきっと自分自身のやり方でその問題に取り組むことになります。このようなアプローチにおいて、子どもたちは、プレイセラピーが有益であるような問題を自分が抱えているということに気づかなくてもいいのです。

CCPT では、子どもをコントロールしようとしたり、子どもにあるやり方をさせようとしたり、セラピストが決めた結果に至らせようとしたりしないことが大切です。セラピストは、子どもにとって何が最良かや、子どもが何を考えるはずか、子どもがどのように感じるはずか、ということを決定する権威者ではありません。もしセラピストが権威者になってしまえば、子どもは自分自身の強さを見出す機会を奪われることになるでしょう。

子どもたちがプレイセラピーにおいて学ぶこと

プレイセラピーに紹介されてくる子どもたちの大多数は、学校生活を経験しているので、学ぶことは、吟味しなければならない中心的な問題になります。ほとんどの教師は、子どもたちが学ぶことを助けるというプロセスに日々没頭していますので、教師たちは自然に、子どもたちがプレイセラピーにおいて何を学ぶのかというまさにそのことを知りたいと思うでしょう。子どもがプレイセラピーの面接に行くために授業時間の一部を欠席しなければならない場合はとくにそうです。実際のところ、子どもたちにとってプレイセラピーは、可能な限り最も望ましい成長促進的な状況のもとでの、独特の学びの体験です。そういうものであるので、発達的な観点から見れば、プレイセラピーの目的は学校の目的と一致します。その目的とは、子ども

たちが、自分や自分の世界について学ぶのを援助するということです。

　プレイセラピーによって、子どもたちは、自分自身を知り、受け容れることができるようになり、そうすることでプレイセラピーは子どもたちの発達を援助するのです。また、プレイセラピーによって、子どもたちは、教師から与えられた学ぶという体験を活用するための準備をするようになり、そうすることでプレイセラピーは、世界について学ぶという、広い意味での学校の目的を達成することも助けるのです。不安だったり心配だったりする子どもたち、自己概念が乏しい子どもたち、家庭環境の中で離婚を体験している子どもたち、あるいは、友だちとの関わりが乏しい子どもたちは、どんなに教えるのが上手な教師からでさえも、最大限に学ぶということができません。したがって、**プレイセラピーは、学ぶ環境を補助するものであり、子どもたちが教室で学ぶという機会を最大限に生かすことができるようになるための体験なのです。**

　思い切ってやってみること、自己を探求すること、自己を発見することは、おびやかすものがあったり、安心感が失われていたりするときには、起こりそうにありません。プレイセラピーの中で得られるであろう学びの体験は、安心できる雰囲気をセラピストがどの程度うまく作り出せるかということに直接関わっています。そのような雰囲気の中で十分に受容されていて安全だと感じられていれば、子どもたちは、そこにいること、そして心の最も奥底にある自分の情緒的なものを表現することが、思い切ってできるのです。これは子どものほうから意識的に決めることではなく、批評されることも、指示されることも、ほめられることも、拒否されることも、子どもたちを変えようとする努力もない、むしろ寛大な雰囲気の結果生じることなのです。

　子どもたちは、まさにありのままに受容されます。したがって、こうした関わりの中で、子どもは大人を喜ばせる必要はありません。ある子どもが表現したように、「ここでは、ちっちゃい昔からの自分自身のままでいられる」のです。自己に対する脅威がなければ、自己探求と自己発見は自然に起こってきます。このことは、治療的なプロセスの初期の段階で生じる場合があるような、やみくもな気ままさがあれば自己表現が生じるということを意味するわけではありません。プレイルームの中に生じる寛大な感じ、自由にありのままにいられるという安全さ、そして治療的制限（後に論じることになりますが）を注意深く使うことに応じて、**子どもたちは、自己コントロールと、責任ある表現の自由を学ぶのです。**

　子どもたちがプレイセラピーの関わりの中で学ぶことのほとんどは、認知的な学習ではなく、自己についての、発展的、体験的、直感的な学びであり、それは治療的な体験のなりゆきの中で生じるのです。CCPT での関わりにおける、自分についてのこのような類いの学びは、セラピストが促すような関わりの結果生じます。次に述べる、自分についての八つの基本的な学びの体験は、子どもたちを変化させます。

- **子どもたちは自分自身を尊重することを学びます。**プレイセラピストは、子どもの行動がどんなものであれ、子どもへの絶えまない尊敬と尊重を保持し、それを子どもに伝えています。その行動が、遊ぶことに受動的だったり、攻撃性を行動化したり、めそめそして依

第5章　子ども中心プレイセラピー　　**75**

存的になりどんなに簡単な仕事さえも手助けが必要だと主張したりということであっても
です。子どもたちがセラピストの敬意を感じ取り、尊重されているという感じをもち、そ
して、評価されることなくいつも変わらない受容があれば、子どもたちはその尊重を内在
化します。つまり、子どもたちは、自分自身を尊重することを学ぶのです。ひとたび自分
自身を尊重するようになれば、子どもたちは、他者を尊重することを学ぶようになりま
す。

- 子どもたちは自分の感情が受け容れられるものであることを学びます。感情が激しいもの
であったとしても、それを理解し受容する大人がいれば、遊びを通して自分の感情を表出
するプロセスの中で、子どもたちは、自分の感情はすべて受け容れられるものであるとい
うことを学びます。自分の感情が受け容れられるものであるということを体験するにつれ
て、子どもたちは自分の感情をよりのびのびと表現し始めます。

- 子どもたちは自分の感情を責任をもって表現することを学びます。ひとたび感情がのびの
びと表現され、受容されれば、そうした感情は激しさを失い、適切にコントロールするこ
とがよりたやすくできるようになります。子どもたちが、自分の感情を責任をもってコン
トロールすることを学ぶにつれて、子どもたちはもはや、そうした感情に支配されること
はなくなります。したがって、このことは、子どもたちにとっては、自由に体験するとい
うプロセスであり、その中で、子どもたちは自由に、そうした感情を乗り越えていくので
す。

- 子どもたちは自分の責任を引き受けることを学びます。自然な発達のプロセスの中で、子
どもたちは、自立と自己信頼へと向かって奮闘しますが、しばしば子どもたちのその努力
は、大人たちに妨げられます。そうした大人たちは、意図としては良いものであっても、
子どもたちのために何かすることで世話を焼き、そうすることで、子どもたちから、自分
自身で責任をとるということがどのようなものなのかという体験をする機会を奪ってしま
います。プレイセラピーでの関わりにおいては、セラピストは、子どもたちの能力が資質
豊かであることを信じ、それだから子どもたちが自分自身の強さを発見する機会を子ども
たちから奪うであろうことは決してしないように心がけます。セラピストが、子どもたち
を、独力で何かしようと奮闘させるままにすれば、子どもたちは、自分で責任をもつのは
当然であるということを学び、責任とはどのようなものなのかということを発見するので
す。

- 子どもたちは創造的であることや、問題に直面したときに解決ができるようになることを
学びます。子どもたちが独力でものごとを理解し、解決しようと奮闘し、自分自身の課題
をやりとげることができれば、子ども自身の創造的な資質が解き放たれて発展します。そ
して、そうしたことが増えていくと、以前は圧倒されていたようなものであったとして
も、子どもたちは自分自身の問題に取り組み、自分自身で何でもすることに満足を覚える
という体験をするでしょう。子どもは初めのうちは、自分自身の問題を解決する機会に抵
抗を示すかもしれませんが、セラピストが実践する辛抱強さに応じて、自己の創造的な傾
向を発展させるでしょう。

- **子どもたちは自己コントロールと自分で方向性を決めることを学びます。**自分で自分をコントロールするという体験をする機会が得られなければ、自己コントロールと自分で方向性を決めることを学ぶことはできません。この原則は、あまりにもはっきりと割り切っているように思われますが、子どもたちが自分にとって重要な大人たちと相互交流しているのを時間をかけて注意深く観察すれば、子どもたちが生きていくうえでそのような機会がないことが圧倒的に多いということがわかります。子どもたちの日常にいる大部分の他の大人とは違い、プレイセラピストは、子どもたちについて何かを決めたりしませんし、直接的なやり方にしろさりげないやり方にしろ、子どもたちをコントロールしようとしたりしません。プレイルームでの子どもたちの行動に対する制限は、子どもたちが自分の行動をコントロールできるような言葉で伝えられます。自分自身で決められれば、外からコントロールされるわけではないので、子どもたちは自己コントロールと自分で方向性を決めることを学ぶのです。

- **子どもたちは徐々に、感情のレベルで、自分自身を受け容れていくことを学びます。**セラピストから条件つきの期待をされずに、ただありのままに受け容れられるという体験をするにつれて、子どもたちは徐々に、そしてときには気づかないほどわずかに、自分自身を価値あるものとして受け容れ始めます。これは、コミュニケーションと、自己について学ぶための、直接的であると同時に間接的なプロセスなのです。セラピストは子どもたちに、彼らが受容されていることをあからさまには言いません。というのは、そのことが、セラピーでの関わりや、子どもたちが自分についてどのように感じるかということにほとんど、あるいはまったく建設的な影響を与えないからです。受容は、セラピストの言葉でも言葉外でも伝えられ、態度で示されるメッセージであり、子どもたちと関わりながらセラピストが存在すること、そしてセラピストがすることすべてによって示されます。子どもたちはまず受容を感じ、それから、批判されることなくありのままの人間として受け容れられる、つまり違ったようであったらと望まれたりせずにありのままに受け容れられるという体験をするにつれて、受容されているということがわかるようになります。こうして自己受容が増していくということが、肯定的な自己概念を発展させるのに必要な主たる要因なのです。

- **子どもたちは選択することを、そしてその選択に責任をもつことを学びます。**人生とは、果てしなく選択し続けることです。しかし、子どもたちが選択をするプロセスを体験させてもらえないとしたら、どのようにして選択するのかということや、選択するとはどのようなものなのかを学ぶことができるでしょうか。決心できず、もがき、逃避しようとし、無能だと感じ、不安になり、自分の選択が他の人には受け容れてもらえないだろうと気がかりに思う感じを学ぶことができるでしょうか。したがって、セラピストは子どもたちに対し、絵を描くのにどの色を使うのか、どのおもちゃで遊ぶのかというような、単純な選択でさえしません。

これらはみな、十分に成長し、成熟していくうえで望まれる指標なのです。

参考文献

Axline, V.（1969）. *Play therapy*. Ballantine.（小林治夫訳〔1985〕『遊戯療法』岩崎学術出版社）

Baum, L.（1956）. *The wizard of oz*. Rand McNally.（麻生九美訳〔2022〕『オズの魔法使い』光文社）

de Saint Exupéry, A.（1943）. *The little prince*. Harcourt, Brace.（倉橋由美子訳〔2019〕『星の王子さま』文藝春秋）

Glover, G.（2001）. Cultural considerations in play therapy. In G. Landreth（Ed.）, *Innovations in play therapy: Issues, process, and special populations*（pp. 31-41）. Brunner-Routledge.

Moustakas, C.（1981）. *Rhythms, rituals, and relationships*. Harlow Press.

Patterson, C.（1974）. *Relationship counseling and psychotherapy*. Harper & Row.

Rogers, C.（1951）. *Client-centered therapy: Its current practice, implications, and theory*. Houghton Mifflin.（友田不二男訳〔1966〕『サイコセラピィ』岩崎学術出版社）

Rogers, C.（1952）. Client-centered psychotherapy. *Scientific American, 187*, 70.（伊東博〔1967〕「クライエント中心のサイコセラピー」『ロージァズ全集第14』岩崎学術出版社）

Rogers, C.（1961）. *On becoming a person*. Houghton Mifflin.

Rogers, C.（1977）. *Carl Rogers on personal power: Inner strength and its revolutionary impact*. Delacorte.

Rogers, C.（1980）. *A way of being*. Houghton Mifflin.（畠瀬直子訳〔2007〕『人間尊重の心理学：わが人生と思想を語る』創元社）

Rogers, C.（1986）. Client-centered therapy. In I. L. Kutash & A. Wolf（Eds.）, *Psychotherapist's casebook*（pp. 197-208）. Jossey-Bass.

第 6 章

文化に対して 感性をもつこと

　遊びは、どんな文化においても不可欠です。子どもの言葉の発達、コミュニケーションスキル、感情の発達、社会的なスキル、意志決定のスキル、認知的な発達にとって、遊びは大きな役割を占めています。どんな文化的背景をもつ子どもでも、遊びには自発的に取り組み、その遊びは文化的な背景をもっています。遊びはまた、対人関係を模索し発見したり、大人の役割を体験したり、その子が自分自身の感じ方を理解したりするための手段ともなります。遊びの中での行動が子どもの属する文化的な集団から影響を受けているとはいえ、発達的にはどんな子どもでも、自然なコミュニケーションの手段として遊びを用います。遊びは、人類が発展させた自己表現の中で、最も完璧な形です。遊びは子どもにとって、万国共通の言語なのです。

　本章では、子ども中心プレイセラピー（CCPT）の文化への感性や、"共にいる"というアプローチが文化をどう考えているのかについて、手短に議論することを目的としています。その意図としては、心理療法的な関係性の中で文化に対して感性を研ぎ澄ますとはどういうことかについて、現在行われている議論の発展を促進したいのです。CCPT のセラピストが子どものパーソナリティとその子の文化を最大限に尊重することは、その子がどんな人間であるかに十分に焦点を当てることであり、その瞬間にセラピストができる限り完璧にその子と"共にいる"ことである、というのが、"共にいる"というアプローチの文化についての考えの中核にあります。プレイセラピストは、子どもたちとその家族の研究が文化的にどのように考察されているのかについて、Ray とその同僚（2022）が行った詳細な調査を参考にすることができるでしょう。彼らは、CCPT の観点から、多文化間のプレイセラピーについての包括的なレビューをしてくれましたが、その観点には、文化を謙虚に受け止めることや、さまざまな人種、民族、文化的な集団に対して CCPT のもつ文化への感性が見受けられます。

子ども中心プレイセラピーと文化への感性

　CCPT のプレイセラピストは、子どもそれぞれの独自性に対して感性を研ぎ澄まし、その子をその子として十分に受け容れ、個人の違いを尊重しますが、その個人の違いの中には文化的な違いも含まれています。このように相手を受容し尊重する関係があるので、CCPT は、セラピストとは異なった文化をもつ子どもたちにとって理想的な介入となるのです。多文化への感性とは、そのために何かやってみたり、CCPT のアプローチ以上のことを足したりするということではありません。むしろ、それは、CCPT の本質的な考え方やプロセスの一部であり、関係性の他のどの要素にもひけをとらないほど重要なものであると見なされています。CCPT のセラピストは、子どもを無条件に受け容れることを妨げるかもしれない自分の中の要素に自分で気づいていくという発見と発展をやり抜きます。子どもの世界についてのセラピストの理解は、セラピストが体験している世界と過去の体験によって影響を受けるかもしれませんが、それらは、気づいているかいないかにかかわらず文化的な基盤と関係しています。セラピストは、スーパーヴィジョンや、文化についての知識を広げるための教育を通して、自分の盲点や個人の限界を発見して対処することの重要性を認識しています。

　CCPT は、子どもと“共にいる”ための方法であり、計画的な、あるいはあらかじめ決められた構造をもちません。子どもを繊細に理解することで、セラピストは自分自身の体験や期待を横に置いて、子どもの人柄や活動、体験、感情、考えを認めることがある程度できるようになります。これは、**期待ではなく、予想**に基づく独特の関わり方なのです。期待は子どもを制限して型にはめます。プレイルームでは、私はマリアに何も期待しないので、マリアにがっかりすることは決してありません。予想は一つの態度であり、**共にいること**であり、プレイセラピーの関わりの中で自分らしく生きる方法であり、一緒にいることへのダイナミックな予期の一種なのです。子ども中心プレイセラピストは、今日はマリアはどんなふうだろうか、というように、意気込み、共有し、発見しようとする態度を貫きます。予想は生き生きとしていて、ダイナミックで、知られざる可能性を秘めています。**予想という関わり方は、過去に頼ったり、子どもの情報に頼ったりしません。私は、子どもについて言われてこなかったことを知りたいと思います。**私は、子どもについて言われたり報告されたりしていることを、子どもについて知るべきすべてであるとは見なしません。**プレイセラピーの関わりの中で、私は、自分が知らないということすら知らなかった、自分の知らなかったことを発見したいと思います。**私は、私が子どもの中に何を探し求めればいいのかを知っているほど賢いわけではありません。そして、何を探せばいいかわからないとしたら、私はどのようにそれを探せばいいのでしょうか？　私は、自分との関わりの中で、自分がいる必要のあるところまで、探求する必要のあるものまで、子どもが私を連れていってくれると信じています。**私は、より深い、言葉にならない子どものメッセージに耳を傾けることによって、自分の知らなかったことを発見するのです。**

　CCPT のセラピストは、子どもが自分自身や他者との体験、自分の世界観をどのように見ているのかを表現したり探求したりできるほど十分に安全だと感じる関係性を構築します。プ

レイセラピストとの子ども中心の関係は、誰かの期待に合わせないといけないという心配のない、その子がただ自分だけの必要で"小さな自分そのもの"でいられる場所であり、理解され受け容れられる場所であり、その子が未知の使ったことのない強さを発見できる場所であり、価値のある一人の人間として尊重される場所であり、癒される関わりなのです。

　CCPT の基本的な教義は、子どもが認識しているできごとは何でも、その子にとって現実であるということです。したがって、どんな文化集団の中にいようとも、子どもはそれぞれ独自に異なっています。子どもとその行動について理解するためには、子どもの現実についての認識を理解しなくてはなりません。そのため、他者がその子が置かれている現実をどのように見ているかではなく、子どもが経験している世界の中で何を認識しているかが、何であれまず第一に重要であると仮定されます。子どもとその行動は常に、子どもの目を通して理解されなければなりません。CCPT のセラピストは、子どもが準拠する認識の仕方を見て、それを体験しようとし、子どもに信念や解決策を押しつけることなく、その子にとってのものごとの意味を理解しようとするのです。

　セラピストは、子どもが期待されることなしにその子らしくある自由を認めることによって、文化に対して感性のある関わりをもちます。セラピストのこうした基本的な姿勢は、今ある問題、あるいは、子どものもつ背景や歴史によって変わることはありません。しかし、CCPT のセラピストは、子どもの遊びという言語を促すために、子どもの多様性に合わせたおもちゃや素材を用意するなどを意図的に行います。子どもたちが自分で方向性を決める遊びは、彼らの文化を取り込んだものであり、言葉の壁を超越します。子どもが自分の物語を遊びの中で表出し、セラピストから共感や、本当のあたたかさ、受容をもって応じられるとき、その子は、自分の文化も含めて、自分自身への共感と受容を発達させ始めます。それは、その子の自己と体験の十分な表現がセラピストに受け容れられているからです（図 6.1）。

　CCPT のセラピストは、子どもたちに直接的な言語表現をさせようと励ましたり、そうするように主張することはせず、彼らにとって最も心地よいコミュニケーションの方法を選ばせます。遊びは子どもたちの自然な表現の言語であるため、子どもたちは自分の経験や感情を口に出すよりも、直接的に、しかしより多くの場合象徴的な方法で、実際に起こったできごとや経験を探求する中で生じる苦痛や苦悩から自分自身を遠ざけることができるように演じることが最も楽だと感じます。文化集団の中には、直接的な感情表現を好まない文化もありますが、CCPT の関わりにおいては、そのような集団に属する子どもたちでも、遊びの中で安全に、激しく感情的な反応を十分に表現し探求できます。

　プレイセラピーのアプローチによっては、セラピストが子どもたちに、自発的に情報、とくに問題に関連する情報や、彼らの生活上の体験に関する情報を提供してくれるだろうと期待するものもあり、そうなると、プレイセラピーのセッションは、セラピーの流れの中であからさまにこうした問題を扱うために構造化されたものになりかねません。このようなアプローチだと、問題はよそ者には隠しておくべきであり家族がうちうちに何とかするべきであるという価値観をもっている文化集団があれば、その価値観に反してしまうことになります。子ども中心のアプローチは対症療法的なアプローチではないので、CCPT のセラピストは、子どもたち

第 6 章　文化に対して感性をもつこと　　**81**

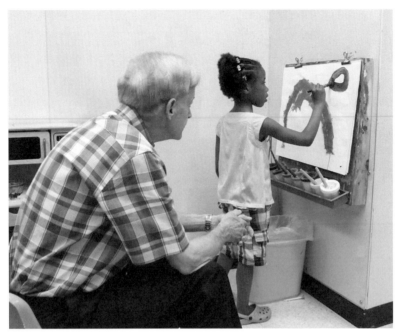

図6.1 CCPTは、文化に対して感性のある関わり方をします。というのは、子どもたちが自分で方向性を決める遊びは彼らの文化を取り込んだものであり、言葉の壁を越えるからです。

に、彼らの抱えている問題について質問したりしません。子どもが表に出している問題や背景についての情報は、一人の子どもとの間で、プレイルームの中でどのような関係性に入っていくかということについての参考にはなりません。

　どの子どもも独自の人間であり、その独自性は、彼らの文化に育まれたものです。そして、CCPTのセラピストが焦点を当てるのは、その子の全体としての人間性なのです。こうした立場は、多様な文化についての情報を知るということの重要性を軽視するものではありません。しかし、私は子どもに出会うときには、その子が特定の文化集団に属しているとか、あるいはその他の情報を、わきに置いておくことを学んできました。こうすることで、私は、その瞬間に十分に子どもに波長を合わせることができ、子どもが導くほうへついていくことができます。CCPTの焦点は、それぞれの子どもの個別の人間性を知り、理解し、それに関わることに当たっているのです。

　　セラピストの側の共感、受容、理解、誠実さは、子どもたちの肌の色、状況、環境、利害関係、あるいは主訴とは無関係に、平等に子どもたちに与えられる。子どもは自由に、その子が心地よく、いつもやるようなやり方で、遊びを通してコミュニケーションを取る。そうしたやり方には、その子の文化に適合する遊びや表現が含まれる（Sweeny & Landreth, 2009, p.135）。

Glover（2022）によれば、「ある人間を知るということは、その人の物語を知ること」（p.129）です。子どもたちは自分たちの文化を自分の家族やコミュニティから学びます。初回面接や、継続面接の中での親の相談は、子どもとその家族独自の文化について理解する貴重な機会を与えてくれます。前述したように、多様な文化についてセラピストが知ることは重要ですが、ある特定の文化集団について学習したとしてもその情報は、必ずしも、その文化集団のどんな家族にも当てはまるというわけではありません。そのような学習の代わりに、CCPTのセラピストは、その家族の文化的なアイデンティティと体験を積極的に探求するために、文化的なことを知るための機会をつかむのです（Ray et al., 2022a, p.2）。

"共にいること" というアプローチの文化に対する考え方

プレイルームの中でのCCPTのセラピストの目的は、その瞬間に子どもが感じていて、体験していて、表現していることがどんなものであれ、十分に子どもと共にいることです。もしプレイセラピストが文化に対して感性のある応答をすることを狙って面接に入るとしたら、それはセラピストのほうのニーズということになります。そのプレイセラピストはもはや、"子どもの目を通して見ること" をしていません。"共にいること" という概念には、前提条件や例外、「もしも……だったら」はありません。しかし、CCPTのセラピストは、子どもとの関係の中で、その子の文化にふさわしいやり方で応じる機会があればそうします。それはちょうど、CCPTのセラピストが、関係の中で子どもが遊びとして表現する他のできごとに対してふさわしい反応をするのと同じです。

私が子どもと共にプレイセラピーを体験しているとき、私の目的は、子どもと共にその瞬間を生きることです。子どものパーソナリティと文化に対して私が見せることのできる最大限の尊重は、この子がどういう人間であるのかということにしっかり焦点を当てて、この瞬間に自分ができる限りこの子と "共にいる" ことです。「私たちは決して、他者の文化的な体験と認識を十分に知ることはできない。しかし、私たちはその人間に対して大いに好奇心をもち、配慮し、共感してそれらを知ろうとする」（Ray et al., 2022b, p13）。したがって、私はどんな方向にしろ、子どもの主導するほうについていきますが、その中には文化についての問題も含まれます。私が焦点を当てるのは、子どもの人間性です。私はこの子と共にその瞬間を生きています。プレイルームの中で私は心をひらき、子どもが表現するであろうその子の人生のいかなる部分も熱心に探求します。私は、一緒に何かを体験しようと計画的になることはありません。私は、その子が私を必要なほうに連れていってくれることを信じています。

子どもと親の関係性セラピーと文化への感性

親たちに、彼ら自身の子どもたちに対応するために、CCPTの考え方と技法を身につけても

らう必要性から、子どもと親の関係性セラピー（CPRT）が発展したのは当然のことであったといえます。CPRTは、エヴィデンスに基づいた10セッションのフィリアルセラピーの方法論です。CPRTは、子どもが自然なコミュニケーションの手段である遊びを足がかりにしています。というのは遊びは、その子の感情、要求、やりたいこと、望んでいること、ファンタジー、体験や考えを伝えるおもな手段であるからです。遊びはまた、親子関係を築くための手段にもなります。

　CPRTでは、CCPTのセラピストは、

　　　親たちに自分たちの子どもに対してセラピストのような役割をする人になってもらうよう、教育的な指導を行い、遊びのセッションをデモンストレーションし、家で実験的な遊びのセッションをしてくるように求め、支持的な雰囲気の中でスーパーヴィジョンすることを通して、親たちを訓練する。親たちは、基本的なCCPTの原則と技法を教わる。その中には、子どもの感情を映し返す聴き方や理解・反応の仕方、心理療法的な限界設定、子どもたちの自尊感情を育てること、選び抜かれた特別な遊び道具を使って自分の子どもたちと宿題の遊びのセッションを週1回設けることが含まれている。これらのCCPTの基本的な技法は、さまざまな文化集団に共通して安全な愛着関係の発展を促進するには、必要かつ効果的な要素であることが証明されている。親たちは、批判しない、理解のある、受容的な環境を作るにはどうすればいいかを学ぶ。そのような環境が、親子関係をよりよくすることになり、子どもと親の人間的な成長と変化を促すことにもつながる（Landreth & Bratton, 2020, p.10）。

　特別な遊びの時間に、親たちは、子どもがどんなふうに遊びをコミュニケーションとして使うのかということをきちんと見ることを学び、子どもは親と一緒に過ごすあいだ主導することを許されます。子どものパーソナリティと、親の子どもへの関わりは常に、子どもがもっているだろう問題よりも重要です。CPRTはまず第一に体験を基盤とするものであり、実行することで学ぶという原則に基づいています。CPRTは、メンタルヘルスの領域では、文化に対して最も柔軟な感覚をもったものの一つです。**CPRTは、親たちに週1回スーパーヴィジョンを伴った遊びのセッションを自分たちの子どもともつように求め、その中で使われるCCPTの技術で訓練することで、親たちに自分たちの子どもの生活に変化をもたらすセラピストのような役割をする人になってもらうようにします。**CPRTの特別な遊びの時間のデザインと構造は、遊びと両親からの応答を通して自然な方法で家族が文化的なアイデンティティを統合することを促進します。**遊びの経過の中で、子どもたちは、文化的な体験、価値観、信条を自分の中に統合していくのです。**

　「家族と個々人の立場に焦点を当てることで、この介入は、文化的な変数にとくに対応するものとなる」（Landreth & Bratton, 2020）のです。CPRTは、親子二人三脚で取り組み、グループ形式で介入を実施することで、多くのマイノリティ集団が共有する集団的志向性を尊重しています。親たちがもっている、自分の子どもに対してセラピストのような役割をする人に

なるための能力を信じることで、CPRT は親を力づけます。そのことは、くじけるような抑圧的な要因に直面している親たちにとって、とくに重要です。同じ人種のグループで、民族的、人種的なアイデンティティを尊重しながら CPRT を行うことは、子育ての実践に関する文化的な価値観を共有するための、より心地よい環境を親たちに提供することになるでしょう。前述したように、文化的に多様な親たちの集団と一緒に心理療法を行う際、CPRT のセラピストは、文化に関する自分の潜在的な偏見や限界を見つけて対処するための自己認識の重要性をよくわかっています。

文化的に多様な人々に関する子ども中心プレイセラピーの研究

　Lin と Bratton（2015）は、1995 年以降に刊行された、CPRT を含む CCPT のアプローチを試みた 52 の研究についてのメタ分析研究を行いました。子どもたちの年齢の範囲は、2 〜 11 歳でした。興味深いことに、研究結果は、白人ではない子どもたちが白人の子どもたちよりも CCPT の結果有意に多くの改善を示しました。その中の多くは英語が第一言語ではない子どもたちでした。著者である Lin らは、CCPT のアプローチではこうした白人ではない子どもたちが言葉の壁を越えるために自分自身で方向性を決めた遊びを言葉の代わりに使えるので、英語を使っている世界では十分に表現することができないであろう自分の内的な感情、考え、体験を、非言語的な手段で表現できるのではないかという仮説を立てました。メタ分析で得られた知見から、CCPT の実践者は自信をもって CCPT が広くどんな文化集団や表にあらわれた問題にでも通用する有効な関わり方であると考えてよい、と著者らは結論づけました。
　ピアレビューされた、刊行された効果研究は、多様な文化集団に対する CCPT と CPRT の有効性と応答性を示しています。とくに CCPT の効果に関しては、厳密に統制群を設けた研究で、特定の文化集団に属する子どもたちは CCPT の後に統計的に有意な改善を見せる、ということが示されています。そうした研究には、アフリカ系アメリカ人・黒人の研究（Taylor & Ray, 2021）、スペイン系・ラテン系移民の子どもたちの研究（Garza & Bratton, 2005）、貧困家庭の子どもたちの研究（Bratton et al., 2013）、中国人の子どもたちの研究（Shen, 2002）があります。統計的に有意に CCPT のよい効果が示された統制研究をいくつか追加で見てみると、その研究に参加した子どもたちの大多数は、多様な民族的な背景や社会経済的背景をもっていました（https://evidencebasedchildthrapy.com）。CPRT の効果を調べた数多くの統制群の研究で、CPRT のセラピストの人種あるいは民族が研究に参加した親と同じ場合、幅広い民族・人種的、社会経済的、文化的な集団で CPRT の効果がみられます。10 セッションの CPRT・フィリアルセラピーの方法論が、アフリカ系アメリカ人・黒人の子どもたち（Sheely-Moore & Bratton, 2010）、スペイン系・ラテン系移民の子どもたち（Ceballos & Bratton, 2010）、イスラエル人の子どもたち（Kidron & Landreth, 2010）、中国系移民の子どもたち（Chau & Landreth, 1997；Yuen et al., 2002）、韓国系移民の子どもたち（Lee & Landreth, 2003）、韓国人の子どもたち（Jang, 2000）、アメリカ原住民の子どもたち（Glover &

Landreth, 2000）に効果があったことを、親の報告書や文化への配慮という点からのセラピストの観察による事例を伴った統計的に有意な知見は示しています。CCPTとCPRTの調査研究と知見に関する広範囲のレビューは第19章で紹介します。CCPTとCPRTの調査研究についての説明と知見はすべてEvidence-Based Child Thrapyのサイトで見ることができます。

参考文献

Bratton, S., Ceballos, P., Sheely-Moore, A., Meany-Walen, K., Pronchenko, Y., & Jones, L.（2013). Head start early mental health intervention: Effects of child-centered play therapy on disruptive behaviors. *International Journal of Play Therapy*, 22(1), 28–42.

Ceballos, P., & Bratton, S. C.（2010). Empowering Latino families: Effects of culturally responsive intervention for low-income immigrant Latino parents on children's behaviors and parental stress. *Psychology in the Schools*, 47(8), 761–775.

Chau, I., & Landreth, G.（1997). Filial therapy with Chinese parents: Effects on parental empathic interactions, parental acceptance of child and parental stress. *International Journal of Play Therapy*, 6(2), 75–92.

Garza, Y., & Bratton, S.（2005). School-based child-centered play therapy with Hispanic children: Outcomes and cultural consideration. *International Journal of Play Therapy*, 14(1), 51–80.

Glover, G.（2022). Cultural opportunities with indigenous populations. In D. Ray, Y. Ogawa, & Y. Cheng (Eds.), *Multicultural play therapy* (pp. 128–146). Routledge.

Glover, G., & Landreth, G.（2000). Filial therapy with Native Americans on the Flathead Reservation. *International Journal of Play Therapy*, 9(2), 57–80.

Jang, M.（2000). Effectiveness of filial therapy for Korean parents. *International Journal of Play Therapy*, 9(2), 39–56.

Kidron, M., & Landreth, G.（2010). Intensive child parent relationship therapy with Israeli parents in Israel. *International Journal of Play Therapy*, 19(2), 64–78.

Landreth, G., & Bratton, S.（2020) *Child-parent relationship therapy (CPRT): An evidence-based 10-session filial therapy model* (2nd ed.). Routledge.

Lee, M., & Landreth, G.（2003). Filial therapy with immigrant Korean parents in the United States. *International Journal of Play Therapy*, 12(2), 67–85.

Lin, Y., & Bratton, S.（2015). A meta-analytic review of child-centered play therapy approaches. *Journal of Counseling and Development*, 93(1), 45–58.

Ray, D., Ogawa, Y., & Cheng, Y.（2022a). *Multicultural play therapy*. Routledge.

Ray, D., Ogawa, Y., & Cheng, Y.（2022b). Cultural humility and the play therapist. In D. Ray, Y. Ogawa, & Y. Cheng (Eds.), *Multicultural play therapy* (pp. 13–28). Routledge.

Sheely-Moore, A., & Bratton, S.（2010). A strengths-based parenting intervention with low-income African American families. *Professional School Counseling*, 13(3), 175–183.

Shen, Y.（2002). Short-term group play therapy with Chinese earthquake victims: Effects on anxiety, depression, and adjustment. *International Journal of Play Therapy*, 11(1), 43–63.

Sweeney, D., & Landreth, G.（2009). Child-centered play therapy. In K. O'Connor & L. Braverman (Ed.), *Play therapy theory and practice: Comparing theories and techniques* (2nd ed., pp. 123–162). Wiley.

Taylor, L., & Ray, D. C.（2021). Child-centered play therapy and social-emotional competencies of African American children: A randomized controlled trial. *International Journal of Play Therapy*, 30(2), 74–85. https:// doi.org/10.1037/pla0000152

Yuen, T. C., Landreth, G. L., & Baggerly, J.（2002). Filial therapy with immigrant Chinese families. *International Journal of Play Therapy*, 11(2), 63–90.

第 **7** 章

プレイセラピスト

　プレイセラピストは、子どもたちの生にとって唯一無二の大人です。なぜならセラピスト
は、その人間性から一人ひとりの子どもに接するからです。また、指示したり調べたり教えよ
うとしたりせず、その代わりに子どもが自分で自分の方向を決めたいという自然な欲求を自由
にするような働きかけを行います。子どもたちがこのかけがえのなさに気づいているというこ
とは、以下に述べるプレイセラピーのある場面からもわかるでしょう。

　　　　クリス：このカエルを何色で塗ったらいいかな？
　セラピスト：ここではそのカエルを何色に塗るのか、きみが決められるんだよ。
　　　　クリス：ぼく、わからないよ。黒はどうかな？　黒のカエルっている？　ぼくの先生
　　　　　　　　は、カエルは緑って言っていたけど。
　セラピスト：きみはそのカエルを黒に塗りたいんだね。でも、そうしてもいいのかどうか自
　　　　　　　　信がないんだね。
　　　　クリス：そう。何色にしたらいいか教えてよ。
　セラピスト：私に決めてほしいんだね。
　　　　クリス：うん。他のみんなはそうするよ。
　セラピスト：他のみんなはきみがどうすればいいのか決めるんだね。それできみは私にも、
　　　　　　　　そのカエルを何色にすればいいのか、決めてほしいんだ。でも、ここではきみ
　　　　　　　　がどんな色のカエルにしたいか決められるんだよ。
　　　　クリス：青色にしよう！　世界初の青いカエルだよ！　先生っておかしな人！
　セラピスト：きみには私が変わっているように思えるんだね。他の人のように、きみに何を
　　　　　　　　するべきか言わないから。
　　　　クリス：そう！　……青いカエルみたいに。

第7章　プレイセラピスト　　**87**

違いを生み出す

　クリスの言葉はたしかに的を射ています。プレイセラピーを用いるセラピストは子どもにとって「おかしな」人々です。それはセラピストがユーモアを生み出すからではなく、新しくてこれまでにない大人−子ども関係を作り出すという意味で「おかしく」感じられるのです。この関係性が生み出されるのは、遊びの素材の存在によっています。遊びの素材は、子どもたちとの言葉にしばられた体験では到達し得ないコミュニケーションや関係性を育むかけがえのない機会を提供します。プレイルームは必ずしもユニークである必要はありません。なぜなら多くの子どもたちは、そこにあるおもちゃで遊んだ経験がすでにあるからです。しかし、プレイルームはセラピストを真にユニークたらしめる——子どもが"おもしろい"と感じる——違いを生み出すことを可能にします。この大人、プレイセラピストは、子どもが大人とめったに体験しないような特徴を示すのです。

　子ども中心プレイセラピストは、子どもに何かを**する**わけではなく、子どもに何かを**させる**わけでもなく、大人が子どものあるべき姿と結論づけた、あらかじめ決められた地点に向かって子どもを**導く**わけでもありません。そうすることはプレイの関わりにおける治療的側面を子どもに**適用**しようとすることになります。プレイセラピーの関わりにおける**治療的な性質**を子どもに適用することはできません。それらは子どもが生き生きとしたプロセスとして**経験**することができるだけです。子どもが**参加**することで治療が可能になるのです。

　このような子どもの見方は、子どもを変化させる**対象**としてではなく、一人の人間として、創造的に変化する力のあるダイナミックな人間として表します。子ども中心プレイセラピストの態度は、その子どもという人間を**経験**したいという深い願いに基づくものであり、子どもに対して何かをするものではありません。ここで述べた哲学は、**現在の哲学**です。

　プレイセラピストをユニークな大人として特徴づけるのは、**子どもを受け容れる力、子どもの独自性に対する敬意、そして子どもが感じていることへの感受性**です。セラピストは子どもを尊重するに値する思考、感情、信念、アイデア、欲求、空想、そして意見をもった一人の個人として見ています。多くの大人は子どもを見ていません。忙しすぎて子どもに気づかないのです。今すぐやらなければならない「重要な」ことがありすぎて、結局ものごとを急いですることが優先されます。そうすると子どもは実際見られていません。そのような状況では、大人はただあいまいに子どもの存在に気づいているだけです。プレイルームを訪れる多くの子どもにとって、プレイセラピストからひたむきな関心を45分間一身に受けることは真にかけがえのない経験です。プレイセラピストは子どものすることをすべて心にとめ、子どもの感じていることや遊ぶことに心から関心をもっています。他の多くの大人と違い、セラピストはその子どもだけに専念するひとまとまりの時間をもっています。

　プレイセラピストは意図的に**雰囲気を作ります**。セラピストは自分が行うことや、なぜそれをするかという理由に気づいていなければなりません。このことによってセラピストはかけがえのない存在になるのです。なぜなら、セラピストは子どもとの関係でつまずくことなく、み

ずからの言葉や行為に注意深くあるからです。セラピストは子どもとの関係を築くために有用な雰囲気を生み出すことに力をそそぎます。違いが生み出されるのは、子どもといる時間は子どもが中心に置かれ、同時に、子どもはセラピストから独立していることが許されているからです。子どもは有能でかけがえのない個人として扱われます。次に述べるカレブは、気づかれることを待っている本当にユニークな子どもの一例です。

カレブ——私にとって最もドラマチックなプレイセラピーの経験

　カレブが2歳のころ、彼は早起きして階段を下り、朝食のシリアルを自分で用意していましたが、そのためには冷蔵庫から牛乳を取り出す必要がありました。当時、牛乳はガラス瓶で配達されていました。カレブが瓶を落として怪我をするのを恐れた母親と祖母は、夜に彼を寝かせるとき、一人でベッドから出られないようにカレブをベッドにしばりつけました。カレブはそれに激しく抗議しましたが、母親と祖母は「おやすみ、こら、泣くのをやめなさい！」と彼に言ったのでした。3歳のカレブが話せる言葉は、この「おやすみ、こら、泣くのをやめなさい！」だけでした。

　母と祖母は、私が博士課程でインターンをしていた子どもセンターにカレブを連れてきました。彼女たちはカレブを州の施設に入れるために知的障害の診断を望んでいました。子どもセンターの診断チームは、カレブは知的障害ではなく自閉症と診断し、カレブにプレイセラピーを勧めました。私はカレブのプレイセラピストを務めることになりました。

　初回のプレイセラピーセッションでカレブは私と一緒にプレイルームに入室すると砂場に直行し、砂場の真ん中に座りました。そしてバケツに入った砂をリズミカルに休みなく頭からかぶり続けました。私はたびたびカレブの行動をなぞって映し返す応答をしました。「もっと砂をすくっているね」……「頭からたくさん砂をかぶっているね」……「そうするのが好きなんだね」……「体が砂だらけになるね」。30分後、この行為を続けることがカレブや私たちの関係に役立たないことが明らかだったので、私はセッションを打ち切りました（私がプレイセラピーの中でこのように対応した経験はほんの2、3回だけです）。

　それ以後のセッションでは、4フィート［約1.2m］の小さな机と二つの椅子がある小さなカウンセリングルームを用いることにしました。私の目的は、カレブが前回の砂遊びのような行為に没頭する可能性を制限し、カレブと私の接触を増やすことでした。しかしながら、カレブはドアの内側に「邪魔しないでください」というプラスチック製の札がかかっているのを発見すると、セッションの間中ずっとその札をくるくる回すことに没頭したのです。

　次のセッションで私はドアの内側にその札がないことを確かめました。カレブはしばらくの間、早い速度でくるくると体を回転させていましたが、めまいは起こしませんでした。これには驚きました。また、椅子に這い上がっては降りる行為を繰り返しました。

　6回目のセッションで、カレブは4フィートの長さの机に這い上がってしばらく探索した後、机から降りようとしました。しかし、足が床につきませんでした。彼は降りる場所をあち

こち変えてみたり机から足を伸ばしたりしましたが、やはり足は床につきません。私の応答は次のようなものでした。「机から降りたいんだね」……「足が床に届きそうだね」……「床まで遠いね」……「一生懸命降りようとしているね」。何度も何度も試した後、カレブは机の上に立ち上がり、正面から私の顔を見ると腕を突き出しました。その瞬間、カレブが私を信じていることがわかりました。私は胸の高鳴りを感じながらカレブに手を伸ばしました。**カレブは私の腕の中に飛び込み、私は彼をすばやくハグしました。**彼は私の膝から床に這い降りました。私たちは6回目のセッションで**初めて触れ合った**のです。カレブは私を彼の世界に少し入れてもいいと感じるくらい安心していました。

続く6回のセッションで、私はカレブと待合室で会い、彼の手を取って入り口のガラスドアに向かいました。カレブをドアの内側に残し、私は外に出てドアを閉め、手をガラスの上に置く遊びをしました。ガラスドアの向こう側で**カレブは私の手に合わせて手を置き、そうして私を彼の世界に入れてくれました。**彼はとても注意深く手を置いていました。これが二つ目の重要な触れ合いでした。そして私たちはプレイルームに行きました。彼は砂で遊びませんでした。

20週目に、私は子どもセンターの幼児クラスにカレブを入れることを決断しました。クラスには5人の子どもたちがおり、ランチタイムとその後30分間の自由遊びの時間を共に過ごすことでカレブの社会性を育てることができると考えたのです。カレブとのプレイセラピーは続けていました。カレブの社会性は他の子どもたちよりはるかに遅れていましたが、この冒険は時間をかけて成功をおさめました。

カレブは私と触れ合う能力をもっていましたが、彼の人生における抗えない状況によってそれを発揮できませんでした（すなわち、自閉症や彼の母、祖母と体験した有害な関係性）。私の探求は、カレブと触れ合い関係性を築きながらも、自分自身や信じる理論、そしてカレブにはあるレベルでは能力があるという信念に忠実である方法を見つけることでした。問題はカレブにコミュニケーション能力がないことではなく、私にとって抵抗がなく理論的にも矛盾しない方法でカレブと触れ合い、関係性を築くことの難しさでした。私は目が見えない子どもや車椅子の子どものために調整するのと同じように、私のアプローチを調整する必要があったのです。

共にいること

子どもがプレイセラピストに初めて出会うとき、セラピストと他の大人たちとの間に目立った違いは何も見出せません。セラピストは他の人より背が高いかもしれないし、低いかもしれません。あるいは、特徴的な顔をしているかもしれません。しかし、この人は特別な存在になると子どもに感じさせるような外見上の違いはありません。したがって有用なセラピストと他の大人との違いは、セラピストが子どものために存在し開かれているということによるセラピストの内面から生まれるべきものです。

いくつかの資質によって、子ども中心プレイセラピストは子どもにとって他の大人と違う存在になります。その中で最も大切なことは、完全に存在することです。すなわち、子どもを観察し、耳を傾け、気づいたことを言葉にして子どもと関わることです。多くの大人と子どもの関係では、完全に存在するということはめったにありません。親たちは携帯電話に夢中になったり、テレビの騒音の中で子どもを見ていたり、何か間違ったことをしたときに初めて認識したりするのです。

　プレイセラピストは子どもの遊びだけではなく、子どもの望むもの、必要とするもの、そして感情を注意深く観察し、共感的に聴き、勇気づけながら認める大人です。セラピストは、子どもと共に存在することが物理的に存在することよりもずっと多くのことを必要とすることを知っています。共にいることこそは、プレイセラピーという経験を子どもにとって特別なものとするまさに芸術なのです。

　プレイセラピストは子どもの心の苦痛に耳を傾ける人です。十分な配慮と共に子どもが感じている痛みの深部まで耳をすまします。判断することなく子どもを人として受け容れ、絶望の中にある子どものかけがえのなさを大切にし、孤独の中にある子どもの絶望を尊重します。子どもを理解し、喜んで共にいようとします。

　プレイセラピストのかけがえのなさは、子どもが言葉で表現することだけではなく、行為を通して伝えられるメッセージも能動的に聴くということによって高められます。セラピストは子どもたちが選ぶおもちゃと道具、また彼らがいかに遊ぶかということが、子どもが何かを伝えようとするための全努力の一部として意味をなしていることを理解しています。子どもはセラピストから十分な注意を向けられます。あまりにも忙しく、自分自身のニーズを満たすことに熱中している多くの他の大人たちと違い、セラピストは急がず、子どもが必要とするものを理解しようと関わり、そして子どもの声を聴きたいと心から望んでいます。実際、彼らが一緒に過ごす間、聴くことと理解することがセラピストの第一の目標なのです。この共にいるという関係性のもつ影響は、子どもがプレイセラピーの経験を何年後かに振り返ったときに次のように表されます。「振り返ってみると、あなたはとくに何かをするようには見えなくて、ただそこにいた。港がただそこに存在して静かに腕を広げ、旅人が帰ってくるのを迎えるように。私はあなたを通して自分自身に帰ってきた」（Axline, 1950, p.60）。

　子どもへの尊敬の念から、子ども中心プレイセラピストは事前に知り得た子どもに関する知識や情報のすべてを一旦わきに置き、初めて出会うかのように子どもとの時間を過ごします。セラピストは子どもの目を通して子どもを知りたいのです。そして子ども自身やその葛藤、子どもの言うことや感じること、子どもの境界を尊重します。

パーソナリティの特徴

　これから述べる内容は、到達しがたい完全な人間について述べているように聞こえても無理はないでしょう。しかしそれは意図するところではありません。一人ひとりの子どもに実りあ

第7章　プレイセラピスト　　**91**

る成長と発達を助けるパーソナリティの特徴の描写を次に試みますが、こうした特徴に行き着くことはそれほど重要ではありません。むしろ、これらの次元を獲得し、自分の人生や子どもたちとの関係に組み込もうとする努力のほうがずっと重要です。そしてそのプロセスは持続的かつ自発的で決して終わることがありません。この努力にみられるセラピストの**意図**こそが、セラピーをダイナミックかつ治療的に促進させる特質であり、言葉で記述できる次元の達成はありません。セラピストの意図を言葉で述べることはできませんが、それはたしかにセラピストの態度や動機の内奥に存在します。そしてそのような意図をもっているかどうかによって、これから述べる特質がセラピストの行動においてどの程度見出せるかが決定されるのです。

客観的かつ柔軟であること

有用なプレイセラピストは子どもが独立した人としてあることを許容するに十分な**客観性**をもっています。また、前向きに新しいことを受け容れる態度で予期せぬことを受容し順応する**柔軟性**をもっています。これらの側面は適応的な行動を子どもに強いることへの断固とした抵抗に基づいています。セラピストは子どものもつ世界を心から認め、子ども自身の表現に基づいて子どもの生きる世界を理解したいと思っています。このような理解は子どもたちを繊細に理解し、興味をもち、思いやり、そして子どもたちを好きになることによって特徴づけられます。

経　験　則

セラピストが子どもについて知っていることよりも、セラピストが
子どもについてどう感じるかということのほうが重要である。

判断や評価をしない

セラピストは子どもを評価したり判断したりする必要はありません。子どもが何を生み出すか、生み出さないかということについても同様に、評価や判断を下す必要はありません。このように**判断や評価を避ける**ことは、セラピストの経験的な理解から生まれたものです。セラピストは、人が判断や評価をされないとき、その体験がいかに価値をもちうるかを理解しているのです。セラピストは、子どもが遊ぶか遊ばないか、話すか話さないかを選択することを受け容れます。子どもはセラピストに受け容れられるために、何か特別な方法で変化したりふるまったりする必要はありません。セラピストは今この瞬間に子どもがいるところで会うように努め、子どもと共に動くのです。

開かれた心

セラピストは心を閉ざすのではなく、心を開いています。子どもの世界に対する開放性や感受性は、プレイセラピストの基本的な前提条件です。子どもに対して子どもがもつ独自の価値

を第一の基本として考え、関わります。つまり、子どもが今までどのように言われてきたかではなく、今どのようにあるかを第一に考えるのです。意味を歪める必要はまったくありません。なぜなら、セラピストは恐怖や不安から比較的自由であり、それゆえ子どもたちをあるがままに、また、なりゆくがままに受け容れていこうとするからです。セラピストは自分の生きる現実から自由になり、子どもの生きる現実を体験することができます。このように心が開かれている次元でセラピストは、子どもが言語的にあるいは非言語的に、そして遊びにおいて伝えてくる意味を十分に、また正確に受け取ることができるのです。

忍耐強さ

　プレイセラピストは子どもと共にいるまさにそのとき、寛容です。子どもの表現に対して、また子どもの辿るプロセスに対して忍耐強くあり、子どもが子ども自身のペースで表現してくることを心からの期待と共に待っています。この忍耐強さによってプレイセラピストは子どもが見ている世界を理解し、見て、体験することができるのです。こうした忍耐強いプロセスは、White（1952）によって次のように生き生きと描写されています。

　　　植物を育てることは、人間の行う活動の中で最も成功したことの一つである。おそらくその成功は、農夫が植物に不可能な方法を押しつけなかったことによるだろう。植物の特徴を尊重し、育つにふさわしい環境を提供するように努め、深刻な傷を受けないように守り、まさにそうして農夫は植物の成長を助ける。早く芽が出るようにと種をつついたり、土の上に顔を出した新芽をつかんで指で若葉をつまみ出したりすることはない。また、異なる種類の植物がみな同じ見かけになるように葉を刈り込むこともしない。このような農夫の態度は、子どもたちと接するときの態度としてふさわしい。成長するのはまさに子どもたちであり、彼らは自分自身に芽生えた興味や関心に促されてこそ成長していくことができるのだ（p.363）。

　プレイセラピストが成長の過程を早めようとしたり、もっと早く変化することを押しつけたりすると、子どもは拒絶されたと感じて自信を失います。**セラピストが子ども独自の発達過程を受け容れることで、子どもはより自分自身を受け容れ、信じるようになるのです。**セラピストはこのプロセスをとても忍耐強く見守らなければなりません。このような寛容さは、子ども中心プレイセラピストのもつ子どもたちの力に対する揺るぎない信頼によって支えられています。つまり、**プレイセラピストは、子どもたちが内的な志向性や建設的に前進する創造的な力を備え、自己治癒力を有していることを信じているのです。**

あいまいさを許容する

　有用なプレイセラピストはあいまいさに寛容であるため、伴走者として子どもたちの体験している世界に入ることができます。そして子どもは自分から行動を起こし、テーマをもち、方向を定めるための一歩を踏み出すことができます。セラピストは絶えず責任の中心を子どもに

第7章　プレイセラピスト　　**93**

置き、そうしたセラピストからの励ましによって子どもは満たされています。子ども中心プレイセラピストは、子どもについての事実や答えを必要としません。また、プロセスの中で子どものふるまいが何を意味するかということがわからなくても、まったく意に介しません。セラピストは不確かな子どもたちの世界にいてくつろぐことができるのです。

未来を志向する

　子どもは常に自分になりつつあります。そのため、プレイセラピストは子どもとの関わりの中で未来志向です。今この瞬間の子どもの在り様だけではなく、未来になりうる子どもの在り様を心に描いて子どもに応答します。私の友人にウエスタン・スタイルの彫像家がいますが、彼は古い枯れた切り株に可能性——たとえば、カウボーイ・ブーツやウエスタン・ハット、いかついカウボーイの顔——を見出すことができます。彼は古い枯れた切り株の現在の状態ではなく、切り株に潜在する可能性に応答するのです。彼は意図して、自分が切り株に見出した可能性に向き合い続け、その可能性を解放することに力をそそぎます。同様に、子ども中心プレイセラピストは、子どもがなりうる可能性に関心をもちます。たとえ前回のセッションがほんの数日前であったとしても、過去にまつわる態度や言語的な応答を通して子どもをしばることはしません。

　セラピストはいつも子どもがいるところに「追いつこう」としています。ですから、子どもがその方向に導かない限り昨日、先週、先月、一年前に何が起こったのかを知る必要はありません。もし子どもが導くのであれば、セラピストは喜んで従います。セラピストが前回のセッションについて言及しないのは、もはやそこに子どもはいないからです。一週間に一度のセッションを想定すると、セラピストが最後に子どもに会って以来、成長と発達と変化のためにまるまる一週間あったことになります。セラピストは今週子どもがいるところまで追いつく必要があるため、過去に焦点を当てた応答は避けるのです。たとえば、以下に述べる6回目のセッションにおいてプレイセラピストが過去に焦点を当てていることは明らかです。

　　　　　子ども：（イーゼルに向かって絵を描いている）
　　　セラピスト：前回のセッションと同じように、きみは絵の中に白い点が一つでもあるといやみたいだね。
　　　　　子ども：（セッションの後半で、ゲームをしている）
　　　セラピスト：前回したように、新しいトリックを試しているんだね。
　　　　　子ども：（家から持ってきたプラスチック製の指輪をセラピストに見せる）
　　　セラピスト：前回と同じように、家から指輪を持ってきたんだね。

　このようなやり方で子どもに応答するのは、治療的とはいえません。なぜなら、セラピストの応答は子どもを過去に位置づけてばかりで、子どもの思いや行動、感情、体験、身体的存在にある相互作用が常に変化している事実を見過ごしているからです。すなわち、子どもの知覚する世界は変わり続けており、今週プレイルームにいる子どもは先週に比べていくらか変化し

ているのです。したがって、過去の経験をもはや同じように認識したり体験したりしません。にもかかわらず、セラピストが過去に焦点を当てた応答をすると子どもは理解されていないと感じます。なぜなら、子どもは先週したことではなく今していることに集中しているからです。未来を志向することは子どもに未来を提示したり導いたりすることではなく、子どもが常に変化し続けるプロセスの中にいるということを受け容れる態度です。**プレイセラピーのプロセスは、発見の旅なのです。**

個人としての勇気

　有用なプレイセラピストは**個人としての勇気**をもって行動し応答します。すなわち、みずからの間違いを認め、ときに傷つきやすく、自分の感じ方が不正確であることを受け容れます。セラピストの勇気はリスクを引き受け、その瞬間の子どもの創造的な自己表現に対し直感に基づいて応答するために求められます。セラピストはまた、防衛的に身構えず、子どもの体験や感情に触れて心を動かされるほどの傷つきやすさを自分に許すためにも勇気が必要です。子どもがセラピストに向かって木製のブロックを投げつけるとおどかしたりダーツ銃で撃ったりして関係性の限界を試してきたときには、内なる自信に基づいた勇気が求められるでしょう。リスクを負うことが耐えられないセラピストは、懲罰的あるいは脅迫的になり不適切な応答をするかもしれません。そのような状況もまた、**忍耐強さ**を必要とします。

真実であること、あたたかい気配り、受容、そして繊細な理解

　真実であることや**あたたかい気配り**、**受容する力**、そして**繊細な理解**については第5章ですでに論じました。ここでは、私が治療プロセスにおけるパーソナリティの側面としてこれらの特質に価値を認めていることを読者に知ってもらいたいと思います。こうした側面は、さらに愛情深く思いやりがあると表現できます。ヘレン・ケラー（Keller, 1954）は自伝の中で、愛情と思いやりに満ちた人物が人生を変えるプロセスを促進するうえでもつ重要性について次のように述べています。

　　かつて私は、何の希望もないどん底にいた。そこでは、あらゆるものの上に暗闇が横たわっていた。そこに愛が訪れ、私の魂を解放した。かつて私は苛立ち、自分を閉じ込めていた壁に自分自身を打ちつけた。私の人生には過去も未来もなく、死による終わりを心から望んでいた。しかし、虚無を握りしめていた私の手の中にある人の指から小さな言葉が落ち、私の心は生きる喜びで躍った。あの暗闇の意味はわからないが、それを克服することは学んだ（p.57）。

安全であると感じていること

　有用なプレイセラピストは**自分自身が安全である**と感じています。そのため、セラピストの適性をおびやかされる感覚をもたずに自分の限界を認めて受け容れます。子どもが何を言ったとしても、セラピストをおびやかすことはできません（図7.1）。中には、すべての子どもの役

図7.1　プレイセラピストは自分自身が安全であると感じており、子どもが、子ども自身にとって必要な領域へと関係性を導いていくことを信じています。

に立たなければならないと感じるセラピストもいます。そのようなセラピストは、自分の適性を疑われるのではないかという恐れから援助者としての自分の能力をはるかに超えて子どもと関わり続けたり、自分の受けた訓練では対応し切れないほど情動的に困難な子どもをクライエントとして受け容れたりします。他の専門家や専門機関を紹介するべき時を知っていることは、プレイセラピストにとって絶対に必要なことです。

ユーモアの感覚

　子どもたちは楽しみます。遊ぶことも発見することも楽しみます。何かおもしろいことがあればすぐに大笑いします。プレイセラピストは**ユーモアのセンス**をもち、子どもがおもしろいと感じることのおもしろさを理解できる必要があります。しかし、セラピストが子どもを笑うことは決して適切ではありません。

セラピストの自己理解

　専門家の間では定説的な見解として次のようなことが合意されています。クライエントの年齢にかかわらず、すべてのセラピストには個人的な強みと共に自分自身の動機、欲求（ニーズ）、盲点、偏見、個人的葛藤、そして情動的困難を感じる領域に対する理解と洞察が求められます。セラピストは、自分自身の価値観や欲求を区別し、子どもとの関係から切り離してお

くことができると考えてはなりません。セラピストは生身の人間であり、ロボットではないのです。個人的な欲求や価値観はその人の一部であり、それゆえ関係性の一部となります。問われるべきことはセラピストのパーソナリティが関係性の中に入るか否かではなく、どの程度入るのかということです。

　セラピストの責務として、自己理解を促す自己探求のプロセスに関わるべきです。そうすることでセラピスト自身の動機や欲求のもつ潜在的な影響が最小限に抑えられます。自己を知るプロセスは個人セラピーを通して促進されます。そして、個人セラピーやグループセラピーを受けることは、自分について学ぶために強く推奨されます。自己探求のもう一つの拠りどころは、スーパーヴィジョン、もしくはコンサルテーションによる関係でしょう。それによって、セラピストは自発的な意志から自分の動機や欲求を探求することができます。自己理解はできごとではなく一つのプロセスであるため、セラピストという専門的キャリアを通してこのプロセスに関わり続けることが役立つでしょう。また、次の問いを探求することは自己理解のプロセスを促すでしょう。

　　　プレイセラピーで自分のどのような欲求が満たされているだろうか。
　　　自分が必要とされることへの欲求はどれほどの強さだろうか。
　　　私はこの子どもが好きだろうか。
　　　私はこの子どもと一緒にいたいのだろうか。
　　　私の態度や感情はこの子どもにどんな影響を与えるだろうか。
　　　この子どもは私をどのように捉えているだろうか。

　自分自身の偏見、価値観、情動的欲求、恐怖、個人的なストレス、不安、そして自他への期待を自覚していないセラピストは、子どものそのような側面に対する有益な感受性をおそらくもち得ないでしょう。セラピストは子どもとプレイルームに入るとき、個人的な欲求を部屋の外に置きません。結果的にこれらの欲求は、子どもとの関係性や展開される治療的プロセスの一部になります。もし、セラピストが好かれたいという欲求や拒否されることへの恐怖、制限を設定する罪悪感や賞賛と成功を求める気持ちに十分気がついていなければ、これらの欲求は子どもの探求心や表現をコントロールし制限するような微妙でかつ操作的な方法に表れるでしょう。

　プレイセラピーの関係性は、目に見える基準によって測られるものをはるかに超えるものです。**セラピストの態度、動機、期待、欲求、そして子どもに対する信念は、治療関係の進展と成果に重要な影響を与える目に見えないものを構成します。**ある程度の微妙な構造化はすべての治療関係に本来備わっています。それらは個人的な欲求、動機、意図、期待、そして子どもに対する信念にセラピストがどれほど気づいているかに応じて、程度の差はあれ存在するものです。このような目に見えないものは関係性の中で子どもに感知されます。そして、プレイセラピストがそのような構造化を意図するかどうかにかかわらず、それらは子どもの行動に影響を与えたり行動を形成したりします。プレイセラピーにおける関係性の中でセラピストが気づ

第7章　プレイセラピスト　　**97**

いているべき目に見えないものとは、次のようなものです（以下のリストを読みながら、あなたがおそらく取り組む必要があると思われるものを二つ選んでください）。

- あなたの意図は子どもの行動を変えることですか。もしプレイセラピストの意図が子どもを変えることならば、子どもを心から受け容れることができるでしょうか。
- あなたは子どもが遊ぶことを望んでいますか。もしプレイセラピストが子どもに遊ぶことを望んでいるならば、子どもはプレイルームで心のままにふるまうことができるでしょうか。
- あなたは特定の行動のみ受け容れることはないでしょうか。もしプレイセラピストが特定の行動だけを認めるならば、子どもは自分がセラピストに好かれ、理解されていると感じるでしょうか。
- あなたは汚く散らかっていることに寛容ですか。もしプレイセラピストが乱雑であることを我慢できないならば、子どもは汚したり散らかしたりしたい欲求を自由に表現できるでしょうか。
- あなたは苦痛や困難から子どもを救いたいという欲求をもっていますか。もしプレイセラピストが子どもの苦痛に耐えることが難しければ、子どもは自分の内面の強さや内的資源を発見するでしょうか。
- あなたは子どもの問題を解決したいと思っていますか。プレイセラピストがあらかじめ定められた問題の解決に向けて遊びを組み立てている場合、子どもは遊びの方向性を自由に定めることができるでしょうか。
- あなたは子どもに好かれたいという欲求をもっていますか。もしプレイセラピストが子どもに好かれたいという欲求に無自覚であれば、必要なときに治療的な遊びの制限を設定することができるでしょうか。
- あなたは子どもと一緒にいて安心感をもちますか。もしプレイセラピストが安心感をもたないのならば、子どもはプレイセラピーの関係性に安心感をもつことができるでしょうか。
- あなたは子どもを信頼していますか。もしプレイセラピストが子どもを信頼できない場合、子どもは自分自身を信頼できるでしょうか。
- あなたは特定の問題に対処することを子どもに求めますか。もしプレイセラピストが特定の問題への対処を子どもに求めるならば、子どもは自分の内的な問題や気になることを心から自由に探求できるでしょうか。

　これらは測ることも触れることもできませんが、プレイセラピーのプロセスのダイナミクスに微妙に影響します。プレイセラピストの自己理解は、こうした変数がプレイセラピーの関係性に与える影響を少なくすることができます。
　セラピストがプレイセラピーの関係性にもたらす最も重要な資源は、自己の特質です。技術や技法は有益な道具ですが、セラピストが自分自身の人格を生かすことには勝りません。プレ

イセラピストになるためには訓練や技術が重要ですが、それだけでは十分でないのです。セラピストは子どもたちの知覚的・経験的世界を理解し、子どもたちと一緒にいることを喜び、彼らの世界をわくわくしながら体験するような人間でなければならないでしょう。訓練や治療的方法を使うことは重要ですが、セラピストの人間としての力こそが最も重要です。

> ### 経　験　則
>
> セラピストの人間性は、セラピストが知っていることよりも重要である。

　セラピストは、この人と一緒にいると安全で、安心して自分を探求でき、思い切って自分自身になることができると子どもたちが感じられる人でなければなりません。すなわち、信頼できて思いやりがあると子どもたちが体験できる人でなければならないのです。そのような人と共にいることで、子どもたちの自己成長は十分に促進されていきます。このよい結果は自然に生じるプロセスではありません。プレイセラピストが治療的であるかどうかは、セラピストの感情的、精神的、身体的状態や、治療関係の中でセラピストが子どもにどのように関わっていくのかによって決まります。中国北中部に 1500 マイル［約 2400km］もの長さで連なる壮大な建造物、万里の長城に立ったときに私はこの事実を思い出しました。城壁が北方部族の中国北中部への侵入を防ぐ役割をどのように果たしていたかを考えたとき、私はプレイセラピストが治療関係の中で自分自身の大きな壁を作ることを思い出しました。

- 自分自身の問題にうまく対処できないとき
- 自分の直感的な方向性を疑うとき
- 子どもの問題を手早く解決しようと急ぐとき
- 解決策に目を奪われて子どものことが見えなくなっているとき
- 子どもの内面を繊細に聴くことができず、子どもと十分共にいることができないとき

セラピストの自己受容

　子ども中心プレイセラピー（CCPT）のアプローチで機能しているのは、セラピスト自身と子どもに対するセラピストの態度です。その特徴は、セラピスト自身と子どもを受容することに加えて、子どもにより積極的な行動をもたらす自己決定のプロセスにおいて子ども自身に責任をもつ能力があると深く信じていることです。セラピストは、セラピーの中で子どもがセラピストと違うということを受け容れられるよう、自分自身を十分に受容している必要があります。そのような自己受容は、セラピストが意図をもって子どもと共にいて、子どもを受け容れることを可能にする内的な強さといえます。このように深く関わる態度は、子どもたちが選択

第 7 章　プレイセラピスト　　**99**

する権利を尊重し、子どもたちがより成熟した、子どもたち自身が納得のいく、そして最終的には社会にとっても受け容れられるような選択をする能力を認めるものです。セラピストの自己受容によって生み出される大切なことは、子どもが変化してもしなくても十分安心できる関係性を築くことです。

> ### 経 験 則
>
> 子どもは、変わらないでいる自由を感じることができて初めて、
> 変わることが可能となる。

　この治療的側面は、セラピストが自分自身と子どもを受容するかどうかにすべてかかっています。ロジャーズはこのプロセスを「不思議な逆説だが、ありのままの自分を受け容れたときに、私は変わることができる」（Rogers, 1961, p.17）と非常に適切に述べています。子どもはありのままに受け容れられたときに変わることができます。セラピストは、子どものどこかが違えばいいのにとは思いません。子どもは今この瞬間において十分なのです。セラピストの目的は、子どもが自分自身やお互いについて共に学んでいるまさにそのとき、十全に自分自身になることができる自由な雰囲気を創ることです。一人の人間としての子どもに対する深い敬意から、セラピストはこの上なくひたむきな関心を子どもに与え、その存在を受容するのです。
　プレイセラピストがこのように自己を差し出すことは、すなわち、セラピストが子どもに同一化しているかもしれない個人的な体験や感情を鋭く察知し、以前の体験に由来する感情を分類し区別するように注意深くあることともいえます。セラピストは自分自身の感情的な反応や欲求を子どもに投影しないように注意します。このように、プレイセラピストは自己認識と自己受容の絶え間ないプロセスに取り組まなければなりません。自己発見のプロセスを歩むことは子どもにとっても、また、セラピストにとっても価値あるもので、自己受容のために必要なことです。プレイセラピストはしばしば、トレーニングプログラムの中でそのような受容を経験したことをきっかけに、自己受容のプロセスを歩み始めます。その衝撃は、ある大学院生による次の自己評価の中にもみられるでしょう。

　　プレイセラピーはとてもやりがいがあります。子どもが自分自身を受け容れる手助けをしているからです。プレイセラピーにおけるやりがいの多くは、私の個人的な欲求が子どもの邪魔をしないようにすることから生まれます。人は自分の欲求を抑えられるとき、自分の感情を認めるだけではなく、そのような感情を受け容れ、さらには自分自身を受け容れることができると思います。この授業を通して、私は自分自身を受け容れるプロセスを歩み始めました。私は責任をもって行動し、自分の欲求をプレイセッションから遠ざけることができました。もちろん、自分を受け容れるプロセスは人生を通して続きますが、なんというスタートを切ることができたのでしょう。これからは、人生における他のいろい

ろな場面においても自分を信じていきたいと思います。私を受け容れてもらったことに感謝しています。

　別の学生は次のように書きました。「スーパーヴィジョンのフィードバックを受けて、より自分らしく直感に従うことを認めることができました。それは重要なことでした。私はそれを必要としていました。さらにリラックスしてこの体験にとことん没頭すると、とても楽しかったです！」

　プレイセラピストは子どもたちの本質を信頼しています。子どもの普遍的な特性は成長への衝動であると信じ、各人各様の成長のプロセスを尊重します。この衝動に本来備わっている生き生きとした動きは抑圧され妨げられてきたのかもしれませんが、適切な条件のもとで生き返らせることができるのです。子どもたちの成長と変化についてのセラピストの信念は、固定された知的な判断の場から生まれるのではありません。その多くはセラピスト自身が人との関わりや人生経験の中で自分が変化し進展していることに気づき、新たな自分に出会い続けていくプロセスから生まれるのです。こうした自己理解とそれに伴う自己受容により、セラピストは子どもの内面から自己が現れてくるのを期待して待つことができます。現在の子どもの投影された自己に対して焦りを感じることはありません。なぜなら、セラピストには人の不完全さを受け容れ、また、自分自身が完全ではないことに対しても許そうとする意志があるからです。セラピストは自分自身の人間性を受け容れています。ですから、子どもを完全にするという欲求は存在しないのです。

経　験　則

自分の弱さを受け容れることができて初めて、
他者の弱さを受け容れることができる。

　自己理解と自己受容は私たちを自由にするという特徴があります。その様子をプレイセラピーのある初学者は次のように述べています。

　　自分を理解し不完全さを認めれば認めるほど、自意識やセラピストとして期待される役割を果たす必要性を手放すことができます。このあらかじめもっていたイメージが、私の長所を伸ばすために必要な自由と自発性を奪っていました。私はもはやプレイルームでストレスの多い面倒な仕事をしているとは感じず、マイケルとの創造的な出会いを築いています。また、私は自分がひどく緊張しているときに他者に近づくことは難しいということや、リラックスするにつれて自分のふるまいに無意識に組みこまれていた誤った行動や余分な動きに気づくことができることを発見しました。

プレイセラピストの態度はプレイセラピーのセッションの雰囲気を作り、すぐに体験全体に浸透します。プレイセラピーは役割ではなく在り方です。ある「方法」や一連の技法を用いようとするセラピストは堅苦しく人工的に見え、最終的には不満を抱きうまくいかないでしょう。子どもの内なる人間性は、セラピストが権威者や指導者の役割をプレイセラピーの中で諦めることができるにしたがって、ますます成長を促す形で現れやすくなります。そのような姿勢により、セラピストを頼りにできるという期待が子どもに生まれてくるでしょう。セラピストの目標は、できる限りその人の自己を明らかにすることです。このことにより、関係性が進展する中で子どもの自分自身になろうとする動きが促進されます。子どもはセラピストという人物のあらゆる微細なところにまで敏感であるため、セラピストが用いるどのような技法よりもずっと多くの影響をセラピストという人物から受けます。有用なセラピストは自分自身の独自性を大切にします。それにより他者の独自性も受け容れることができます。

プレイセラピストであること

CCPT の基準は常に子どもに向けられており、プレイセラピストの行うことはすべて子どもに焦点を当てたものです。セラピストは子どもを特定の話題や行動に方向づけたり導いたりする必要はありません。セラピストは子どもがリードすることを認め、その後からついていくことに満足します。大切なのはセラピストの知恵ではなく、子どもの知恵です。セラピストの方向性ではなく、子どもの方向性です。セラピストの解決ではなく、子どもの創造性です。それゆえ、子どもが子ども自身であることができるよう、セラピストは子どもの存在を丸ごと受け容れます。

CCPT のセラピストは、スーパーヴァイザーでも、先生でも、仲間でも、ベビーシッターでも、調査員でも、遊び仲間でも、親の代わりでもありません。ディブスは彼のセラピストであるアクスラインを次のように表現しました。「あなたはお母さんではない、先生でもない、お母さんのブリッジ・クラブのメンバーでもない。あなたは何者？　それはたいした問題じゃない。あなたはこのすてきなプレイルームのレディなんだ」（Axline, 1964, p.204）。セラピストは子どものために問題を解決したり行動を説明したりしません。動機を解釈することも、子どもを助けることも、意図を尋ねることもしません。いずれかの役割を引き受けることは子どもの自己探求、自己創造、自己評価、自己発見の機会を奪うことになります。

それはセラピストが受動的であることを意味するのでしょうか。決してそうではありません。セラピストはプレイセラピーの関係性の中で能動的な役割を引き受けています。セラピストが能動的と言われるためには子どものために、または子どもに対して何かをしなければならないでしょうか。もしくは、身体活動の表出が多く求められるでしょうか。能動的であるということは、必ずしも目に見える性質である必要はありません。セラピストは生き生きとした情緒や感受性をもち、子どもの言動を正しく理解し、受容的に応答する態度が求められます。この情緒的な分かち合いは相互的な性質によって特徴づけられます。それは子どもとセラピスト

両者に感じられており、また、対話の中でセラピストが表現する言葉により明らかに経験されるものでもあります。セラピストはプレイセラピーのプロセスにおいて能動的に関わりますが、それは体験を方向づけたり管理するという意味ではなく、子どもと直に関わり、子どもの感情、行動、決断すべてに心から興味をもつということです。

　セラピストの努力で子どもたちに自分自身のことを教えられるでしょうか。何年にもわたる大学院の学び、読書、そして子どもたちとの経験を通してセラピストが得た知恵を子どものクライエントたちと分かち合うことはできるのでしょうか？　ジブラン（Gibran, 1923）は『預言者』という著書でこの問題について次のように述べています。「誰であれ、あなたに何かを明らかにすることはできない。それはあなた自身の知識の夜明けの中に眠っている。［…］ある人の知恵は、その翼を他の人に貸すことはできないのだから」（p.32）。**プレイセラピストは何か事を起こそうとする人ではありません。なぜなら、現実に存在する可能性の中にそのような選択肢はないからです。**人生を生きるために必要な内的な知恵を生じさせたり他者のために創り出したりすることは、端的にいって不可能です。子どもたちの成長のために重要で必要なものはすべて子どもたちの中にすでに存在します。子ども中心プレイセラピストの責任は、子どもたちの人生を作り直したりあらかじめ定められたように変えたりすることではなく、すでに彼らの内に存在する潜在的な創造力を解放し、促進するように応答することです。生きることは決して静止したできごとではありません。それは絶え間なく続く学習と再生のプロセスです。このプロセスについてパステルナークは次のように言いました。

　　　人々が「生を作り変える」と話しているのを聞くと、私は自己コントロールを失い絶望に陥る。生を作り変えるなんて！　そんなことを言うことができる人は、生について何一つ理解していないのだ。どれほど見聞きしていようと、その息づかいや鼓動を本当に感じたことはないのだ。彼らは生をまるで一塊の素材と捉え、自分で加工して立派にする必要があるものと見なしている。しかし、生は決して材料でも、型に入れて成型される物質でもない。生は常に刷新され、再生され、変化し、より輝かしい姿へ変容し続けている（Salisbury, 1958, p.22）。

　セラピストも子どもの人間性や子どもとの関係性によって影響を受けるがゆえに、セラピストと子どもにとって、CCPTにおける関係性は重要です。それは、次に述べる私とライアンのプレイセラピーの体験の中で容易に理解されるでしょう。

ライアン──プレイセラピーの中で死にゆく子ども

　7歳と5歳の二人のきょうだいはレスリングをしていました。そして、兄は脚の骨を折ってしまいました。病院に行くと衝撃的でトラウマティックな事実が発見されました。がんが骨を弱くしており、病巣が広がらないように股関節から脚を切断する緊急の根治的手術を必要とし

たのです。診断によるとライアンの余命はわずか数ヵ月でした。

プレイセラピー

　ライアンと私の出会いは5歳の弟とのプレイセラピーがきっかけでした。弟は賢明な両親の紹介で私のもとに来ました。両親は弟が潜在的な心の傷と深い個人的罪悪感を抱えている可能性を理解していました。8回目のセッションの前に母親から電話があり、弟がライアンと一緒に大切なプレイルームに行きたがっているということでした。私はそれを弟の成長における重要で明らかな進展と見なしました。彼はプレイルームの体験を分かち合おうとしていました。おそらく彼はプレイセラピーの関係の何かがライアンにとって役立つだろうとある程度気がついていました。また、彼は私との関係の中で安心してライアンを連れてくることができると感じていました。

　待合室で母親と二人の子どもたちに出会った瞬間、私はライアンの状態に深く心を動かされました。髪の毛はほとんど抜け落ち、やせこけた顔には放射線の「銃」を向けられた紫色の跡がいくつかあり、暗い影が目を囲んでいました。このとき初めてライアンと会った私は、深い悲しみを感じました。弟は母親とライアンをプレイルームに案内しました。母親はライアンを抱っこしてプレイルームの真ん中に座らせ、立ち去りました。

　ライアンの状態に注意を奪われて自分の感情に圧倒されていた私は、弟のことを数分間忘れていました。私はライアンが繰り広げる光景に没頭していました。彼は10インチ［約25㎝］の恐竜を手に取ると、ぽっかりと大きく開かれた口におもちゃの兵士を入れ、指でゆっくりと口の奥まで押しやりました。兵士は恐竜の喉に落ち、空洞の体の中へ入っていきました。それから彼は恐竜を床の上に立たせ、それと立ち向かうようおもちゃの兵士を3列に並べました。ライアンはすべての武器が恐竜に向いていることをとても注意深く確かめてから、上体を反らして数分感その場面をじっと見つめました。兵士たちはあらゆる戦略的な配置をとっていましたが、たった一つの銃口も火を噴きませんでした。兵士たちはただそこに立ち、巨大な怪物に直面してあまりに無力でした。いいえ、今の私はそのとき感じていたことをより明確に感じられます。それは怪物ではなくライアンの中の敵でした。止めることのできない敵でした。兵士たちは非力で、武器は役に立ちませんでした。怪物はあまりにも強力でした。怪物を止まらせることはできませんでした！　この間ずっとライアンは一言も発せず、どんな音も立てませんでした。その必要はありませんでした。私は彼と共にいて、彼は私に伝えていました。

　これは、プレイルームにおける生きた関係の中で生起した稀な体験でした。ほんの短い間でしたが、一瞬にして過ぎ去っていくその体験の他に、私たちの意識には何も——時間も現実も——存在しませんでした。私はライアンの内的な体験を感じ取り、目の前で展開する光景のすさまじさに圧倒されました。そして直感的な気づきを体験しました。「彼は知っている。知っているのだ、彼の中にいる怪物を止められないことを——」。その瞬間は過ぎ去り、ライアンが弟に兵士を箱へ入れるように頼んだことで私は現実に引き戻されました。弟はライアンと同じくらい私を必要としていました（セッションの後で、私はライアンとの経験を振り返りました。恐竜に銃を向けて立っていた兵士たちの光景を思い出し、ライアンに向けられた放射線

「銃」について考えました)。こうして、ライアンと共に生き、生きることについて学んだ短くて特別な私の旅が始まりました。

　私はライアンの命の最後の2ヵ月間、プレイセラピーで彼に会いました。その後の数週間で病状は急速に悪化して何回か病院に運ばれなければなりませんでした。そのたびに「彼に残された命は数時間です」と宣告されました。優しくてよく気がつく彼の母親はこのようなときに私に電話をするように友人に頼んでいました。私は受話器を置いた後、もう会えない大切な小さい友を想い悲しみに暮れました。その後、私はライアンが持ち直したという知らせを受け取りました。数日後に彼は家に戻り、また私と会いたいと言ったのです。

　最後の1ヵ月、ライアンはあまりにも衰弱してベッドから離れることはできませんでした。そこで私は移動用のプレイセラピー用具一式を彼の家に持っていきました。両親は病院のベッドを1階の居間に置いていました。私はライアンと一緒にいる機会を心から望んでいました。しかし、彼の家の前に車を停めるたびに数分間そこに止まり、ライアンにしっかりと挨拶し、彼の体験する世界に開かれ、彼が共有したいことを分かち合えるように心の準備をしました。

　衰弱しやせ衰えていたけれども、ライアンはセッションを共に楽しみました。私が大きな印刷用紙の束を出すと、彼は大きな手に40本の突き出た指をもつ巨大な茶色いミッキーマウス(ライアンの命名)とヤマアラシ、そしてハゲタカを描きました。それらは彼のがんとの戦いを表しているように私は思いました。ライアンは楽しく自由になっていました。私はプレイセラピーのセッション中に尿瓶の手助けをするなど想像もしたことがなく、それゆえ「尿瓶を見つけて。トイレに行きたいんだ」というライアンの要求に対する私の最初の応答は「看護師を呼ぼう」という不器用で拙いものでした。ライアンは「看護師はいらないよ」と言いました。実際、必要なかったのです。ライアンは私を信頼し、私の不器用さを我慢してくれました。

　翌週、ライアンは再び病院にいました。そしてまた劇的な回復を果たし、その翌週にもう一度私に会うことを頼みました。このセッションでライアンはミッキーマウスの絵を再び描きましたが、前回より小さい体と手でした。彼はミッキーを濃い紫で塗りました。とても暗い目でうつろな顔をしていました。それは死そのもののように見えました。それからライアンは用具一式の中から卵パックを選び、一つひとつの囲いを明るい色で塗ると、パックを閉じて黒で塗りつぶしました(それはまるで棺のようでした)。そうです、美しさ、色彩、明るさ、希望は内側にあるのです。次にライアンはわらの家、木の家、レンガの家を描きました。それから彼は、わらの家と木の家は崩れ落ちて、三匹の豚はレンガの家で安全だったと話しました。興味深い特徴として、レンガの家に最も大きなドアがありました。ライアンは何らかの形で死が近いことを直感し、自分は安全な場所にいるだろうと感じていたのではないかと私は思います。そしてライアンは「疲れた」と言いました。私は「ライアン、疲れたみたいだね。声も疲れている。今日はここまでにしよう」と伝え、おもちゃを片づけ始めました。ライアンは「これはぼくたちの特別な時間だったね」と言いました。私は「そうだね、ライアン。これはぼくたちの特別な時間だったし、あなたは特別な人だよ」と応えました。そしておもちゃを持って去りました。

　それがライアンと会った最後でした。3日後に彼は亡くなりました。私たちが一緒に過ごし

た間、彼は自分の大切な領域にセッションの焦点をおいて探求し、自分の選んだ道を歩み、遊びたい方法で遊びました。私たちの関係の中で私は次のようなことを発見しました。人として最も困難な状況の中でも子どもたちは遊ぶ喜びを体験でき、なす術がないように思えるときでも自分に主導権があると感じることができるのです。

私が自分について学んだこと

　私は子どもにとって死と直面することがどういうことなのかをほとんど知りません。
　　それゆえ、私はライアンが教えてくれたことに心を開いて学びたいと思います。
　私は子どもが死にゆくことを思うと悲しみを味わいます。
　　それゆえ、私は自分の感情から子どもを守らなければなりません。
　私は生についてほとんど知りません。
　　それゆえ、私は子どもたちが体験している生の驚きの連続に心を開きます。
　私は他者にとって何が意味をもち大切なのかを知ることはできません。
　　それゆえ、私は子どもたちとの関係の中で彼らが必要としていることを発見しようと決意します。
　誰かが私の世界を「見て」いてくれることが私も好きです。
　　それゆえ、私は子どもの世界を感知するために奮闘します。
　私は安全であると感じるとき、より自分らしくいることができます。
　　それゆえ、子どもたちが私と一緒にいて安全と感じられるようできる限りの力を尽くします。

ライアンとの関係

　人生の危機を生きる大切な幼い人とのかけがえのない関係によって、私は今までにない見方を与えられました。それは、子どもたちが自分自身の大切な領域に関係性を導くことを認めるというものです。私は彼の類い稀な表現に向かう熱意を心から重んじ尊びました。その熱意は身体をかけて戦った疲れによって一時的に弱まることがあるのみでした。私たちが共にいた時間は、彼の人生の中でオアシスのようでした。現実には体の中で起きていることをコントロールできませんでしたが、そのとき彼は自分で自分の体験を自由に決めることができたのです。

　私たちが一緒にいた時間、ライアンは死ぬことよりも生きることに、悲しみよりも喜びに、無気力よりも創造的表現に、そして関係を失うことより感謝することに焦点を当てました。驚きと畏敬の念を抱きながら、私はこの死にゆく子どもが私たちの関係を生き生きと体験するときの喜び、解放、興奮を共有しました。遊びはライアンにとって特別でした。そして、彼は私たちの関係をとても大切にしました。私はそのとき、セラピーの成功や進展とは一部の人が必要と見なしてきたことでも問題を正すことでもないと学びました。それはたしかに思いやりに満ちた安全な関係をほんの一時体験することなのかもしれません。その中で子どもは自由にあるがままになることができるのです。

　世の中の人はライアンが死んだと言うでしょう。しかし、私は心に刻み込みました。彼の生

きるための戦い、酸素マスク、彼が選んだ明るい色のまだら模様、彼が耐えた痛み、かすれた小さな声に含まれていた喜びと疲労、絵を描くときの熱意と迫力を。ですから、彼は生きているのです。世の中の人が見るところではなく、私が見ているところで生きているのです。この死にゆく幼い人、ライアンは私に生きることのレッスンを教えてくれました（Landreth, 1988に加筆）。

参考文献

Axline, V.（1950）. Play therapy experiences as described by child participants. *Journal of Counseling Psychology*, 14(1), 53-63.

Axline, V.（1964）. *Dibs: In search of self.* Ballantine.（岡本浜江訳〔2008〕『開かれた小さな扉：ある自閉児をめぐる愛の記録』日本エディタースクール出版部）

Gibran, K.（1923）. *The prophet.* Alfred Knopf.（佐久間彪訳〔1988〕『預言者』至光社）

Keller, H.（1954）. *The story of my life.* Grosset & Dunlap.

Landreth, G. L.（1988）.（Adaptation）This case is an adaptation of *"The Case of Ryan-A Dying Child"* from Landreth. Reprinted with permission of the American Association for Counseling and Development.

Rogers, C. R.（1961）. *On becoming a person.* Houghton Mifflin.（末武康弘、保坂亨、諸富祥彦訳〔2005〕『ロジャーズが語る自己実現の道』岩崎学術出版社）

Salisbury, F.（1958）. *Human development and learning.* McGraw-Hill.

White, R.（1952）. *Lives in progress.* Dryden Press.

第 8 章

スーパーヴィジョンとプレイセラピーのトレーニング

　大学院の授業、ディスカッション、読書、ワークショップ、ロールプレイング、そして経験豊富なプレイセラピストを観察することは、プレイセラピストになるための学びにおいて必要かつ重要な前提条件です。しかし、**最も重要な学びは経験から得られるものであり、スーパーヴィジョンを受けたプレイセラピーの経験から得られる自己、子ども、およびプレイセラピーに関する学びの可能性は無限大です**。プレイセラピストが子どもたちを経験して初めて、子どもたちは理解されます。セラピストが子どもとの関係を築くのに苦労する経験をして初めて、プレイセラピーの関係性は理解されます。セラピストが子どもと共にあることを経験して初めて、不安は捨てられます。セラピストがトレーニングに専念しようとして初めて、発達した技術は正しく評価されます。

スーパーヴィジョンを受けながらの実践は自己洞察を促す

　プレイセラピストは、自分のパーソナリティ、ニーズ、人生の課題などを、プレイセラピーでの子どもたちとの関係から区別し、分離することができると想定するべきではありません。問題は、プレイセラピストの個性がプレイセラピーのプロセスに影響を与えるかどうかではなく、むしろ、それがどの程度影響を与えるかです。セラピストの責任の一つは洞察と自己理解を促進する自己探求のプロセスに従事することであり、これにより、セラピストの動機、ニーズ、人生の課題の潜在的な否定的影響を最小限に抑えることです。

　プレイセラピストの中で情緒的に起きていることを子どもたちが感じていることは、私のプレイセラピー入門コースでのあるできごとにおいて明らかでした。このコースでは、スーパーヴィジョンつきのプレイセラピーのミニ実習があります。各チームは 3 人の大学院生からなり、ボランティアの適応のよい子どもが割り当てられ、それぞれのメンバーはプレイセラピーセンターのプレイルームでその子どもと 30 分間のプレイセッションを行い、それに続いて、

チームのメンバー、スーパーヴァイザーと一緒に30分間のスーパーヴィジョンのフィードバック体験をします。スーパーヴィジョンを受ける体験の直前、シェリルはプレイセッションとフィードバックを最初に受けたいと要求しました。そうすれば、彼女は早く出発して、車を3時間運転し、彼女の親友の葬儀に参列することができました。シェリルは、自分は感情的に大丈夫であり、悲しみを乗り越えるためにすでにカウンセリングセッションを受けたと私に保証しました。

　シェリルのプレイセッションでは、5歳の女の子が部屋を5分間探検しました。それから、彼女は医療キットを手に取って、その後の25分間、テディベアと人形を治療して養育しました。その子が異なる学生と一緒にプレイルームにいた続く2回のセッションでは、彼女は医療キットを使わなかったし、どんな育てる遊びもしませんでした。私はこの女の子が、シェリルの中で感情的な何かが起こっていることを感じ取っていたと確信しています。

　主としてクライエントの行動を概念化し、将来の行動を予測することに焦点を当てるスーパーヴィジョンでは、治療上の変数としてスーパーヴァイジーの人格や関係の重要性を強調することを避けます。スーパーヴィジョンはセラピストの人格に焦点を当てるべきです。プレイセラピストの人格は、セラピストがどうすべきかを知っているどんなことよりも重要です。

　プレイセラピストの人格に焦点を当てるスーパーヴィジョンの意義は、私のキャンパスで開かれた3日間の夏季集中スーパーヴィジョンワークショップの一つに参加したポストマスターレベルのプレイセラピストによる次の発言に要約されています。「初めて私は自分自身と子どもを信頼することを十分に体験し、子どもが行くべきところに行き、すべきことをするのを許せるようになりました。私は子どもの機知と広大な創造的言語に驚かされました」

　そのスーパーヴィジョングループの別のプレイセラピストは、自身の経験から次のように結論づけました。「プレイセラピーは私がしなければいけないものではなく、その一部分となるものです」。このセラピストは、プレイセラピーが自分と子どもにとってそれぞれに満足がいき、成長を促すものになるのは、自分が子どもやプレイセラピーの関係において生じることをコントロールするのをやめられたときであるとわかった、と言っているのだと私は思います。

　すべてのプレイセラピストは終わることのない自己批判のプロセスに従事すべきです。そして、**自分のプレイセラピーセッションのビデオを視聴すること**は、**自己スーパーヴィジョン**および他の専門家による**トレーニング中のプレイセラピストのスーパーヴィジョン**において**最良の手段**です。自分のビデオを見ることは自己成長に不可欠で、スーパーヴィジョンに必須であると考えられます。プレイセラピストは自分のプレイセラピーセッションのビデオを見ないと、自分がどういう種類のプレイセラピストであるのかを、どうしても知ることができません。自分のプレイセラピーセッションの一つのビデオを文字に書き起こすことはダイナミックで洞察を深める経験となります。

　私は、私がスーパーヴィジョンをしているある大学院生に、彼女のプレイセラピーセッションの一つのビデオを文字に書き起こしてくるようにお願いをしました。彼女の要約レポートには、その経験は豊かなもので、深い次元の洞察を刺激したと書かれていました。彼女はその経験を次のように描きました。「ビデオを書き起こす作業を完了した時点で、私はジェフの目を

通して世界を見ておらず、彼と調和していないことに気づきました。私はまた、私が彼の生得的な癒しの力に頼っていないことにも気づきました。この気づきは私を驚かせました。私はその子のこの側面を深く信じることの重要性を理解しています。しかし、私は自分がその子の生得的な力に"頼っている"とは考えたことがありませんでした。ジェフについての自分の考えを振り返ってみると、私はまるで彼がしがみついている救命ボートであるかのように感じていることに気づきます。彼が溺れているような感覚があります。私の最初の意志は、彼を浮かばせておくことでしたが、今は彼の痛みの深みに彼と一緒に潜らなければいけないことを知っています。彼の悲しみを目の当たりにするのはつらいことですが、それが、彼が彼の中にある癒しの奇跡を解き放つのを手助けする、私の知る唯一の方法です。今では明らかなことですが、私は実際、彼の痛みを感じることから自分を救い出していたのです。彼が頻繁に遊びのいくつかの部分を手伝ってほしいと要求してきたことは、私が彼の痛みに一緒に潜っていくことを彼が必要としていたことと関係があるのではないか、と思います」。書き起こすことは、セッションの細部への強い注意を必要とし、自己に関する深い次元の発見に結びつきます。

　スーパーヴァイジーの自己スーパーヴィジョンのために、私は以下の手続きを使用し、大きな成功をおさめてきました。

　プレイセラピストの自己スーパーヴィジョンでは以下のものを使用します。

プレイセラピースキルのチェックリスト
- 自分のプレイセラピーのビデオを批評する。
- プレイセラピストは、プレイセラピースキルのチェックリスト（表8.1）を使用して、自分を評定する。
- プレイセラピストは自分の評定とスーパーヴァイザーの評定を比較し、相違点を議論する。
- 各回のプレイセラピーセッションで得られた自己への洞察に焦点を当てた日誌をつける。

応答スキルに焦点を当てる
- 自分のプレイセラピーのビデオを批評する。
- あなたが変えたいと思っている10個（かそれ以上）の反応を選ぶ。

書　式
- セッションで子どもが言ったこと、したことを記録する。
- あなたの反応：
- 変えたい理由：
- どのように応答したかったか：
- なぜこの応答がよりよいと考えるか：

表 8.1 プレイセラピースキルのチェックリスト

(テキサス州デントン　ノーステキサス大学　プレイセラピーセンター)

セラピスト：_____　子ども（年齢）：_____（　　）
観察者：_____　日付：_____／_____／_____

セラピストの非言語的コミュニケーション	多すぎる	適切	少ない	無し	セラピストの応答／例	他に考えられる応答
前傾姿勢／開放性						
関心を示す						
リラックスして居心地がよい						
声の調子／表現が子どもの感情と一致している						
声の調子／表現がセラピストの反応と一致している						

セラピストの応答	多すぎる	適切	少ない	無し	セラピストの応答／例	他に考えられる応答
子どもの後についていく(tracking)						
子どもの感情を映し返す						
伝えられたことの内容を映し返す						
意思決定・責任をもつことを促す						
創造性や自発性を促進する						
自尊心の確立／励まし						
理解を促す						

限界設定：子どもとセラピストを守ること、セラピストの受容／関係性を維持すること
　　　　部屋／おもちゃを安全に使用すること、構造化、限界吟味
即時性／自発性：
子どもによるコンタクト／交流：
セラピストの長所：
進展・成長のための領域：

あなたが学んだことに焦点を当てる

- プレイセラピーセッションの自己反省を書く。
- あなた自身、子ども、プロセス、あなたの反応についてあなたが学んだことに焦点を当てる。

　電子機器を利用できるようになった現代において、プレイセラピストが自分のプレイセラピーセッションの一部をビデオに撮ることをためらうことは、防衛や不安を表しているのかもしれません。どんなプレイセラピストも、経験年数に関係なく、自己に関する継続的な学びに対して開かれているべきです。

　プレイセラピースキルのチェックリスト（PTSC）（表 8.1）は、ノーステキサス大学のプレイセラピーセンターで開発された、スーパーヴィジョン／コンサルテーションで使用する優秀な尺度であり、プレイセラピストが子ども中心プレイセラピー（CCPT）の言語的応答と非言語的技術に焦点を当てることを手助けします。PTSC はプレイセラピーセッションを観察しな

がら記入するもので、ビデオ録画されたセッションの自己スーパーヴィジョンに使うことができます。または、スーパーヴァイザーが、ビデオ録画されたセッションやワンウェイミラーを通してライブで観察されたセッションのフィードバックをプレイセラピストに提供するのに使われます。この尺度は、スーパーヴァイザーのフィードバックだけでなく、ディスカッションのための刺激として最適です。プレイセラピストに自分自身を評定してもらい、その評定とスーパーヴァイザーの評定を比較し、相違点について議論をするよう求めることで、プレイセラピストの洞察を広げることができます。スーパーヴィジョン／コンサルテーションはセラピストが一貫した理論モデルとアプローチを発展させるのに不可欠です。

　子どもの行動よりも子どもに主眼を置くCCPTがそうであるように、スーパーヴィジョンでは、セラピストの人格に主眼が置かれ、スキルの発達は二の次になります。スーパーヴァイザーは、この章の前半で議論されたセラピストの無形資産のような、セラピスト－子ども関係の根底にあるより深い問題に敏感です。その問題とは、セラピストは自分のニーズに気づいているか？　子どものことをどのように感じているか？　自分自身を信頼しているか？　子どもと一緒にいて安心を感じているか？　ある行動を他の行動よりも受け容れやすいか？　子どもの不確実性のあいまいさに耐えられるか？　などです。

　トレーニング中のプレイセラピストからの以下の自己評価は、スーパーヴィジョンを受けたプレイセラピー体験から得られた影響と洞察を垣間見させてくれます。

プレイセラピスト：マリア

　プレイセラピーで子どもたちを体験することを通して、私は治療関係の生き生きとした性質を理解するようになりました。私は子どもと出会うというダイナミックな体験を、より十分に理解し、感じています。私はジェフリーの中に、教科書では決して見つけることができないもの、つまり、子どもと活動している私自身を見出しています。私は知的な説明や分類、抽象的な援助観を超え、そして、私自身の内的な体験に出会う必要がありました。子どもと強固な関係を築くのは簡単なことではありません。

プレイセラピスト：キース

　私がプレイセラピーで得た最も明瞭な発見の一つは、自分にあまりにも我慢強さがないことに気づいたことでした。私は待つことを学んできておらず、そのことがストレス体験を増幅させていました。おそらく、これが理由で、私は自分以外の視点からものごとを見るのが難しいのです。よい応答をしようとするのではなくて、子どもに応答する必要があるのだと私は学びました。ジャスティンがプレイルームから出ようとしなかったときに、私はドアのそばに辛抱強く立っていることができました。そして、ほんの2、3分後、彼が自分の力で歩いてドアから出たとき、私は気持ちを受け止めることや寛容であることがどれだけ効果的であるかを学びました。

プレイセラピスト：ゲイレン

　この2回目のセッションで、私が最も恐れていることの一つが明らかになりました——ひっきりなしに質問してくる子どもです。エリックが尋ねてきた質問のタイプから、彼が自己概念に乏しいことは明らかでした。彼にとって、自分の判断を信頼すること、プレイルームでどう時間を使うかを自分で決めることは難しいようでした。私にとって、エリックの質問に簡単に答えて、その後、彼にリードを返すのは難しいことでした。彼は自分の取り組んだほとんどすべての新しい活動で私の承認を求めました。私の応答の中には促進的なものもあれば、そうでないものもありました。こうした一貫性のなさがより多くの質問を助長し、ひいては、私の不安と不適切な応答を増大させているのだと私は学びました。子どもは私の言葉から何かを学ぶということを忘れないようにすることが極めて重要だと思います。子どもが自分自身の判断に頼ることを学べるように、私が子ども自身の判断を信頼していると伝えることが大切です。変わるか変わらないかの責任は子どもの手に委ねられています。子どもの自信、自尊心、自己肯定感がどれほど向上することか。

プレイセラピスト：チン

　プレイセラピーのセッション中、私はその子どもが最初、私に対して違和感を覚えているのがわかりました。その理由は、私の国籍や話し方の違いだけでなく、私があまりにも静かで反応が薄かったからでもありました。その最初の違いが子どもに馴染みのない舞台を作り上げ、その後、私の控えめで静かなふるまいがその馴染みのなさに拍車をかけました。私は、子どもを安心させるためには、自分の反応速度を上げなければならないことを学びました。

推奨されるトレーニングプログラム

　子どもたちに対する責任感から、セラピストはできる限りのあらゆる努力を払い、子どもたちが有能なプレイセラピストから質の高い援助を受けられるようにするべきです。プレイセラピーという分野は、子どもたちのニーズに応える実行可能なアプローチとして、ますます高まる熱心な関心を集めていますが、子どもたちはこの事柄についてみずから発言することができません。したがってこの分野の専門家は、プレイセラピーを実践する個人が、子どもたちの最善の利益に奉仕する、そしてプレイセラピーを効果的に実施するための専門的な知識や技術をもっていると保証できるよう努めなければなりません。この責任感を念頭に置いて、以下の暫定的なガイドラインがプレイセラピストのトレーニングのために提案されます。大前提として、子どもたちとのカウンセリングでプレイセラピーを使用するのに必要な専門家の基準は、大人とのカウンセリング関係に必要な基準に劣るものであってはいけないということです。

- カウンセリング、心理学、ソーシャルワークといった援助職の領域、または、その関連分野での修士号

- 子どもの発達、カウンセリングおよび心理療法の理論、臨床カウンセリングのスキル、グループカウンセリングに関する領域の内容の学習
- 90 時間の授業、スーパーヴィジョンつきの実習、スーパーヴィジョンつきの研修に相当するプレイセラピーに関する領域の内容の学習
- パーソナルカウンセリング（カウンセリンググループのメンバーとして参加する、または個人カウンセリングを受ける、または長期にわたって自身を吟味する機会を提供するその他の適切な体験をする）
- 健常児および不適応児の観察と事例分析
- 経験豊富なプレイセラピストを観察すること、および、そのセッションを議論し、批評する機会を設けること
- プレイセラピーの経験をもつ専門家によるプレイセラピーのスーパーヴィジョン経験

　私のプレイセラピー入門コースは、1 学期 3 時間の大学院単位取得コースで、学生はプレイセラピーのさまざまな側面に関連した講義、ディスカッション、講読、論文執筆に加えて、以下の一連の研究室体験もします。

- プレイセラピーセンターで、修士課程と博士課程の実習生のプレイセラピーセッションを観察する。
- 私のプレイセラピーセッションのビデオを観察し、批評する。
- 私が現在行っているプレイセラピーセッションの少なくとも一つを観察する。もしくは、クラスに向けての特別なデモンストレーションを観察する。
- 子ども役を演じる私とロールプレイをする。これにより、応答スキルが向上し、プレイルームで子どもが予想外のことをするのに慣れる。
- プレイルームでペアを組んでロールプレイをする。子どもの気持ちや体験の受け止め方への洞察を得るために、交代で子ども役をする。
- 適応のよいボランティアの子どもたちとプレイセッションを行う。保育園、託児所、教会の日曜学校の教室、子どもの自宅の一室などの静かで邪魔されない部屋で行う。学生は、適切なおもちゃを入れた箱を持参し、セッションをビデオに撮り、子ども、プレイセラピー、自分自身について学んだことに焦点を当て、体験の批評を書く。
- センターのプレイルームで適応のよいボランティアの子どもたちとスーパーヴィジョンのついたプレイセラピーセッションを行い、直後にフィードバックを受ける。セッションは、博士課程の学生と個人開業しているプレイセラピストによってスーパーヴァイズされる。学生はその体験について批評を書く。

　この入門コースに加えて、修士課程の学生は、上級プレイセラピー、グループプレイセラピー、フィリアルセラピーのコースをとることが要求されます。学生はプレイセラピーセンターでの 1 学期間の学内プレイセラピー実習で、直後のフィードバックがあるライブスーパー

ヴィジョンを受けます。実習を無事に修了した後、大学院生たちは、小学校、公的機関、クリニックでのインターンシップに配属され、そこで、スーパーヴィジョンを受けながらのプレイセラピー体験を続けることができます。

このトレーニングのガイドラインは、プレイセラピーのトレーニングを提供する大学プログラムが増えるまでは、これらの要件のいくつかは、集中トレーニングワークショップのような非伝統的な学問的方法で満たされる必要があることを十分に認識したうえで作成されています。これらのワークショップはこれまでのワークショップトレーニングを土台にした45時間の連続形式で提供することが可能です。典型的な1、2日の一般的な概説を行う入門ワークショップでは不十分です。極めて大切な要素はスーパーヴィジョンを受ける経験であり、それに代わるものは存在しませんが、伝統的な組織化された大学の実習以外にも、プレイセラピストがスーパーヴィジョンを受けることができるさまざまな方法が用意されています。資格をもったプレイセラピストは定期的な個別のスーパーヴィジョンの契約を結ぶこともできるし、機関内の数名のスタッフと契約することもできます。または、大学のプレイセラピープログラムに、短期集中的な45時間のスーパーヴィジョンつきプレイセラピー実習を提供するよう手配することもできます。私が携わっている最もダイナミックな経験の一つは、毎年夏に開かれる3日間、1日8時間の個人およびグループのプレイセラピー実習で、個人開業と機関の専門家として実践を行っている12人のプレイセラピストにスーパーヴィジョンをすることです。この実習には、上級博士課程の学生4人が力を貸してくれています。このスーパーヴィジョンモデルについては、Brattonら（1990）に記述されています。この章での提案は最低限の手続きとして意図されており、推奨される標準的な手続きとして受け取られるべきではありません。

参考文献

Bratton, S., Landreth, G., & Homeyer, L. (1993). An intensive three day play therapy supervision/training model. *International Journal of Play Therapy*, 2(2), 61-79.

第9章

プレイセラピーの
パートナーとしての親

　子どものカウンセリングでは、大人との場合にはないような次元と側面から関係性について考えることが必要です。プレイセラピーの予定を決めるとき、たいてい子どもは自分にとって重要な大人の言うとおりにしますが、それはほとんどの場合、親です。したがって、**子どものためには、まず親との間に築かれる関係性でどのように変わるかを考えるところから、セラピストは取り組まなくてはなりません。** 親はセラピーに参加するのでしょうか。プレイルームでの子どもの行動を親に伝えることには、どんな複雑さが関係しているのでしょうか。

　社会の中で複雑に変化しつつある親の役割に対して敏感であり続けることは、大きな課題です。高い離婚率、ひとり親の増加、親役割の変化、文化的な問題、家族内ストレスの増大、ますます大きくなる個人の孤立感について意識をもち、感性を鋭くしている必要があります。このような要因は、親の関与の程度や指針にきわめて強く影響します。一般的に今日の親は、カウンセリングについての知識を以前よりはもつようになっていますが、プレイセラピーのことを親が何でも知っているとセラピストは思い込んではいけません。親もまた、子どもにプレイセラピーの説明をするときや、初めてのセッションで親子分離のときにどうしたらよいかを教えてほしいと思っているのです。

背景についての情報

　親や教師との面接は、プレイルーム外の子どもの生活で起こっていることについて、セラピストのよりよい理解の助けとなるような有益な情報や、子どもの遊びの意味を理解する手がかりを与えてくれます。このような情報によってセラピストは子どもに対してもっと敏感で共感的になり、関係性を発展させることができます。しかしながら、**外部からの情報はセラピストの見方を「色づけ」てしまったり、枠に当てはめてしまうことも考えられます。** また、そのような情報があることで、子どもに対して解釈的になるというセラピストに潜んだ傾向を刺激し

てしまうこともありうるのです。以下の、4歳のポーラのケースを考えてみましょう。プレイルームで次のようなできごとが起こる4週間前、ポーラはセラピストと一緒にいるときに、お母さんの妊娠を知りました。

　　続けて2回のセッションで、ポーラはすべての椅子をせっせと1ヵ所に寄せ集め、全部まとめて紐でしばり、紙ですっぽりと全体を覆った。彼女は小さな隙間を残しておいて、ちょっと神経質そうにクスクス笑いながら、腹這いになってそこを出入りした。セラピストは、ポーラの母親が妊娠していることを知っていたので、その遊びを妊娠と誕生に関する想像を象徴的に演じたものとして「理解」した。ポーラにみられる行動、楽しそうな様子、「不安そうな」忍び笑いをいくつか観察して、セラピストはその潜在的な意味について「確信した」解釈をどのようにポーラに説明するのがいちばんよいのかを考えた。しかし、この2回目のセッションは終わりかけていたため、セラピストは解釈を次週まで持ち越すことにした。ポーラの両親とは定期的な面接を行っており、その週の合間にセラピストは両親と会った。両親はセラピストに、3週間前に家族でキャンプへ行ったことを話した。両親は、ポーラがたいして怖がりもせずにこの体験をやりとげたことをとても喜んでいて、「数ヵ月前だったらあの子にはできなかっただろう」と言った。ポーラは両親や兄とテントで眠るときに少しだけ不安そうだったが、すぐに落ち着いたと両親は強調した（Cooper & Wanerman, 1977, p.185）。

　ポーラの遊びにみられた行動が、最近のキャンプ旅行とテントでのエピソードに関連したものだったことは明らかです。プレイセラピストが母親の妊娠を知っていて、キャンプ旅行については知らないでいるような場合、通常は、母親の妊娠についての不安を子どものプレイルームでの行動の中に「読み取ってしまう」ことでしょう。子ども中心プレイセラピストは、意識してプレイルームでの子どもとその関係性に注意を向けます。子どもを尊重し信じるため、プレイセラピーの関係の外側で知るようなその他の情報を、プレイルームで子どもと築いていく独自の関係に持ち込むことはしません。プレイセラピストは子どもについてすべてを知っていると思ってはなりません。私たちの知る情報は、常にすべてではありません。

　情報を受け取ることで、子ども中心プレイセラピストによるアプローチが変わるわけではありません。起こっている問題ごとに処方されるようなアプローチではないのです。特定の問題に対して一定のテクニックを当てはめるようなこともされません。子どもに対するセラピストの信頼は、どのような問題であっても揺るぎません。このように、セラピストはどのセッションを通しても、どの子どもに対しても一貫しています。セラピストは問題に焦点を当てるのではなく、子どもと常に関わり合います。それゆえ、背景にある情報は子ども中心プレイセラピストにとって本質的なものではありません。ただ、成長や変化を査定するための土台として、子どもの全体像を捉えるときに二次的に役立つかもしれませんし、子育ての助言をするためにも用いることができるでしょう。

　理想的な方法は、他のセラピストが親と面接してカウンセリングを行うことです。そうすれ

ば、プレイセラピストは子どもに感覚を開いたままでいるために、背景にある情報を耳に入れないようにしなくてはならないという潜在的な束縛から解放されます。これはまた、セラピストが親と話していると子どもが知っているときの、セラピストと子どもの関係の障害となる問題も緩和するでしょう。ほとんどのプレイセラピストは、他のセラピストが親と面接をすることができるような環境では働いていないので、もし親との面接が必要であるならば、子どもが親と一緒にいない別のときにセッションを設定することが考えられます。しかし多くの親は、仕事の都合のため、2度もセラピストのオフィスへ足を運ぶことはできません。このようなとき、定期的に親とのセッションをもつためには、セラピーの時間は子どもの時間と親の時間とに分けるべきでしょう。標準的な方法としては勧められませんが、セラピストが親との面接を重要と考えているのならば、これが唯一の対応策と思われます。

　セラピーの時間を親と子どもで分ける場合、親面接を先にするべきです。そうすれば、先に子ども面接をした場合に懸念されるような、セラピストが「自分のことを言いつけている」と子どもに感じさせることを少なくすることができます。子どもが驚かなくてすむように、親面接のことは必ず伝えておいてください。年長の子どもには、プレイセラピーのセッションを親面接の前後どちらにするかを選んでもらうとよいでしょう。

親にもセラピーが必要か

　親は子どもの生活において生命を守る、非常に重要な役割を果たしているため、できるだけ何らかのセラピーの手続きの中に含まれるべきです。親のセラピー、あるいはよりよい子育てスキルのトレーニングのいずれが必要なのかは、プレイセラピストが判断する問題です。子どもと親の関係性セラピー（CPRT）は、親を対象としてよく推奨される介入方法です。CPRTは10セッションのフィリアルセラピーのモデルで、親が子どもへ治療的に作用する存在となるように、子ども中心プレイセラピストが講義形式の指導や、厳選されたおもちゃを用いた週1回30分の自宅での特別な遊び時間や、支持的な雰囲気のスーパーヴィジョンを通して、子ども中心プレイセラピー（CCPT）のスキルで親を訓練します。親はこの特別な遊び時間の中で、子どもの気持ちへの共感的な応じ方や、子どもの自尊心を高め、子どもが自分でコントロールしたり責任をもてるようになるのを手助けするやり方や、どのようにして治療的な制限を設定するのかを学びます。

　遊びは、子どもがコミュニケーションするのに最も自然な方法です。子どもにとっておもちゃは言葉のようなものであり、遊びは子どもの言語です。毎週30分、子どもは親の世界の中心にいます。この特別な遊び時間の中で、親は、子どもが遊びを通してまったく安心して自身を表現してよいと感じられるような受容的な関係性を築き上げます。これは通常の遊び時間ではありません。それは特別な遊び時間で、子どもが主導し、親がついていきます。この特別な関係性では、叱責も、貶めも、評価も、要求（ある方法で絵を描くことなど）も、判定（子どもやその遊びが良いか悪いか、正しいか間違っているかについて）も、一切ありません。

多くの親は、子どもの情緒的適応にどのように役立てばよいかを単純に知らず、また知っていると期待もできません。というのは、親たちはこれまでの人生においてどこかで適切なトレーニングを受けるということがなかったからです。しかしながら、親が自分自身のことをよりよく感じ、不安が少なくなり、よりうまく適応していくと、子どもに対してもっと肯定的になり、自己が高められるように応じていきます。ここで重要となるのは、**親のトレーニングは望まれますが、方法はそれだけではないということ**です。子どもの問題がプレイセラピー専門家のスキルを必要とするほど深刻でなく、親が情緒的にも精神的にも安定しているなら、通常、CPRT をお勧めします。CPRT の詳細については、*Child-Parent Relationship Therapy (CPRT) treatment manual: An evidence-based 10-session filial therapy model*（Landreth & Bratton, 2020）をご覧ください。

　「親がセラピーを受けていなくても、プレイセラピーは効果がありますか」と質問されることがよくあります。できれば親がセラピーやペアレントトレーニングを受けることは常に望ましく、そのほうがあまり時間をかけずによい結果が生まれるでしょう。しかし、親がセラピーやペアレントトレーニングを受けていなくても、プレイセラピーを受ける子どもはかなりよい方向に変わることが可能ですし、実際に変わるものです。子どもはまったく環境のなすがままになっているわけではありません。もしそうだとしたら、ひどい家庭環境に育った子どもが、実にうまく適応し、すばらしい大人になるということをどのように説明すればよいのでしょうか。これは起こりうることですが、典型例ではありません。しかし、個人の成長する力や苦境に打ち克つ力をとてもよく示しています。プレイセラピーは、親のセラピーやペアレントトレーニングが行われなくても、効果があるといえるものです。

　このことは小学校のカウンセリングプログラムにおいても、さらに証明されています。多くの親は働いており、昼間はカウンセリングのために時間をつくることができません。小学校のスクールカウンセラーがカウンセリングで会っているすべての子どもの親たちに働きかけるよう期待するのは現実的ではありません。ほとんどの小学校では、最小限の数の親とごく限られた接触しかしていないのにもかかわらず、子どもの行動に大きな変化があったことをカウンセラーは報告しています。

　また、児童入所施設で親面接を行えない場合はどうでしょうか。このような環境の子どもへのセラピーは効果があるのでしょうか。そこでは親がいないという理由で、援助がなされないままに放っておかれるのでしょうか。それとも、新たに入所した子どもが施設内の重要な大人となるスタッフメンバーとの間で関係を築き、その重要な大人と協力できるようになるまで、援助が保留されるのでしょうか。

　そういった疑問に対する答えは明らかです。学校や入所施設での事例は、親がカウンセリングを受けていなくても子どもがうまく対処し、適応し、変化し、成長する力のあることをはっきりと示しています。親への働きかけが可能になるまで子どもにセラピーを行わないと言い切ることは、子どもの成長の潜在力や対処能力、そして子どもの行動の変化に関連して親自身が行動を変えるという親の能力を否定するものです。プレイセラピーを経験した結果、子どもの行動が変化すると、どんなにささやかな変化であっても親はそれを無意識のうちに感じ取りま

す。そして今度は、少しずつ違ったやり方で子どもに応じるようになり、そのことが子どもの中の変化を促します。別の言い方をすると、子どもが家に帰ってくると、子どもの様子が何か違っているのです。それによって、親もちょっと違ったふうに応じるというわけです。ひどく情緒的に混乱した親や常習的に薬物を乱用している親の場合などのようにまったくの例外もありますが、一般的に、この前提は真実です。

　以下のケースでは、この変化のプロセスがどのように働いているのかを見ることができます。3歳のラテーシャの父親は、彼女のことを次のように述べました。「ほんの1分でもあの子から目を離すことができません。さもないと何かが壊されてしまいます。あの子は何もかもめちゃめちゃに散らかし、壁には色を塗りたくります。あの子のことを信頼するなんてとてもできません」と。プレイセラピーの中でセラピストがラテーシャのことを、彼女のしつこい要求や「赤ちゃん」のような行動（哺乳瓶を吸うなど）、なぜ彼女が面倒を起こす必要があるのかということを一貫して受け容れる体験をするにつれて、ラテーシャは要求することが少なくなり、だいぶ話を聞けるようになりました。彼女の散らかす行動の結果、セラピー上の制限設定がされることもありましたが、このことによって彼女は入浴時にお風呂場でひどく散らかすのを手加減することを学びました。それを片づけるのは父親の仕事でした。ラテーシャが自分でコントロールする様子をますます示し始めると、父親はラテーシャをもっと受け容れるようになり、以前よりも彼女とくつろぎ、自発的に彼女と遊ぶようになりました。2人は一緒に楽しむようになり、ラテーシャは受け容れられていると感じるようになりました。

　もはやラテーシャは、5ヵ月の弟をつねったり怪我をさせることはなくなり、自分で遊ぶことが増え始めました。また、母親によると「ラテーシャがしょっちゅうぐずりながら私につきまとうことはありません」ということでした。母親もまた彼女といてくつろぎ、彼女をずっと信頼するようになり、彼女が必要とするお世話に快く応じるようになりました。そして「私の愛する小さい女の子が戻ってきた」と言えるようになったのです。親がセラピーに参加したわけでもありませんし、プレイルームでラテーシャがしていることについて何か教えられていたわけでもありません。このケースが示しているように、親のセラピーが並行されなくても、子どもは変わる力をもっているだけでなく、実際、変わるものなのです。もちろん、可能であれば親もカウンセリングに参加することをお勧めします。

プレイセラピーのプロセスにおけるパートナーとしての親

　プレイセラピーの初回セッションに先だって、プレイセラピストは子どものいないところで親と会います。子どもを同席させないのは、親が子どもやその行動について、次々と否定的なことを言ったり不満を述べたりするのを聞かせないようにするためです。親の発言を聞いて、子どもは傷ついてしまうかもしれません。多くの親がプレイセラピーを子どもに受けさせようと考えています。というのも、親は子どもにイライラしていて、「途方に暮れ」ていて、子どもに対して怒っていて、絶望を感じていて、投げやりになっていて、押し込めていた感情を子

第9章　プレイセラピーのパートナーとしての親　**121**

どもに投げつけてしまうかもしれないからです。子どもは、親のそのようなはけ口の矛先になってはいけません。そのため、親との相談の場に子どもを同席させることはめったにありません。

　このセッションでのセラピストのおもな仕事は、親と関係を築き、親のニーズや心配ごとに焦点を当てて、子どものセラピーにおける親の重要性を伝えることです。親はこの初回面接に、子どもについての強い心配や、それに伴う感情的な反応をもちこみます。打ちのめされるような気持ちでいる親もおり、細やかな感性のセラピストであれば、プレイルームで子どもとの関係の中で生じてくるのと同じような共感的な思いやりをもって、このような気持ちに応じます。気持ちを通したやりとりで親はセラピストを信用するようになりますが、子どもをプレイセラピーに続けて連れてきてもらうためには、これは絶対に不可欠な要素です。**しっかり話を聞いてもらって理解されたということを、親に知ってもらう必要があります**。この初回の親面接で、感性の細やかなセラピストは、子どもの問題に対する親の心配と、より深いレベルでの親の感情的な反応に対して等しく応じ、面接の中でこれらの次元を行ったり来たりします。このセッションは、すぐに親のことを手に負えないと思ったり批判的に感じやすくなるような、教育や指導の機会ではないのです。

　初回の親面接は、プレイセラピストが親に対して、プレイセラピーについて伝えることのできる機会です。プレイセラピーとは何か、なぜ子どもに適用されるのか（おもちゃは子どもにとって言葉のようなものであるから、など）、プレイセラピーはどのように作用するのか（子どもにどのように役立つのか）、そのプロセスで起こってくると思われることなどを説明し、**親にプレイルームを見てもらいます**。そうすることで、親は自分たちのいないところで子どもが過ごす場所をよく知ることができます。プレイルームの真ん中に立ってみるという体験は、たいてい親の緊張を和らげてくれるものです。

　セラピストはまた、待合室で生じる予期しないできごとに対しても、たとえば子どもが親から離れたがらずにしがみついた場合にどのように応じるのか、セッションが終わって子どもが待合室に戻ってきたときにどのように迎えるのかなど、親の対応に備えておくことが望まれます（初回に待合室で起こることへの対応は次節で述べます）。いちばんよいのは、起こることを予測して、どのように対応したらよいかを親に教えておくことだと考えられます。ノーステキサス大学のプレイセラピーセンターでは親向けの小冊子を用意しており、待合室で生じうるできごとに対して親にどのように応じてもらいたいか、プレイルームに来ることを子どもにどのように説明してもらいたいかなど、例を挙げて説明しています。治療プロセスに影響を及ぼすかもしれないので、子どもについてとくに考慮しないといけないことも、初回の親面接で尋ねておきます。投薬のこと、子どもが恐がること、砂ぼこりに対するアレルギー反応、幼児においてはトイレットトレーニングのこと、などです。

　守秘義務の重要性や特有の意味についても話し合う必要があります。ほとんどの州では、子どもには守秘義務に対する法的な権利はありませんが、プレイセラピストは、プレイルームでの具体的な言動を秘密にするという体験が子どもにとって必要であると強調します。プレイセラピーでは、親は子どものセッションの様子を見ることができません。そうすることで、子ど

もは、考えや感情や行動を十分に表現するのは自由だと感じることができるのです。セラピストは最初の親面接で、プレイセラピーをたまに受けるのでは進展を妨げると指摘して、続けることの重要性を説明します。もし親が早々にセラピーの終結を決めてしまうようなことがあると、プレイセラピストは最終回のセッションを行うことが必要であると強調します。

　少なくとも月1回の定期的な親面接を行うことは、不可欠だと考えられます。そうすると、親には継続的にプレイセラピーのプロセスに関わってもらえて、発達の経過や感情／行動の変化に関する親の振り返りの機会にもなり、セラピストが親と関係を築いていくプロセスを続けられます。親面接の頻度は、その子どもと親の個々のニーズによって決められます。子どもが心的外傷を抱えていたり、セラピーの期間中に危機的状況を経験するような場合は、求められるサポートを提供するため、さらに頻回の親面接が必要となるかもしれません。あるいは、子どもには毎週のプレイセラピーを追加する必要があるかもしれません。このような継続的な面接は、親が子どもに対して、より肯定的に応じるスキルを短期間でトレーニングする機会となります。これらのスキルは、親が子どもの行動について話し合う流れに応じて紹介されます。親は通常、内容や感情を映し返すこと、選択肢を与えること、自尊心を築くこと、責任を（子どもに）戻すこと、制限設定、といったCPRTの基本的なスキルを教わります（Landreth & Bratton, 2020; Bratton & Landreth, 2020）。

親にプレイセラピーを説明すること

　プレイセラピーとは何かを親に理解してもらうことは、おそらくプレイセラピストがするべき最も重要なことの一つでしょう。というのは、多くの場合、子どもをセッションに連れてくるには親の協力が不可欠だからです。**プレイセラピー**という言葉を聞くと、親はすぐに楽しいことやゲームのようなことを思い浮かべ、子どもはもう前から家で遊んでいるというのに、なぜプレイ（遊び）に連れてくるように言われるのだろうかと不思議に思います。**プレイセラピーがどのように行われるのかということを親が理解**していなければ、セラピーのプロセスを**信用してもらったり、セラピストを信頼してもらうことは期待**できません。そして、もし親が理解していないのならば、親の否定的な態度が、セッションに対する子どもの気持ちに影響するかもしれません。「おまえがただあそこに遊びにいくのには、とてもお金がかかっているのだよ。そのうえ、おまえはまだおねしょをしているじゃないか」というように言われると、子どもは罪悪感をもってしまい、治療的な関係を損なうに違いありません。**プレイセラピーについて次のような説明が考えられますが、セラピスト自身の個性や伝え方によって変えてください。**

　　あなたがリサのことを心配するのはわかります。リサは（家で、学校で、離婚に対して、他の子どもたちとの関係で、など）対処するのに困っているようです。成長の過程で、ほとんどの子どもは、適応していくことの難しさを経験する時期があります。ある領

域では他の子よりも多くの助けを必要として、別の領域ではほとんど助けのいらない子どももいます。子どもは、今あなたが座っているような大きな椅子に座って、何に悩まされているかを話して過ごすのは苦手です。子どもは心の中で感じていることや思っていることを述べる言葉を知らないので、どのように感じているかを行動で表現したり、表出して見せたりすることがあります。

　プレイセラピーではおもちゃを用意しておいて、子どもが言葉では言うのが難しいことを、おもちゃを使って言えるようにします。そのプレイルームは、これからすぐにお見せしましょう。プレイセラピーの体験では、おもちゃは子どもの言葉のようなものであり、遊びは子どもの言語のようなものなのです。自分がどのように感じているのかを、理解してくれる誰かに伝えることができたとき、あるいは遊びで表現できたとき、子どもは感情が解放されて気持ちが楽になります。あなたも何かのことで悩んだり心配したりして、本当に気にかけて理解してくれる誰かに話したときに、同じような経験をしたことがあると思います。そうすると、あなたは気持ちが晴れて、その問題をうまく扱えるようになったのではないでしょうか。そうです、プレイセラピーとは子どもにとってそのようなものなのです。子どもは、人形や絵の具やその他のおもちゃを使って、何を思ってどのように感じているのかを言うことができます。ですから、あなたがここで言っていることがとても大切であるのと同じように、子どもがプレイルームでどのように遊ぶのかということや何をするのかということがとても大切なのです。プレイセラピーでは、子どもは自分の考えや感情を建設的なやり方でどのように表現するか、自分の行動をどのようにコントロールするか、どのようにして意思を決めるか、どのように責任を引き受けるかということを学びます。

　プレイセラピーのセッション後、何をしたのかあなたがリサに尋ねたとしても、おそらくリサは、ただ遊んでいただけだと答えるでしょう。そして、もし誰かがあなたに今日ここで何をしたのか尋ねたとしても、おそらくあなたは、ただ話していただけだと答えるでしょう。しかし、私たちが話し合ったことがとても大切なのです。同様に、子どもがプレイルームで行っていることがとても大切です。子どもはカウンセラーに助けてもらいながら、自分の問題に取り組んでいます。プレイルームで何か大事なことが起こったときに子どもは気づいていないことがあります。だから、子どもは重要なことを何も言わないのです。とくに恐れや怒りといった感情を探っているとき、親や先生よりも客観的になって受け止めてくれるような誰かといるほうが、子どもはやりやすいことがあります。ですので、何をやったのか、何が起こったのか、楽しかったかどうかといったことについて、リサに尋ねるのは控えていただくのがいちばんよいのです。

　子どもにとってプレイルームで過ごす時間は、特別な、自分だけの時間です。子どもは誰かに、たとえ親に対してであっても、報告しなくてはならないと感じるべきではありません。子どもとのプレイセラピーのセッションは、大人とのカウンセリングのセッションと同じように、秘密が守られます。あなたを大人として尊重するのと同じように、私はリサを尊重したいと思います。そのため、私が感じた全体的な印象をあなたに伝え、提案を

行うことはぜひしたいと思いますが、リサがプレイルームで言ったり行ったりすることの詳細をあなたに話すわけにはいかないのです。私は、あなたが知っておくべきだと思う全体的な情報をお伝えします。もし、あなたがカウンセリングのために私に会いにきて、心配ごとについて何か話したとしても、後で私があなたの配偶者や雇い主と話をすることはありません。私たちが一緒に過ごした時間は秘密厳守です。リサと私がプレイルームから出てきたときに、「どうだった？」とか「おもしろかった？」などと尋ねないでいてくれるのがいちばんよいでしょう。ただ「さあ、家へ帰ろうね」とだけ言ってください。

　ときどき、リサが絵やスケッチを家に持って帰ることがあるかもしれません。もしその絵をほめたりすると、リサはあなたのためにまた別の絵を描かないといけないと感じるかもしれません。絵の中に見えたものについて、ただコメントするのがいちばんよいでしょう。「たくさんの色を使ったね。ちょっと青色と、緑色もあって、そして絵の下の部分いっぱいに、たくさんの茶色で塗ってあるね」というふうに。絵の具が散らかるかもしれないし、プレイルームの床は砂がまき散らされているかもしれないので、リサには汚れてもかまわないような古い遊び着を着せてもらうことをお勧めします。もしリサが手や腕に絵の具を塗りつけてきたとしても、叱ったり驚いたりしないでください。プレイルームで絵を描くと、たいていの子どもは体に絵の具がついてしまいます。絵の具は洗い流すことができます。絵の具で自由に汚れることが本当に楽しい子どももいます。そしてそれが、治療的なプロセスの一部となりうるのです。

　きっとあなたは、私に会いにいくことについてリサに何と言ったらよいかと考えていることでしょう。リサには、毎週ランドレスさんの特別なプレイルームで一緒に過ごすために行くこと、そこにはリサが遊べるたくさんのおもちゃがあることを伝えればよいでしょう。もしリサが、どうしてプレイルームに行くことになるのかを知りたがったら、「あなたは家でものごとがそんなにうまくいっているようではないよね（あるいは、特定の問題に関連させて、他の一般的な言い方で）。それで、ときには特別な人と一緒に、あなたのためだけの特別な時間を過ごすことが助けになることもあるのだよ」というような、誰にでも当てはまるようなことを伝えるとよいと思います。

　こういった説明は、親への解説や問いかけをあちこちに入れながら、親が意見を言いやすいようにします。一度に全部の説明をしてしまうと、親が取り入れて消化できる容量を超えてしまうでしょう。

　初回面接の一環として、プレイルームを見て回ったり、オフィスで棚の扉を開けて遊び用具を見てもらったりすると、あなたがプレイセラピーについて説明しようとしていることを、よりいっそう親に理解してもらいやすくなるでしょう。この部分を急いではいけません。親が質問するように促してください。これは、プレイ（遊び）の目的をさらに説明するのによい機会なのです。

分離に向けて親が準備すること

　子どもがプレイルームへ行きたがらないと、しばしば親はどぎまぎし、ばつの悪い思いをします。そして、子どもをセラピストと一緒に待合室から離れさせようとするあまり、何か非常に不適切なことを言ってしまうかもしれません。「この優しいおじさんと一緒にプレイルームへ行かなかったら、おまえはいやなやつだと思われるよ」と言うような親は、関係の始まりを難しいものにしてしまいます。行きたがらない子どもは、そのとき自分が知っている唯一のやり方で、自分自身を表現しているだけです。それ以上でもそれ以下でもありません。行き渋って「プレイルームに行きたくないよ」と言うからといって、その子どもがいやな子であるとか悪い子であるとか、何か否定的なことを意味するわけではありません。それはただ、その子どもがお父さんやお母さんと離れたくなかったり、プレイルームに行きたくなかったり、あるいは、そのとき大人が理解していない何か別の理由があるというだけです。親が、子どもを連れて初めてプレイルームを訪れたときにどんなことが起こりうるかを知っており、そしてどのように応じればよいかを教えられていると、通常、親子にとって分離のプロセスはそれほど難しいものではなく、セラピストにとっても安心なものとなります。親が準備をすることで、子どものさらなる自立心を促していくことができます。次のように説明すると、親の役に立つとわかるでしょう。

　　子どもが初めてここへ来るとき、私と一緒にプレイルームへ行くのを渋ることがあります。それは、ここが子どもにとって見知らぬ場所で、これまで一度も私と会ったことがないからです。それにもかかわらず、たいていの子どもはものすごくプレイルームを見にいきたがります。私は待合室に入っていって、アンドレに自己紹介をしたら「ぼくたち、今からプレイルームに行けるよ」と言います。このとき「よかったね。ここで待っているからね。プレイルームでの時間が終わったら、ここにいるからね、アンドレ」と言っていただけると助かります（親は「バイバイ」と言うべきではありません。そう言うと、長い間、ひょっとしたら永遠に！、離れ離れになるのだと子どもが感じてしまうかもしれません。子どもがどう感じるだろうかということを、いつも忘れないでいてください）。また、アンドレには「いい子にしてなさいね」と言ったり、何か他の指図をしたりはしないでください。

　　もしアンドレが私と一緒にプレイルームへ行くことを渋るようなら、私は彼の抵抗をじっと待ち、彼の気持ちを映し返してみます。アンドレは自分がプレイルームに行くかどうかを決心するのに1～2分かかるかもしれません。その間、あなたにはただ静かに座っていてもらって、すべて私に任せてほしいと思います。私は、子どもがプレイルームに行きたがらないことに不安を感じませんし、一緒に行けるようになると信じています。数分かかるだけなのかもしれません。数分経ってもなお、アンドレがプレイルームへ行きたがらなかったら、私たちと一緒に廊下を歩いていってプレイルームまで来てくれるよう、あ

なたにお願いするでしょう。プレイルームのドアのところに着いたら、私たちと一緒にプレイルームの中に入ってもらったほうがよいかどうかをお伝えします。もし私が、プレイルームの中に入ってくれるようにお願いしたら、そのまま入って、私が示す椅子に座って、見ていてください。プレイ時間中に、もしアンドレがあなたにおもちゃを見せたがったり、あなたと触れ合ったりしたがったら、私が代わりに対応します。

　プレイルームで子どもが力いっぱい遊んでいるために、子どもが大声を上げたり物を投げたりする音が聞こえるかもしれないことや、そのような物音がするのは珍しくないことを、前もって親には知っておいてもらうべきです。あるいは、子どもがプレイルームから出たがって泣いているのが聞こえるかもしれません。このような行動もまた、了解しておいてもらいます。大きな物音や泣き声が聞こえても、何か悪いことが起こっているという意味ではないのです。

　セラピストが待合室に入ってくるとすぐに、親が子どもについて話したがっていることはよくあります。セラピストは、待合室では子どもへ十分に気持ちを向けていたいのだということを親に思い出してもらわなければなりません。それゆえ、次の面接のときまで親には言うことを待っておいてもらうのが、最もよい対処でしょう。

　もし子どもの身体機能について疑問や心配があるならば、小児科医に診察してもらうよう親に勧めてください。おねしょや遺尿などの問題を話し合うとき、これは常に適切な提案です。

親面接と会話の記録

　多くの親にとって、自分や子どもに助けが必要であると認めるのは、とても繊細で難しいところです。「ものごとはよくなっていくだろう」と願って、助けを求めるのはできるだけ先延ばしにしようとする傾向があります。多くの場合、親がやっとセラピストに連絡したときには、その心配ごとは長年続いていたり、親を怯えさせたり挫折させたりするほどにまで激しく拡大してしまっています。セラピストは目の前にある問題に性急に焦点を当てるのではなく、親が助けを求めるに至るまでに経験してきた苦闘に対してとりわけ細やかに気持ちを向けるべきで、理解をもってそのような苦闘に関わらなくてはなりません。おそらく親は、罪悪感、挫折感、親としての不適切感、怒りの感情を抱えていることでしょう。そして、こうした感情にこそまず、プレイルームで行うのと同じように共感的に関わる必要があります。CCPT のアプローチでは一貫して、親と信頼関係を築くことが非常に重要であると考えています。

　親自身の感情調節やフラストレーション耐性の程度が、親が子どものためにセラピーを必要とするかどうかの決定要因となるかもしれません。Shepherd ら（1966）が行った、児童相談所に紹介されてきた 50 人の子どもたちと、彼らと年齢や症状が相当するセラピーに紹介されたことがない 50 人の子どもたちとの研究では、児童相談所で会った母親たちのほうに抑うつ、ストレスによる不調、不安、子どもの問題による悩み、対応についての心配が見出されま

第 9 章　プレイセラピーのパートナーとしての親　　**127**

した。もう一方のグループの母親たちには、子どもの行動についてあまり気にしていない傾向があり、子どもの問題は一時的なもので、乗り越えるには忍耐と時間を要するものとして見ていました。こちらの母親たちのほうが、自信をもっているようでした。

　この研究や他の研究の結果では、セラピストが親の反応の根底にある感情の動きに対して敏感に対応する必要のあることが強調されています。熟練のセラピストは、親の協力とともに、初回面接でこのような感情の間で揺れて行ったり来たりする親の心の動きに付き従い、目の前にある問題や親の感情に焦点づけたり離れたりしながらのやりとりという複雑なタペストリーを織り上げます。もしセッションを細かく分けて分析するとしたら、ある部分はいかにもセラピーのセッションらしいでしょうし、別の部分は典型的なインテーク面接で出てくる要素がはっきりと描き出されているでしょう。またセッションの他の部分では、親が考えるべきことを提案するという、親へのガイダンスの機能もみられるでしょう。たとえば、夜に子どもを寝かしつけるのが困難であるというケースで、私は、親が子どもに読み聞かせをしていないことを知って、子どもをベッドに寝かせる前に短いお話を読んであげるように提案したことがあります。親や子ども、その親子関係についてよくわかっていないうちに、このような提案をすることにセラピストはとても慎重であるべきですが、次に挙げる初回面接では、あらゆるレベルの親の懸念に対して臨機応変に応じているプロセスが示されています。これは、プレイセラピーの必要性を判断する、プレイルームでの予備的診断のためのセッションで、子どもに会う直前に行われたものです。

　　　　　　　親：私は子ども５人分の手間を１人の子に費やしています。
　　ランドレス：彼のためにあなたはとても忙しいのでしょうね。
　　　　　　　親：ええ、私はフルタイムで働いていて、家事をして、そしてあの子の世話があります。幼稚園では薬が効いている限り、あの子はとてもよくやっています。ただ、薬を飲んでいないと、あの子、自分を抑えていられないんです。
　　ランドレス：どんな種類の薬を服用しているのですか。
　　　　　　　親：リタリンです。
　　ランドレス：今朝は薬を飲ませましたか。
　　　　　　　親：ああ、ええ。あの子は午後に幼稚園へ行く前に２錠飲んで、もう１錠は幼稚園が終わってから飲みます。あの子は、薬の効き目が切れるちょうど夜の時間に活発になってくるようです。元気いっぱいになります。
　　ランドレス：彼が活発になってくると、それは忙しくなるようですね。あなたにとって大変な時間でしょう。
　　　　　　　親：はい。そうなるのは私が疲れていて休憩したい夜の時間帯なのです。フルタイムで働いて、あの子の世話や家事をして、あの子の全力に付き合おうと頑張るのは大変なことです。最初からずっとあの子の活動量は多かったんです。
　　ランドレス：フルタイムで働いてアンソニーの世話をすることであなたは精一杯なのですね。そして彼はちっちゃな赤ん坊のときからずっと、活発すぎたわけですね。

親：はい、そうです。誰も私の言うことを聞いてくれませんでした。あの子は活動
　　　　量が多すぎてエネルギーに溢れている子だと私が言っても、誰も信じてくれま
　　　　せんでした。私はほとんど2年間をあの子と一緒に家で過ごしました。あの子
　　　　を保育所に入れて問題が起こり始めると、そのときになってやっと、周りの人
　　　　たちは私の言うことに耳を傾けて「この子には何か問題がある」と言ったので
　　　　す。あの子はとても芸術家気質なのです。あの子は自分でそうしたいときには
　　　　いい子でいられますが、そうでない場合がほとんどです。

ランドレス：しかし、彼は自分で決意したときには行動をコントロールできるのを知ってい
　　　　ると、あなたが言っておられるのはそういうことですね？

　　親：ときにはそうです。

ランドレス：彼が本当にそうできると、それほどには確信していないのですね。

　　親：それほどには思っていません。本当にあの子を追いかけなければならないです
　　　　し、つまり、厳しく対処しなければならないのです。

ランドレス：どういうことですか。厳しく対処するとは？

　　親：常にあの子の後を追いかけ続けないといけないですし、つまり、付きっきりに
　　　　なるということです。ご存知のように、あの子に何かするように言ってもその
　　　　とおりにはしてくれません。

ランドレス：彼を追いかけ回して、ちゃんとしているかを見ていないといけないのですね。

　　親：そんな感じです。あの子は言われたことをしないで叩かれるときもあって、そ
　　　　れでとても生意気な口をきいてくるのです。

ランドレス：それでは、彼はあなたに言い返してくるのですね。

　　親：そうなんです。あの子は言い返そうとするのです。

ランドレス：あなたがアンソニーを叩くのは、どれくらいの頻度とおっしゃいましたか。

　　親：何とか叩かないようにしていますから、言うのは難しいのですが。限度を超え
　　　　たときには、今言ったようなこともします。

ランドレス：最後の手段なのですね。

　　親：そうです、毎日のことではありません。あの子が私の我慢の限界までにならな
　　　　ければ、叩かないようにしています。

ランドレス：なるほど。

　　親：そして、おわかりのように、今では叩く必要なんてありません。ときどき、叩
　　　　くと言っておどすくらいです。

ランドレス：そうすると、彼はその行動をやめるのですね。

　　親：あの子は、言われたことをやるようになっています。

ランドレス：お話の様子では、彼は自分をコントロールできるが、とても活発で自分自身を
　　　　コントロールすることを考えていないときもあるようですね。

　　親：そうです、そんなところです。あの子はあまりにもエネルギーがあって……も
　　　　しあの子からエネルギーを抜くことができれば、すべてがうまくいくと思いま

す（笑う）。でも、そんなことは、投薬であの子を大人しくさせる以外には方法がありません。

ランドレス：彼はどのくらいの期間、服薬を続けているのですか。

親：今で約2年になります。

ランドレス：小児科の先生が、最後に薬を調整したのはいつでしたか。

親：1ヵ月ほど前だったと思います。私たちは、あの子が何をするかによって薬の量を変えています。お医者さんは、私がどう感じているかによって調整します。もし私が、あの子はちゃんとしていると思ったら、薬の量を減らします。私たちはあの子がよくなっているように思えたので、しばらくの間、薬を減らしました。それで幼稚園へ行き始めると、また落ち着かなくなってきたので、増やしたのです。

ランドレス：あなたは先ほど、夜までには薬が効かなくなってしまうようだと言いましたね。アンソニーの寝るときはどうですか。

親：もう、ひどいものです！

ランドレス：ひどいとは、どういうことですか。

親：まあ、寝るのはそんなに悪くはないんですけれどね。あの子はいつもソファで私と一緒に眠ってしまうのです。私がくつろぎながらソファに座っていれば、あの子は眠ってしまいます。でも、あの子が眠るのはいつも10時前なのです。それで毎朝4時から5時の間に私を起こしてくるのですが、私は朝の4時になんて起きません！（笑う）

ランドレス：あなたには早すぎる時間なのですね。それでは調子よく動けないですね。

親：本当に早い時間です！　そしてあの子は、私と一緒にベッドで横になりたがるのですが、そうさせるつもりはありません。十分な場所もないですし、私は手に入るほんの少しの睡眠時間を快適に眠りたいのです。結局、私はあの子をベッドやソファに追い返して、またしばらくの間あの子は眠ります。ときには私に文句を言ってきますが、言ってこないこともあります。でも、あの子にはそれほど多くの睡眠は必要ないのです。おねしょの問題もあります。私にはやめさせることができません。そして、だんだん苦痛になってきています。あの子は6歳なんです。もう、やめさせないと。それで、お医者さんは薬を出してもいいと言われたのですが、あの子にこれ以上、別の薬を飲ませたくないんです。薬は1種類で十分と思っています。

ランドレス：おねしょのことでは、本当に悩まされているのですね。これまでに彼が夜にベッドを濡らさなかった期間はありましたか。

親：はい、ありました。おねしょのない時期とある時期とを経験してきました。ここ2～3年を振り返ると、その頃あの子は真夜中に起き上がってトイレに行き、まったく私をわずらわせることなくベッドへ戻っていったものです。しばらくの間、あの子はそのようにやっていたのです。でも今では、かなりの間お

ねしょが続いています。6ヵ月、1年くらいではないでしょうか。

ランドレス：それは長い間に感じるでしょうね。

親：そうです。長い間ずっとです。

ランドレス：それで彼のおねしょは毎晩か、あるいは、ほとんど毎晩というわけですね。

親：ほとんど毎晩です。

ランドレス：彼がおねしょをしない晩も、ときどきはあるのですね。

親：ええ、でも大半の晩はおねしょをしてベッドを濡らします。面倒くさがりなのだと思います。私が思うに、あの子はベッドから出てトイレへ行きたくはないのです。

ランドレス：だから、彼がそうしようと思えばおねしょをやめることができるはずだと、あなたは考えてきたのですね。

親：そうです。眠っているときに、あの子が起き上がる気持ちになることができれば、ええ、おねしょはやめられるでしょう。

ランドレス：彼を起こしてトイレに連れていくという習慣をつくろうとしてみたことは、これまでにありましたか。

親：いいえ（笑う）。ただでさえ十分な睡眠がとれないのに、そんなことは考えていられません。あの子はとても早い時間に私を起こすんです。

ランドレス：十分に休息できず、あなたにとっては大変つらい時間ですね。お父さんについてはどうですか。これまでお父さんは彼と一緒に起きていますか。

親：パパはベッドに入ると頭をうずめて眠り込んでいるので、翌朝まで何も知らずにいます。ベッドの下で爆弾が爆発したとしても、彼は知らずにいるでしょう。

ランドレス：お父さんは何も悩まされていないのですね。それでは、すべてがあなたにかかってきているのですね。

親：ええ、パパはちっとも悩まされていません。彼の眠りが妨げられるのは、私たちのどちらかがひどい病気のときだけなんです。つまり、私たちが死にそうなほどひどい病気になったとしたら、そのときだけは何か気づくかもしれません。アンソニーは朝の3時、4時、5時にベッドに来て飛び跳ねますが、パパは何も知りません。そういうわけで、うまくいかないのです。

ランドレス：それで、あなたはパパの助けはあてにできないと思っているのですね。

親：できません。彼の就寝が遅いときはとくに。

ランドレス：あなたの言われるいくつかをお聞きすると、主としてあなたがアンソニーの世話をし、彼の行動が変わるように手助けする責任を負っているということのようですね。

親：ほとんど大部分がそうです。1ヵ月前まで、アンソニーは2ヵ月間パパと一緒に家で過ごしました。というのは、パパは失業していて、その間はベビーシッターにお給料を払えなかったからです。そういうわけで、そのときは彼がアン

第9章　プレイセラピーのパートナーとしての親　　**131**

ソニーの世話をしたのです。そして、とてもうまくいっているようでした。アンソニーは活発に動き回っているままだったのですが。彼らは仲良くとてもうまくやって、幼稚園で問題を起こすなどといったことは、ほとんどありませんでした。でも今はベビーシッターの世話に戻っています。今ではあの子を保育所に入れておくことができません。私は4～5ヵ所の保育所を回りましたが、あの子の活動の激しさにはどこにも対応してもらえませんでした。ちょうど今、あの子はシッターの家にいるのですが、とてもうまくいっていると思います。それは1対1だからです。

ランドレス：それでは、アンソニーはそばで細やかに注意を配られているときには、家や幼稚園でもずいぶんうまくやっているのですね。

親：あの子に1対1の配慮が必要であることは、私が大勢の人たちに言われてきたことです。あの子には1対1であることが必要です。私はあの子をどこかにとどめようと思って「仕事を辞めて1日24時間ずっと一緒にいることにするよ」とおどしたことがありますが、その考えをあの子は気に入りませんでした。おもちゃもその他のものも買ってもらえなくなるので、ママには仕事を辞めてほしくないのです。

ランドレス：彼に自分でコントロールさせるために、どんなことでもやろうとして、あなたはとてもイライラしているように感じられます。

親：そうです。でも、完全に自分をコントロールすることを、あの子は理解していないのです。あの子がそうしたくないのか、できないのか、私にはわかりません。

ランドレス：そこにあなたの混乱があるように私は感じます。あなたの中で「まあ、あの子が本当に頑張れば自分でコントロールすることはできるだろう」と思っている部分がある。しかし、あなたの別の部分では、ときには彼が本当にコントロールできるなんてことはないのだと、何となくわかっているようなところもあるのですね。

親：わかりません。

ランドレス：そのことについては本当にわからないのですね。

親：ええ、わからないのです。私が望んでいることと実際に起こることとは、別々なのです。そうして、私は本当に長い間、我慢してきたのです。ですが、私の大きな問題として、あの子が幼稚園を卒業したら何が起きるだろうということが心配なのです。投薬をしてきて、今はほとんどあの子をコントロールしていますが、一日中ずっと学校へ行くようになったらどんなことが起こってくるでしょうか。それに、あの子は年齢のわりにとても大きいのです。それがまた問題で、心配しているのです……あの子は背が高いので。

ランドレス：だから、あなたは彼が小学校1年生になったときのことを考えていて、これがずっと続いたら、何か現実的な問題を抱えるようになるだろうとわかっている

のですね。

親：そして私がその問題を抱えるようになるでしょう。

ランドレス：あなたもまた、彼とともに問題を抱えるだろうということですね。あなたは気持ちがくじけているようですね。とてもくじけてしまうときがあって、大変すぎてやりきれそうにないのですね。

親：そうなんです。そして他の人たちにはそれがわかっていないんです、私がどんな経験をしているかということを。この6ヵ月の間、私は何もかもコントロールしようとして神経衰弱になってしまうのではないかと思ったことが2度ありました。一時はほとんどそうなっていたと思います。あの子が何かにちょうど取りかかろうとしていたときでも、すぐにはやれていなかった場合、それはアンソニーがやり抜かないといけないことなのではなくて、私がやらないといけないことになってしまうのです。

ランドレス：あなたには、本当に重くプレッシャーがかかってきたのですね。何もかもを抱えて、長い間、頑張ってきたのですね。そして今となっては、ときにはほとんど極限状態になっているのですね。

親：そうです。そして変わらなければいけない、ただそれだけのことです。でも、このことを推し進めてきたのは私ですし、私はそれを必要としていますが、ただ、私が感じているのは……一時期は、夫に協力してもらうことすら大変な思いをしました。夫を動かすのは難しいんです。……というのは、夫はかなり年長なのです。夫は58歳で、自分のやり方を譲りません。それが、私が戦っているもう一つのことです。彼が頑固であるということです。

ランドレス：彼を関わらせようとするのは大変で、あなたは何らかの助けが必要であると感じているのですね。あなたは一人ですべてのことをやろうとしてパンクしそうなのですね。

親：ええ。私がよく金切り声を上げたりわめいたりしてきたので、夫は最近では、前よりは関わってくれるようになったと思っています。私が限界にまで達して、対処することができずにいるのですから。

ランドレス：それでようやく、あなたは本当に助けを必要としているというメッセージを夫に伝えられたのだけれど、それさえも、非常に頑張って働きかけてこなければならなかったのですね。必死な思いをされたのですね。

親：ええ、本当にそんな感じです。助けてもらうしかないんです。

　このセッションは、プレイセラピーの説明をして、プレイルームの一部屋を見にいって終わりました。この母親が自分自身のためにセラピーを必要としていることは明らかですので、今後は息子に対してずっとうまく対処していけるようになるでしょう。

第9章　プレイセラピーのパートナーとしての親　**133**

プレイセラピーにおける倫理的問題と法的問題

　プレイセラピストはカウンセリングや心理学やソーシャルワークといったメンタルヘルス分野の特定の領域で訓練を受けているので、所属する州のライセンス委員会や専門機関によって定められているような、その領域に関連する一般的な倫理的問題や法的問題についての訓練を経て、実用的な知識をもっていると考えられます。とはいえ、専門的に幼い子どもと関わるような仕事では、法律面や倫理面の問題について注目しておくことが重要と思われます。というのは、幼い子どもは扶養されている立場だからです。この節の狙いは、プレイセラピーで子どもと関わるという特別な状況に関連する、基本的なガイドラインへ注意を促すことです。ちょっとした覚書のようなものです。法的問題や倫理的問題について徹底的に検証することが目的ではありません。

　プレイセラピストは、専門機関の倫理的ガイドラインや運用基準に従うことをお勧めします。そこでは、インフォームドコンセントを得ておくこと、専門家へ相談すること、クライエントを確実に守るためにスーパーヴィジョンを受けることなど、適切な予防措置を取っておくことや、専門の枠内で実践することが求められています。未成年者のセラピーに関しては州によって法律が異なっていますので、プレイセラピストは自分が働いている州の法律をよく知っておくのが望ましいでしょう。

　法律面と倫理面の配慮から、メンタルヘルスの専門家が子どもに治療を行うときには、親に関わってもらうべきであると指摘されています。Sweeney（2001）は次のように述べています。

　　　子どもと関わる仕事では、治療の対象は子どもであるかもしれないが、法的および倫理的観点からは、法的な保護者が本質的にはクライエントであることを忘れてはならない。これは単に、未成年者は法的に力をもたないと州で定められているからである。つまり、子どもはサービスを受けることに同意する（あるいは辞退する）法的な能力も、守秘情報に関して取得したり保持したりする権利ももたないと考えられているのである。法的な保護者が、多くの場合は親だが、これらの権利を有している。このことで、子どものカウンセリングの法律面や倫理面が、ときとして関係者すべてにとってあいまいなものとなっているかもしれない（p.65）。

　Thompson と Rudolph（2000）は「未成年者の権利と、"案内役"を担う親の権利は、混乱を引き起こす可能性がある。大人は子どもの価値と尊厳について賛同しているが、法的には、未成年者は経験が少なくて判断能力にも限界があると考えられているため、大人に比べて権限が少ないと認識されなくてはならない」と述べています（p.502）。親にはプレイセラピーの目的とプロセスについて説明し、適切なインフォームドコンセントを保障しなくてはなりません。インフォームドコンセントを得ることは、プレイセラピストにとって複雑な問題をはらん

でいます。Sweeney（2001）を引用します。

　本質的にインフォームドコンセントは法的で倫理的な考え方であって、その原則を満たすには、クライエントが任意で、情報をよく理解していて、たしかに判断できる状態のもとで同意がなされなくてはならない。子どもは未成年という立場であるため、任意で、情報をよく理解していて、判断能力のあるクライエントであるとは見なされない。プレイセラピストは子どもとのコミュニケーションの手段として遊びを用いることを選択するが、それは子どもには発達上、用いることのできるスキルが限られてくるので、大人のクライエントと同じようなやり方でセラピーを行うことができないからである。まさにインフォームドコンセントの概念は精巧で抽象的なものであり、プレイセラピーを用いるための、この基本的な理論とは対極にあるようなものである。一般的に子どもたちは、プレイセラピーのプロセスに同意するには法的な能力をもたないと考えられているので、代理人が判断しなくてはならない。多くの場合、これは親か法的な保護者が行うことになる（p.68）。

　プレイセラピーの予定を決める前に、子どもの法的な保護者から許可を得ておかなくてはなりません。セラピストは、子どもにプレイセラピーを受けさせようと手配している親が子どもの親権をもっていると見なさないように、よく注意しましょう。オフィスで子どものことを話し合っている大人は、実際にその子の母親かもしれませんが、その母親は離婚していて、父親がすべての親権をもっているのかもしれません。離婚した親に関わるケースでは、子どもの事項に関する最新の裁判所命令が明示された文書のコピーを手に入れておくことをお勧めします。離婚判決書を手に入れても、最新の情報が得られるとは限りません。プレイセラピストは念のため、保管用のコピーを得ておくことに加えて、最新の裁判所命令を請求したことも記録しておくべきです。子どもにプレイセラピーを受けさせるという許可を与え、自分が法的な保護者であることを立証している、法律的に妥当な保護者からセラピストはインフォームドコンセントを得なくてはなりません。情報を外に出したり、セッションの録音や録画を許可するには、また別の書式も必要です。

　学校の職員や他機関の人などと子どものケースのことで話す前に、常に親の許可は得ておいてください。この点は何度でも強調します。法的な保護者以外の、教師や、その子の生活において重要な人物に、法的な保護者から許可を得ないで情報を伝えたり、その子のことを話し合ったりしてはなりません。この原則は、多くの小学校では当てはまらないものでしょう。小学校では、カウンセラーが教育チームの一員と見なされ、教師との話し合いが推奨されているからです。

精神科への紹介

　精神医学的な評価が求められ、入院してのケアが必要と考えられるような場合、多くの精神科施設では幼い子どもを適切にケアできる設備は整っていないということを、セラピストは思い出す必要があるかもしれません。セラピストは施設を訪れて、スタッフに重要なことを尋ねるとよいと思います。子どもへの関わりにおいて、スタッフはどんなトレーニングや経験を積んでいるのでしょうか。どのような学位や免許、資格をもっているのでしょうか。発達年齢が10歳以下の子どもに対して、どのような方法が用いられているのでしょうか。どの年齢に対しても同じアプローチが用いられているのではないでしょうか……たとえば、5〜12歳の子どもが8人いるのに言語的介入に基づいた集団療法しか行われていないのではないでしょうか。そうでないことを望みます。5〜6歳の子どもは、7歳（小学校2年生）〜12歳（中学1年生）の子どもと一緒ではなく、個人あるいはグループでのプレイセラピーを受けるべきです。なぜなら、幼稚園の子どもは小学校2年生以上の子どもとは発達的に同じではないからです。9歳以下の子どもは、個人あるいはグループでのプレイセラピーを受けるべきです。10〜12歳の子どもは、言語的なグループカウンセリングに参加することができます。子どものプレイセラピーのグループや「お話」グループを構成する際の一般的な基準は、メンバーの年齢差が2歳を超えないようにすることです。ただし、同じ家族の子どもが参加しているプレイセラピーのグループは例外です。他にも、次のような懸念事項があります。スタッフは本当に子どもについて心を配り、理解しているようでしょうか。あたたかい人柄でしょうか。プレイセラピーの部屋はあるのでしょうか。もしあれば、見せてもらうように頼んでください。そのプログラムが精神科施設の一部であるからといって、どの分野にも非常に有能なスタッフがいると思ってはいけません。これは、セラピストが精神科へ紹介する際の助けとして必要になる情報です。

参考文献

Bratton, S. & Landreth, G.（2020）. *Child-parent relationship therapy (CPRT) treatment manual: An evidence-based 10-session filial therapy model*（2nd ed.）. Routledge.

Cooper, S., & Wanerman, L.（1977）. *Children in treatment: A primer for beginning psychotherapists*. Brunner/Mazel.

Landreth, G. & Bratton, S.（2020）. *Child-parent relationship therapy (CPRT): An evidence-based 10-session filial therapy model*（2nd ed.）. Routledge.

Shepherd, M., Oppenheim, A., & Mitchell, S.（1966）. Childhood behavior disorders and the child-guidance clinic: An epidemiological study. *Journal of Child Psychology and Psychiatry*, 7(1), 39–52.

Sweeney, D.（2001）. Legal and ethical issues in play therapy. In G. Landreth（Ed.）, *Innovations in play therapy: Issues, process, and special populations*（pp. 65–81）. Brunner-Routledge.

Thompson, C., & Rudolph, L.（2000）. *Counseling children*（5th ed.）. Brooks/Cole.

第 10 章

プレイルームとプレイ道具

　プレイルームの雰囲気は、非常に重要です。なぜなら、それは子どもに最初に影響を与えるものだからです。プレイルームは、「ここは子どものための場である」というあたたかく、はっきりとしたメッセージを伝える雰囲気であるべきです。子どもにとって親しみある雰囲気であるためには、計画と努力、それに、子どもであることがどのように感じられるのかということへの繊細な理解が必要です。子どもがより快適だと感じやすいのは、「ここにあるものは何でも自由に使っていい。自分らしく。探険して」と語りかけてくるような開放感がある場です。プレイルームにいるときの気持ちは、着慣れたあたたかなセーターを着ているときのようであるべきです。おもちゃや道具の様子は「私を使って」と言っているようであるべきです。新しい部屋で真新しいおもちゃがあるときには、このような気持ちになることは難しいです。そのような部屋では、たいてい寒々とした気持ちになります。新しいプレイルームを、子どもの交流を呼び覚ますような快適な場に変えるには、多大な努力と創造性が必要です。古くて使い込まれた部屋のほうが好まれるのです。

プレイルームの場所

　子どもたちはときとして騒がしいので、プレイルームは公的機関や学校やオフィスが並んでいる地域にあるのがよいでしょう。そのような場所は、子どもの騒がしさが他のクライエントやスタッフの気を散らしたり乱したりすることが最も少ないからです。両親や他の子どもにプレイルームの中で起きていることが聞こえたら、その子は自分のプライバシーが侵害されたと感じ、関係性は困難なものになるでしょう。同様に、親が自分たちが耳にしたことを不必要に子どもに尋ねれば、子どもをおびやかすことになるでしょう。プレイルームを防音にすることを推奨する本もありますが、それは非現実的で、とうていできないことに思われます。子どもが大声を上げ、積み木を投げ、木槌でガンガン叩いたら、その音はプレイルームの外に聞こえ

第 10 章　プレイルームとプレイ道具　　**137**

るでしょう。天井の防音タイルがあれば、かなり騒音レベルを軽減してくれるでしょう。壁に防音タイルを使ってはいけません。その質感から、子どもたちがほじってつついてはがしたくなるからです。また、多孔性の素材は落書きをふいたり取ったりすることが絶対にできません。

　プレイルームが完全に隔離されている、というのもきっと非現実的な目標でしょう。私はかつて数年間、私設のカウンセリング機関で働いていましたが、そこは、個人所有の小さな家を、二つのプレイルームを備えた子ども用の場所に改修したものでした。それは不思議な体験でしたが、子どもはすぐにその「小さな家」を自分と同一視するのでした。

プレイルームの大きさ

　おおよそ 12 フィート×15 フィート［約 3.6m×4.6m］の部屋が、いちばんプレイセラピーの目的にかなうと思います。私は、もっと小さなプレイルームで仕事をしていたのですが、150〜200 スクエアフィート［約 14〜18.6m²］がほぼ理想的だと感じています。子どもたちが遠くに行きすぎないからです。細長い部屋やより大きな部屋では、この目的が崩れます。より大きな部屋では、セラピストが子どもに近づこうとすると部屋を「追いかけっこ」して回ることになるでしょうし、それによって子どもがセラピストに近づく、という主導権を子どもがもつ機会が奪われてしまいます。

　ここで推奨した大きさの部屋は、2〜3 人の子どもとのグループプレイセラピーにも十分な広さをもっていますが、それ以上の人数には向きません。なぜなら、典型的な活動性の高まりから、あまりにたくさんのいさかいが起こるからです。そのいさかいは、他の子どもの活動を、少しの間一人で遊びたい子どもを、座って瞑想にふけりたい子どもを、物理的に侵犯することによって起こります。子どもたちが絶えずぶつかり合ったり、互いの遊びの邪魔をしたりすることを望まないのであれば、それぞれが活動できる十分な空間が使用可能でなくてはなりません。たしかに、子どもたちは一緒に遊ぶことを学ぶ必要があります。しかし、プレイセラピーという設定は、とても激しく感情的な体験となりえますし、子どもたちの中には、わきにいて、一人になって、心理学的に再編成される必要のある子もいるのです。部屋が小さいとそういう子どもたちは、そのような空間を求めることはできないし、他の子どもたちも、活動性が高まり自発的に動いているその最中に、静かな場所がある必要性を認めはしません。十分でない空間と多すぎる子どもたちの組み合わせは、もしかしたら混沌を招くかもしれないし、子どもたちにダメージを与えます。5 人以上の子どもたちのグループには、約 300 スクエアフィート［約 27.9m²］のプレイルームが望ましいです。

プレイルームの特色

　プレイルームは、内壁やドアに窓がなくて覗かれない、プライバシーが守られた場所であるべきです。外壁の窓はおそらく問題はないでしょうが、隠せるカーテンかブラインドのようなものがあるべきでしょう。問題となる窓がないというのがいちばんよい設計です。

　耐久性と掃除のしやすさから、また、壊れても簡単に安価で取り替えられることから、床を覆うにはビニールタイルがいちばん好ましいです。その点からいうと、硬いビニールシートは経済的ではありません。カーペットはどの種類であれやめておきましょう。きれいにしておくことが難しいし、砂を掃き出すことはほぼ不可能で、絵の具がこぼれたら本当に汚くなります。カーペットを取り替えられないプレイルームや遊び場では、大きなビニールシートをイーゼルの下に敷いてもよいでしょう。しかし、この処置では、注意深くきれいでいなくてはならないということが子どもたちに伝わってしまうかもしれません。カーペットはそれと同様のメッセージを伝えかねません。

　プレイルームの壁は、耐水洗性のエナメルで塗ってあるとよいでしょう。洗いやすいということがおもに考慮されるべきことなのです。輝く色、暗い色、くすんだ色は避けられるべきです。オフホワイトがいちばん望ましいです。それは、明るく快活な雰囲気を与えるからです。

　資金の余裕があれば、スーパーヴィジョンと訓練のためのワンウェイミラーと音響用配線を特別に付け加えます。ワンウェイミラーを通してプレイセラピーのセッションを撮影することができ、そうすればプレイルームの中にビデオカメラを置いて子どもの気を散らすことが避けられます。プレイルームにビデオカメラを持ち込むと、ふつうは子どもたちが「わざとらしく大げさに演じる」ことになりますし、高価なカメラを護らなくてはならないとすると、セラピストの不安のレベルは高まることでしょう。

　一般的に、親がプレイセラピーのセッションを見ることは、許可されるべきではありません。しかし、子どもと親の関係性セラピー（CPRT）／フィリアルセラピーを行っているときの両親の訓練の際、子どもたちとのデモンストレーション・セッションを両親が見るのは、たいへん望ましいことです。両親の訓練には、ワンウェイミラーが最も目的にかなう道具になるでしょう。訓練において話し合われてきたことをセラピストが実演しているのを両親が見る機会や、自分の子どもを見て彼ら自身のセッションを受ける機会は、計り知れないほど貴重なものです。

　冷たい水の流れる流し台も推奨します。温水は危険になりうるし、必要ありません。流し台の下の温水のバルブはつながない、もしくは締めておき、冷水のバルブは半分締めておきます。そうすれば、子どもが蛇口を全開にしても部屋中に水を飛び散らすことがなくなります。蛇口から出る水が少なくなれば、流し台から水があふれることも減るでしょう。事前にこのように計画することによって、セラピストはより寛大になれるし、たくさんの制限を設定する必要がなくなるでしょう。

　底辺に受け皿のついた黒板が、子どもの身長の幅に対応しやすいよう床から約21インチ［約

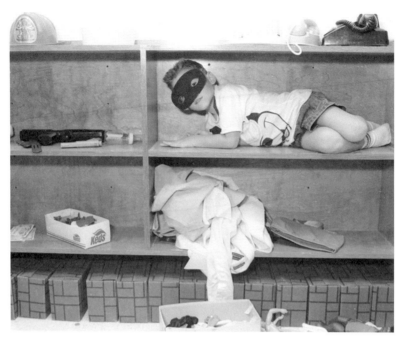

図10.1　頑丈な棚は、子どもがしょげたり心が傷つけられたときの格好の隠れ場所となります。

53cm］の高さの壁に据えつけられているとよいでしょう。黒板消しと、白やその他の色のチョークを使えるようにしておくのがよいです。新しいチョークは小さく割っておくと、子どもたちが気をつかわずにすみます。

　ガラスではなく金属の鏡を壁に取りつけましょう。子どもは鏡を使って顔の表情を確かめ、自分自身について研究し、家を含めた遊びの場面を演じるのです。

　典型的なプレイルームでは、おもちゃや道具がごちゃごちゃしたり積み重なり合ったりせずに飾れる十分なスペースを準備するために、おそらくは壁二面に棚が必要です。必要な物がすべて備えられしまわれている棚は、登れるほど頑丈で、壁にずっと固定してあるのが理想です。小さな子どもでも助けられたり何かに登ったりすることなく手が届くように、棚の高さは38インチ［約97cm］以上あってはいけません（図10.1）。もし、建物の新築や改装のためにプレイルームをデザインする機会があれば、便器を置いておくのにちょうどいいスペースがあり、プレイルームに通じるドアを備えたとても小さなトイレを作ると、子どもがプレイルームを離れてトイレに行かなくてはならないことにまつわる問題をなくすことができるでしょう。何度トイレに行くことを認めるか、それが本当の要求に基づいたものなのかどうか、というセラピストのジレンマはなくなるでしょう。子どもたちも、トイレをプレイルームの延長として使うことでトイレ場面を実演することができるし、セラピストから隠れたり逃れたりするための場所として使うことで、完全に大人をシャットアウトして無視するということがどんなことであるのか発見することができます。

　頑丈な、木製または固い表面の子どもサイズの家具もプレイルームには置きましょう。テー

ブル1卓と椅子が3脚、うち1脚は大人サイズのものが必要でしょう。お絵描きや粘土遊び、フィンガーペインティングなどの作業ができるカウンタートップの収納キャビネットを強く推奨します。これは、流し台周辺に設置されるとよいでしょう。

プレイセラピーのためのその他の設定

　完全にしつらえられたプレイルームは、子どもが彼ら自身を表現するのに望ましくはありますが、不可欠なものではありません。プレイセラピーのためのスペースがないという言い訳は絶対に認められません。重要なのは、彼らにとって最も自然なコミュニケーション様式を選択する機会が子どもに与えられることです。ある子どもにとっては、それは使うことのできる二つの様式（遊びと言語化）の組み合わせであるかもしれません。選択を許された結果として、子どもたちがみずからの方向性を定めてその通りにふるまうことの責任をとることができるという、直接の治療的利益があります。

　西テキサスの小学校の、ある独創的なスクールカウンセラーは、五つの学校に勤めていますが、スクールバスの後ろ半分をプレイセラピールームに改造しました。プレイエリアは、グループ指導エリアとして使われている前半分と仕切りによって分けられています。彼女はこの移動式プレイセラピールームを各学校に週に一日ずつ運転していき、駐車場にとめて、プレイセラピーのセッションを行います。

　私設の相談室や機関のセラピストで、オフィスの一角でプレイセラピーを行い、非常に高い効果を上げている人が多くいます。小学校のカウンセラーは、たいてい一校以上に勤めていて、オフィスとして小さな「狭苦しい部屋」しかない、または他のスタッフとオフィスを共有しているという場合が多いのです。その場合には、使われていない通常の教室か作業室か保健室の一角で、または調理員が退勤した後のカフェテリアの一角で、プレイセラピーのセッションを行うことができるでしょう。ある革新的な小学校のスクールカウンセラーは、学期の初めに教科書を移動して配布した後の書庫のスペースを使っています。彼女はいくつかの空いた本棚におもちゃや道具を並べ、子どもたちは床や棚の上で遊びます。彼女はこの設定での意味ある結果を報告しています。別のカウンセラーは、学校の運動場に隣り合う教会の日曜学校の教室を使う許可を得ました。また別のカウンセラーは、講堂のステージやカフェテリアを使っての申し分のない結果を報告しています。これらの場所はしばしば使われておらず、ステージやステージ裏の一部はカーテンを閉めることでより人目につかなくすることができます。

　カフェテリアや教室のような設定では、椅子やテーブルを使って決められたプレイエリアを示すことで、セッションの物理的な境界線に近いものを示すことができるでしょう。子どもがカフェテリア全体を歩き回ることは、許されるべきではないでしょう。治療的な関係の発展は、そのような条件下ではたいてい不可能になります。このような設定では、セラピストはより厳しい制限設定の用意もしておかなくてはなりません。プレイセラピーのセッションがどこで行われていようと、セッションの秘密性を守るためのあらゆる努力がなされなくてはなりま

第10章　プレイルームとプレイ道具　　**141**

せん。完全に人目につかず、秘密であることが不可能なときは、子どもたちに、他の人に聞かれたり見られたりするかもしれないということが説明されなければなりません。

このような変則的な設定では、セラピストは選定した道具やおもちゃを、机の下や隅またはクローゼットの中に置いた箱もしくはトートバッグにおさめて保管したほうがよいですし、遊びの道具は、プレイセラピーの各セッションの前に、机の一隅か椅子の上か床の上にきちんと並べられているほうがよいでしょう。前面にカーテンのついた本棚か扉のついたキャビネットは、遊び道具をおさめるための非常に優れた場所となります。各セッションに先立って遊び道具を見えるように広げておくことで、子どもたちがより快適に感じるための助けとなるし、参加への誘いともなり、その場に入ってきていいと伝えることにもなります。それは、「これはあなただけのためのものです」と言っているようなものなのです。

おもちゃやプレイ道具の選定に関する理論的根拠

この章の趣旨は、子どもが感情を表現したり、関係性を探ったり、自分自身を理解したりするための媒介としてのおもちゃや道具を、セラピストが選定するときのガイドラインを示すことにあります。

おもちゃを選ぶ一般的なガイドラインは、おもちゃは耐久性があるべきで、「注意しなさい」というメッセージよりは、「好きに遊びなさい」というメッセージを伝えるものであるべきだ、というものです。おもちゃと道具は表現の媒介として選べるだけの種類が用意されなくてはなりません。**おもちゃは、手の込んだものである必要はありません**。人類が初めて遊びに使ったおもちゃは棒と石だったことを思い出してください。おもちゃは、年齢相応で複雑でなく、**機械仕掛けでなくて簡単に扱えるものであれば**、欲求不満を子どもたちが感じることはないでしょう。どのおもちゃも、操作するのにセラピストの助けを必要とするものであってはいけません。プレイセラピーを必要とする多くの子どもたちは、ただでさえ依存しようとする傾向がありますし、セラピストがそのような行動を強化すべきではないのです。ですから、**子どもたちが自分で操作できるようにおもちゃは選定されるものなのです**。多くのゲームはこの基準に合いませんし、元来ゲームは、しばしば競争相手としてセラピストの直接の参加を必要とします。このときセラピストは子どもを負かす役目か、ごまかして子どもが勝つようにする役目のどちらかを強制されます。子どもたちはふつう、後者の役目に敏感で、このとき、ポジティブな自尊心の発展にとって重要な満足を得ることができません。競争的でないボードゲームは、年齢が高い子どもにとっては表現をかなり促進させるものでしょう。

おもちゃや遊びの媒介となる道具の選定は、たしかな理論的根拠に基づいて慎重に進められるもので、まず第一に、子どもたちとプレイセラピーで使用するための基本的な理論的根拠に常に注意していなくてはなりません。その理論的根拠とは、遊びや動きを通じて自然と表現される子どもたちの発達的なレベルの評価、ということです。すでに指摘したように、おもちゃは子どもたちの言葉であり、遊びは彼らの言語なのです。ですから、遊びの活動（言語）の幅

142

を広く提供することによって、子どもたちの表現が促進されるようなおもちゃと道具（言葉）が選定されなくてはなりません。遊びを通じて子どもたちは彼らの感情や反応をより完全に伝えることができるので、**プレイセラピーのために選定されるおもちゃや道具は重要な治療的変数なのです。**おもちゃおよび道具の選定基準を以下に挙げます。

1．そのおもちゃ・道具は、幅広い創造的表現を促進するか
2．そのおもちゃ・道具は、幅広い感情表現を促進するか
3．そのおもちゃ・道具は、子どもたちの興味を引きつけるものか
4．そのおもちゃ・道具は、表現的・探索的遊びを促進するか
5．そのおもちゃ・道具は、言語化しなくても探索したり表現したりできるものか
6．そのおもちゃ・道具は、決まった仕組みに従わなくても遊べるものか
7．そのおもちゃ・道具は、あいまいな遊び方ができるものか
8．そのおもちゃ・道具は、活動的な遊びに使える頑丈な構造をもったものか

おもちゃと道具は子どもたちにとってコミュニケーション過程の一部であるので、適切なアイテムの選定には十分な注意が必要です。**基準としては、集めるというよりもむしろ選定する**、ということです。無作為に集められたおもちゃや道具があるプレイの場やプレイルームは、しばしばガラクタ部屋のようで、プレイセラピー過程の失敗を運命づけます。

経 験 則

おもちゃや道具は選定されるべきであり、
単に集めればいいというものではない。

おもちゃや道具は、（a）プレイセラピーの目的の達成に寄与するために、また（b）プレイセラピーの理論的根拠に一致する範囲で、慎重に選定されなければなりません。すべての遊び道具が自動的に子どもたちの要求や感情や経験を促進するわけではありません。携帯電話や、機械仕掛けで電気仕掛けのおもちゃやテレビゲームは、プレイセラピーに適切ではありません。テレビゲームは、関係性や子どもたちの創造性の発展を促しません。前もってプログラム化されているために、象徴的な遊びも行うことができません。アイテムは、**子どもが決めたように動くものでなくてはなりません。**

おもちゃや道具は、遊んでいる子どもが自分のパーソナルな世界を伝えるという行為において使われます。それゆえ、おもちゃや道具は、プレイセラピーの六つの要素を促進するものが選定されなくてはならないのです。プレイセラピーの六つの要素とは、幅広い感情表現、現実生活での体験の探求、限界についての現実吟味、ポジティブな自己イメージの発展、自己理解の発展、自己コントロールの発達の機会です。

第10章 プレイルームとプレイ道具 **143**

幅広い感情表現

　幅広い感情表現は、操り人形のようなおもちゃが使えるときに促進されます。そのようなおもちゃは、彼ら自身を感情表現へと導きます。感情表現が容易に行えるようなおもちゃを選ぶことは、子どもの中に必要が生じたときに、そのような感情表現を促すことになるでしょう。必要が生じたけれども正確な感情表現の手段が使えないときには、子どもは窮地に追い込まれます。操り人形は恐怖を感じることなく感情表現できる安全な方法を与えます。なぜなら、操り人形の持ち味は感情を表現することにあるからです。ボードゲームは、幅広い感情表現の促進や現実生活の体験の探求、限界の吟味という基準に見合うことが、たとえあったとしても、ごくわずかです。子どもが自身の性的虐待やそれに付随する恐怖を実演するのに使えるゲームとは、どのようなものでしょうか。

現実生活での体験の探求

　子どもにとっても大人にとっても、現実生活での体験の表現はどのようなセラピーにおいても不可欠な要素です。なぜなら、現実生活の体験によってセラピーの必要性は生じているからです。お母さん、お父さん、兄弟、姉妹と赤ちゃんを模した人形は、プレイセラピストが出会う異なる文化集団を表現するものとして、文化的にデリケートなおもちゃや道具と同じように用いることができます。

　たとえばお医者さんセットのように、子どもが生活状況における感情のコントロールを発達させるのに使えるようなおもちゃを選定することで、子どもの内的バランスは増進されます。子どもが遊びの中で現実生活の体験を表現することができ、セラピストによってそのような体験が理解され受け容れられるとき、現実生活の体験は取り扱い可能なサイズにまで小さくすることができるのです。

限界についての現実吟味

　子どもは攻撃性を実演するでしょう。だから、矢を飛ばす銃のようなおもちゃは、何が許されて何が許されないかの限界を試す機会を子どもに与えます。プレイセラピーのプロセスでは、子どもはその二つの間のどこに線を引くべきかを学ぶことができます。限界を試すことで子どもは、セラピストとの関係性においてどこに境界があるのかを見つけ出すことができるようになります。限界を試すことは、そうでなければ空想になっていたことを現実的に経験することでもあります。限界が試されるとき、閉じ込められていた感情は大きな活力を伴って表現されるでしょう。

ポジティブな自己イメージの発展

　プレイセラピーを必要とする多くの子どもは、貧弱な自己イメージをもっています。ですから、「ここで自分の力で何かをすることができる。うまくできる」という感情を確立するために、粘土やクレヨンやブロックのような、簡単に扱い操作できるおもちゃを与えることが必要なのです。これらの感情は子どもの残りの人生に敷衍されていきます。複雑で機械仕掛けのお

もちゃは、扱うのが難しくなり、すでにある貧弱な自己イメージを強化するでしょう。

自己理解の発展

　自己理解は、子どもがありのままに感情表現をするのに十分に安全だと感じられるセラピストとの関係の中から育っていきます。これらの感情の多くはネガティブなものです。子どもたちがこれらの感情を表現し、セラピストによる受容と映し返しを体験するとき、子どもはまずセラピストの受容を取り入れて、それから、自分自身をより理解するように思われます。サンドバッグや人形などのいろいろな種類のおもちゃや道具もあると、幅広い感情表現を促進し、自己理解にも寄与することになります。

自己コントロールの発展の機会

　子どもは、何かを決定し大人の邪魔や導きなしに何かを選ぶという責任を体験します。一方で、容認されがたいふるまいからコントロールされ受け容れられる手段へと方向転換する体験をします。その責任と方向転換の相互作用の中から自己コントロールは発達します。砂は、感情表現のためのすばらしい媒介で、制限設定や自己コントロールの発展のためにも十分な機会をもたらします。

おもちゃの種類

　この章でとくに強調しているのは、適切なおもちゃや道具の選定のことですが、おもちゃや道具が子どもとの治療的関係を築く中で最も大切だと考えられる、ということを暗示するつもりはありません。セラピストの態度やパーソナリティの発露、セラピストと子どもとの自発的な相互作用の結果として発達する感情的傾向に代わることができるものは、何もないのです。そうはいっても、おもちゃと道具は、子どもの表現やセラピストとの相互作用の質と程度を決定づけ、構成するでしょう。ですから、その選定には、慎重な注意が払われなくてはならないのです。おもちゃや道具の中には、まさにその構造やデザインの特質から、他のものよりも特定の行動を引き出す傾向があり、子どもの行動をある程度まで組み立てるものもあります。クレヨンと絵の具はお絵かきと色塗りを暗示します。砂は、掘ることと埋めることを促します。おもちゃの性質に基づくこの最初の構造化は、子どもが創造的になれるだけの安心感を得られないときに、セラピーの早い段階でより生じやすいものです。

　この章における提案は、子どもの探索や表現を促進すると思われる形のある、あるいは形のないおもちゃや道具の選定のための幅広いガイドラインをセラピストに提供しようとするものです。プレイセラピーのための適切なおもちゃや道具は大きく三つの種類に分けられます。

（1）現実生活のおもちゃ

　人形の家族、人形の家、操り人形、特徴のない人形（例：ガンビー）は子どもの生活におけ

第10章　プレイルームとプレイ道具　**145**

図10.2 現実生活を写したおもちゃは、体験したけれど言葉で表現することのできないできごとや事象を遊びで表現する機会を与えます。

る家族を表すことができ、それゆえに直接的な感情表現をするための機会を与えることができます。怒り、恐れ、きょうだい間の対立、重大な局面、家族間の葛藤は、子どもが家族の人形で場面を演じるときに直接に表現されます。自動車やトラック、ボート、レジは、反抗的であるとか不安をもっているとか、用心深い（"内気"だとネガティブな意味合いになります）とか引っ込み思案であるといった子どもたちにとってはとくに重要です。なぜなら、どんな感情も露わにせずに、意味を明確にしないやり方でそれらを使って遊ぶことができるからです。子どもたちが乗り気で遊ぶとき、彼らは、より十分に率直に感情を表現するための助けとなるような遊びの媒介を選ぶでしょう。セラピストのほうが乗り気になっている場合や、セラピストがある感情を表現してほしいと思っている場合、というのは重要ではありません。問題を話し合うとか感情を表現するといったことが子どもたちに要求されることは、決してあってはいけません。子どもが安心感を得て受容される体験をし、セラピストのことを信頼できるとわかったとき、子どもは自発的に感情を表現するでしょう（図10.2）。

レジは、子どもがキーを操作し、金額を読み上げるとき、コントロールできるという瞬発的な感覚を子どもに与えます。車やトラックは、部屋を動き回り探険する口実を与えます。これは、物理的に近くなると「セラピストがどのように感じるかを探る」ために、子どもがセラピストに近づく安全な方法でもあります。子どもたちがプレイルームの中で行うたくさんのことには捉えにくい意味があり、セラピストはこれらが生じうる動機に敏感でなければなりません。「黒板をめちゃくちゃにしてはいけません！」という決まりのある教室からプレイルームにやってきた多くの子どもにとって、黒板の存在は、許容されているということを伝えるもの

です。許容の雰囲気は、セラピストがその子の内面に接触しようとするならば欠くことのできないものなのです。

（2）行動を通して攻撃性を解放するおもちゃ

　プレイセラピーにおける子どもたちはしばしば、言葉では描写したり表現したりできないような激しく鬱積した感情をもっています。ボボ人形やおもちゃの兵隊、ワニの人形、銃（本物そっくりではない銃）、ゴムのナイフのようなおもちゃや道具は、子どもが怒りや敵意、欲求不満を表現するのに使われます。攻撃的なおもちゃ、とくにボボ人形をプレイルームに入れておくのは、ボボ人形の存在が子どもの攻撃的なふるまいを促すと信じているセラピストが懸念をもち議論となるところです。プレイルームにボボ人形のような攻撃的なおもちゃを置くのに反対する人は、そのようなおもちゃが子どもの攻撃的な行動を引き出すと言うのです。彼らは、攻撃的なおもちゃが子どもの攻撃性を引き出すと結論づけている研究を参照して、自分の立場を強化します。そういった研究では決まってボボ人形と他のおもちゃが部屋の中に置かれているのです。子どもは部屋に案内され、部屋の隅には非指示的な大人がいて、観察しています。そして子どもがボボ人形で攻撃的に遊ぶ時間が記録されます。そういった研究には、子どもの感情を理解して受容したという反応をし、怒りや不満を映し返し、受け容れられないふるまいには制限をかけるというような訓練を受けたプレイセラピストは参加していません。**攻撃性を行動化することよりも、攻撃的であることそのものが欲求であり、重要なのです。それゆえ、プレイセラピストが感情を映し返すことで、子どもの感情を理解し受容することになりますし、そうして、子どもに癒しと鎮静の効果が及び、子どもの攻撃性や行動での表現が減ることになるのです。**

　ボボ人形をプレイルームに置くことに反対の見解によって、子どもの感情とニーズに焦点を当てる子ども中心プレイセラピー過程についての理解が不足していることが明らかになり、むしろ、特有の境界の内側において無生物の対象に向けて攻撃性を行動化させるような関係性があり、そこでのふるまいのほうに焦点を当ててしまっていることが明白となります。攻撃的なふるまいがみられるときの鍵となる要素は、治療的な制限設定を用いることであり、その制限設定というのは、第一に子どもの感情を理解することに焦点を当てているものなのです。このような、受容と理解と関係性の手当てにおいて子どもは、内側に深く埋もれていた、湧き上がる怒りの感情を深く表現し、遊びによって表します。怒りを遊びで表現する過程で、子どもは感情を解放し、治療的な制限設定の文脈の中に感情を放ちます。すなわち、子どもはより成熟して納得のいくような自己高揚的で無難な方法を用いて、それらの感情に取り組み、コントロールし、表現することを学ぶのです。セラピストが、そこに付随して起こる怒りや攻撃的な感情を受容することと、制限を破りたいという子どもの欲望を受容することとは同等のものです。制限は行動化の欲求の軽減を促すような、つまり攻撃的なふるまいの行動化を軽減させるような治療的局面を構成するものなのです。この変化は、自己コントロールの発達と呼ぶにふさわしいものでしょう。

　ボボ人形の存在が攻撃性を生じさせているという見解について述べると、私の経験から、ま

たノーステキサス大学プレイセラピーセンターでのプレイセラピーセッションに関する研究によって、これは否定されています。20人の子どもたちに対するプレイセラピー205セッション分の記録に関する研究で、205セッション中の65％でボボ人形では遊ばれなかったことが見出されています。ボボ人形を使った攻撃的なプレイは22％で報告されています。ボボ人形を育てる遊びが11％、ボボ人形を使っているけれども何とは言いにくい遊びが0.05％と報告されています（Trotter et al., 2004）。これらの発見は、プレイセラピーの調査研究で12人の子どもたちがほとんどボボ人形では遊ばなかったというSmith（2002）による報告を支持するものです。子どもがプレイルームでアイテムを使う方法は、一般に、アイテムのデザインよりも個人的な欲求に依拠します。

　プレイセラピーに推奨するおもちゃの話題に戻ると、プレイセラピーのどの体験も、子どもが破壊できる何かを含んでいるべきです。卵パックはこの目的によくかないます。卵パックは踏みつけたり、切ったり、裂いたり、色を塗ったりすることができます。アイスの棒は、二つに折ったり、粘土を攻撃的に突いたりできます。攻撃的な子どもは、プレイルームの受容的な雰囲気の中で、攻撃的な感情を解放することを許され、それを満足感という形で経験するように思われますし、自己をより高める肯定的な感情へと切り替えることができます。おもちゃを撃ったり、埋めたり、叩いたり、刺したりすることは象徴的表現ですので、プレイルームでは受容されうる行動です。

　プレイルームで表現される怒りや攻撃の感情の強烈さは、ときとして初心のセラピストを動揺させるかもしれません。そのような状況ではセラピストは、自分自身の不器用さや動揺の感情から自分自身を守りたいという個人的な欲求に気づくべきですし、すぐに子どもの表現を止めようと動くのは慎む必要があるでしょう。しかしときには、子どもの行動にいくらかの制限を設定することも必要かもしれません。たとえば、子どもが砂を部屋中に投げ出したときなどがそうです。おもちゃのベンチを何度も強打することで感情が解放され、同時にある意味では、集中力を増すような注意力とエネルギーが促進されるのです。

　野生の動物をかたどったおもちゃは必要です。なぜなら、プレイセラピーの初期の段階では、人間の形の人形に対して攻撃的な感情を表現するのが難しいと感じる子どももいるからです。そういった子は、たとえばお父さん人形は撃たないけれどもライオンは撃つかもしれません。ワニのおもちゃをかじったり、かんだり噛み砕いたりすることを通して、自分の敵意を表現する子どももいるでしょう。粘土は、創造性と攻撃性の二つの領分に見合った道具の例です。それは怒りや欲求不満の表現手段として、力いっぱい強打され、打たれ、転がされうるし、細かくちぎり取られることもありうるでしょう。粘土は、子どもが遊びのために形を作り出すのに使われることもあるのです。

（3）創造的表現や感情解放のためのおもちゃ

　砂と水（図10.3）はきっと、子どもにいちばん用いられる形をもたない遊びの媒介です。しかし、水というのはプレイルーム中のすべての道具の中で最も治療的効果のある媒介の一つであるにもかかわらず、プレイセラピーの設定の中で最も出会わないものです。プレイセラピー

148

図10.3 砂と水は形がなく、子どもが求めるどんなものにでもなることができます。たとえば月の表面、流砂、砂浜、掃除されるべき何か——可能性は無限大です。

の設定に砂や水がないのは、セラピストの汚れに対する忍耐力の低さや、物をきちんときれいに保ちたいという要求の結果だというのがいちばんありうることでしょう。水や砂への嫌気も、きれいにすることについての当たり前の気配りからくるものでしょう。しかし、おそらく適切な制限設定があれば砂と水は限られた容器の中に保たれるはずなので、これは妥当な理由であるとは思われません。プレイルームではない限られた空間という設定の場合でも、洗い桶に1インチ［約2.5cm］の砂を入れ、バケツに2インチの水を入れると、目的にとてもよくかなうでしょう。砂と水は形がなく、子どもが求めるどんなものにでもなることができます。たとえば月の表面、流砂、砂浜、掃除されるべき何か——可能性は無限大です。砂と水で遊ぶのに正しい方法、間違っている方法というものはありません。ですから、子どもは成功を確信するのです。これはとくに、慎重（"内気"）だったり引っ込み思案だったりする子どもたちの助けとなります。

　積み木は家にもなるし、投げられるし、積み重ねて蹴ることもできて、建設的に感じるものも破壊的に感じるものも子どもが探索することを許すのです。水や砂同様、**積み木で遊ぶのに正しいやり方などないので**、子どもは満足感を体験することができます。イーゼルを使って絵を描くことで、子どもは創造的になったり、汚いことをしたり、トイレでの状況をまねてみたり、絵の具を塗りつけてみたり、感情を表現したりすることができます（図10.4）。

第10章　プレイルームとプレイ道具　　**149**

図10.4　イーゼルを使って絵を描くことで、子どもは創造的になったり、汚いことをしたり、トイレでの状況をまねてみたり、絵の具を塗りつけてみたり、感情を表現したりすることができます。

トートバッグ・プレイルーム

　子どもたちが言語的なコミュニケーションによって能力を表現する発達的段階に達して、自分たちがどのような人間であるか、内的な感情の世界を十分に表現し探索することができるようになるまでは、おもちゃや道具はこのプロセスを促進するよう慎重に選定されなければなりません。私の経験では、子どもたちは限られた数のおもちゃや道具で、幅広いメッセージや感情を伝達することができました。そこで次に考えるのは、プレイセラピーを変則的なセッティングでしなければならないときに使うおもちゃや道具の選定における、大きさと携帯性です。以下に挙げるおもちゃや道具は、プレイセラピーのセッションを行うのに最低限必要だと考えられるもので、幅広い表現を促し、トートバッグに入れて簡単に持ち運べ、部屋の隅やクローゼットの邪魔にならないところに保管しておけるということで推薦するものです。

　　　攻撃性をもつ指人形（ワニ、狼、竜）　　バンドエイド　　曲げられる家族人形
　　　曲げられるガンビー人形（特徴のない人形）　　先の丸いはさみ　　偽物の宝石
　　　綿のロープ　　クレヨン（8色入り）　　ダーツ銃　　人形
　　　ドールハウス（紙束を入れておく箱や箱の蓋を使う。蓋の内側に部屋の仕切りの線を引
　　　　く。箱は、おもちゃの収納用品としても使える）

ドールハウスの家具（最低でもベッドルーム、台所、浴室）　卵パック　手錠
ローン・レンジャーのマスク［ヒーローがつける目元だけのマスクのこと］
医療用マスク（白の埃用マスクで十分）　ナーフボール（ゴムボールだと跳ねすぎる）
新聞紙　哺乳瓶（プラスチック）　モール　粘土　アイスの棒
ゴム製のナイフ　小さな飛行機　ミニカー
スプーン（フォークは尖っているので避ける）　電話（二つ）
おもちゃの戦士（20個入りのもので十分）　セロハンテープ
おもちゃの皿とコップ二つずつ（プラスチックかブリキ）

　もし置いておくスペースがあるなら、空気で膨らませるビニールのサンドバッグ（ボボ人形）は特別に有用なものになるでしょう。洗い桶の大きさのプラスチックの容器に1インチぐらいの深さで砂を入れたものも、より長い継続的な設定では役に立つでしょう。掃除が問題になるならば、米を砂の代わりにすることもできるでしょう。1インチほどの深さの水を入れたバケツも役に立つでしょう。

プレイルームにお勧めのおもちゃと道具

　以下に挙げるおもちゃや道具は、十分に整えることのできるプレイルーム向けですが、ノーステキサス大学のプレイセラピーセンターのプレイルームにおいて、子どもの表現を促進するのに役立つと思われたものです。このリストは、長年の試行錯誤の結果です。アイテムをはずしたり他のものを加えたりして、幅広い子どもたちが自分自身を表現するためのさまざまな方法に一貫して使うアイテムを残し続けてきました。

ボール（大、小）　バンドエイド　バービー人形　曲げることのできる家族人形
先の丸いはさみ　ボボ人形　箒とちり取り
積み木（形、大きさが異なるもの）　シリアルの箱　黒板、チョーク
色つきのチョーク、黒板消し　色画用紙（数色）　クレヨン、鉛筆、紙
シンバル　ダーツ銃　恐竜、サメ　皿（プラスチックかブリキ）
なべ　人形のベッド、衣服、毛布　人形の家具（頑丈な木製のもの）
ドールハウス（子どもが覗き込めるように、床に広げるタイプのもの）
人形、赤ちゃんの衣服　ドレス　ドラム　卵パック　空のフルーツ缶、野菜缶
中毒性のない消せるペン　懐中電灯　食べ物（プラスチック）　ガンビー人形
指人形(医者、看護師、警察官、母親、父親、姉妹、兄弟、赤ちゃん、ワニ、オオカミ)
手錠　帽子（消防士、警察官、ティアラ、王冠）
ローン・レンジャーのマスク、その他のマスク　お医者さんセット
医療用マスク（白の埃用マスクで十分）　哺乳瓶（プラスチック）

おしゃぶり　　絵の具、イーゼル、新聞紙、筆　　ピッチャー

おもちゃのカメラ　　おもちゃのお金とレジ　　やかん、なべ、銀器

叩けるベンチとハンマー　　人形劇の舞台　　財布と宝石　　ぼろ布か古タオル

冷蔵庫（木製またはプラスチック）　　ロープ　　ゴム製のナイフ

ゴム製のヘビ、ワニ　　砂箱、大きなスプーン、漏斗、ふるい、バケツ

スクールバス（フィッシャープライス製のもの）　　石鹸、ブラシ、櫛、タオル

クモやその他の昆虫　　スポンジ、タオル　　ストーブ（木製またはプラスチック）

動物のぬいぐるみ（2、3体）　　電話（二つ）　　ティンカートイ

ティッシュ　　舌圧子、アイスの棒　　音が出るおもちゃの銃

おもちゃの戦士と戦士の装備　　おもちゃの時計　　セロハンテープ、中毒性のない糊

トラック、自動車、飛行機、トラクター、ボート、救急車

水彩絵の具　　木琴　　動物園の動物と農場の動物の一家

　プレイセラピストはおもちゃの選定の過程において、常に文化と多様性の問題に敏感でいるものです。これらのおもちゃや道具の多くは、ガレージセールや子どもが使わなくなったものの親からの寄付で安価に入手できるでしょう。地域の機関のセラピストは、市民グループにプレイセラピーのプログラムを提出し、道具の必要性について概説をして経済的支援を依頼することができるでしょう。小学校のカウンセラーはPTAと協働して同様のことができるでしょうし、プレイセラピー・プログラムの後援として特定の道具の1年間の寄付をお願いできるでしょう。上に挙げたアイテムのリストは、子どもが使わなくなったものの寄贈をお願いするために機関や職員室に貼ることもできます。これは、カウンセラーがプレイセラピープログラムについて教職員会議で説明した後にのみ行われるべきことです。無作為におもちゃを要求するのは避けてください。プレイセラピーにふさわしくないたくさんのアイテムが「集められて」しまうであろうからです。

　秩序立てて棚におもちゃを並べておくと、それはすぐに見ることができるので、秩序と安定の視覚的情報を呈示することになり、子どもの探求と創造性を促進することになります。洗濯カゴにおもちゃを入れて部屋中に置いたり、おもちゃ類をプラスチック容器に入れて棚に置いたりすると、混乱のイメージが示され、治療的な表現のプロセスが抑制されます。慎重な子どもや自己イメージが貧困な子どもは、カゴいっぱいのおもちゃをかき回して底に何があるのか探すのは安全でないことだと感じます。そのようなプレイセラピールームを訪れたときの私の経験では、おもちゃを入れるのにカゴと容器を使うのは、一般的にはその部屋におもちゃがとても多すぎることを意味します。10個のミニカーに1ダースのぬいぐるみは必要ありません。同種の道具は2〜3個というのが一般的な決まりでしょう。似たような車のおもちゃが5、6種類あって子どもが一つ選ぶ場合には、すべての車が遊びに登場するまで次々と車を追加していく傾向があり、物語や遊びの意味が変わっていってしまうことが研究によって示されています。この傾向は、私が担当したフォローアップスーパーヴィジョンでも見出されました。あるプレイセラピストはこう言っています。「先生と話をした後、フィギュアの入った二つのカ

ゴをすぐにプレイルームから出しました。すると次のセッションは、より一層有意義なものになりました。そのフィギュアを使っていた子どもたちは、30分間フィギュアをただ並べるのではなく、他のおもちゃで遊んでより表出するようになりました」

特別に考慮されるべきこと

　パズルを完成させることで、欲求不満への耐性と、十分だという感覚を促進することができますが、それでもパズルはお勧めしません。決まって少なくとも一つはピースがなくなるでしょうし、そうなると、すでに欲求不満を味わっている子どもがまた欲求不満を覚えるからです。プレイルームでの体験は、子どもの人生において、ネガティブな体験としてもたらされ続けるべきではありません。不十分だという感情で悩み、課題を完遂することが困難な子どもは、おもちゃを用いて成功を体験することができるべきですし、その結果生じる満足の感情を体験できるべきです。

　子ども向けの童話の本は、他の設定の場合は強くお勧めしますが、プレイルームではお勧めしません。プレイルームの本は、子どもの表現や体験の行動化を促進するという役割を果たしません。本は、気を散らす大きな原因になりますし、本があることで子どもが絵を見て文字を読むのに長い時間座ってしまうこととなります。子どもが、お話を読んでほしいとセラピストに頻繁にお願いするでしょうし、それによってセラピストはプレイルームでの通常の役割から外れて子どもが本を読むのをリードすることになり、子どもからセラピストに焦点が移ってしまうのです。

　レゴのような建物を組み立てるおもちゃは、たくさんの部品があるので避けるべきでしょう。そのようなおもちゃは、小さい箱のものでも100〜200の部品が入っています。全部の部品を見つけて箱に入れるのは、セラピストにとっては本当に厄介なことです。子どもが小さい200の部品が入った箱を持ち上げ、200の部品すべてをプレイルームの四隅に投げ散らかすときには、すでにストレスを感じ疲れているプレイセラピストの忍耐と受容が厳しく試されることになるのです。200の小さいレゴ様の部品を探し、拾う作業に直面すると、本当にセラピストは小声でうめきたくなります。

　子どもが食べ物をプレイルームに持ち込むことは許されていません。食べ物によって気が散るし、そこに焦点が当たってしまうからです。子どもをプレイルームに連れてくる前に軽く何か食べさせておくことを、親にはアドバイスしています。セラピストが待合室に入って、子どもがジュースをちびちび飲んでいるのを見つけたら、セラピストはこう言いましょう。「ジュースを飲んでるみたいだね。ジュースはこの部屋にいる間だけだよ。（指さして）プレイルームにいる間はここに置いておこうね。戻ってきても、そこにあるからね」と。

　壊れたおもちゃは取り除きましょう。プレイルームのものはすべて壊れておらず揃っているべきですし、使えるものであるべきです。プレイセラピーに連れてこられた多くの子どもたちは混乱し、不満を抱えた環境からやってきています。プレイルームにあるものは不完全で壊れ

第10章　プレイルームとプレイ道具　**153**

ている、ということで、その混乱や不満を増加させるべきではないのです。

　洗浄可能なテンペラ絵の具は、乾いていない状態であるべきです。絵の具が乾いてこびりついたカップほど子どもたちを制限し、彼らに不満を感じさせるものはありません。また、絵の具は酸敗し、ひどい臭いがするようになるので、定期的に取り替える必要があります。テンペラ絵の具を混ぜたときには、臭いを出すバクテリアの発生を遅らせるためにそれぞれのカップに何らかの液体洗浄剤を吹きつけましょう。たとえ絵の具に洗浄可能と書いてあっても、洗浄剤は布から絵の具を取るのをより簡単にするものでもあります。絵の具の容器の中に小さな使い捨てのコーヒーカップを入れて使うと、絵の具の洗浄と交換がより簡単になります。絵の具がこぼれないよう用心し、洗浄をより簡単にしようと思うなら、1インチかそこらの絵の具をそれぞれのカップに出すようにしましょう。子どもたちはカップいっぱいの絵の具を必要としません。それはトラブルのもとです。

　頑丈で小さなプラスチックの貯蔵コンテナは素敵な砂場となります。砂は、砂ぼこりを落ち着かせるために、定期的にしっかりと水をまいておくべきです。

　子どもたちには、セラピストから逃げたり隠れたりする場所が必要です。指人形の舞台は隠れることができますし、ストーブのようなアイテムがいくつか部屋に置かれるよう手配しましょう。子どもたちがそうしたいときに、ストーブの向こう側の、セラピストから見えないところで遊ぶことができます。このような、セラピストとの分離、もしくは拒否は、関係性の中で自由さを発展させるうえで重要です。

　プレイルームは、子守の場所として使われるべきではありません。子どもと仕事をしていないスタッフは、プレイルームのことを、両親がカウンセリングのセッションを行っている最中にクライエントの子どもが遊ぶ場所だと見る傾向があります。このルールは、プレイセラピーを行っている子どもたちにも適用されます。プレイセラピー関係は、特別なプレイルームで生じる特別な感情的関係です。**プレイルームは心動かす場所です。**親がプレイセラピストと会っている間に、子どもにプレイルームで付き添いなしに遊ぶことを許可するのは、その重要で感情的な関係の発展の妨げになります。

　プレイルームは片づけられているべきで、おもちゃは各セッション後には元の場所に戻されているものです（この見解の理論的根拠と、片づけを子どもに頼むという問題については、第16章にて論じています）。おもちゃは子どもの言葉なので、表現のために必要なおもちゃを探しにいかなくてはならないということがあるべきではありません。プレイセラピーに来る子どもは、たいてい混沌として混乱している家族状況からやってきているのです。**おもちゃが無造作にプレイルームにまき散らされていて、セッションのたびに異なる場所に置いてあるとしたら、プレイセラピストは子どもに、人生は常に混沌として混乱しているという体験を強要することになります。プレイルームは秩序と一貫性のイメージを体現していることが大切なのです。これらは治療的な要素です。**

　一貫性の一部は、子どもがプレイルームに入るといつも、おもちゃが同じ場所にあることからなります。哺乳瓶が、あるときはプレイルームの一方の側にあって、別のときには反対側にあるということは避けなければなりません。アイテムはいつでも決められた棚のどこかに置い

154

てあるべきです。これは、プレイルームはこぎれいで清潔でなければならないということではなく、ただ、整頓されているべきだということなのです。子どもたちは、物がどこにあるのかいつもわかっているときにより安全だと感じます。そのことは、部屋や関係を予測できるものにする助けとなるでしょう。整えられたプレイルームによって環境の安定性が促進され、世界は秩序立っていることが象徴化され、前の子どもの遊びによってその子どもの遊びが影響を受けることはないことが保証されるのです。

　何人かのスタッフが同じ部屋を使う場合、賢明な処置としては、その部屋を使う全員がその部屋で会って全体的な掃除をし、決まった通りにものを並べるという掃除時間を月に1回予定することです。もしこれが行われなければ、部屋はあっという間に本当にめちゃくちゃになってしまうでしょうし、ゴミ部屋のように見えたり感じられたりするプレイルームは治療的ではありません。

学校でのプレイセラピープログラムを説明するのに
お勧めの呼び方

　ある先生や校長や親がセラピーという単語に対して見せる感情的な反応を考慮して、小学校のスクールカウンセラーは、プレイセラピープログラムというもの以外にそのプログラムの呼び方を考えたいと思うでしょう。学校におけるプレイセラピープログラムは、「おもちゃを使ったカウンセリング」「遊びを通した感情の成長」「遊びを通した発達的成長」というような表現が可能でしょう。小学校のスクールカウンセラーは、その地域の環境でプレイセラピーという単語が潜在的にどのような反応をされているかを最も適切に判断する人物でしょう。子どもたち向けに導入されたプログラムは、単に誰かがその用語に反対したからといって役割を妨げられるべきではないでしょう。子どもたちは、自分の世界をカウンセラーに伝えるときに、用意されたおもちゃや道具を自発的に、また豊かな表現を用いて使うことができます。小学校のスクールカウンセラーは、独自のアプローチを使って、そのような自発的で豊かな表現を生み出すおもちゃの使用について最もよく表現するタイトルを考えていくべきです。プレイセラピーを行うときは、小学校のスクールカウンセラーは、発達的成長下にある子どもたちを効果的に補助したいと努力する自分たちにとって助けとなるような方法を用いているのだ、ということを強調するべきです。学校におけるプレイセラピーの究極の目的は、先生が言ったことから利益を得る準備ができるよう子どもたちを助けることなのです。

参考文献

Smith, M.（2002）. Filial therapy with teachers of deaf and hard of hearing preschool children.（Unpublished doctoral dissertation, University of North Texas, Denton）

Trotter, K., Eshelman, D., & Landreth, G.,（2004）. Yes, Bobo should be in the playroom! *Association for Play Therapy Newsletter*, 23（2）, 25-26.

第11章

関係性の始まり
――子どもの時間

世界にこんな場所があるなんて思ってもみなかった。
――プレイセラピーを体験している子ども

　実際のところ、子どものための時間とはいったいどんなものなのでしょうか。それは、子どもが自分で自分のことを決められる貴重な時間の一つであり、貴重な関わりの一つでもあります。つまり、それは子どもが使い方を自由に決められる時間なのです。セラピストが子どもの遊びを決めるようなことはありません。この時間は、子どもが望みどおりに使い、自分が選んだように作り変えることのできる子どものための特別な時間です。子どもは好きなだけゆっくりと存在することができるし、誰一人として「早くしなさい」とは言いません。子どもは、不機嫌そうにしていても、不機嫌そうにふるまっても、不機嫌そうに見えてもよいし、誰も「楽しんでね」とは言いません。子どもは、何もしなくてもよいし、何かを成し遂げなくてもよいし、「何か始めなさい。何かしなさい」と言う人は一人もいません。子どもは声が大きくても、騒々しくても、物をドンドンと叩いてもよいし、誰も「静かにしなさい」とは言いません。子どもは、ばかげたことをしても、クスクス笑っても、大笑いしてもよいし、「年相応にふるまいなさい」と言う人は一人もいません。子どもは弱くても、小さくても、哺乳瓶を吸っていてもよいし、誰も「もう大きいんだから」とは言いません。子どもは、接着剤とはさみと粘土を使って宇宙船を作ることができるし、誰も「まだ小さいんだから、そんなの作れないよ」とは言いません。これは、非日常的で、めったにないような時間、場所、関わりです。そこで、子どもは、存在し、経験し、その瞬間の自分自身をすべて表現することができ、そして十分に受け容れられます。そういったことによって、この時間は子どものための時間になるのです。

　子ども中心プレイセラピストは、成長とはゆっくりとしたプロセスであり、強いられたり、促されたりしないものだということを認識しています。プレイセラピーは、子どもがリラックスできる時間であり、強制されることなく自然に成長する場所であり、特別な関わりなので

す。5歳のラファエルはプレイルームの真ん中に立ち、その時間のかけがえのなさに対する感想を「ここに暮らせたらなあ」と見事に表現しました。彼の言葉は、子どものための、この特別な時間、場所、関わりの本質を捉えています。私が子どもたちについて学んだこと、そして、その学びを子どもとの関係にどのように取り入れるようになったかは、おそらく以下の原則に最もよく表れています。

子どもとの関係の原則

（ゲリー・ランドレス）

私はすべてのことを知っているわけではありません。
　だから、すべてを知ろうとすることさえ望んでいません。
私は自分の中の子どもをもっと受け容れたいと思っています。
　だから、私は驚きと畏敬の念をもって、子どもたちに私の世界を照らし出してもらいたいと思っています。
私は子ども時代の複雑で理解しにくい状況についてはほとんど知りません。
　だから、私は子どもたちに教えてもらいたいと思っています。
私は個人的な闘いから最も学び、最も影響を受けます。
　だから、私は子どもたちと一緒に闘いたいと思っています。
私は、ときどき避難所を必要とします。
　だから、私は子どもたちに避難所を提供したいと思っています。
私は、ありのままの自分を十分に受け容れてもらうことを好みます。
　だから、私は、子どもという人間を体験し、感謝するように努めたいと思っています。
私は間違いを犯します。それらの間違いは私が人間であり、誤りを犯しやすいということの宣言です。
　だから、私は子どもたちの人間性に忍耐強く接したいと思っています。
私は私自身の現実世界に対して、感情を内面化し表現することで応じます。
　だから、私は現実に対する把握の仕方を手放し、その子どもが体験している世界の中に入ることに努めたいと思っています。
権威者であり、答えを提供することは気分がいいものです。
　だから、私は、子どもたちを私から守るために努力しなければならないと思っています！
安全だと感じるとき、私はより十分に私です。
　だから、私は子どもたちと交流し続けたいと思っています。
私は、私の人生を生きることができる唯一の人間です。
　だから、私は、子どもの人生を支配しようとは思っていません。
私が知っていることのほとんどは、経験から学んだことです。

だから、私は子どもたちに経験してほしいと思っています。

私が経験する希望と生きる意志は、私自身の内側から生まれてきます。

だから、私は子どもの意志と自己中心性を認め、肯定したいと思います。

私は、子どもたちの傷や恐れ、不満や失望を消し去ることはできません。

だから、私はその打撃を和らげたいと思います。

私は、傷つきやすくなっているときに恐怖を体験します。

だから、私は、優しさ、穏やかさ、柔軟性をもって、傷つきやすい子どもの内なる世界に触れたいと思います。

関わりの目標

子ども中心プレイセラピストは、子どもが達成すべき目標を立てようとするのではなく、子どもとの間に結ばれた治療関係の発展を促すことに関わる目標に関心を抱きます。**焦点は子どもにあります**。その目的は、セラピストがすることすべてが子どもとの関係への応答になればなるほど、セラピストは子どもとの関係に没頭するようになることです。以下の目標は、その目的を示しています。

1. **子どもにとって安心できる雰囲気を作り出すこと**。プレイセラピストが、子どもに安心感を押しつけてはいけません。子どもは、発展しつつある関わりの中で、安心感を見出します。制限のない関わりの中では、子どもは、安心感を得ることができません。また、安心感は、セラピストの一貫性によっても促進されます。

2. **子どもの世界を理解し、受け容れること**。子どもがプレイルームでどんなことをしようとしても、熱心に、純粋に興味を抱くことで、子どもの世界は受け容れられていることが伝わります。また、受容とは、子どもが探索するペースに辛抱強くつきあうことも意味しています。大人の現実を捨て去り、子どもの視点からものごとを見つめることによって、理解は成し遂げられるのです。

3. **子どもが情緒的な世界を表現するように励ますこと**。遊び道具も大切ですが、それらよりも、子どもが気持ちを表現することのほうが重要です。そして、遊び道具は子どもが気持ちを表現することを促します。プレイセラピーにおいては、気持ちを評価することはありません。子どもがどんなことを感じようとも、それは批評されることなく受け容れられます。

4. **許容されている感じを作り出すこと**。これは、完全に許容された関わりではありません。けれども、子どもが、この構造の範囲内で手に入れられる自由を感じることが、プレイセラピーの重要な側面です。子どもが選ぶのに任せることで、許容されている感じは作り出されます。

5. **子どもが決定するように促すこと**。これは、子どもに答えの手がかりを与えるのを控え

ることで、おおいに成し遂げられます。どのおもちゃで遊ぶのか、そのおもちゃを使っ
てどんなふうに遊ぶのか、何色を使うのか、あるいはどんなことが起こるのかを選ぶ機
会は、決断する機会を作り出し、その機会は、自己責任を促します。

6. **責任を引き受ける機会を子どもに与え、コントロールしている感覚を育てること。**実際
のところ、必ずしも人は環境をみずからのコントロールのもとに置くことができるとは
限りません。重要なのは、子どもたちがコントロールしている感じをもつことです。プ
レイルームにおいて、子どもたちは、自分がすることに対して責任を負っています。プ
レイセラピストが、子どもたちのためにと思って彼らが独力でできることに手を貸す
と、子どもたちは自己責任とはいかなるものであるかを経験する機会を奪われることに
なります。責任を子どもたちに戻すことで子どもに力を与えることは、子どもが自分で
コントロールできていると感じることにつながります。**コントロールしている感覚は影
響力のある変数であり、子どもたちが肯定的な自己評価を育てることに役立ちます。**市
内の学校の 2800 人の子どもたちを対象とした調査から、学業成績を最もよく予測する
指標は、子どもが環境をコントロールできている感覚にあることが示されました（Se-
gal & Yahraes, 1979）。

子どもと触れ合うこと

　おそらく子どもは、自分で自分自身をプレイセラピーに委ねることはないので、子どもの生
活において重要な大人が、その子は変化させられる必要があると考えているということが暗黙
のうちに想定されています。それゆえに、子どもは、セラピストも自分が変わることを望んで
いると予想しながら、プレイセラピーの最初のセッションにやってきます。その結果、子ども
の準拠枠から眺めると、最初の段階で子どもは、抵抗し、怒り、引っ込み思案で、みずからを
守る必要性を感じているかもしれないと理解することができます。どのような感情であって
も、それは、その瞬間に子どもが存在しているということであり、だからこそ、子どもはみず
からが経験させられていることをセラピストとの関わりの中へと持ち込むことになります。セ
ラピストは、これらの最初の反応や感情を「子どもがここにいる本当の理由」とは**無関係**で、
通過点にすぎないと見なしたりはしません。それが子どもであり、**子どもがどんなことを感じ
ていようとも、そのような状況下におけるその瞬間の子どもの個性の表現として受け容れられ
ます。**

　子どもの目の前に私が初めて姿を現したときから、子どもと情緒的な交流をはかっていくプ
ロセスが始まります。「私たち、つまり子どもと私は、ここで何を創造していくことができる
のか？　この子はどんな子なのだろうか？　この子は何を求めているのだろうか？　まさに
今、この子はどんなふうに感じているのだろうか？　この子は私のことをどんなふうに見てい
るのだろうか？　この子はどんなことを私から必要としているのだろうか？」という課題に出
くわします。そういったときに、私の心の中にまず浮かび上がってくるのは、「この子との関

わりの中で、大多数の他の大人と同じようにはなりたくない」という思いです。実際のところ、それは単なる思いではありません。というのも、私は、（他の大人とは）違っていたいという純粋な願いを体験しているのです。私は、子どもと身体的に密着したくないし、あまりにも唐突に子どもの目の前に姿を現したくないし、あまりにも親密になりすぎたくはありません。

　この子は、私に初めて出会ったのです。「この子にとって、私はどんなふうに見えているのだろうか？　彼は私の表情に何を見ているのだろうか？　この子は、私の声のトーンに何を聞いているのだろうか？　私が子どもに感じている好意や思いやりは私の表情に現れているのだろうか？　私の声のトーンに優しさが現れているだろうか？　この子の世界にもっと十分に入っていけるように、この瞬間、何とかしてもっと小さくなりたい。彼が大切な存在であり、この部屋の中で最も重要な人物であり、私にとっては、彼の母親以上に重要だと私が考えていることを、この子は知っているのだろうか？　私の目はそのことを示してくれているだろうか？　子どもが心の中でどんなことを感じているのかに私の関心があることが伝わっているのだろうか？　私の言葉はその関心を伝えているだろうか？」。大部分の経験と関わり、とりわけ新しい経験や関わりにおいて、子どもたちは常にあれこれ思いをめぐらせています。

　　安全なのかな？　私はあなたのことを知らないよ。あなたと一緒にいて私は安全なの？ここは安全な場所なの？　ここで私にどんなことが起ころうとしているの？　あなたは私に何をするつもり？

　　うまくできるかな？　あなたが私に求めたことができなかったら、あなたはどうするの？　あなたの質問に対する答えを私が知らなかったらどうなるの？　もしあなたが望むことを教えてくれなかったら、私はどうしたらいいんだろう？　私が間違った選択をしたらどうなるの？

　　受け容れてもらえるのかな？　あなたは私のことを好きになってくれるかな？　あなたは私がすることを好きになってくれるかな？　あなたが私のことを好きだって確かめるために何ができるのかな？

　子どもがセラピストの中に見つけ読み取ったものから、関わりを築いていくことは始まります。そして、それは、その瞬間に子どもが体験していることへのセラピストの感受性にかかっています。子どもと関わるということは、子どもの自己との対話に対して、親切に、優しく、穏やかに応じることを意味します。子どもの態度、気持ち、考えを受け容れていくプロセスを通して、セラピストは子どもの世界へと足を踏み入れます。このやり方で、いったん子どもと触れ合うと、信頼ある関わりが育ち始めます。ムスターカス（Moustakas, 1981）によると、「子どもとの触れ合いは、たとえ何が起ころうとも、情熱、深みにまでついていく勇気、その道のりに子どもと共にとどまり続ける決心をもって、セラピーが取り組まれることによって、初めて生じうるのです」（p.11）。

第 11 章　関係性の始まり　　*161*

> **経 験 則**
>
> 子どもが自分の世界をどのように感じているかに敏感でいなさい。

　また、敏感であるということは、必要な目的があって連れていかれるたいがいの他の場所では、誰かが子どもたちに対して何かをするものであることを意識しておくことも意味します（たとえば、医者、歯医者、学校を決めるためのテストなど）。その子どもたちが、プレイセラピストも自分に対して何かをするものだと予想するとしても、それは無理のないことです。プレイセラピストは、そのような状況が子どもたちの目にはどのように映るのかに敏感でいることも重要になります。それは魅力的に見える場所なのか、それとも、病院のような重苦しい場所なのでしょうか？　玄関は無味乾燥なものに見えるでしょうか？　どこかに何かしら色はあるでしょうか？　壁あるいは待合室にかかっている絵は、子どもにも鑑賞できるものでしょうか？　それらの絵は、子どもたちの目の高さにかけられているでしょうか？　待合室のイメージは、ここが、子どもたちのための場所であることを物語ってくれているでしょうか？　子どもたちの目を通して、自分自身や周囲の状況を見つめることは、セラピストにとって役に立ちます。

待合室での最初の出会い

　待合室での、セラピストと子どもとの最初の交流から、関わりを築いていくことは始まります。この新たな関わりがもたらすかもしれないわくわくするような可能性への期待に胸をふくらませて、セラピストは待合室の中へと足を踏み入れます。そして、たいていの場合、セラピストは、子どもの行動にまつわる心配ごとをセラピストに伝える心づもりをした心配そうな親と出会うことになります。親は、子どもについてセラピストが知っておく必要があり重要だと思われる情報をもっており、また、セラピストが問題の本質を正確に理解するように、前もって要点を伝えるリハーサルをしてきているかもしれません。セラピストが親に挨拶するとすぐに、親はセラピストに最新の情報を伝え始めます。この時間は、セラピストが積極的に聞き入ったり、あるいは親の話すことに辛抱強く耳を傾けるのにふさわしい時間ではありません。**セラピストが、その場に立ったまま親に話しかけている限り、セラピストは子どもよりも親のほうを大切に思っているということが明らかに伝わってしまいます。それは、子どもと意味ある関わりを始める方法としては、勧められるものではありません。**子どもはこのような場面を何度も経験してきているので、おそらくもうすでに、自分が取るに足らない、存在しないと見なされた人のように感じています。つまり、親はまるで子どもがその場にいないかのように、第三者的に、その子についての話をしているのです。

　お付きの人となり、ただひっついていって、本当に役立つ目的などないまま、巨人の気まぐ

れで、そこかしこに引っ張っていかれるという状態が、どんな感じを抱かせるものなのかをあれこれと考えることは、おそらくセラピストにとって役立ちます。たしかに、重要視されず、注目されていないと感じている子どもたちもいます。もちろん、彼らがそういった巨人を困らせない限りにおいてですが……。巨人を困らせる場合、彼らは十分な注目を集めることになります。そう、否定的な注目でさえも、まったく注目されないよりはましです。たしかに、セラピストは子どものそのような自己認識を永続させることを望みません。だからこそ、セラピストは、それらの問題は重要であり、くわしく探求するためには時間が必要であり、今はそれらの問題を議論するのにふさわしい時ではないということ、そして、そのための時間は後から設定するということを、失礼のないように親に向けて説明します。それからすぐに、セラピストはしゃがみこんで、子どもに挨拶しましょう。

　待合室に入り、親に短いがあたたかな挨拶をし、すぐにしゃがみこみ、子どもに視線を合わせてあたたかな笑みを浮かべ、親が会話を始める機会を与えずに、子どもに自己紹介するのが有益だと、セラピストは気づくことでしょう。その瞬間、その子どもは建物の中で最も重要な人物なのです。セラピストは、この重要な、小さな人との関わりを築き、その子の重要性を伝えるために、その場にいます。だからこそ、セラピストは、子どもの目の前で突っ立っていたり、子どもについて議論しようとはしません。

　子どもへの簡単な自己紹介の後で、セラピストが「さあ、今からプレイルームに行けるよ。プレイルームから戻ってきたときに、ここにいてくれるようにお母さんにはここで待っていてもらおう」と言うこともあります。このとき、セラピストは立ち上がって、言葉での表現を補うために目に見える合図をします。これは、「プレイルームに行ってみたい？」や、「プレイルームに今行けるけど、大丈夫？」といった質問のための時間ではありません。それらの質問は、不信感や抵抗感をもった子どもが質問に「いや」と応じるというトラブルを生じさせるだけです。また、選択肢が与えられていないときに、ある選択肢をほのめかしてしまうこともあります。子どもが本当にプレイルームへ行くことを望まないのであれば、それは、プレイルームの中で扱うのが最もよい問題です。なぜなら、プレイルームでこそ、子どもは目的に応じて選んだものを使って自分の気持ちや望みを自由に表現できるからです。

　子どもとの関係づくりは待合室から始まります。子どもとの関わりを始めるのに、質問することはお勧めしません。廊下からプレイルームに向かう途中、セラピストが「何歳なの？」や「どこの学校に行ってるの？」といった質問で子どもとの関わりをもとうとすると、子どもはプレイルームに入ってからも同じようなアプローチを期待し、セラピストがさらに質問してくるのをひたすら待つようになります。質問はセラピストをリードする側に立たせ続けるため、避けるべきです。質問をする代わりに、子ども中心プレイセラピストは、次のような声かけで子どもと関わります。「この道を通ってプレイルームに行くんだよ。すぐそこに、水飲み場があるよ。水飲み場の手前で曲がって、廊下を進んでいくよ。私たちが過ごすことになるプレイルームのドアのそばに座っている茶色のテディベアを探しているんだ。あぁ！　廊下のあっち側に茶色いクマがいる！　茶色いクマのすぐ横のドアから入ろう」

　プレイルームの外では、親や他の観察者がいることで、子どもの反応が妨げられたり、別の

状況では生じないような反応が奨励されるかもしれません。親が待合室で待っていて、子ども
がプレイルームから戻ってきたときに待合室に親がいることを伝えると、子どもは安心しま
す。セラピストは、子どもがまったく見知らぬ人と一緒に、見知らぬ場所へ行き、子どもの感
覚でいえば「永遠」とも思える時間をそこで過ごすということを、常に念頭に置いておかなけ
ればなりません。

　プレイルームへ一緒に行くことに気乗りしない子どもに対して、セラピストは次のように応
じるかもしれません。「プレイルームに行くかどうか決めるのにもう少し時間がかかりそうだ
ね。私はオフィスに戻ることにするよ。プレイルームに行く前に、あと１分、それともあと３
分ほしいかは、きみが決めたらいいよ。どっちがいいかな？」と。選択できることは、協調性
を引き出します。なぜなら、子どもが、コントロールできている感じを抱くことができるから
です。選択する時間が過ぎても、子どもがいまだ乗り気でない場合、セラピストは「お母さ
ん、私たちと一緒にプレイルームまで行きましょう。そうすれば、あなたがプレイルームの場
所を知っているとヘイデンにもわかるでしょうから」と言うこともあります。母親の隣を歩い
たり、母親の手を握りたいかどうかを選ぶ機会を与えられることで、ヘイデンはこの決定に参
加することができます。ほとんどの場合はいつもこれで、子どもはプレイルームへ向かうこと
になります。なぜなら、母親がセラピストと一緒に廊下を歩いていくのに、自分一人で待合室
にとどまるつもりなど子どもにはないからです。たいてい、子どもは親と一緒でなくても、す
ぐにプレイルームの中に入るでしょう。もし、そうでなければ、セラピストは親に、「お母さ
ん、ヘイデンがしばらくの間、あなたと一緒にプレイルームに入りたがっているようです。一
緒に入っていただいてかまいませんよ」と言うことで、子どもを連れてプレイルームの中へ
入ってほしいと頼むことができます。母親がプレイルームに入ったら、セラピストは、「お母
さんはそこに座っていてください（椅子を指さす）。ヘイデンがあなたの反応を必要とするな
ら、私が代わりに話します」と言います。セッションが進み、子どもがリラックスしてくる
と、セラピストはプレイルームを出る適切な時間を親に示すことができます。親は何も言わず
に退室するべきです。

　親がプレイルームに入るのを許すか否かは、セラピストの裁量に任されています。セラピス
トは、いったんプレイルームに入ると、子どもが親から離れることがさらに一層難しくなるこ
とを予想しておく必要があります。なぜなら、子どもはもうすでに、自分の消極的な行動がい
かに親をプレイルームにうまくとどまらせることになったのかを経験しているからです。一般
的に、親がプレイルームにいる時間が長くなればなるほど、親にとっても、子どもにとっても
離れることがより難しくなります。分離は子どもよりも親にとってのほうが難しい問題であ
り、結果的に、そのことを察知した子どもが親の気持ちに応じるということを、セラピストは
知っておくべきです。その場合には、分離の問題がプレイルームのドアのところで取り扱われ
ることもあります。考えられるもう一つの要因は、セラピストの気持ちです。セラピストは、
気乗りのしない子どもに対応しなければならないはめに陥るよりも、親がプレイルームの中に
入ることを許すほうがはるかに気が楽なのかもしれません。けれども、親がプレイルームの中
に長くいればいるほど、子どもが重要な空間を探索するのに十分な安心感を得られないという

可能性が明らかに出てきてしまいます。

　セラピーに行くか否かは、4歳の子どもが決めるにはあまりにも重すぎる問題です。飲み込むことができないほど扁桃腺が腫れ上がった子どもに、親が、薬を飲むか飲まないかを決めさせるなんてことはないでしょう。4歳の子どもは、その種の責任を扱うことができるほど十分にはまだ成長していません。また、親が、足を折った8歳の子どもに、病院へ連れていってほしいかどうかを決めさせることもないでしょう。同じように、セラピーに行くか行かないかを決めることは、子どもにとっては重すぎる責任になります。けれども、いったんプレイルームの中に入ると、子どもは、その体験に加わるかどうか、変化する機会を利用するかどうかを自由に決めることができます。子どもたちは、変化する機会を与えられはしますが、彼らに変化を強いることはできません。それは、子どもが自身が決めることなのです。

　子どもは、いつ行くか、あるいはプレイルームとオフィスのどちらに行くかを決めることができるでしょう。しかし、結局は、決断しなければならないときが必ずやってきます。子どもの情緒的な充足は、身体的あるいは教育的な充足にまさるとも劣らないほど重要です。このときこそ、忍耐強く鍛え上げられた信念に従って行動するときです。なされるべき決断は、親と子どもの決断です。セラピストは、気乗りしない子どもをプレイルームに連れていくべきだと勧める人もいます。私は、そのような態度はどうかと思います。最後の最後の手段として、親は子どもをプレイルームへ引きずっていくことを決めるかもしれません。しかし、可能であれば、身体的なぶつかり合いは避けるべきです。私がこのようなやり方を用いたことは決してありませんが、子どもがプレイルームへ行く心づもりができるのを手助けするのに、20分から30分の間、辛抱強く待つ努力が必要になったことはあります。

プレイルームにおいて、関わりを築いていくこと

　子ども中心プレイセラピー（CCPT）における構造化は最小限であり、そのアプローチの一般的な理念と目的である、自由、安全、自己統制の促進に沿ったものです。

プレイルームの紹介

　セラピストと子どもがプレイルームに入ったとき、子どもをプレイルームでの体験へと導いていくことから、最小限の関わりを築いていくことが始まります。セラピストは声のトーンや表情で、あたたかくフレンドリーなイメージを与えます。この時間は、過度に深刻になったり、厳しくなったりする時間ではありません。微笑みましょう。セラピストの表情は生き生きとしており、言葉では伝えられないことを伝えています。

　この時点では、言葉でのやりとりは最小限にとどめます。これは、すばらしい時間になるはずだと子どもを説得しようとする時間ではありません。生活のいたるところで、非難やとがめ、拒否を恐れて暮らしてきた子どもに対して、言葉を使って、セラピーの体験の価値を説明することはできません。関わりの価値は、経験されて初めてわかったり、感じられるもので

第11章　関係性の始まり　　**165**

す。関わりについて過剰に説明しようとすると、たとえ意図していなかったとしても、その関わりが制限され、子どもの探索や表現を妨げることになるでしょう。プレイルームの不思議さは、言葉では言い尽くすことができません。子どもが探索するリスクをおかして初めて、それは生じうるのです。

　子どもの自由、自分で決められること、関わりを媒介するものを子どもに伝えるために、言葉は注意深く選ばれます。セラピストは、「メリッサ、ここが私たちのプレイルームだよ。いろんなやり方で、あなたの好きなようにおもちゃで遊べる場所だよ」というようなことを言うかもしれません。実のところ、この発言は少し指示的で構造化されているように思われるかもしれません。実際には、子どもには遊ばない自由があるにもかかわらず、遊ぶことを暗に期待されているように思えるからです。けれども、長くて退屈な説明にふけらなければ、遊ばない自由があるということを子どもに表現するのは難しいことです。この言い方は、方向性を決める責任が子どもにあることを伝えている点で、子どもに自主性を与えることになります。

　自由の限度は、「いろんなやり方で」という言葉によって伝えられています。つまり、事実上、行動の制限が伝えられているのです。これは、鍵となるフレーズです。「きみのやりたいように」という言葉は避けられます。なぜなら、ここはまったく自由な場所というわけではないからです。経験の浅いセラピストはしばしば、子どもに対してプレイルームのことを次のように紹介します。「ここが、ぼくらのプレイルームだよ。ここは、きみのやりたいようにおもちゃと遊んでもいい場所なんだよ」と。そう言ってしまうと、ダーツ銃で打たれそうになっているときや、子どもが観察用の鏡に向かって飛行機を投げつけるときに、無条件の受容を取り消さざるをえなくなってしまうのです。セラピストには、用いるフレーズの最初の構造について相当考えることをお勧めします。

子どもに主導権をもってもらう

　プレイルームの紹介が終わると、セラピストは座り、さらに、子どもにリードしてほしいという希望を子どもに伝えます。セラピストの椅子は、プレイルームで唯一の中立的な場所であり、セラピストは、子どもから物理的空間や遊びに加わるように誘われるまで、そこに座っています。毎回同じ場所に座ってセッションを始めることで、子どもに予測可能なメッセージを伝え、子どもが安心感をもてるように手助けします。予測可能性は、安心感につながり、どちらも治療的な要因になります。また、座ることは、子どもに責任を戻すことを伝えることにもなります。立ったままでいると、セラピストが子どもの上にそびえ立つことになり、セラピストが主導権を握っている、あるいは何か別のことをしようとしていることが伝わる可能性があり、子どもは期待して待つことになります。また、立ったままでいると、セラピストが部屋中を子どもの後ろをついて回ることになり、子どもはセラピストに肩越しに見られていると自意識過剰になります。

　プレイセラピーの関係性の中で、子どもに主導権をもってもらおうとするとき、セラピストは、成長と成熟を追い求めようとする子どもの生まれながらの人間力に対する基本的な哲学と、建設的で自主的であろうとする子どもの力への深く揺るぎない信念に対する態度の両方を

実現していることになります。この哲学とその結果生じる態度や信念をもつことで、セラピストは、子どもがプレイセラピーの経験を、みずからがいる必要のある場所へと変えていくことを信じられるようになります。この概念は、小さな引き船が巨大船の空間に入り、それを安全な場所へと誘導するまでの間、巨大船が港の外でいかに辛抱強く待っているかを思い起こさせます。引き船だけが、方法を知っており、巨大船の船長は、引き船が巨大船をあるべき場所まで運んでくれることを信頼しています。それと同じように、私は辛抱強く子どもについていきたいと思っています。子どもの内なる直感的で無意識的な動機が、私たちを子どもの必要な場所に連れていってくれると信じています。私は、私たちの関係の中で子どもが何に取り組むべきか、あるいは子どもがどんな人間になるべきかを知るほど十分に賢くはありません。私の情報や知識は常に不完全です。そのため、私は、私たちの関係の中で、その子が必要とするところまで私を連れていってくれると信じています。セラピストは、子どもとの関係のすべての領域において、子どもに主導権をもってもらうようにします。子どもを信頼するというこの内的次元の本質は、私のスーパーヴィジョン・グループに参加したあるプレイセラピストの自己批判的な発言に要約されています。「私は初めて、完全に自分と子どもを信じる体験をし、子どもが行く必要のある場所に自由に行けるように、する必要のあることをできるようにしました。私は、機知に富み、計り知れないほど創造的な子どもの言葉に心を打たれました」

　プレイルームの時間制限と最小限の制限という構造の中で、子どもは遊ぶか遊ばないか、話すか、何について話すか、話さないか、部屋の真ん中に座るか黙って立つか、セラピストを遊びに入れるか入れないか、セラピストから隠れるか隠れないか、床に座るか部屋の中を走り回るか、すばやく遊ぶかゆっくり遊ぶか、セラピストを受け容れるか拒むか、セラピストの話を聞くか聞かないか、大きな声を出すか静かにするかなどの選択の自由を経験します（図11.1）。選択することは、CCPTにおける治療プロセスの重要な部分です。遊ぶか遊ばないか、あるいはどのおもちゃで最初に遊ぶかを選択する機会は、取るに足らないことのように思えるかもしれませんが、子どもにとっては、その選択の一つひとつが、自分の人生をコントロールしていることを示すことになります。

　好意とリラックスした雰囲気を伝えるために、プレイセラピストの中には、床に座り込む人もいるかもしれません。その結果、セラピストが床に座っているのは、遊びに誘われることを期待しているのだと子どもが解釈してしまい、たとえその気がなくても、義理堅くセラピストを遊びに誘うことになるでしょう。セラピストが床に座らなかったとしたら、子どもはセラピストに遊んでほしいとは決して言わなかったかもしれません。床は子どものテリトリーであり、子どもから入ってくるよう誘われない限り、セラピストはそのテリトリーを尊重すべきです。子どものリードに従うことは、子どもの遊びへのセラピストの参加を除外するものではなく、子どもの指示または誘いによって遊びへの参加は行われます。

　子どもの遊びに参加する場合、セラピストは子どもが主導権を持ち続けられるように配慮します。遊びへの参加には、子どもからの合図を受ける必要があります。子どもはドラマの演出家であり、振りつけ師であり、子どもが決定しない限り、遊びの中では何も起こりません。子どもの遊びへの介入は、質問したり、解決策を提示したり、提案をしたり、子どもの言うまま

図11.1 子どもたちはしばしば、セラピストとの関係を築く方法として、おもちゃを使うことがあります。

に教師役になったり、子どものために何かをしてあげたりと、さまざまな方法で行われるかもしれません。セラピストが解決策や方向性を提示するとき、子どもたちは、自己決定と責任を学ぶことはありません。

　子どもとの関係において、子どもに主導権をもってもらうことは、セラピストが子どもを尊重していることを伝えることになります。この発展しつつある関係性の中で、子どものあるべき場所、子どもの人生において取り組む必要のあることへと子どもが私を連れていってくれることを信じています。それゆえに、私は、子どもが主導権を握り、子どもの自己への旅の一部となることを願っています。自分自身についての創造的発見を子どもに体験してもらえるようにするとは、なんて貴重な特権なのでしょう。

子どもとのロールプレイにおける制限

　もちろん、子どもの指示に従うことには、相応の限界があります。セラピストは、子どもから服を脱ぐように指示されても服を脱がず、「服を脱いでほしいんだね。私の服は脱ぐためにあるわけじゃないよ。（人形を指さす）人形を私に見立てて、その服を脱がすことはできるよ」と応じるでしょう。セラピストは子どもの遊び相手ではなく、子どもの遊びに参加しながらも治療者としての役割を維持します。

　被虐待児が、虐待をする父親が言葉で自分を攻撃するという遊びのシナリオを作ります。それから、彼女は、次のようにセラピストに指示します。「私の父親になって、私に大声で怒鳴ったり叫んだり、悪口を言って。私のことをバカって言って。私のことが心底嫌いなんで

しょ！」。どんな状況に置かれても、私は自分自身の価値観や子どものケアを暴力的に侵害するような役割を担うことはできないでしょう。たとえ遊びであっても、子どもに向かって罵声を浴びせたり、怒鳴ったりすることは決してできません。そのような罵詈雑言は、たとえ遊びの中であっても、あまりにも感情的な侵襲を引き起こすことになるでしょう。もし子どもが、私が彼女に危害を加えようと考えるかもしれないと思ったら、私は深く悩むことになるでしょう。そのような体験の後、その子が私と一緒にいて安心できるでしょうか。セラピストは、プレイセラピーの関係において、絶対的に一貫性があり、予測可能でなければなりません。私の子どもへの応答は、「ごっこ遊びでも、怒鳴ったり悪口を言ったりするのは気が進まないなあ。ごっこ遊びの中でも、私があなたを傷つけるかもしれないとあなたに思わせたくないよ。ボボ人形を私に見立てて、ボボにあなたを怒鳴らせることはできるよ」。このように変換することで、子どもは必要とされていることを表現し、探求し続けることができます（私の応答は［原文では］44語あり、推奨されている10語よりはるかに多い。おそらく、これは私にとって強い感情的な問題であるという事実の結果でしょう）。

　別の子どもは、父親が自分に対して怒っているというシナリオを作り、プレイセラピストにこう言いました。「お父さんはぼくに本当にめちゃくちゃ怒っているんだ。お父さんのふりをして、本当にぼくを叱りつけて」。プレイセラピストは、次のように応じました。「きみを叱りつけるのは、気が進まないなあ。ボボがきみだと思うことにしよう」。それから、セラピストは、ボボを叱りました。このようにプレイセラピストの行動が劇的に変化することは、子どもを非常に困惑させます。たしかに、家庭によっては、罵声はごく一般的なものですが、セラピストはその子どもにとって叱り言葉が何を意味するのかを知りませんでした。罵声は通常、怒っているときに用いられます。叱ることで、セラピストは、プレイルームが子どもの家のようであり、罵声は怒りを表現するために許されているということを子どもに対して暗に示すことになります。セラピストは、家庭で起こっている否定的なことを強化すべきではありません。さらに重要なのは、プレイセラピストの行動は一貫していなければならないということです。罵声を浴びせることは、親切で思いやりがあり、共感的なプレイセラピストのイメージを表現することにはなりません。プレイセラピストはこのような問題をよく考え、一貫性がないことで起こりうる悪影響を前もって検証しておかねばなりません。一貫していることは、治療関係を発展させるうえで重要な側面です。

　5歳のトビーは、セラピストの前におもちゃの兵隊を並べ、自分の前にも並べ、弾の入ったダーツ銃をセラピストに渡し、自分用のダーツ銃を取り出して銃に弾を込めました。彼はセラピストのおもちゃの兵士を一人撃ち、「次はあなたの番だよ。ぼくの兵士を一人撃って」と言います。行動を起こす前に、セラピストは、子どもの発達についてや、幼い子どもが自分の世界をどのように認識しているかについての知識を検討しておくとよいでしょう。子どもの発達に関する文献から、幼い子どもは所有物を自分の延長として見ていることがわかっています。この情報は、セラピストを立ち止まらせるはずです。もしトビーのおもちゃの兵隊を撃ってしまったら、トビーはその行動を自分自身に対する行動として受け取ってしまう可能性があります。そのことを知っているセラピストは、ダーツ銃をトビーに渡しながら、「私の役をやって、

あなたの兵士を撃ってみたらどうかな」と応じます。私は、子どもが私を予測不可能な存在と見なすようなことをしたり、私に危害を加えられると思うようなことをしたりする可能性に対してかなり敏感です。私は、私がどのように応答し、どのように存在するのかを子どもが予測できるように、一貫した行動を取りたいと思っています。そうすれば、子どもは私と一緒にいて安心感を抱けるでしょう。一貫性は予測可能性を生み、予測可能性は安心感を促進します。

一貫性：プレイセラピー関係における治療的側面

　プレイセラピーを必要とする子どもたちは、一貫性がなく、予測不可能で、混沌とした環境での中で生活していることがよくあります。プレイルームは、子どもにとって別の世界、すなわち、予測可能な世界でなければなりません。私は、プレイルームの中での子どもとの関係において、予測可能でありたいと思っています。プレイルームでの最初のセッションが終わると、子どもは次のセッションで私がどのような存在であるかを知ることになるでしょう。私は毎回、子どもと一緒にプレイルームに入り、部屋の同じ場所で同じ椅子に座ることからセッションを始めます。私は、私たちの時間の主導権を子どもにもってもらうようにします。そして、私がプレイルームでの時間が終了したことを示した後、（可能であれば）子どもが私を部屋から連れ出すようにしてもらいます。子どもとの関係において、

- 私は、受容的で、一方的に判断しない態度を貫いています。
- 私は一貫して、気持ちに応え、行動を映し返し、子どもに責任を返しています。
- 私は忍耐強く、穏やかで、子どもを一人の人間として尊重し、子どもを心から信頼していることを伝えます。
- 制限が設けられたら、それは決して変わることはありません。前回禁止されたことは、いつでも禁止されることになります。
- プレイルームのおもちゃや教材は、各セッションで一貫して同じものであり、部屋の同じ場所に置かれています。
- プレイルームは常に整理整頓されています。
- 子どもは制限の範囲内で、自分の思いどおりに部屋を作り変えます。
- 時間制限はいつも同じです。

　一貫性は、プレイセラピストを予測可能にします。子どもは、穏やかで、安定しており、予測可能性のある場所と人がいることを学びます。プレイセラピストが予測可能であるとき、子どもは安心感を抱きます。安心感は、自分自身や他の人々に対する子どもの認識を変えます。このような形で共にいることは、子どもと共に生きる姿勢であり、方法です。

非言語的な表現に耳を傾けること

　ほとんどのメンタルヘルス専門家は、クライエントが体現することよりも、その言語的表現に依存しています。効果的なプレイセラピストは、子どもが言語で表現していることではな

く、子どもが経験し、感じ、望み、欲し、考え、思いをめぐらせていることに十分に耳を傾けます。そして、それらは、言語的には表現することができません。子どもはいつも、自分という人間について何かしらを伝えていますが、必ずしも言葉でそれが伝えられているわけではありません。

経 験 則

耳だけでなく、目でも子どもの話を聴こう。

　プレイセラピストが子どもから聴く必要のあることのほとんどは、耳で聴くことはできません。耳で子どもの顔に浮かび上がっている恐れを聴くことはできません。恐れは目でしか聴くことができません。子どもの頬を伝う涙を耳で聴くことはできません。それは目で聴くしかありません。プレイセラピーの関係において最も重要なメッセージは、あなたの目でしか聴くことができません。子どもは黙っておもちゃで遊んでいても、遊びを通して多くを語っています。それゆえに、プレイセラピーは子どもの発達に則した治療法として選ばれているのではないでしょうか。遊びは、子どもの自然な表現手段であり、言葉によるコミュニケーションは必要ありません。

子どものスペースを尊重する

　子どもはセラピストから離れ、その子にとって心地よいと感じる物理的な距離を保つことが許されます。カーラが、セラピストに背を向け、部屋の向こう側で農場の動物と遊んでいるのには理由があり、その理由は尊重されます。子どもは、そうすることが心地よいと感じるとき、あるいはそうする必要があるときに、セラピストに近づくでしょう。関係のこの次元が尊重されるとき、セラピストは、非常に子ども中心であるといえます。セラピスト側のこのような行動は、関係性についての微妙な、しかし強力なメッセージを伝えています。

子どもの後を物理的について回ること

　子どものほうから物理的について回るように求められた場合、その後のセッションにおいてそれが適切なこともあるかもしれませんが、セラピストは物理的にではない形で部屋のあちこちを子どもについて回ることができます。セラピストは、子どもが離れていくのに合わせて椅子の端に座って前かがみになったり、セラピストの椅子から4、5フィート［1.2〜1.5m］離れたところにある人形の家で子どもが遊んでいるのにより近づくために組んだ腕を膝に乗せて身を乗り出したりすることで、椅子から離れることなく、相当能動的になることができます。これによって、セラピストの頭の位置はより低くなり、セラピストが子どもの遊びに入っていくように見え、興味と積極的な関与が伝わります。子どもが部屋のあちこちを動き回るのに合わせて、セラピストが全身を動かし、椅子の端から端まで弧を描いて向きを変えることで、積極的

第11章　関係性の始まり　　*171*

な関与が維持されていることも伝わります。

経 験 則

セラピストのつま先は、自分の鼻と同じ方向を向くようにする。

　子どもは、身体的な部分も含め、セラピスト全体を引き寄せる磁石のようでなければなりません。子どもがプレイルームのどこにいても、セラピストの鼻とつま先は子どものほうを向いています。プレイセラピストのスーパーヴィジョンをする際、時折、セラピストが身体の残りの部分を動かさず、子どもと違う方向を向いたまま目だけで子どもの後を追おうとして、頭を90度回転させ、子どもへの関心を最低限にしか伝えられていない姿を私は目の当たりにしてきました。セラピストが身体ごと振り返り、そのつま先が子どもに向けられているとき、子どももはセラピストの存在を感じます。

　また、子どもについて思いをめぐらせること、子どもとその行動にすっかり夢中になること、部屋中を子どもの後ろについて回ることもできます。子どもの熱心さを感じようとすること、子どもの没頭ぶりを感じ取ること、子どもの創造性に驚くこと、遊びに込められた意味を考えること、顔の表情、声のトーン、全般的な態度で"共にいる"というこの感じを伝えることによって、**セラピストは、子どもの後ろについて部屋を歩き回らなくても、子どもの活動に参加し、その一部となることができます**。部屋中を、どれほど型どおりに子どもの後ろについて回ったとしても、その関わり方は決して伝わらないでしょう。そのような関わりは、誠実な心づかい、揺らぎない興味、そして、子どもの内的な準拠枠を知りたいと思う心からの望みをもった態度を介して示されるのです。

　子どもとセラピストがお互いを知り、信頼し始めたら、セラピストは子どもと交流するために、部屋の別の場所に自分の椅子を移動させたほうが心地よいと感じることがあるかもしれません。これはセラピストの欲求を満たすことであり、子どもの欲求を満たすことではないので、子どもが驚いたり、活動が妨げられたりしないように、これから起こることを子どもに知らせるのが有効な手順となります。これは、「（セラピストが椅子を動かし始めようとする際に）カルロス、私の椅子をここから砂場のそばに移動するよ。あなたの遊びにもっと近づきたいから」と言うことで成し遂げられます。「あなたがやっていることが見えるように」と言うと、まるで親が子どもをチェックしているように聞こえ、セラピストの意図が伝わりません。繰り返しますが、微妙な違いではあるものの、これらが関係性に与える影響は大きいのです。

非言語的な遊び行動を映し返す：トラッキング

　セラピストは、目で聴いたことを言葉で表現して応答するトラッキングを行うことで、子どもの行動や非言語的な遊びの表現に応じます。トラッキングによる応答は、セラピストが子どもがしていることを見たり観察したりすることを言葉にするものです。エヴァンは、最初のプ

レイセラピーセッションのためにプレイルームに紹介されたばかりで、部屋の中を歩き回って
おもちゃを見ています。彼は腰に手を当てて、不思議そうに部屋を見回しています。セラピス
トは、「うーん、最初に何で遊ぶか決めようとしているんだね」とエヴァンの行動をトラッキ
ングします。エヴァンは部屋を横切り、車を手に取り、床に座り、車を前後に動かし始めま
す。セラピストは、「それで遊ぼうと決めたんだね。きみは車を前後に動かしている」と、エ
ヴァンの行動をトラッキングします。トラッキングによる応答は、子どもとその子どもがして
いることにセラピストが関心をもっていることを伝えます。このセラピースキルは、次の章で
よりくわしく説明されます。

内容の映し返し

　プレイセラピーにおける言語的内容の映し返しは、青年や成人とのトークセラピーにおける
内容の映し返しと似ています。プレイセラピストは、プレイセッション中の子どもの言葉によ
るやりとりを要約したり、言い換えたり、映し返します。そのとき子どもは、自分が話を聴い
てもらえていることを知ります。子どもの言葉による表現内容を映し返すことで、セラピスト
は子どもの世界に没入することができます。ジェニファーは恐竜を手に取り、恐竜についての
くわしい情報を分かち合うようになります。セラピストは、「恐竜についてよく知っているん
だね」と応じます。ジェフ：(人が乗っている車の近くに爆弾が落とされる遊びをする)「誰も
怪我してない。車の中に隠れていて、爆弾を落とした男は知らないんだ」。セラピスト：「彼ら
は無事で、そのことを男は知らないんだ」。このような内容の映し返しは、理解と受容を示
し、子どもが主導権をもつことを可能にします。内容の映し返しは、次の章でよりくわしく説
明されます。

感情を映し返すこと

　セラピストの中には、「何も問題ないよ」と子どもを不必要に安心させることで、慌ててラ
ポールを築こうとする人もいますが、そのプロセスの中で、彼らは子どもたちの感情を踏みに
じることになります。7歳のヨランダは、「何もいいものがない。ここにはいたくない」と椅
子に座ってめそめそ愚痴を言っています。セラピストは「ヨランダ、他の子たちはここで本当
にとても楽しそうだよ。あそこの人形を見てごらん。少しの間、あの人形たちと一緒に遊んで
みたらどうかな」と言います。一つの提案をしたことで、今やセラピストはそれまでよりも気
分が良くなっています。しかし、子どものほうはというと、気持ちが無視されたことで、それ
までよりも気分が悪くなっています。

　もしヨランダがセラピストの提案に従えば、依存が助長されることになります。受容的なセ
ラピストは、子どもに遊ぶことや話すことを強要したりはしません。それは子どもが決めるこ
とだからです。「このプレイルームの中にあるものが気に入らなくて、出ていきたいんだね」
と、子どもの気持ちに焦点を当てた応答が必要になります。そうすると、ヨランダは、理解さ
れていると感じます。受容的ということは、子ども自身が遊ぶか遊ばないかを決められること
を意味します。無理やり子どもを遊ばせたり話をさせたりすることは、子どもの感情を無視

第11章　関係性の始まり　　*173*

図11.2 セラピストが、子どもとその瞬間を情緒的に共有し、子どもの感情を映し返すことで、"共にいる"関係は体験されます。

し、子どもの自己決定を奪ってしまいます。同様に、受容的なセラピストは、「子どもが動き始める」ように、探りを入れるような質問をすることはありません。子どもは、遊びだけでなく会話の主導権も握ることが認められます（図11.2）。

感情を映し返すことがもつ治療的インパクトは、以下の例で見ることができます。

チャン：（遊び用の食器をテーブルに置き、笑顔で言う）どこに何があるか、全部ちゃんとわかってるよ。
セラピスト：自分を誇りに思ってるんだね。（今や、チャンは、自分の感情が重要で受け容れられていることを知り、それゆえ、自分が重要で受け容れられていると感じています）

*

デイヴィッド：（ボボを怒鳴り、蹴り、殴る）おまえはバカだ。何もまともにできないくせに。
セラピスト：本当に怒ってるんだね。

*

ジャマル：（彼が兵隊を置いている間、何度か兵隊が倒れたか、彼が誤って倒してしまった。彼は、大きなため息をついて、イライラしていた）
セラピスト：イライラしてるね。兵隊が倒れてばかりで。

174

自分の感情の強さを理解して受け容れてくれる大人の前で、自分の感情を表現することで、子どもは自分の感情のすべてが受け容れられることを学びます。子どもたちは、自分の感情が受け容れられる体験をし始めると、感情をよりオープンに表現するようになります。感情を映し返すことは、次の章でくわしく説明されます。

子どもの目から見たプレイセラピーの関係

　以下のモノローグは、プレイセラピーにおける子どもたちとの経験の蓄積から導き出されたもので、プレイセラピストと子どもの仮説に基づく相互作用、子どもから見た経験、初めてのプレイセラピー経験に対する反応です。

　ママは「きっと楽しいよ」って言う。でも、このフレーズは前にも聞いたことがあるぞ！ママは、「その部屋に行ったら、6歳の子が遊びたくなるようなおもちゃや物がたくさんあるよ」って、ぼくに言うんだ。ママは、「カウンセラーっていう女の人が一緒にいてくれるから」って言う。でも、ぼくと一緒に遊んで過ごしたいと思っているこの女の人はいったい誰なんだろう？　彼女はどんな人なんだろう？　ぼくは彼女のことを好きになるのかな？　彼女はぼくのことを好きになってくれるかな？　彼女は、ぼくに何をするつもりなんだろう？ひょっとしたら、ぼくは二度と家には帰れないかもしれない。ぼくは、彼女がどんな外見なのかすら知らないのに。どうしよう、足音が聞こえてきた……ひょっとしたら……ゴクン……。

　この女の人は、カウンセラーと呼ばれている人に違いない。彼女はあたたかく親しみ深げで、ママに「こんにちは」って言い、ぼくに自己紹介するんだ。彼女は笑顔いっぱいだ。その笑顔でぼくはそれまでよりもいい気分になって、「やあ」って言う。彼女はしゃがみこんでぼくに近づき、「こんにちは」と声をかけ、ぼくのスパイダーマンのシャツと赤のストライプが入った新しいテニスシューズに気がつく。「レーシングシューズのように見えるね」と彼女は言う。たしかに、そう見える！　あぁ、もっと彼女のことが好きになった！　結局のところ、たぶん彼女はまずまずのところだろう。

　えーっと、ここで、ぼくらは廊下を歩いていく。彼女は、ぼくが少し怖がっていることにも気がついてくれている。「ここを見慣れないように感じるに違いないね。だって、あなたはこれまで私と会ったことがないし、特別なプレイルームも見たこともないでしょ。そういうことって場合によっては、子どもたちにはちょっと怖いことじゃない」と言う。「怖がっても大丈夫」と彼女が言っているのを、まあ想像してみてよ。大人からそんな言葉が聞けるなんて、変なの！　彼女は、理解ある人に違いない、それにぼくのことを気づかってくれているようだ。ひょっとしたら、彼女もかつて人生の中で怖がったことがあるのかもしれない。

　彼女は、特別なプレイルームと呼ぶ場所にぼくを連れていく。「ねぇ、違うでしょう！」「この中には、おもちゃがあるよ！」。彼女は、「45分間、一緒にプレイルームの中にいましょう」とぼくに言う。うーん、変な話だなあ。どれくらいの時間一緒にいるかとか、どれくらいの時間遊べるのかを教えてくれる人は、これまで一人もいなかった。彼女は、「ここは、あなたが

好きなように、おもちゃを使って遊べる場所だよ」と言う。おー、本当に彼女はそのつもりで言っているのかな？　うん、でも、彼女がぼくのことをほとんど知らないとしても、ぼくのことを気づかってくれているようだし、ぼくのこと好きみたいだ。それは変だ！　彼女はどの子にも同じようにしてるんだろうか？　待ってみて、彼女がぼくにどうしてほしいかわかったほうがよかったのかもしれない。他の大人はいつも、ぼくがどうしたらいいかを教えてくれる。数分間、少し静かにしてみよう。彼女は、ぼくが絵の具に目を向けているのに気がついて、「最初に何をするか決めるのが難しいこともあるよね。でも、ここは、あなたが本当に自分で決めることのできる場所なんだよ」と言う。たしかにここでは、すべてのことが違う。ぼくは絵筆を拾い上げて、紙一面に赤を飛び散らす……いい気分だ。

　紫色のリンゴの木を描こう。そうしてもいいのかな？　リンゴの木は赤色と緑色にするべきなのかもしれない。でも、ぼくは、緑色が大嫌いなんだ。だって、アスパラガスを思い出させるから。ゲェー！　何色を使ったらいいか、彼女に聞いてみよう。「それは、あなたが決めることだよ」と彼女は言う。おや、他の誰もが、何色を使ったらいいかをぼくに教えていたのに。どうやら、ここでは、ぼくがほとんどのことを決めていいみたいだ。えーっと、ここを紫色で塗ろう。「紫色をたくさん使おうと決めたみたいだね」と彼女は言う。そうそう、たしかにぼくはそう決めたよ！　これが、ぴったりくるとはなかなか思えないことだよなあ。うーん、おかしなリンゴの木だ。でも、大きいからぼくは好きだけど。彼女はこの絵をいいと思ってくれるかな。彼女が、この絵を好きかどうか聞いてみよう。「その絵は、あなたが一生懸命努力して、思いどおりに描けたもののように見えるよ」と言う。そう、そのとおり。ぼくがそうなってほしいと思ったとおりになったんだ、すべて紫色で。この女の人は、ぼくを満足させてくれる。

　ここは、不思議な場所だ。彼女の鼻を紫色で塗ったらおもしろいだろうなあ！　紫色の鼻をした女の人。さあ、そうしたら何かが起きるぞ！　ねぇ、この紫のかたまりを全部、彼女に塗ってみよう。そうしたら、ぼくの予想では、彼女は椅子から離れるだろうね。たぶん、彼女は部屋中を走り回るだろう！　うーん、彼女はびっくりしていないようだ。彼女は、「やめなさい」と怒鳴りつけることさえしない。彼女は、「私に絵の具をつけたいんでしょう、わかっているよ。でも、私には絵の具を塗らないでね」と言うだけ。彼女は、「紙の上に塗るか、それか、ボボ人形を私と思って、塗ってもいいよ」と言う。彼女は、あらゆることに対して、とても冷静だ。びっくりしないのなら、彼女に絵の具を塗ってもおもしろくないな。とにかく、ボボ人形に絵の具を塗るのはいい考えのように聞こえるぞ。そんなこと思ってもみなかったよ。

　さあ今から、他のおもちゃで遊ぼう。不思議だなあ。カウンセラーって呼ばれているこの人は、ぼくがしようとしていることに本当に意識を向けてくれているように思える。ぼくは、今自分がやっていることが好きだ。彼女は、これが重要なことだと思ってくれているのかなあ。彼女は、ぼくに関心を向けてくれている。たいていの大人は、ぼくに関心を向けたりなんかしない。彼女は賢くて、ぼくがやっていることを理解してくれている。ぼくがいちばん楽しんで遊んでることに対して、いろいろコメントさえしてくれるんだ。そう、彼女は、粘土がぼくの

176

お気に入りであることを知っている。彼女はぼくやぼくがやっていることに本当に興味をもってくれている。

　あれ？　もうぼくはここが好きになっているぞ。砂箱で遊ぶとか、もうちょっといろんなことをしてみよう。彼女に、ぼくと一緒に砂箱で遊んでほしいな。でも、彼女は、「あなたが砂箱で遊ぶのを見るだけのつもりだよ」と言う。そのことに関して、とても率直な彼女の在り方がぼくは好きだ。たいていの大人は、「ちょっと遊んであげるよ」と言うだけ。それで、その後、彼らは、自分がそう言ったことをすっかり忘れてしまうんだ。ともかく、ぼくはもうちょっとだけここにいてみよう。ぼくは退室しかけている。彼女は、「もうあと15分は、プレイルームの中で一緒にいましょう。その後なら、出ていってもいいよ」と言う。ぼくが必要とされていることをするだろうと彼女は信じているようだ。それは気分のいいことだ。

　そうだなあ、次は何をしよう？　次にやりたいことをぼくが決めることができるなんて、楽しいな。家では、これまでほとんど、ぼくは自分がやりたいことをすることができなかった。ベビーシッターはいつも、これこれしかじかのときにはこうするものだよって言うし、お兄ちゃんたちはいつも、ぼくがやりたくないことを無理やりさせようとしたりするし、パパとママは、ぼくがやってみる覚悟ができていないことをぼくにやらせようとするんだ。この女の人は違う。彼女は、全然押しつけがましくない。彼女は、ぼくがやりたいように動くのを待っていてくれる。それに、彼女は、ぼくがぐずぐずしていても、学校で子どもたちみんなが非難するように、ぼくを非難したりはしないんだ。ぼくがぼくだから、彼女はぼくのことが好きなんだ。いや、まあ、少なくとも、彼女がぼくのことを好きだとぼくは思ってる！

　カウンセラーとかいうこの人とボールで遊ぼう。きっとおもしろいよ。だって、二人でおしゃべりしながら、キャッチボールもできるんだよ。あれ？　彼女はぼくが何をしたって、とっても興味をもつんだ。それに、彼女は、大人たちが自己鍛錬と呼んでいることをたくさん経験してきているんだ。キャッチし損ねるくらい彼女から離れたところにぼくがボールを投げると、彼女はボールをそのままにして、自分がいる場所から動かないんだ。「ボールがほしかったら、取りにいっていいよ」と彼女は言う。彼女のほうが近いんだから、彼女がボールを拾ったほうがずいぶん楽なのに。でも彼女は、ぼくがわざとやっているのをわかっている。そんなふうにぼくが好き放題するままにさせておかない彼女のやり方が、ぼくは好きだ。ぼくのママは、ぼくが何度も求めていたら、最後には結局、自分でボールを拾ってしまうんだけど。でも、そうなったら、ぼくのママは最後には金切り声を上げるだろうね。この女の人は、何をしても絶対にうろたえないんだ。

　ぼくはカウンセラーとかいうこの人と時間を一緒に過ごすことを本当に楽しんでる。彼女の助けなしでも、ぼくはいろんなことができると、彼女は信じてくれている。ぼくにははずせないんじゃないかと心配で、糊が入った瓶の蓋をはずしてくれるように彼女に頼んだときも、彼女は「あなたならできるよ」と言った。実際に試してみて、それでどうなったかわかるかい？　瓶の蓋は開いたんだ！　この部屋の外でも、ぼくはいろんなことができるんだとわかったらいいのになあ。そうなったら、野球で、いつも三振して、パパをヤキモキさせる代わりに、ホームランを打てるんだろうなあ。うーん、彼女がぼくにできると思うようなことをぼくはできる

第11章　関係性の始まり　　*177*

のかもしれない。この女の人はすごくおもしろい。ここは、いておもしろいところだ。ぼく一人だけの力で、いろんなことができるっていうのは、いい気分だ……ぼくが決めたとおりのやり方で。

　パトカーの絵に色を塗ろう。うわー、きれいに見える……全部が明るいブルーで！ちぇっ、畜生！　上の部分のライトの赤い絵の具が、パトカーの側面に垂れてきちゃった！それは、本当にむかつく。彼女は、「腹を立てているようね」と言う。ああ、ぼくは腹を立てているよ！　でも、彼女には、どうやってそのことがわかったんだろう。他の誰も、ぼくが感じていることなんてわからないのに。それは、何かに対して腹を立てても大丈夫っていうことなのかな？　大丈夫に違いない。彼女は、ぼくが怒っていることを気にしているようには見えないから。

　大きなダーツの矢を、宇宙船だということにしたら、彼女はどう思うかなあ。これは何だと思う？　と、彼女に尋ねてみたとしよう。彼女は、ここでは、それはぼくが望むどんなものにもなると言う。想像してみてよ！　ぼくがこうであってほしいと思うままにさせてくれる大人。わお、今やぼくは、部屋中を疾走して、ぼくのことをこき使う人が誰一人いない月の上に向かっていくんだ。ここでは、ぼく自身がぼくのボスのようだ。

　もうここを出ないといけない時間じゃないといいのに。彼女に言いたいことがすごくたくさんあったのに、言う機会がなかった。ほんのささいなことですらパパとママに言うのがとっても難しいと感じることが、こんなにもよくあるなんて変だなあ。でも、ぼくは、彼女に対しては何か言えるような気がする。「来週またおいで」と彼女はぼくに言う。「また、一緒に過ごせるのを楽しみにしているよ」と彼女は言う。彼女は、本当にそう言っているように聞こえる。今、ぼくはとっても気分がいい。なぜって、彼女は、単なる子どもではなく、本当に一人の人としてぼくを扱ってくれた最初の人だからだよ。彼女はぼくを尊重してくれる。本当にそうなんだ。それに彼女は、ぼくがすごいことをできるのを知っている。いや、少なくとも、ぼくは今そう感じているんだ！

子どもたちの質問テクニック

　子どもたちはよく、セラピストに向けていろいろと質問をします。それは、セラピストと触れ合い、セラピストとの関わりを育み始める子どもたちなりのやり方なのかもしれません。けれども、**セラピストは、尋ねられる質問の多くは、その答えを子どもたちがもうすでに知っている**ということを考慮に入れるべきです。この観点から考えると、子どもたちの質問に答えるということは、答えることを試みるよりもむしろ、質問の背後にある動機を理解しようと試みるという問題になります。質問に答えてしまうと、子どもたちをセラピストの現実世界へとしばりつけ、子どもがアイテムを使うのを妨げることになりかねません。5歳のハーシェルが手錠を持ち上げて、「これはなに？」と尋ねたときに、セラピストが「手錠だよ」と答えてしまうと、その手錠はもはや、ハーシェルが考えていた特別な新しい種類の宇宙船にはなれなく

なってしまいます。セラピストは、「それはあなたが望むどんなものにもなれるんだよ」と応じることで、ハーシェルの創造力と想像性の開花を促すことができます。そうすればハーシェルは、心の内にすでにもっていたけれども、言葉としては現れてこなかったことを自由に始めることができます。ジュディが「誰がこの人形を壊したの？」と尋ねるとき、当然彼女は、プレイルームのおもちゃを壊した子どもには何が起こるのだろうかとあれこれ思いめぐらせているでしょう。感受性の豊かなセラピストは、「ここでは、**ときどき偶然の事故が起こるんだ**」と答えるでしょう。そうすれば、ジュディは、ここは罰せられる場所ではないし、注意しなければならない場所でもないとわかります。これが、そのような事故が実際に起こることを理解している大人というものです。そうすれば、彼女はもっと自由に、みずからの気持ちを自発的に、完全に表現できます。

経　験　則

尋ねられていない質問には答えないこと。

　表面上の質問に答えてしまうと、長ったらしい質問と答えというお決まりのパターンで終わってしまい、それは子どもの依存性を高めることになります。プレイセラピーにおいて子どもたちが質問を投げかけるとき、セラピストは、子どもたちの質問の目的と思われることに応じる前に、その根底にある意味が何であるかをよく考えます。セラピストは、子どもの質問に答えるよりも、「この子が私に伝えようとしていることは何だろう？」と自分自身に問いかけます。スコットが哺乳瓶を手にして、「これは宇宙船？」と尋ねてきたら、スコットは、彼にとっては哺乳瓶が宇宙船のように見えるということをセラピストに伝えているのです。そのため、セラピストは、「**きみには、宇宙船に見えるに違いない**」と応じます。子どもが砂箱を指さして、「あれは砂場なの？」と尋ねると、セラピストは「**きみには、砂場に見えるに違いない**」と答え、そうすることでそれが砂場であるという子どもの認識を受け容れます。質問に答えようとするよりもむしろ、質問することで、子どもたちが何を言おうとしているのかを汲みとろうと努めるほうが、表現と探求をより一層促すことになります。その瞬間にセラピストが何を感じ取るかで、どう応じるかが決まってくるでしょう。子どもが伝えようとしているかもしれないことに対して意識を高める際、次のような質問と、その表面上の質問に隠れた潜在的な意味を考える必要があります。

1. 他の子たちもここに来るの？　ファンは、
   a. 自分が特別であるということをあらためて保証してもらいたがっているのかもしれません。
   b. プレイルームでの居場所感覚を作ろうとしているのかもしれません。つまり、「ぼくの場所」という所有の感覚を。

ｃ．独特な場であるために、プレイルームについて知りたがっているのかもしれません。

ｄ．この時間は、この部屋が自分の部屋であると知って、安心したいのかもしれません。

ｅ．他の子どもたちが、ここのおもちゃで遊んでいるのかどうかを知りたいのかもしれません。

ｆ．この部屋で、他の子どもたちと一緒に過ごすことになるかどうかを知りたいのかもしれません。

ｇ．友だちを連れてきてもいいのかどうかを知りたいのかもしれません。あるいは、

ｈ．今週は、部屋の何かが違うということを知らせているのかもしれません。

２．次に何をしようとしているのかわかる？　イジュは、

ａ．しようと思っていることが心の中にたしかに決まっていることを示しているのかもしれません。

ｂ．自分の計画に、プレイセラピストも入れたいのかもしれません。あるいは、

ｃ．遊びの計画を終わらせるか、あるいは遊びのテーマを変えようとしているのかもしれません。つまり、遊びの一つの局面を終わらせるやり方なのかもしれません。

３．明日また来てもいい？　あるいは、いつならまた来てもいい？　ドワイトは、

ａ．自分にとって重要な計画に夢中で、その計画をやりとげたいと思っているのかもしれません。

ｂ．自分がやっていることを楽しんでいて、またそれをする機会を欲しているのかもしれません。

ｃ．「ここは、ぼくにとって重要な場所なんだ」と言いたいのかもしれません。

ｄ．自分の時間を再確認することを求めているのかもしれません。つまり、彼は、自分だけのプレイルームの時間があると再確認することを求めているのかもしれません。

ｅ．自分の世界が変わらないと信じる自信がないのかもしれないし、他の状況と同じように、この状況でも、失望しないという自信がないのかもしれません。あるいは、

ｆ．「ここに来るのが、本当に好きなんだ」「ここにまた来られることは、ぼくにとっては大切なことなんだ」と言いたいのかもしれません。

４．誰かこれで遊んでる？　レイチェルは、

ａ．「これで遊んでもいい？」と言いたいのかもしれません。

ｂ．プレイルームで自由にしていいかに自信がないのかもしれないし、自由にしていいこと、あるいはその再確認を求めているのかもしれません。

ｃ．そのおもちゃが何なのか、あるいは、そのおもちゃを使って自分が何をしたいのかに、自信がないのかもしれません。

ｄ．自分がやりたいことを決めようとしているのかもしれません。あるいは、

ｅ．セラピストと関わりたいのかもしれません。

５．これが何だかわかる？　マイクは、

ａ．自分が作ったものを自慢しているのかもしれません。

ｂ．セラピストと関わりたいのかもしれません。

c．特別な目的でそのおもちゃを使う準備をしているのかもしれません。つまり、そのおもちゃの使い方に何らかの計画があるのかもしれません。あるいは、

d．情報を求めているのかもしれません。

6．これはなに？　マーヤは、

a．そのおもちゃになじみがないのかもしれないし、その使い方に自信がないのかもしれません。

b．そのおもちゃを使って、自分が何をしたいのか決めようとしているのかもしれません。

c．プレイルームで自由にしていいかに自信がなく、「これで遊んでもいい？」と言いたいのかもしれないし、プレイルームで自由にしていいかを試しているのかもしれません。

d．セラピストと関わりたいのかもしれません。

e．セラピストからの指示あるいは承認を求めているのかもしれません。

f．すぐにわかる使い方とは別のやり方で、そのおもちゃを使いたいのかもしれません。

g．部屋とプレイセラピストを品定めする間に、とりあえずの関わりをプレイセラピストと築こうとしているのかもしれません。あるいは、

h．状況を「安全な」次元まで降ろそうとしているのかもしれません。しばしば、プレイセラピストは、敏感な問題や感情に触れてしまっていることもあるのです。

7．子どものこと好き？　あるいは、子どもがいる？　ケビンは、

a．プレイセラピストとのラポールを築こうとしているのかもしれません。

b．プレイセラピストについて、もっとたくさんのことを知ろうとしているのかもしれません。

c．プレイセラピストに好かれていて、受け容れられていると、本当に感じているということを認めているのかもしれません（この質問は、たいていの場合、「ぼくここに来るの好きなんだ」という言葉がその後に続くように思われます）。

d．プレイセラピストを独占していることを示しているのかもしれません。

e．自分から関心の的を外そうとしているのかもしれません。

f．「礼儀正しい」会話をしようとしているのかもしれません。あるいは、

g．「あなたは誰の味方なの？」というタイプの質問へ話題をもっていっているのかもしれません。

8．何時？　あるいは、あとどれくらい時間が残っている？　テレサは、

a．楽しんでいて、ここを離れたくないのかもしれません。

b．まだ時間が残っているという確信をもちたかったのかもしれません。

c．どれくらい時間が残っているのかをちゃんと把握しておきたいのかもしれません。

d．出ていくのが不安なのかもしれません。あるいは、

e．計画を立てていて、その計画をやりとげられるかどうか確かめたいのかもしれません。

9. 何でそんなふうに話すの？　ロバートは、

　　a．大人と話すのに慣れていないのかもしれません。

　　b．言葉での配慮に驚いているのかもしれません。

　　c．あまりにたくさん言葉で映し返されることにイライラしているのかもしれません。あるいは、

　　d．プレイセラピストが映し返すタイプの応答をしている際の違いに気づいていると、言っているのかもしれません。

10. これを修理する？　それともぼくのために修理してくれるかな？　シェリルは、

　　a．頼っていて、修理する自分の能力に自信がないのかもしれません。

　　b．プレイセラピストと関わろうとしているのかもしれません。あるいは、

　　c．一緒に体験する自由を試しているのかもしれません。

11. もしこれをしたらどうなる？　ジョセは、

　　a．自分が置かれた環境の限界を試しているのかもしれません。

　　b．好奇心を表現しているのかもしれません。あるいは、

　　c．注目を得たいのかもしれません。

12. これを片づけないといけない？　ウェンディは、

　　a．プレイルームに慣れてきて、そこで安心できるようになっているのかもしれません。

　　b．散らかった状態にしておきたいのかもしれません。

　　c．限界がどこにあるのだろうかと思っているのかもしれません。あるいは、

　　d．この場所が（他の場所と）違うのかどうかを確かめようとしているのかもしれません。

13. 今までに、ここで子どもたちが一緒に遊んだことはある？　カークは、

　　a．寂しく思っているのかもしれません。

　　b．不安に感じているのかもしれません。

　　c．プレイセラピストとの関わりを築くことを避けようとしているのかもしれません。あるいは、

　　d．友だちを連れてきたいのかもしれません。

14. ママに話すつもり？　セリーナは、

　　a．何かしたことで、自分が罰せられるのではないかとビクビクしているのかもしれません。

　　b．制限を破る準備をしているのかもしれません。あるいは、

　　c．（自分とプレイセラピストとの）関わりが秘密であることを確認したがっているのかもしれません。

15. 新しいおもちゃが手に入ったの？　ジェフは、

　　a．何をするか決めるのを難しく思っているのかもしれません。

　　b．退屈で、新しいおもちゃがほしいと言っているのかもしれません。あるいは、

　　c．終わる準備をしようとしていることを示しているのかもしれません。

16. これはどうやって動くの？　ズーユは、

a．本当に、それを知りたいのかもしれません。

b．プレイセラピストを巧みに操ろうとしているのかもしれません。

c．依存を表現している、つまり、自分の力ではやり方を想像することができないので、プレイセラピストにそれを示してもらおうとしているのかもしれません。あるいは、

d．プレイセラピストと何らかの関わりをもちたいのかもしれません。

17. またいつここに来られるの？　ジェイソンは、

a．また来ることができるという保証をあらためてしてほしがっているのかもしれません。

b．またいつ来られるのかを知りたいのかもしれません。

c．また来られるかどうかに不安を感じており、また来られるかどうかを知りたいのかもしれません。あるいは、

d．自分のふるまいがあまりにもひどかったので、自分がここに来ることをセラピストが認めてはくれないだろうと感じているのかもしれません。

18. 私は何をしなくちゃいけない？　チェンは、

a．プレイセラピストに責任を負ってほしいのかもしれません。

b．何だったらしてもいいのかを知りたいのかもしれません。

c．遊んでもいいか許可を求めているのかもしれません。あるいは、

d．プレイセラピストを喜ばせたいのかもしれません。

19. 誰がこれを壊したの？　グレッグは、

a．誰がそのおもちゃを壊したのかを知りたがっているのかもしれません。

b．誰かが何かを壊したときに、いったい何が起こるのだろうかと思っているのかもしれません。あるいは、

c．おもちゃが壊れていることに動揺しているのかもしれません。

20. これはどこで手に入れたの？　モニカは、

a．それがどこから来たのかを知りたがっているのかもしれません。

b．セラピストと関わりたいのかもしれません。あるいは、

c．部屋とセラピストを品定めする時間がほしいのかもしれません。

21. これを家に持って帰ってもいい？　チャックは、

a．そのおもちゃを持って帰る許可を求めているのかもしれません。

b．そのおもちゃを持って帰ったら、自分に何が起こるのかを知りたいのかもしれません。

c．体験あるいは関わりを広げたいのかもしれません。

d．プレイルームが自分だけのものであると感じているのかもしれません。

e．自分から関心をそらせようとしているのかもしれません。

f．「礼儀正しい」会話をしようとしているのかもしれません。あるいは、

g．「あなたは誰の味方なの？」というタイプの質問へ話題をもっていっているのかもし

れません。

22. これを使ってどう遊ぶの？　アニータは、

　　a．プレイセラピストに自分と関わってもらいたがっているのかもしれません。

　　b．何か間違ったことをしてしまうのではないかと恐れているのかもしれません。あるいは、

　　c．不安に感じているか、頼りたいと感じているのかもしれません。

マジックミラーと記録についての説明

　一方通行の鏡を通してビデオ録画するという考えを幼い子どもたちに説明しようとすることは、混乱を招く可能性があり、多くの場合、その必要はないように思われます。幼い子どもたちはみな、家で裏から見通すことができない鏡ばかりを体験してきたので、鏡を通して見ることができるということを理解することが難しいからです。幼い子どもたちの中には、鏡の内側に部屋があって、人がいると考えている子もいて、それは非常に奇妙な体験となりえます。鏡を通して、プレイルームの中を観察するために、幼い子どもたちを観察部屋の中へと連れていくことは、彼らにそういったことを理解してもらうのには役立たないようです。しかし、彼らが「他の部屋と他の人たち」を見ることに対して関心を示すのであれば、彼らに観察部屋を見せることができます。けれども、年長の子どもたちに対しては、そのプロセスは、説明することができるし、親や先生、他の人たちが見ていることはないとあらためて保証することができます。

　プレイセラピーセッションのビデオ撮影は、保護者の許可を得たうえで、スーパーヴィジョンや自己スーパーヴィジョンのために行うことを強く推奨します。セッションをビデオ撮影する場合は、セラピストの椅子の近くの、子どもの手の届かず目立たない場所に、携帯電話、ノートパソコン、あるいはタブレットを置き、子どもを部屋に招き入れる前に電源を入れてください。ディスプレイの画面がオフになっていることを確認し、セッション中、ビデオが子どもに自動的に表示されないようにしてください。

　録音や録画をする機械を使う場合、子どもたちは、プレイルームにある録音機に気がつき、そのビデオを見たがったり、テープを聞きたがったりするかもしれません。彼らの要求は尊重されるべきです。セッションの最後の数分間を見せるのが最もよいようです。たいていの場合、子どもたちは、記録したものを聞いたり、見たりすることを求めたりはしません。けれども、記録したものを聞いたり、見たりすることを求める子どもたちは、自分のよくないふるまいに対して、ぎこちなさや決まり悪さで反応するかもしれません。彼らはまた、自分自身やプレイルームでのふざけた自分の仕草を、純粋におもしろがるかもしれません。自分のふるまいを眺めることは、結果的に、付加的な感情の表現を促すだけでなく、新たな洞察をもたらすことがあります。イーゼルに向かって絵を描きながら、床に絵の具を垂らしている自分自身の姿を見て、ジェルミーは、「絵の具を飛び散らしたら、先生が怒るんじゃないかと思ったんだ」

と言いました（ビデオで自分を見つめることは、研究の必要がある領域です）。

セッション中に記録をとること

　最初のプレイセラピーの体験で、私は記録をとりました。しかし、それは、私と子どもの注意を散漫にさせることがわかりました。記録をとるために、私はノートに視線を落としてはまた視線を戻し、子どもが他の場所にいるのを見つけようとするので、子どもの遊ぶ様子をいくつか見損なってしまいました。そのため、遊びは子どもの言葉であるにもかかわらず、私は子どものコミュニケーションをいくつか見損なってしまいました。また、私は、子どもが行ったすべてのことではなく、あるできごと、つまり、私が重要だと感じた事柄のみについて記録をとっているにすぎないことにも気がつきました。また、子どももそのことに気がついていて、私が努力して記録しようとしていることを、その子がよりたくさんしているのに私は気がつくようになりました。意図したわけではなかったのですが、私は、子どもの遊びに影響を与え、構造を与えていたのです。書き記されていることを知ると、おびやかされていると感じる子どもも中にはいて、結果的に、彼らの遊びを制限することになるやもしれません。

　私のイニシャル・プレイセラピー体験の一つにおいて、6歳のマシューとのセッションの際に、私が記録をとっていると、彼はこちらに来て、私の記録を見たがりました。そこで、私は記録を彼に手渡しました（プレイルームでは、秘密があってはならないのです）。マシューは、私のノートパッドをイーゼルのところまで持っていき、すべてのページを黒の絵の具で塗り、そのノートパッドを私に返してきました。私はそれを、私が書き記す行為を彼がどう思ったのかを伝える非常に強力なメッセージとして体験しました。それを最後に、私は、どんな子どもとのプレイセラピーにおいても、セッション中に記録をとることをやめました。時折、私は、瞬時に学びます！　子どもがしていることを記録するのに気をとられていないときのほうが、よりたっぷりと子どもに関心をそそぐことができるのです。セッションの記録は、セッションの直後にとることができます。そして、セッションの記録は、子どもの遊びにおけるテーマの発展をセラピストが理解するために重要であり、それは経過を決定づけます。ある革新的なプレイセラピストは（私はその方の個人的な実践について知っているのですが）、各セッションの後にプレイルームにノートパソコンを持ち込み、彼女が部屋を片づけながら記録を保存しています。プレイルームが散らかったままのときには、言葉で描写することが難しいため、写真を撮って、クライエントの電子ファイルに直接貼りつけることができます。

各セッションを終える準備

　子どもはしばしば、プレイルームでの体験に情緒的・身体的に深く関わり、時間の経過に気づかないことがあります。感受性の豊かなプレイセラピストは、終了5分前を伝えることで、

子どもがプレイセラピーの各セッションの終了を予測しやすいようにします。そうすることで、子どもは時間終了を告げられても、急に驚かずにすみます。「キム、プレイルームであと5分したら、ママのいる待合室に行く時間だよ」。時間は常に、具体的な長さで示されます。セラピストは、「あと5分くらい」とは言いません。「くらい」はあいまいな言葉であり、「くらい」がどの程度の長さなのかは誰にもわかりません。ある人にとっては、「あと10分か15分くらい」という意味だろうし、ある人にとっては、「自分が望むだけ」という意味をもつでしょう。時間はプレイセラピー体験の構造の一部であり、セラピストは体験の構造について正確でいます。このように5分前を知らせることは、子どもに自分をコントロールし、深く満足したり楽しい体験であることが多い場所から、離れる準備をする機会を与えます。子どもが真剣に取り組んでいる場合には、ときとして、さらに1分前に知らせることが必要かもしれません。突然の終了で子どもを驚かせるのは避けましょう。5分前を知らせることは、子どもに大きな敬意を払うことになります。

　同じくらい重要なもう一つの懸念は、セッションの最後の5分間、子どもが何をするかということです。子どもがイーゼルで絵を描くのに夢中になり、絵の具をわざと顔につけることもあるかもしれません。7歳のジェイソンは、過去2回のプレイセラピーセッションをお休みしました。そして、水疱瘡にかかったことを私に話す中で、赤いテンペラ絵の具を顔中に点々とつけて、自分の顔がどんなふうになっているかを私に見せました。私は、これはとても創造的だと思いました。その後、彼は他の遊びに移り、終了5分前を知らせたときには、まだ顔に絵の具がついていました。ここで、セラピストにとって、さらなる懸念事項があります。母親は、息子が自分に絵の具を塗ることを許すようなプレイルームの自由さに対してどのように反応するでしょうか？　たとえ、ルーティンとして、プレイセラピストが、両親との最初の面接で、子どもが手や腕に絵の具を塗る可能性があることを伝えていたとしても、そのような光景を実際に目の当たりすると、極度の拒絶反応を示す親もいます。私が懸念していることは、親が一時の感情的な怒りで、私が努力してきたことを台無しにしてしまうことです。

　私は、ジェイソンが自分の顔に絵の具がついていることに気がつき、それを洗い流せるよう、2分間の時間を与えました。彼がそうしないので、私は次のように言いました。「ジェイソン、顔についた絵の具は、お母さんのいる待合室に行く前に洗い流そう」。もしプレイルームに水がなければ、待合室に行く途中、セラピストはトイレに寄って、子どもが洗っている間、外で待つことができます。ジェイソンが絵の具を洗い流さない場合、私はジェイソンより先に待合室に入り、母親にこのように言います。「（彼女が準備できるように）ジェイソンは、絵の具をつけています。バスルームに連れていき、洗い流すのを手伝ってあげてください」。子どもが手や腕にペンキをつけたまま車に乗り込むのを許すと、車内にペンキがついたときに大惨事になりかねません。ここで紹介した注意事項は、プレイセラピーのプロセスに向けた親のサポートを維持するのに不可欠です。

最初のプレイセラピーセッションに対する
セラピストたちの応答

キャシー

　始まったんだとわかる前に、それはすっかり始まっていました。そこで、私は、プレイルームをもっているカウンセラーという人のための椅子に座っていました。私は、カウンセラーというものについていろいろ聞いてきたし、本で読んだりしてきていて、そして、まさにこの瞬間、カウンセラーであることを求められていました。私の心はさまざまな考えで溢れ出し、何匹かはわからないけれども、蝶が私の中に入ってくるかのように、そわそわどきどきしていたということは断言できます。私は、神経質になっていたという覚えはなくて、むしろその体験と体験がもたらすかもしれないどんなことをも切望していたのを覚えています。それは奇妙な、しかし、特別な気持ちでした。私は、いくらか気がかりでしたが、その短い30分間はまるで数秒のように過ぎ去って、奇妙なことに、そのすべてが私の予想とはまったくかけ離れていました。

ジェイレン

　私は心の準備ができていると思っていました。すべてのことが自然にやってきたと思うけれど、正直なところ、私はそのプロセスでもがかなければなりませんでした。子どもの行動に指示を出したかったし、何で遊ぶのか言いたかったし、文字どおり「彼にどんどん動いて」ほしかったのです。私は、どんなものがあるか説明したかったし、そのやり方を"教え"たかったし（たとえば、くっつけたり、組み立てたり、開けたり、閉めたりなど）、彼のために何かをしたかったのです。お互いが成長できるように、私は欲求不満を体験しなければならなかったし、彼にも欲求不満と向き合う努力をさせなければなりませんでした。実際のところ、このセッションは、ブライアンにとってよりも私にとって治療的なものだったように思います。私は、自分自身のことや、自分の欲求、とりわけ子どもたちのために助け、導き、指示し、ものごとを簡単にできるようにしてあげたいという自分の欲求について、非常に多くのことを学びました。いちばん重要だったのは、子どもたちに成長する機会を与えるために、自分自身を抑えることができるようになったことでした。

マリリン

　プレイセラピーの最初のセッションの前に、私は、自分が神経質になって、ピリピリしているのを感じました。言うべき「正しい」ことを思い出そうとすればするほど、私の頭は真っ白になっていくようでした。それは起こりうる最高のことの一つでした。カレンと手をつないでプレイルームへ歩いていくとき、その子がすぐ傍にいると、自分がリラックスし、楽しんでいるのを感じました。二人でプレイルームの中へ入ったとき、頭が真っ白という感じはもはやなく、その気持ちの代わりに、私の心は開かれ、受容的な気持ちになり、カレンと共に今や始ま

りつつあるすばらしい関わりを体験する準備ができていました。

リ・ウェイ

プレイルームでの私の最初の体験は、うきうきするようなものでした。私は、権威者であり、治療者である役割を投げ出し、子どもを受け容れ、子どもが主導権を握るままにさせることができました。その子を説得したり、教えたりしなければならないとは感じていませんでした。その子を見つめ、その子の世界を理解しようとすることができました。私は、自分の技術ではなく、その子自身に集中することができました。そのときの私が、子どもと同じように、多くの自由を感じていたのだということが今わかります。

関わりの基本的な次元

プレイセラピーにおける子どもとの関係構築は、遊びのプロセスにおいて、セラピストが自己を巧みに用いて、子どもが自己を伝えるのに応じることによって促進されます。それは、子どもが関わりの中で伝えようとした情緒的な表現だけでなく、子どもの世界のダイナミクスをもセラピストが感受し、理解することにかかっています。セラピストと一緒に安心していられるようになって初めて、子どもは、以前経験した、情緒的に意味があり、ときには恐ろしい体験を表現し、探求し始めるでしょう。セラピストは、この発展を待たなければなりません。その発展は、急がされたり、強制的に引き起こされたりしてはなりません。これは子どもの時間であり、遊び、語り、探求する子どもの準備性（レディネス）やその欠如は尊重されなければなりません。

共感的で思いやりのある関わりの文脈の中において、自分が主導して遊びを展開する自由と許容を体験するとき、子どもは、自制心や忍耐力を育てることになります。そして、それらは、子どもが自分自身で選択した活動や計画を成し遂げたり、達成する際に求められるたゆまぬ努力によってもたらされます。結果を求めて、自主的に活動を選択し、みずからが主導して行動し、自分自身を信頼していくプロセスは、自己を強化し、自己への信頼を育てます。

関わりにおけるセラピストの責任は、下記の四つの治療的メッセージに要約できます。そして、子ども中心セラピストは、言葉だけでなく、全体的な人間でもって、以下の**四つの治療的メッセージ**を、常に子どもに伝えようと努めています。

ここにいるよ。何も私の注意をそらすことはないでしょう。私は、肉体的、精神的、そして情緒的に、十分に存在するでしょう。私と子どもの間に距離が生じないほど十分に存在することを、私は望んでいます。私は、子どもの世界に十分に入り込み、子どもの世界の中で自由に動き回り、子どもが感じていることを感じ、子どもが思っていることを思うことを望んでいます。いったん、この種のわかり合える関わりをなしえると、自分が子どもと関わりをもっていないときを知ることが容易になります。子どもを評価する必要がないほど十分に、私は子ども

の世界に入り込むことができるでしょうか。

　あなたに耳を傾けているよ。子どもに関するあらゆること、つまり、表現されていることも表現されていないことも、耳と目を用いて、私は十分に聴き取るでしょう。私は、子どもに十分耳を傾けたいと思っています。あるがままのこの子を、私は体験し、耳を傾けることができるでしょうか。この種の聴き方をなしえるために、子どもが自分から離れることを認められるほど十分に、私はみずからの内側で安定していなければなりません。

　理解しているよ。子どもが何を伝え、何を感じ、何を体験し、どんな遊びをしているのかを私が理解していることを、子どもにわかってほしいと思っています。だから、私は、その子に対する理解を一生懸命伝えようとするつもりです。私は、この子の体験と気持ち、つまり誰もかまってくれない寂しい気持ち、失敗からくる無力感、悲しみに伴う絶望の内なる深さと意味を理解したいと思っています。セラピーにおいて決定的に重要なのは、子どもに対するこの種の理解と受容を伝えることにあります。

　気にかけているよ。私は本当に、この小さな人のことを気にかけていて、そのことを彼女にわかってもらいたいと思っています。最初の三つのメッセージを十分に伝えることができれば、子どもは私を脅威だとは思わないだろうし、私が彼女の世界に入っていくことを許してくれるでしょう。そういう場合、まさにそういう場合にだけ、子どもは私が気にかけていることを知るのでしょう。私の経験では、この種の気づかいが、子どもの中ですでに存在しているダイナミックな潜在力を開花させることになります。私は何も創造したりはしません。子どものどのような変化も成長も、子どもの中ですでに存在していたものなのです。

参考文献

Moustakas, C. (1981). *Rhythms, rituals and relationships*. Harlow Press.
Segal, J., & Yahraes, H. (1979). *A child's journey: Forces that shape the lives of our young*. McGraw-Hill.

第12章

促進的な応答の特徴

　多くの大人が子どもに見せる自然な応答は、質問や命令、あるいは答えを提供するというものです。これは、子どもを「まっすぐにする」ためにはどうすべきかを教えるだけでよいという態度の結果生じてくるものです。**子どもに対して、思いやりや、理解、受け容れていることを伝え、自由と責任を示していく方法で応答すること**は、初心者のプレイセラピストの多くにとっては外国語を学ぶようなものです。子どもへの態度を抜本的に変え、応答に用いられる言葉を再構築していくことが必要となるのです。ある初心者のプレイセラピストは、この変化を「私は応答の**仕方**を知っていますが、ただ、それを言葉にする**方法**を知りません」と表現しました。

　こうした新たな観点から見ると、子どもは有能で創造的であり、回復力があり、責任をもつことのできる存在として見なすことができます。そして、大人と子どもの関わりの目的は、このように子どもに備わっている能力の成長を解放し、促進するような方法で、子どもに応答するということなのです。セラピストは、子どもは自分でものごとを理解することができると心から信じ、発達上の能力の範囲内で自分自身にふさわしい決定ができると信頼して、このような態度を子どもへの応答を通じて伝えていくのです。

感受性豊かな理解——共にいること

　レイチェルは小学1年生の小さな子どもで、いつも他の子どもたちと、学校から家まで数ブロックを歩いて通っていました。レイチェルの母親は、学校が終わったらすぐにまっすぐ家に帰ってくるよういつも言い聞かせていました。レイチェルはこの注意を繰り返し教え込まれていたのです。ある日、母親の心配はもっともなものになりました。レイチェルの帰りが数分遅くなったのです。レイチェルの母親は歩道に出て通りを見渡してみましたが、レイチェルの姿はありませんでした。10分かけて車道を歩き回りましたが、まだレイチェルの姿は見つかり

ませんでした。15分後には、母親はほとんど気も狂わんばかりになりました。やっとレイチェルの姿が見えたときには、20分が経っていたのです。母親は安心しましたが、その後、腹が立ってきました。彼女はレイチェルを大声で怒鳴りつけ、腕をひっつかみ家の中に入れました。数分間怒った後に、ようやく母親はレイチェルに理由を尋ねました。レイチェルは、母親に、帰り道にサリーの家を通りかかった際、サリーが人形をなくして外の庭で泣いているのを見かけた、と話しました。「まあ」とレイチェルの母親は答えました。「あなたはサリーのために彼女の人形を探そうと思って立ち止まったの？」「違うよ、ママ」とレイチェルは答えました。「サリーがちゃんと泣くことができるように、立ち止まっていたんだよ」

　この話は、子ども中心プレイセラピー（CCPT）の考え方を、子どもの目線からありありと物語っているものです。また、子どもが直感的に子ども中心である傾向を、とても鮮明に描き出しているといえます。レイチェルの母親の焦点は、人形をなくしたという問題の解決への手助けにあります。一方、レイチェルがまず初めにした応答は、サリーと共にいることであり、サリーの情緒的な世界を理解し、サリーの傷つきや苦しみに共感的に応答することだったのです。レイチェルには、サリーの問題を解決すること、つまりはサリーの人形を探すことは思い浮かびませんでした。レイチェルは、「問題に焦点を当てると、子ども自身のことを見失ってしまう」ということを直感的に知っていたのです。プレイセラピスト、そしておそらくすべての大人は、レイチェルから子どもと共にいることの重要性を学ばなければなりません。

経　験　則

答えるために傾聴するのではなく、理解するために傾聴しよう。

　理解のための傾聴は、子どもの中の触れられていない部分に触れていくことになります。理解とは、プレイセラピストが問題解決や行動変容について子どもに伝えられるあらゆることよりも深い問題です。レイチェルは答えるために傾聴するのではなく、理解するために傾聴することの意味を自然に実践していたのです。レイチェルの共感的に共にいる在り方は、プレイセラピストが目指すのは涙を流すための関係性ではなく、共にいることによって生まれてくる理解に至る関係性であることを描き出しています。大人と子どもの交流における典型的なアプローチは、問題解決や、子どもについて理解していることやこれまでの状況に基づいて、子どもを見極めようとする態度によって特徴づけられます。大人が子どもの現在の内的な準拠枠、子どもの主観的世界を理解し、純粋に子どもと共にいようとすることはほとんどありません。子どもを感受性豊かに理解することは、セラピストが個人的な経験や期待をわきに置いて、子どもの活動、経験、感情、考えはもちろん、子どもの個性を敏感に察知し、尊重することができる中で初めて生じてくることです。子どもは、自分の主観的かつ、経験に基づいた世界が理解され、受容されるという関係性を経験しない限り、自由に探索したり、境界を吟味したり、人生の恐ろしい部分について話したり、変化したりしていくことはできません。

他の治療的な側面と同じように、セラピストの態度は子どもがありのまま理解され受容されると感じることのできる方法で子どもと触れるために非常に重要となってきます。このように、深い次元で理解することは、型にはまった役割から自由でいることであり、子どもを理解する作業に深く有意義に関わることを意味しています。また、このことは、子どもを評価したり判断したりする傾向をわきに置き、むしろ子どもの視点から見るということを意味します。理解や受容が欠けていると、その関係の中では効果的な治療的作業が起こることはほとんどありません。

　可能な限り深いレベルで話を聞いてもらうことで、子どもは行動に向かって解放されます。このレベルで話を聞いてもらうことのインパクトを伝えることのできる子どもはほとんどいません。ですから、私は大人による表現を用いたいと思います。私の大人のクライエントの一人が、カウンセリングの経験を通じて、手記の中でその経験についてこうまとめました。「私の中にあるものを聴くこと、私の感情が蘇ってくるのを聴くことは私を解放してくれる何かであり、自分の声を聴くことは行動する勇気を私に与えてくれました」。このプロセスはプレイセラピーにおける子どもにも当てはまると思います。

　もう一人の大人のクライエントはこう書いています。「あなたの聴き方、応答の仕方は私の心の奥底から涙を誘う何かがあります。あんなに私の話を聴いてくれた人は生まれて初めてでした」

思いやりのある受容

　子どもに対して純粋かつ誠実な関心があり、子どもの権利に対して敏感であり、子どもが責任を自分で引き受けることができると信頼するところから、受容は生まれてきます。受容されている雰囲気をプレイルームの中で子どもが体験すると、自分自身の適応性や自立の感覚を育みながら、他者に頼ることができるということを学びます。**受容は、セラピストがその過程を信じる忍耐と意欲を通じて伝わっていきます。**セラピストは子どもに対して、常に忍耐強く接します。そうすることで、セラピストはものごとを子どもの視点から見ることができるのです。セラピストの受容は、子どもにアドバイスや、提案や、説明をすることを控え、子どもに質問したり、邪魔したりはしないということに反映されます。共感に基づいたセラピストの応答によって、子どもにセラピストが理解し受容していることが伝わり、子どもはより創造的で、表現豊かになることができます（図12.1）。

　子どもの行動やふるまい、感情の良し悪しは子ども中心プレイセラピストには重要ではありません。いかなる評価的態度によっても選別されることなく、それらは生じるがままに受容されるでしょう。できごとや感情を共感に基づいて映し出していくことによって、セラピストは子どもへの敬意を表現し、子どもが感情をもち、行為を通じて自分を表現する権利を肯定しています。したがって、**受容は寛容さと共に生じてきますが、それが必ずしも子どものしていることへの承認を意味するのではありません。**治療プロセスの中で重要なことは、不十分さや不

図12.1 理解され受容されていると感じると、子どもは自分のペースで自分を表現できるという安心感を抱くようになります。

足、行動のいかんにかかわらず、価値ある存在として認められたいという子どもの欲求なのです。このような関係性が形作られることによって子どもは、セラピストから急かされたり迫られたりすることなく、自分のペースで自身を表現していくことができるようになります。それが、子どもへの敬意の表れです。つまり、批判や、評価、判断、拒絶、認めないこと、とがめること、非難、処罰や懲罰、叱ること、叱責、あるいは賞賛、お世辞、報酬や栄誉などを少しも差しはさまず、子どもを一人の存在として受容するということです。

セラピストの受容的な応答によって、子どもは自分の考えや感情をさらに探索していきます。表現された子どもの感情がセラピストに受容されると、子どもはそうした感情をより穏やかに体験し、より一層受容していきます。そして、焦点を絞った具体的な方法で、肯定的な感情と否定的な感情を表現していくことで、感情を統合し扱っていくことが可能となります。これは、CCPTの中核的な仮定であり、セラピストの共感的応答の基礎となるものです。子どもの感情に焦点づけていくことによって、問題の重要性よりもむしろ、子どもという人間を認めていくことになるのです。

治療的な応答の特徴

これから示す治療的な応答の特徴は、CCPTのプロセスの中で重要だと考えられているセラピストの技法です。しかしながら、技法（感情を映し返すなど）を学んだら、その後は技法を

忘れましょう。技法を学ぶ時間、つまり技法を「手に入れ」、それを自分の一部とし、どう応答するか考えることもなく、プレイルームで子どもと一緒にその瞬間を生き抜く方法を身につける時間があります。応答は自然に出てきます。「良い」応答を諦める必要があります。どうやって応答しようと考えている間は、子どものことを聴くことができていません。このような促進的な技法がどの程度用いられるかは、その瞬間の子どもに対するセラピストの直感的感受性として機能するでしょう。技法が重要ではないと言っているのではありません。技法があなたという人間にしっかり溶け込めば、無意識のうちにそれを実践しているはずです。

短く、そして対話するように

　ほとんどのセラピストは、子どもへの応答に用いる言葉が多くなりすぎる傾向があります。冗長な応答は、子どもを混乱させ、またセラピスト側の理解が欠けているのを伝えることとなってしまいます。セラピストは子どもに応答したり、何かを言って、子どもが理解していないと感じると、子どもの理解を助けようとして、すぐに先ほどとはまた違う形で、付け加えたり言い直したりすることでしょう。結局子どもにセラピストの発言を理解する労力を使わせ、子どもの視点を邪魔し、子どもの遊びのプロセスも妨害することになってしまいます。概して、こうした妨害によって、子どもの遊びの表現の方向性は変わり、子どもの思う存分の探索や表現は成し遂げられなくなります。子どもは長い応答を覚えられませんし、その応答が伝えようとしていた意味を取り入れることもできなくなります。

　冗長な応答は、子どもの遊びの焦点を遮ってしまいます。その理由は、彼らが自分の意識に入り込んでくる言葉のすべてを理解することにエネルギーを注がねばならなくなることです。

経　験　則

応答は 10 語やそれ以下の短いものであること。

　治療的な応答とは、短く、簡潔で子どもに焦点づけられたものです。お決まりの表現や言葉の単なる反復ではなく、子どもが会話のリズミカルな流れを感じられるような、対話的な性質をもっています。また、子どもの遊びの流れや感情の強さに合っています。よくある冗長な応答は、セラピストが子どもに指摘したり、教えたり、子どもの行動をその子に説明しようとするときに出てきます。短い応答はセラピストの共感と理解を伝えることになり、セラピストができる限り子どもと共にいたいと願うところから導き出されるものなのです。

子どもが先に進むのを助ける

　プレイセラピストは子どもの遊びや言葉のコミュニケーションの自然な流れを邪魔することなく、子どもの表現にスムーズに合わせていく必要があります。

> ### 経 験 則
>
> プレイセラピストの応答は
> オリンピックの飛び込み選手のようであるべきである。

　オリンピックの飛び込み選手は、苦労もなくちょうどいいタイミングで飛び込み台から飛び降りて、ダイバーがそこにいたのを示すような波紋もなく水面を通りすぎていきます。私の応答はそんな飛び込み選手のようであるのがいちばんよいと思います。応答がちょうどよいタイミングで伝えられ、子どものコミュニケーションの平面に、表面を乱すことなく挿入され、混ざり合うことで調和がとれ、子どもはほとんど気づかないのです。子どもへの応答が最も促進的であるのは、それらが子どもの表現の流れを一切崩さずにいるようなときです。そのような場合に、私は子どもと一体になり、純粋に理解し、私たちの人生の環境を超えて、「共に生きていること」が感じられるのです。私たちはここに共にあり、互いに受け容れ合っています。

　セラピストは自分の応答に対する子どもの反応を敏感に感じ取っています。子どもが遊びを中断したり、遊びの方向性を変えたり、あるいは何かしら遊びのプロセスを変えることでセラピストの応答に反応しているときは、子どもはセラピストの応答が子どもの表現を干渉しているという明確なメッセージをセラピストに示そうとしています。そのような場合は、セラピストの応答がまた違った形になるよう助言が必要となります。

非言語的な遊び行動を映し返す：トラッキング

　セラピストは子どもと関わりながら、言葉で応答していく参加者です。しかし、子どもが見られていると感じると、両者の関係は悪化してしまいます。「どうして自分のことを見ているの？」という子どもの質問の典型的な意味合いは、セラピストが言語的に十分に応答できていないということです。セラピストは子どもの行動と非言語的な遊びの表現に対して、セラピストの目を通して聞いたことを言葉で述べるという、トラッキングによる応答をすることで応答していきます。トラッキングによる応答は、セラピストが子どもの行動を見て観察したことを言葉にしていくことで、結果として子どもを認証することになります。「あなたはそれにたくさんの色を塗っているね」「あなたはそれをそこに入れようとしているんだね」「それがもう一つのほうにちょうどぶつかったね（ここに登場するアイテムに特定の名前をつけていないことに留意してください）」「あなたはそれ（車）をそこ（トンネル）に押し込んでいるね」。こうした応答の焦点は子どもに当たっているため、子どもが自分でコントロールできて力もあると感じることができるようになります。トラッキングによる応答では、「あなたは」と言葉を始めるのが役に立ちます。ミーガンはお医者さんごっこのおもちゃから聴診器を取り出して自分の心臓の音を聴いています。それに対して、「あなたはあなたの心臓の音を聴いているね」と応答します。こうした応答は子どもの存在感を確かなものにします。

　ある場合には、起きていることを述べるのがいいでしょう。「ああ、今倒れたね」と言って

みたり、子どもがイーゼルで絵を描いているときに、絵の具が床に落ちて子どもがそれを見たとすると、「それが今床に落ちたね」と言ってみることもできます。トラッキングによる応答は、子どもの遊びの表現を確認し、セラピストが子どもと子どもの遊びに関心があると子どもに感じさせるのを助け、セラピストが子どもの世界を理解したいと望んでいることを示し、セラピストの関心を伝え、セラピストが子どもと一緒に参加していると感じるよう促します。

　子どもの遊びの最中にセラピストが黙っていると、子どもは見られていると感じたり、関心がないと感じるようになります。子どもに応答することなく座ったり見たりしていると、子どもの不安もまた増していきます。安心感とあたたかさの感覚は、子どもがセラピストの声を聞き、自分の行動が描写されるのを耳にすることによって促されていきます。トラッキングによる応答は、子どもと子どもがしていることへの関心を伝えることになります。

　〔注意〕トラッキングは、次に示すような例が10秒間で起きる場合はやりすぎとなります。子どもに自意識を感じさせてしまうことになります。「あなたはそこに歩いていっているね。そしてかがんだね」「それを持ち上げたね。その中を見ているね。それを床に戻したね。そして今は何かを探しているね」。このような矢継ぎ早なトラッキングによる応答は、本音や会話には聴こえず、子どもはそれを侵入的に体験するかもしれません。トラッキングによる応答は子どもの行動や遊びの表現に近づきすぎないほうがいいでしょうし、本音からの、あたたかく愛情深く、対話するようなやり方で述べる必要があります。プレイセラピーの関係性は大人とのカウンセリングの場にいることと似ています。大人はセラピストが傾聴し言葉で応答するときに、セラピストが気づかい、話を聴いていることを知っています。これと似たようなやり方で、プレイセラピストは耳と目で聴き、その見聞きしたことを言葉にしているのです。

内容を映し返す

　大人に当てはまるのとちょうど同じように、自分に耳を傾けられ、理解されていることを子どもも知らねばなりません。子ども自身に耳を傾けることによって、子どもの存在や価値をよりたしかに感じさせることができます。子どもがプレイセラピーの中で言葉にした内容を映し返すことは、大人のカウンセリングセッションに生じるやりとりの流れと同じものであるといえます。プレイセラピストはセラピーの間、子どもとの言語的な交流を要約して伝えたり、言い換えたりして、子どもに映し返します。そうして子どもは、自分が耳を傾けられ、また理解されているのだと知ることになります。内容を映し返すことは、子どもが自分の経験の認識を確認し、自分自身への理解をさらに明確にしていく助けになります。子どもが言葉で表すコミュニケーションの内容を映し返すことは、プレイセラピストが子どもに伝えようとしている四つの基本的な治療メッセージのうちの一つです。以下に示すプレイセラピーの中のやりとりは、内容の映し返しをよく表しています。

　　スコット：（粘土の缶を選び）これで何をする？
　セラピスト：ここではあなたが決めていいんだよ。
　　スコット：ねえ、爆弾だよ！（砂場にあった小さな車のてっぺんに粘土の容器を落とし

　　　　　　て）ボン！　見た？

　セラピスト：車が吹き飛ばされちゃった！

　　スコット：そうだね。（スコップを握ってすばやく穴を掘り、車を埋める）大きな穴が開
　　　　　　　いて、車が覆われちゃった。

　セラピスト：そうだね、大きな穴だね。車はもう見えなくなっちゃったな。

　　スコット：人間は傷ついてないんだ。みんな車の中に隠れているんだ。でも爆弾を落とし
　　　　　　　たやつは知らないんだ。

　セラピスト：人間は無事だけど、そいつは知らないんだね。

　このやりとりの中で、セラピストの映し返す応答は短く、簡潔で、子どもの動きや言葉の表現と呼応しています。また、内容を映し返し、セラピストの受容や理解を子どもに伝えています。物語が展開するにつれて、子どもがリードし続けることができます。子どもが理解され、自由に探求を続けることができると感じるのは明らかです。

感情を映し返す

　子どもは、感情の強さも理解し、受容してくれるプレイセラピストがいるところで、自分の感情を表現することで、あらゆる感情が受け容れられるのだと学びます。自分の感情が受け容れられるのを経験し始めると、子どもは一層オープンに感情を表現するようになります。プレイセラピストは言葉で感情に名前をつけていくことで、子どもの感情を理解し受容していることを伝えていきます（「あなたはそれに不満なんだね」）。セラピストによって感情が受容され、子どもに映し返されると、彼らは自分の感情を信頼するようになります。子どもの感情を映し返すことで子ども自身や彼らの感情は肯定され、子どもの自分自身への信頼を促進させます。子どもの感情を映し返すことの本質は、共感を伝えること、すなわち経験の中で共にいる感じを伝えることです。

　　　チャド：（手錠を見つけて）これどうやって鍵を閉めるの？

　セラピスト：どうやって鍵を閉めるんだろう、って思っているんだね。（これは的確な映し
　　　　　　　返しですが、共にいる感じを伝えられていません）

　より共感的な応答は以下のようなものです。

　セラピスト：うーん、それはどうやったら鍵が閉まるんだろうね？（子どもが何かに疑問を
　　　　　　　抱いていたら、共感的でいようとするセラピストもまた、疑問を抱きます。こ
　　　　　　　うした応答によって、共にいるということが伝わります）

　受容的なセラピストはそれぞれの感情をもっともなものとして認識し、その一つひとつの感情を受容していきます。子どもが感じていることに正当な理由がないなどと説得することはあ

198

りません。セラピストの中には、自分の側の欲求であると気づかぬまま、不必要に子どもを安心させようとしたり、「ましに」感じてもらおうとする中で、子どもの感情を拒絶してしまう人がいます。ミゲルは、子ども人形がドールハウスの部屋の中で一人で遊んでいると、母親人形が入ってきて子ども人形を繰り返し刺すという複雑なシーンを実演しました。子どもが逃げようとするところからは、計り知れない恐怖が表現されていました。次のシーンでは、母親人形が子ども人形の寝室にやってきて、寝ている子どもをドールハウスの外に運び、湖（砂場）の中に放り込みました。

　この実演中に、ミゲルは恐れを言葉で表現しました。「ママはぼくを捕まえにくるよ。ママはぼくに本当にいやなことをするつもりなんだ」と。セラピストは初回面接やフォローアップの面接でミゲルの母親と話をしていたので、次のように応答しました。「ミゲル、あなたはママがあなたを愛しているって知っているでしょう。ママは絶対にあなたを傷つけるようなことはしないよ」と。たとえセラピストが自分の結論を確証する根拠をもっていたとしても、他人の行動についてたしかなことを言うことはできません。他人の代弁なんてできるはずがありません。私たちは、他人の家で何が起こるかなどまったく知らないのです。

　セラピストはミゲルを安心させたいと思い、彼の感情を無視してしまいました。そしてミゲルは理解されていないと感じたのです。セラピストは気分がよくなったでしょうが、それにはどのような犠牲が払われたでしょうか？　ミゲルの感情を映し返す、よりふさわしい応答は次のようになるでしょう。「あなたは、ママが意地悪なことをしてきそうで、あなたのことを傷つけてきそうで、本当に怖いんだね。それってとっても怖いね」

　以下のセッションの抜粋にも、感情の映し返しや受容が示されています。

　　　リカルド：（銃を持ち、怒っている様子。そしてセラピストを撃つ真似をする）
　　セラピスト：私に怒っているね。（セラピストは子どもの感情を映し返し、理解していることを示す）
　　　リカルド：ぼくは怒ってないよ。（リカルドは、怒りの感情は受容されないと思い、セラピストの言ったことを訂正しようとする）
　　セラピスト：あら、あなたは私に怒ってないんだね。
　　　リカルド：でも、もううんざりなんだ。
　　セラピスト：そうか、あなたは私に怒ってはいないけど、うんざりした気持ちなんだね。

　セラピストが受容と理解を伝えることで治療的関係は生まれてきます。このような関係性では、プレイセラピストが、言語的あるいは非言語的に表現された感情を受容し、映し返すことで、子どもの内なる感情の部分に繊細に応答すると、子どもは自分の内面の価値に気づき始めます。

　子どもの感情を映し出す共感的な応答は、子どもの表情や、言葉、声の調子に合わせて行われます。感情を映し出す応答の出だしは以下のようなものです。

あなたは……が好きなんだね。

あなたは……が好きじゃないんだね。

あなたは……を知りたいと思っているんだね。

あなたは……かな、と疑問に思っているんだね。

あなたは……だといやだと感じるんだね。

あなたは……に本当に怒っているんだね。

それは、あなたには本当におかしいんだね。

自尊心を高める

　子どもの行動の大半は、彼らが自分をどう感じているかを表すものとして機能しているといえます。したがって、プレイセラピストは子どもたちの自尊心を高めるような応答を意図的に行います。自尊心を高める応答は、子どもの知っていることや、やっていることを評価するものです。4歳のイザヤが家族の人数を数えていました。セラピストは「数の数え方を知っているんだね」と応答します。子どもの努力や活力に気づき、応答することで、子どもの自己感は高まります。また、子どもの作品よりも努力に対してセラピストが応答すると、そうした自尊心を高める言葉がけによって、子どもは自分はできるのだと体験できるようになります。「あなたが思っていたとおりに作ることができたね」「一生懸命取り組んでいるね」といった言葉がけもあります。ある子どもがプレイセラピーの中で必死で二つの物を合わせようとして、それが完成すると「おお、できたね」と応答します。

　自尊心を高める応答の他の例は次のようなものです。

　どうすればうまくいくかあなたは知っているんだね。

　あなたには考えがあるんだね。

　あなたは……の方法を知っているようだね。

　それがどこにあったか覚えているんじゃないかな。

　……って決めたんだね。

　どう見せたいのかわかっているはずだね。

　さあ、開けられたね。

　さあ、一緒にできたね。

　自尊心を高める応答は、子どもの自分はできるという感覚を高め、子どもの内的な自己感の発達を促し、内発的動機づけを作っていきます。

子どもの情動のレベルに合わせる

　子どもに応答するときのセラピストの表情や声のトーンは、使われる言葉よりも多くの意味を伝えます。共感的であるということは、子どもの体験や感情が十分に感じられるくらい子どもと共にいる、ということを意味します。共にいるということを子どもに伝える際には、セラ

ピストは声のトーンや情動の程度を、子どもが表現する情動やその強さのレベルに合わせていきます。子どもとのやりとりに合わせたセラピストの応答速度もまた、子どもへの理解や共にいるということを伝えることになります。子どもが何やら考えながら話している、あるいは何かを解決しようとしている場合は、セラピストは子どものペースに合わせて応答します。

　セラピストはちょっとしたできごとについて、子どもの情動のレベルを超えて、過度に興奮することは避けます。たとえば、エリカが砂場の砂の中に手を突っ込み、小さな緑の石を取出して淡々と「石を見つけた」と言って、セラピストがこう応答したとします。「わあ！　すばらしいね！　砂場で色つきの石を見つけるなんて！」。こんなふうに、セラピストが興奮して反応すると、子どもは「何か間違ったかな？」と感じたり、自分の反応を疑ったりするようになります。なぜなら、子どもはセラピストと同じようには興奮していないからです。セラピストが、子どもの表現するレベルを超えて情動を表すのは、子どもの情動を型にはめるようなことであり、子どもは自分が自然に感じていた以上に、情動や行動に表すようになってしまいます。このようなことはデイヴィッドの例にも見ることができます。デイヴィッドは最小限の力でボボ人形を段ったのに、セラピストは「わあ！　ガンと段ったね！」と応答したとします。すると、セラピストのリードに合わせて、デイヴィッドは全力で人形を段るかもしれません。

　また、セラピストの中には、小さな子どもに対して、まるで赤ん坊や子どもにやさしく話しかけるように声のトーンを上げる傾向のある人がいます。こうした行動は、子どもは無力だと考えるセラピストの基本的な姿勢が反映されたものですが、治療関係にはふさわしくありません。また、セラピストは単調な調子になってしまうことも避けなければなりません。それは命取りになりかねません。意味や感情を伝えるためには、抑揚のある声を使いましょう。

質問を避ける

　子どもに行動の理由を質問することは、探求を促すことではありません。なぜなら、子どもは認知的洞察を言葉で伝えるよう期待されていると感じるからです。また、これはプレイセラピーに子どもを参加させる根拠と矛盾しています。もし子どもが言葉で自分をよく表現できるなら、そもそもプレイセラピーを受けていないでしょう。質問することでセラピストは、子どもをリードしコントロールする立場になり、促進的な機能を果たすことができません。明確化のための質問でさえ、役に立たないか必要のないことが多いのです。

経　験　則

セラピストが質問のもととなる十分な情報をもっているなら、
言葉がけをする情報も十分にもっている。

　質問は、プレイセラピストが理解していないということを暗に示しています。また、**質問を通じて理解しているということを伝えることはできません。**「このことであなたは怒ったの？」

と言うと、セラピストの理解が不足していることが伝わってしまいます。セラピストは子ども
が怒っているように感じたり、そう見えたりしても、質問をすべきではないのです。セラピス
トは子どもの表情や、体の動きから、また子どもの声の調子から怒りを示す何かを見たり聞い
たりしたはずです。セラピストは自分の直感から生じたものを信じて、「あなたは怒りを感じ
ているんだね」と言うべきです。共感的な言葉がけは、子どもの心と魂に入っていきます。質
問は頭の中で処理され、評価されます。同様に、子どもの遊びへの質問は遊びの過程を妨げま
す。

　質問はたいてい間違いです。質問は関係が深い水準に移行していくのを妨げます。あなた
（読者）に、次のプレイセラピーのセッションで子どもに質問しないよう勧めてみたいと思い
ます。思春期の子どもや、大人とのカウンセリングセッションでも同じことをしてみるよう勧
めます。きっとその結果に驚くことでしょう。あなたのプレイセラピーやカウンセリングの
セッションはもっとダイナミックなものとなるでしょう。質問を避ける例外として、セラピス
トが子どもの要求に応じてロールプレイに参加した場合があります。セラピストは「次に何を
したらいいかな？」と尋ねたり、「お店でいくつ卵を買ったらいいのかな？」と聞くときもあ
るでしょう。このように質問することで、子どもはリードを保つことができます。

　「校長先生の部屋に何回行かされたの？」といったセラピストの好奇心を満たそうとする質
問や、「あなたが家でそんなことをするとママは怒るかな？」といった推測は不適切です。そ
のような情報が手に入ったからといってセラピストは違う対応をするでしょうか？　また「暗
い色をたくさん使っていることに気がついていた？」といった洞察を生み出すための質問は、
子どもが自覚しているレベルを超えているため、あまり効果的ではありません。

　あるとき、セラピストが５歳のアーロンに物語を作るように求め、物語の最後に「あなたの
お話の教訓はなに？」と尋ねたところ、アーロンは「それ、どういう意味？」と答えました。
子どもの発達段階をよく理解しているセラピストであれば、５歳という年齢の子どもは「教訓」
という言葉の意味を知らないとわかっているはずです。加えて、このような質問は子どもの発
達レベルを超えた抽象的な推論を必要とします。その後、アーロンが恐竜と蛇の激しい戦いを
実演しているときに、セラピストが「恐竜と蛇が戦うのではなくて、みんな友だちだったら何
が起きると思う？」と尋ねました。アーロンは答えませんでした。もっともなことです！　大
人ですら、このような抽象的な質問に対して的確な応答ができるかは疑問です。

　セラピストはアーロンと接触することがまったくできず、アーロンはセラピストに恐竜を投
げつけることで不満を表現しました。しかしセラピストの応答はまたも非力なものでした。
「アーロン、私にとっても怒っているようだね。きっとここに来るのがいやなんだろうね。そ
して、あなたをここに来させたお母さんにも少し怒っているんだね。だって、あなたをここに
来させるってことは、お母さんが仕切っているということ。あなたはそれが好きじゃないんで
しょう」。セラピストは自分と子どもの間に起こった二人の問題をすっかり避けて、代わりに
５歳の子どもには長すぎる解釈めいた応答で親を非難しました。彼女はまた、子どもを戸惑わ
せるような、抽象的な連想を口にしたのです。セラピストはそれできっと満足したでしょう
が、アーロンがどう感じたかを考えねばなりません。セラピストは、アーロンのことをほとん

ど理解していませんでした。

> **経 験 則**
>
> 質問は子どもの頭に響く。子どもは心の中で生きている。

　質問によって、子ども（あるいはあらゆる年齢のクライエント）は情緒の世界から認識の世界に連れていかれてしまいます。そのため、プレイセラピーを用いる発達的根拠が本質的に失われてしまいます。また、質問によってセラピストの指針に合わせた関係性が構築され、関係性の焦点は子どもではなくセラピストに移ってしまいます。質問は関係性が深いレベルに移行するのを妨げます。スーパーヴィジョンで、私はケイティに、次のプレイセラピーのセッションで質問せず、何が起こるかを見ようと提案し、約束しました。その次の週に彼女はこう書いてきました。「今日、私はためらいながら一つの質問をした以外は、リードせず、質問もしないように努めた。私のプレイセラピーのセッションは感動的で、深遠ですらあった。質問をしないことで、子どもたちは自分の問題に取り組めるようになったようだ」

子どもに責任を戻す

　意思決定の過程で自由が保証されると、子どもは物や道具に自分固有の意味を投影することができます。こうした意思決定という内的体験を経ることで、子どもの自己概念は強まり、自分自身に対する知覚的な見方を変えるきっかけとなる経験が与えられるでしょう。これが、子どもがこの先の問題や状況に対してより効果的な方法で、情緒的に応答できるようになる成長過程なのです。したがって、セラピストは些細なものに見えても、子どものために意思決定をする責任を引き受けるべきではありません。子どもが「お月様の色は何色？」と尋ねてきても、セラピストは「月はあなたの望むどんな色にもなれるよ」と応答します。すると子どもは自分の責任を受け容れるように励まされ、その過程の中で自分の強さを発見していきます。**選択するというプロセスによって、子どもは自分の人生をコントロールできると感じるようになります。**

　子どもは内なる資源を発見し、開発し、その中で自分の潜在能力を経験するような機会がない限り、そうしたことはできません。**自分自身の責任をもつということは、教えられるようなことではありません。責任は、経験を通じてしか学びようがないのです。**セラピストが子どものために決定を下すと、その子が創造性を使う機会を奪い、子どもの責任の発達を邪魔することになります。ほとんどの子どもセラピストは、子どもの自己責任能力の発達がセラピーの大きな目標の一つである、と言うでしょうが、実際には、子どもの意思決定を担い、依存を助長させることで、子どもが自分の責任を引き受ける機会を制限してしまっているセラピストはたくさんいます。これは、何か大きな、破滅的な形で起きるのではありませんが、むしろ、子どもとの関わりの中で、答えを与えたり、子どもの決定を担ったり、助けがいらないところで助

けたり、子どもがリードすべきところでセラピストがリードするといった、ほとんど気づかないところで起きているのです。

> ### 経 験 則
> 子どもが自分でできることをセラピストがすると、
> あなたは弱い存在だということを子どもに教えていることになる。

　次に示す子どもとセラピストのやりとりは、子どもに責任を戻し、子どもの意思決定を促すことで、子どもの創造性が自然に生じてくる例です。

ガブリエル：砂の中で遊びたいな。靴を脱がせてくれる？
セラピスト：砂の中で遊ぼうと思って、まず靴を脱ぎたいと思ったんだね。靴を脱ぎたいなら、自分で脱ぐことができるよ。

＊

アルテア：（糊のふたを開けようともせず）これ開けてくれる？
セラピスト：ここでは、それはあなたができることだよ。（もちろん、子どもが自分でできると判断された場合にのみ、セラピストは子どもに責任を返します）

＊

ジャネット：魚の絵を描こうと思うの。魚って何色かな？
セラピスト：あなたが魚の色を決めることができるよ。

＊

ティモシー：私は絵を描くのが好きなんだ。他の子はどんな絵を描いている？
セラピスト：そうか、あなたは絵を描くのが好きなんだね。そうだね、ここでは**あなたが**どんな絵を描きたいかが大事なんだよ。

＊

ケイシャ：何をしたらいいのかわからないなあ。私にまず何で遊んでほしい？
セラピスト：決めるのが難しいときがあるよね。初めに何で遊ぶかは、あなたが決めることなんだよ。

　セラピストがいかにたやすく依存を作り出してしまうかに気づいたあるセラピストは、次のように書いています。

私の応答が、子どもを依存的にさせてしまう私の古いやり方にすっぽりはまってしまったときがありました。エイプリルが赤ちゃん人形で遊んでいいか尋ねてきました。私の脳にスイッチが入る前に「もちろん」と答えていたことに気づきました。私はその言葉を私の語彙の中から取り除かなければいけないと思っています。このセッションでは、子どもと常につながっていることの必要性があらためて強調されました。ほんの一瞬の間が、治療的な応答と依存を引き出す応答の差をもたらすといえます。

治療的に働く促進的な応答は、責任を子どもに戻していきます。すると子どもは自分でコントロールできると感じ、内発的動機づけが刺激されます。子どもを信じている CCPT のセラピストは、子どもが自分で決められるよう望んでいますし、遊びのプロセスを邪魔せず、自己決定のための機会を提供することに専心しています。ここで述べられているのは、セラピストの自己理解と、子どもと共にいるというやり方につながっていく、深く変わらぬセラピストの姿勢です。あるプレイセラピストはこの過程について次のように述べています。

　私が、少しずつ理解し始めたのは、責任は言葉を用いた方法で促進されていくにしても、責任をもたせるのは言葉によってなされるのではない、ということです。また、責任を与えることは、私が責任から解放されることでもあります。私がもしニーナを安心させ、ものごとを正しく行うことに気を配っていなかったら、そのセッションはきっと違ったものになっていたことでしょう。つまりは、私は誰なのか、ということなのです。私がニーナのために「修正」できるほど、私を特別な存在に仕立てているものは何なのでしょうか？　そしてどういう目的で？　それで誰のニーズが満たされるのでしょうか？　それで誰が適切だと感じるのでしょうか？

　1回目のプレイセラピーのセッションの最初に、子どもはセラピストに自分にまず何をしてほしいか、物は何を使うか尋ねてきたり、道具のふたの取り方などの単純な作業を手伝ってほしいと頼んできます。名前を知っているおもちゃを持ち上げ、「これはなに？」と尋ねるかもしれません。このようなとき、その質問の裏にどのような動機があるのかセラピストにははっきりとはわかりません。道具の名前を言うと、子どもの創造性の妨げになるか、子どもの表現を型にはめるか、責任をセラピストが持ち続けることになります。「**あなたが望むものであれば何でもいいんだよ**」と応答すると、責任は子どものもとに戻されます。同様の応答として、子どもの要求によっては、「**あなたが決めることができるんだよ**」や、「**あなたができることだよ**」というのもあってよいでしょう。こうした応答によって、子どもは責任を引き受け、決定することができるのです。通常、最初のセッションが終わるころには、子どもはセラピストの判断を仰ぐことなく、ものごとについて意見を言うようになります。

　ヘクター：（ダーツの銃と、ダーツを手に取り）銃の中にダーツを詰めて。
　セラピスト：ここでは、それはあなたができることだよ。

ヘクター：（笑って）そう言うとわかっていた。（3回目の挑戦で銃にダーツを詰めるのに成功して）わあ！　ぼく上手でしょ！

　3歳の子どもが粘土を選んで、ふたを見て「このふたを開けてくれない？」と頼んできたら、セラピストは「**私にやってほしいことをあなたがやって見せて**」と応答します。子どもの要求にこのように応答することと、「**あなたが私にやってほしいことを教えて**」と応答することには大きな隔たりがあります。後者の応答はセラピストに焦点を合わせる、子どもがやってほしいことをセラピストに言えばセラピストはそれをやろうとすることがほのめかされています。「**あなたが私にやってほしいことを見せて**」という応答は、子どもに焦点が置かれ、子どもが責任を引き受けることを可能にし、子どもに主導権をもたせています。自分がやってほしいことをセラピストに見せている間に、子どもが自分でできてしまうことはよくあります。そのときセラピストは、子どもの自尊心を高める応答ができます。たとえば「**これでわかったね**」や、「**さあ、できた**」などです。「見せて」という応答の後に子どもがふたを開けようとして、それが難しく再び助けを求めてきたら、プレイセラピストは「**あなたは指がここに来ることを知ってるよね**」と言いながら、指の先を子どもの指の横のふたの下に入れて、少し持ち上げ、子どもが課題をやりとげられるようにし、そして自尊心を高める応答をします。**責任を戻す応答は子どもの主導権を維持し、子どもを力づけるものです**。次に示す、二つのプレイセラピーの様子でもそれが確認できます。

ケイト：（私のちょうど目の前に立って、二つのパペットを手にはめて私に見せてくる）すぐに戻ってくるね。

ランドレス：あなたの手がそこに入っているね、まさにそこに。

ケイト：（彼女は人形劇場のほうを向いて、熱っぽく言う）わかった、私、すぐに戻るね。

ランドレス：あなたはすぐに戻るつもりなんだね。あなたは今にもあちらに行きそうだね。

ケイト：（人形劇場の背後を歩き、カーテンを開け、満面の笑みで私を見ると、意図したわけでもないのに人形劇場にぶつかってしまい、人形劇場が床に叩きつけられてしまった。彼女は驚きの表情を浮かべた）

ランドレス：おっと！　ときどきここに物が落ちてくるね。

ケイト：うん。

ランドレス：アクシデントだったね。ときどき私たちのプレイルームではアクシデントが起きるね。

ケイト：（立ち上がる）それを戻したほうがいいんじゃないの。

ランドレス：（私も立ち上がり、劇場のほうに行く）そうだね。これをどう戻したいか、見せて。（私は人形劇場の片側に移動し、しゃがむ）

ケイト：（ケイトは私の反対側に移動していて、劇場の片側を持ち上げ始める）

ランドレス：見てみよう。ああ、そんな感じか。わかった。（私ももう片側を彼女と一緒に

持ち上げる）こんなふうに持ち上がるんだね。（私は彼女と動きを合わせている）

ケイト：（折りたたまれたパネルを内側に押し込んで所定の位置に立たせる）閉まった。

ランドレス：（応答の中で、私側のパネルの端を押しながら）ああ、あなたはこんな風に閉めたかったんだ。

ケイト：うん。

ランドレス：どうやったら元に戻るかわかったね。（立ち上がり、人形劇場から身を乗り出したので、彼女の姿が見える）

ケイト：（彼女はバックカーテンを支えるロッドの片端を所定の位置に取りつける。そして反対側を指さす）そっちをお願い。

ランドレス：これがちょうどここに来るんだね。（私は反対側のほうを指さし、彼女はそれを所定の場所に取りつける）こんなふうに。なるほど。あなたが元どおりにしたね。あなたはやり方を知っていたね。（私は向きを変えて、自分の椅子に歩いていって座る）

ケイト：うん。私もすぐにそこに行くね。（彼女は閉じられた前方のカーテンの後ろからしゃべる）

ランドレス：すぐにこっちに来るんだね。私はこっちにいるよ。

ケイト：（前方のカーテンを開けて笑っています）

ランドレス：そこにいるのが見えるよ。そこにまたいるんだね。

ケイト：（バックカーテンを支えていたロッドが落ちる）ああ。

ランドレス：ああ、また落ちたね。

ケイト：ええ。これはいらないよね。

ランドレス：いらないと思うんだね。

ケイト：他の子はいるの？

ランドレス：必要な子もいるし、いらない子もいるかな。あなたは自分のやりたいことに、それは必要ないって思ったんだね。

プレイルームでアクシデントが起きたとき、子どもはすぐに「自分が悪い／間違ったことをした」と反応します。その際のプレイセラピストの最善の応答は、「それはアクシデントだったね。私たちのプレイルームでは、アクシデントが起きることがあるね」とすぐに応答することです。プレイセラピストは、問題を解決して子どもを助けてあげたいという気持ちにあらがわなければなりません。ケイトは、私が彼女のリードに沿って補助することで、人形劇場を直すことができました。次に示すプレイセラピーの例で、タニーシャは自分の代わりに私に問題解決をしてほしいと言います。

タニーシャ：これはバービー用？（彼女は棚からマスクを選んで、私のところに歩いてきた）

ランドレス：あなたが望むなら、そうだと思うよ。

タニーシャ：そうだったらいいな。（私の近くに歩いてくる。私の前のテーブルにマスクを置く）料理が始まるよ！

ランドレス：なるほど。（前屈みになる）

タニーシャ：（畳んだマスクを持って私に近づいてきて、バービー人形を持って、マスクをドレスのように人形に巻きつける。マスクの紐を結ぼうとするが、苦戦している。私を見る）これを結んでくれない？（私にバービー人形を渡してくる）

ランドレス：あなたが言っていることは、それをバービーに巻きつけてほしいってことだね。（私は人形に手を置きます。彼女は人形を抱っこし続けている）あなたがしてほしいことを私に見せてみて。（私は前のめりになり、彼女と二人で人形を見ているとき互いの額が触れそうになっている）

タニーシャ：（彼女はマスクをバービーに当てがって、言う）こんな感じ、こんな感じ！さあ。ちょっと待って。こんな感じ。いい？（彼女はマスクをバービーに巻きつける）

ランドレス：それで、今度はどうする？

タニーシャ：結んで。

ランドレス：この部分を結んでほしいんだね。

タニーシャ：あなたの靴みたいに。

ランドレス：あなたは靴のようにそれを結んでほしいんだね。

タニーシャ：（彼女は私に人形を渡して、すぐに振り返ってテーブルの上にあった聴診器を手に取った。彼女は私にマスクを巻きつけてもらうつもりのようだ）

ランドレス：（私は人形を彼女に差し出す）あなたができることだよ。（彼女は人形を押し戻してくる）ちょっと待って。この紐を引っ張ってごらん。（私は彼女が結び目の作り方を知らないことに気づいた。私は結び目を作り、どこを引っ張るかを示した。彼女はその部分を持ち、私は手を離した）

タニーシャ：（マスクの紐2本を一緒に引っ張り、結び目を作る）

ランドレス：おお！　紐が結べた！

タニーシャ：こんな感じかな。

ランドレス：できたね。うん。

タニーシャ：（バービー人形をテーブルに置く）さあ、彼女は眠るためにサングラスを外すよ。（体を向け変えて、違うおもちゃを選ぶ）

タニーシャが私に人形を手渡した後、別のおもちゃで遊び始めたなら、私は残りのセッションの間中、マスクの紐を結ばずに人形をずっと持っているでしょう。私の目的は、タニーシャが自分はできるということに気づいてもらうことです。

あるプレイセラピストは自分のプレイセラピーのセッションを振り返る中で、子どもに責任を戻すプロセスを次のように述べています。

セッションの間中、ミーガンはプレイルームのものすべての名前を私に言わせたがりました。たとえば、バービー人形のかつらを見つけて「これなに？」と聞いてくるのです。そして、彼女はバービー人形のドレスや、おしろい入れ、そして空っぽの入れ物にもこのような質問を繰り返していました。彼女はおもちゃやもの一つひとつの名前を私に言わせたかったのです。私は「あなたが望むものであれば何でもいいんだよ」、あるいは「それが何のためにあるかはあなたが決めることだよ」と応答しました。その後に、彼女はすんなり自分で決めました。かつらは王冠になり、おしろい入れは絵の具入れ、バービーのドレスは踊りのためのドレスになり、小さな入れ物はバービーのカーラー入れになりました。もし私が彼女のために名前を答えていたら、依存を助長し、彼女が自分の答えを見つけることはできなかったと思います。責任を戻すというアプローチは、真の自尊心を高めていくようです。1回目のセッションの終わりには、ミーガンはほとんど質問をしなくなり、きっぱりした発言や行いをするようになりました。彼女の自立性が現れ、自信があるように見えました。これは答えをもっている存在としての私に焦点を当てるのではなく、彼女に責任を戻すことで得られた結果だと思われます。

経 験 則

子どもの能力に見合った責任を与えよう。

　責任が戻されると、子どもたちはセラピストが思いつかないようなクリエイティブな解決を思いつきます。5歳のブレットがセラピストに「お昼に何を用意してほしい？」と尋ねてきました。セラピストは「ここでは、あなたが用意したいものを決めることができるんだよ」と応答しました。ブレットは「すりつぶしたクモのパイ」を選びました。その後、彼は丸いプラスティックのブレスレットを持って、「ねえ、これなに？」と尋ねました。セラピストは「あなたが望むものであれば何でもいいよ」と応答すると、ブレットはそれを手錠にしました。

　セラピストがすぐに答えないようにするだけで、子どもは自分のたくさんの質問に対して自分で答えを見つけることでしょう。セラピストは心を込めて「うーん」と応答するだけで十分かもしれません。4歳のザックが飛行機を持って「どうしてドアが二つあるの？」と尋ねてきました。セラピストが「うーん……」と応答すると、ザックはすぐに「もし子どもが買えば、もっとたくさんの人が出られるでしょ。だからだよ、きっと」と言いました。マリアは絵の具のそばに座って、お絵描きについて話していました。絵の具の容器の上にふたがついており（ふたはセッション前に外しておくべきだったのですが）、セラピストはふたを取ろうとしましたが、そんな自分を振り返り、待ちました。マリアはいとも簡単にふたを取りました。セラピストが子どもから責任を取り上げるのは簡単です。次に示すプレイセラピストの記述のように、言葉では表されない要求に対しても責任を受け渡すことができます。

第12章　促進的な応答の特徴　**209**

サマンサはとても小さな声で話すので、彼女が指示や助けを求めているタイミングが私にははっきりとわかりませんでした。彼女はドールハウスの隣に座り、家の周りをテディベアに歩かせて、箱の中から家具を取り出しテディベアと家具を家の中に置きました。それから彼女はその二つを取り出し、私をチラリと見ました。私は、「家の中に何を入れるかはあなたが決めればいいんだよ」と言いました。サマンサは家の中にあらゆる家具を積み上げ始めました。

頼りがちなダレルのケース

　子どもに責任を戻すという課題について考えるにあたり、考えてみてほしい質問をします。クラーク・ケントとは誰なのか……？　クラーク・ケントが勤める新聞社の名前は？

　ええ、あなたが正解です。クラーク・ケントは『デイリー・プラネット』の記者です。編集長は、クラークが重大なニュースを扱うことができないと思っているため、取るに足らない日常の取材の仕事を彼に与えます。しかし、災害や危険が起きると、クラークは電話ボックスに駆け込み、スーパーマンに変身して「危機を救おう！」と言います。子どもたちにとってのプレイセラピストは、クラーク・ケントにとっての電話ボックスの存在と同じようであるべきです。電話ボックスはクラーク・ケントに「あなたがなぜここにいるのか知ってる？」とは聞きません。「どこに向かっているのか考え直すべきだ」とも言いませんし、「服を床に脱ぎ捨てるな」とも言いません。ここでさらに、もっと深く考えてほしい質問をします。クラーク・ケントはいつスーパーマンに変身できるようになったのでしょうか？　ここで、読むのをやめて考える時間を数分とってみてください。この質問への答えが決まらない場合は、責任を戻すという節を読み終わる前に答えがわかっているでしょう。

　次に示す、頼りがちなダレル（Dependent Darrell）のケースから、責任を戻すプロセスの様相がわかると思います。5歳のダレルはノーステキサス大学のプレイセラピーセンターに紹介されてやってきました。彼のいきすぎた依存的な行動に両親が苛立ちや不満、怒りを感じていたからでした。私がスーパーヴァイズをしている博士課程の学生がダレルを担当することになりました。私はマジックミラーのあるプレイルームで彼女のセッションを見る機会がありました。

セラピスト：（初回、プレイセラピストとダレルは部屋に入り、セラピストがプレイセラピーの部屋をダレルに案内した）ダレル、これが私たちのプレイルームだよ。あなたがおもちゃで好きなように遊べる場所だよ。（そしてセラピストは座った。このときのセラピストの行動は、ダレルに責任を戻す姿を目に見える形で示している）

　　ダレル：（プレイルームの中央に歩いていき、砂場を指さし、小さく訴えるような声で言う）これは砂場？

セラピスト：あなたには砂場のように見えるんだね、ダレル。

ダレル：（砂場のほうに歩いていき、入っていきます。そこで靴を履いていたことに気づき、プレイセラピストのほうを向いて、小さく訴えるような声で尋ねた）ぼくが砂場で遊べるように靴を脱がしてくれない？

セラピスト：ダレル、ここでは、靴を脱ぎたかったら、自分で脱ぐことができるよ。

ダレル：（座って靴を脱いだ。彼は靴の脱ぎ方がわからないわけではなかったのだ。彼は5歳だったから。彼は立ち上がり砂場のほうに歩いていって、そこに立って砂を見下ろしていた。少し経ってから、彼はプレイセラピストのほうを振り向いて、小さく訴えるような声で言った）砂場に座ってもいい？

セラピスト：ダレル、砂場に座りたいなら、あなたが決めることができるよ。

ダレル：（彼は砂場に座り、周りを見わたして小さく訴えるような声で聞いた）穴を掘ってもいい？

セラピスト：何か考えてるようだね、ダレル。ここでは、穴を掘るかどうかはあなたが決めることだよ。

ダレル：（もう一度砂場を見わたして、スコップを手に取るが、すぐに手放して、プレイセラピストのほうを向いて、小さく訴えるような声で尋ねた）あなたのスコップを使って穴を掘ってもいい？

セラピスト：そのスコップはあなたが使いたいときに使うためにあるんだよ。あなたが決めることだよ。

ダレル：（スコップを持って自分の周りに大きな穴を数個掘った。そのときに、砂場の近くのおもちゃ棚を見て、青い車を指さし、砂場の反対側に座っていたプレイセラピストを見て、小さく訴えるような声で言った）それで遊べるように、青い車を取ってぼくに渡してくれない？

セラピスト：ダレル、ここでは、青い車がほしければ、自分で取りにいくことができるよ。

ダレル：（青い車はダレルの近くにあったので、彼はそこに行って手に取った。彼は数分砂場で青い車で遊び、プレイセラピストのほうを向いて小さく訴えるような声で言った）砂場で遊ぶのに飽きちゃった。もう砂場で遊ばなくてもいい？

セラピスト：何かやりたいことがあるようだね、ダレル。あなたが決めていいことだよ。

ダレル：（彼は立ち上がり、砂場を出て、画材のあるテーブルのほうに歩いていった。そして赤いクレヨンを手に取るが、すぐに手を離して、プレイセラピストのほうを向いて、尋ねた）クレヨンで遊んでもいい？

セラピスト：それはあなたが使いたいときに使えるように、そこにあるんだよ。

ダレル：（赤いクレヨンをもう一度手に取り、プレイセラピストのほうを向いて、小さく訴えるような声で言った）りんごの木の絵を描きたいんだけど、何色だと思う？

セラピスト：ダレル、ここでは、あなたが好きな色にできるよ。

何かを訴えかけるようで、依存的な行動は 45 分のセッション中ずっと続きました。私は頼りがちなダレルに何が起きるかを見たかったので、翌週のセッションにも参加しました。

　2 回目のセッションも、ダレルが不満げで依存的な行動を示した 1 回目のセッションと同じパターンになっていました。彼はプレイセラピストに確認して許可を求めなければ、おもちゃを選んでそれで遊ぶといった単純な決定もできないようでした。ただし、私はダレルがプレイセラピストに許可を求めず、自発的におもちゃを選んで遊ぶ姿を 2 回確認しました。

　3 回目のセッションでも、ダレルは依存的な行動パターンを続けていましたが、彼が自分で決めて、自分で選んだおもちゃで遊びを続ける姿を 12 回確認しました。

　4 回目のセッションでは、ダレルがセラピストに何かをするときの指示や許可を求める回数が劇的に減りました。約 50％の時間は許可を求め、残りの時間は自分で決めてそれを続けていました。

　5 回目のセッションの数分前に私は観察室につきました。着席してマジックミラー越しに見ていると、ダレルは自信をもってプレイセラピストに先立ってプレイルームに入ってきました。彼は違って見えました。躊躇うことなく、プレイルームの中央に足早に歩いていき、そこに立って、部屋を見わたして、躊躇なく決断して、おもちゃが完備されたプレイルームからありったけのプラスティック製の食べ物を見つけてきて、集め始めました。ハンバーガーのパン、バナナ、オレンジ、りんご、目玉焼きといったものです。ダレルは部屋をくまなく探して、テーブルの真ん中に食べ物のおもちゃを全部積み上げました。食べ物のアイテムをすべて見つけると、彼は後ろに下がって、腰に手を当てて自分が作ったものをじっくり見ていました。

　　セラピスト：さあ、ダレル、全部自分でやりとげたね。
　　ダレル：（ぐいっと体を回し、彼女を見て言った）そうだよ。もう助けはいらないよ！

　ここでのより大きい問題は、「ダレルが自信をもった行動ができるようになったのはいつなのか」ということです。この問題をより深く考えてみると、ダレルはいつでも自信のある行動ができたのだという結論に行き着くでしょう。

```
経  験  則

子どもたちは見かけ以上の能力を秘めている。
```

　プレイセラピストがしたことは、ダレルがすでにできる方向に進むのを手助けすることでした。したがって、プレイセラピストである私たちは、子どもの到達を自分の手柄にすることはできません。子どもには、プレイルームに来る前からすでにそのような能力があったのです。たった 5 回のセッションにおけるダレルの行動の変化はめざましいものであり、CCPT におけ

る子どもの進歩の速さを物語っています。

責任を戻す目的

子どもに主導権をもたせる

子どもの創造性を促進する

自分で選ぶことを励ます

子どもに、コントロールできると感じられるようにする

自分でコントロールすること、自分で方向づけすることを励ます

自立を促す

大人への依存を減らす

意思決定を促す

子どもに意思決定がどのようなものかを学ばせる

子どもに責任がどのようなものかを学ばせる

子どもに自分を信頼することがどのようなものかを学ばせる

子どもが自分の問題を解決できるよう勇気づける

子どもの自尊心と人格を育む

子ども一人ひとりに合わせて応答する

　子どもへの応答は、常に子ども個人に合わせ、子どもの存在に向けられたものでなければなりません。ボボ人形をひっきりなしに叩いているジェイデンに「ジェイデンは本当にその人形を叩くのが好きなんだね」と応答すると、子どもの存在を否定し、子どもに人間ではないものとして話しかけられているように感じさせます。「あなたは、本当に人形を叩くのが好きなんだね」と言えば、その子自身に向けて言葉がかけられています。絵を描いているマイケルに、「マイケルは絵を描いているね」と応答すると、まるでプレイルームの中に他の誰かがいるようです。「あなた」という言葉は子どもに信用を与え、自分のことだと認識してもらうことができます。

　セラピストの中には、子どもとのやりとりの中に自分のことを入れてしまう人がいますが、それは適切ではありません。ベスが、サッカーをしたこと、すごく勝ちたいと思っていたのに、彼女のチームが結局負けてしまったことを話しています。セラピストは「勝ちたいのに負けたりすると、私たちはとてもいやな気持ちになるね」と応答します。しかし、セラピストはベスのできごとには関係がないため、「私たち」という言葉を使うと子どもから焦点をずらしてしまうことになります。また、リンが「去年、あの人たちが私のうちに来たんだけど……ああ、名前を忘れちゃった」と言いました。そこでセラピストは不適切にも「難しい名前だと、私たちは名前忘れちゃうときがあるよね」と応答しました。繰り返しますが、セラピストは子どもその人を認識するために、「あなた」という言葉を使わなくてはなりません。

第12章　促進的な応答の特徴　　**213**

おもちゃの名前を呼ばない

　子どもがおもちゃを指す名前を口にしない限り、プレイルームのおもちゃは識別されたり、名前を呼ばれたりはしません。セラピストには自明のことであっても（セラピストはトラックだと思っていても）、子どもが思っていること（子どもにとっては救急車である）とはまったく違うかもしれません。もしおもちゃに間違って名前をつけられたら、子どもはセラピストから理解されていないと感じるでしょう。おもちゃの名前を呼ぶことで、子どもはセラピストの現実に固定されることとなり、子どもの創造性や空想は邪魔されてしまいます。ひとたびセラピストがトラックと呼ぶと、それはスクールバスや家族の車、戦車、救急車には二度となれないのです。おもちゃを「それ」「あれ」「これら」と、非記述的に呼ぶことによって、子どもは思いどおりにおもちゃの使い道を決めることができます。

　子どもが車と名づけない限り、車は車ではありません。子どもが車を砂の中に入れたときには、「今それをちょうどそこに入れたね」と応答するのです。すると子どもは、車を大きな虫に見立てるという言語化されていない意志を自由に持ち続けることができます。このような応答は、セラピストが子どもと共にいることを伝えることにもなります。応答の際、セラピストはメタファーの中にいます。「それが、あれを倒したね」ではなく、「あなたがそれを倒したね」と言います。物語の筋もメタファーもない中で、子どもがボボ人形を叩いている場合には、応答は個人に向けられます。「あなたはそれを打っているね」。おもちゃの名前を示さないことで、子どもがおもちゃの従来とは異なる使い道を探索しても大丈夫だと思えるような、より寛容な関係性が生み出されます。

応答ではほめず、評価しないようにする

　家庭、学校、ゲーム、遊び場、スポーツといった、子どもにとっての関係性の大半は、評価の場です。プレイセラピーにおける関係性は、子どもが受容される場でなければなりません。そこで子どもは探索したり、危険を冒してみたり、自分そのものであったり、創造的であったり、新しい行動に挑戦したりできるほどに安心感をもつのです。したがって、プレイセラピーの関係性には、いかなる形の評価も存在しません。なぜなら、子どもは評価されると安心感をもてなくなるからです。評価とは、正しいか間違いか、正確か不正確か、かわいいか醜いか、適切か不適切かといった判断で決まります。評価しながら、かつ受容を伝えるのは不可能です。プレイセラピストは、最も単純な評価でさえも、厳格に避けます。評価的な言葉がけでは、子どもの内側の動機づけは奪われてしまいます。

　7歳のヘイリーは絵を描いていました。大きな笑みを顔に浮かべ、セラピストのほうを向いて、「私の絵、素敵だと思う？」と尋ねてきます。プレイセラピストは「わあ、きれいだね」と応答します。子どもをほめる言葉がけは外側からの評価に基づいているため、結果的に子どもは外側を強化し、子どもの内的な動機づけよりも、外的な動機づけの発達を促してしまいます。評価は、両刃の剣です。セラピストが子どもの絵をきれいだと評価する力があるということは、セラピストはその絵が醜いと評価する力もあるということです。セラピストが今度は自分の絵は醜いと考えるかもしれないと、ヘイリーは恐れるかもしれません。そうなれば、彼女

は自由や創造性を感じられなくなります。彼女は思いを表せないと感じます。ヘイリーの絵の評価はヘイリーに任せるべきです。

「わあ、きれいだね」という応答は、子どもを無視し、絵をほめていることになります。ほめることは、子どもの依存心を高め、外的な動機づけを助長し、創造性を抑制するため、結果として自尊心の低下につながってしまいます。「わあ、きれいだね」という応答はヘイリーが表情で伝えようとしていることを無視しています。セラピストは子どもに焦点を合わせて、自分が自分の目で見聞きしたことに対して「あなたは自分の絵を誇りに思っているんだね」とか「自分の絵が気に入っているんだね」と応答することもできます。このような応答は、ヘイリーの感情を映し返し、ヘイリーが自分の内側の反応を信じ、内発的動機づけの発達を促します。

子どもの顔に感情が表れていない場合は、セラピストは声の調子で、自分が見ているものを尊重して、指で絵を上から指したり、なぞったりしながら、「あなたは絵にたくさん色を塗っているね。その色はずっと上まで続いているね」と応答できるかもしれません。子どもの情動に焦点づけ、生み出されるものを尊重し、見えているものを描写することで子どもを肯定し、子どもの自尊心を支えることにつながります。

促進的な応答

促進的な応答の重要性はいくら強調してもしすぎることはありません。セラピストが子どもの役に立とうとしても、役に立つかどうかは保証されないのです。それは、次に示すように同じプレイセラピーのエピソードに対する経験の浅いプレイセラピストの応答からもわかります。

指 示

ミカは7歳の男の子です。彼は学校の2年生のスペリングコンテストで優勝するほどでしたが、社会的には不適応行動を示しています。プレイセラピーの1回目で、ミカは"skool"と黒板に書き、「綴りこれで合っている？」と聞いてきました。ミカへの応答を書いてください。

応 答

1. この綴りが正しいか知りたいんだね。（これは先延ばしです。たしかに、言われていることはそのとおりなのですが、おそらく子どもが知りたいと思っていることではありません）

2. 私に綴り方を教えてほしいと思っているんだね。でも、私はあなたが"school"と綴ることができるのを知っているよ。（子どもの明白な要求の映し返しは、セラピストに力点を置いた応答です。これでは子どもに圧力を与えてしまいます）

3. 正解か間違いか教えてほしいように聞こえるな。ここでは、あなたが思うように言葉を綴ることができるよ。（一つ目の応答は、セラピストが子どもの要求に自信がないことが示されており、明白なことが繰り返されています。そのため応答が長すぎるものに

第12章 促進的な応答の特徴 **215**

なっています）

4．この部屋では、好きなように綴ることができるよ。（とても明確で、的を射ており、子どもの自由を保証しています）

　最初のいくつかの応答は、ミカがかつて学校のスペリングコンテストで優勝し、school をどのように綴るかをきっとわかっているという事実を軽視しているように思います。もう一つ考慮すべきことは、もし彼が以前、Playskool 社のおもちゃに書いてあった skool という単語の綴りを見ていたとしたら、skool の綴りは正しいということです。プレイセラピーの目的は、子どもが自分自身で方向を決める機会を与えることです。子どもはセラピストに綴りの先生になってほしいわけでも、算数の先生になってほしいわけでもありません。セラピストが考えるようにいつもものごとを進めねばならないでしょうか？

指　示
　8歳の男の子のショーンは、プレイセラピーの2回目のセッションで、ゴムの吸盤が付いた大きなダーツを2本手に取り、「これで何をするの？」と尋ねてきます。ショーンへの応答を書いてください。

応　答
1．それはダーツ盤や壁に投げるものだけど、私や鏡に投げるものではないよ。（この応答は、子どもの行動を構造化し、制限し、子どもの創造性を抑える可能性があります。セラピストの不安のせいで、早計な制限が設けられてしまいます。子どもがセラピストや鏡にダーツを投げようと考えた形跡はありません）
2．これを使ってどうしたらいいのか、教えてほしいんだね。ここでは、あなたが決めることができるんだよ。（最初の応答は促進的とはいえません。二つ目の応答は自由で、子どもが創造性を発揮できるようになります）
3．ここでは、それを使ってやりたいことは何でもできるよ。（セラピストは子どもを自由にする応答をしようとしていますが、これは本当のことではありません。制限があります。セラピストの顔にダーツを投げて傷つけることはできません）
4．ここでは、あなたが決めていいんだよ。（これであれば、子どもが創造的になり、決定を経験できる応答です）

　セラピストの応答で、子どもをセラピストの現実世界にしばりつけてはなりません。子どもはダーツをロケットや、人間や、爆弾に見立てたいと思っているかもしれません。そのとき、それは自分を表現するために、子どもが望む何にでもなりうるのです。

指　示
　7歳の女の子のコニーは、プレイセラピーの2回目で、プレイルームの中に入り、部屋を見

回して「この部屋は本当に私のためのものなの？」と尋ねます。コニーへの応答を書いてください。

応　答

1. 毎週火曜日、私たちが会っている45分間、この部屋を使うことができるんだよ。（子どもが「私」と強調しているところに応答していません）

2. 他の子もあなたのようにここに来るよ。でも、今はこの部屋はあなたのためにあるんだよ。あなたが好きなようにおもちゃで遊ぶことができるよ。（伝えようとする情報が多すぎますし、子どもの潜在的な感情には応答していません）

3. この部屋は私たちが一緒にいる間あなたが使うためのものだよ。（応答が子どもの活動に焦点づけられ、子どもの潜在的な感情を無視しています）

4. これが全部あなたのためのものって信じられない気持ちなんだね。（この応答では子どもの感情への理解が示されています）

　促進的な応答とは、可能な限り感情に触れるものです。その意味で、セラピストは子どもの内面への理解を示し、尋ねられてもいない質問に答えることはしません。応答の焦点は、子どもが聞いていることよりも、言おうとしていることに置かれているのです。

指　示

　8歳のキャシーは、プレイセラピーの2回目でこう言いました。「今日は私の誕生日なの……。でも……お母さんが私に言ったの。弟に意地悪すぎるって……だからお母さん、誕生日ケーキを焼いてくれそうにないの……」。キャシーはとても悲しそうで、目に涙を浮かべて、うなだれて床をじっと見つめていました。キャシーに対する応答を書いてください。

応　答

1. あなたはとても悲しいんだね。そして、お母さんから誕生日ケーキがほしいんだね。あなたが弟に意地悪してしまったから、お母さんがあなたをもう愛してくれないって心配しているんだね。（最初の文は適切です。2番目の文は解釈的すぎます。事実はわからず、また重要ではないのに、この応答では子どもが意地悪をしたことを事実として認めてしまうことになります。そのとき子どもが何を感じているのかが重要なのです）

2. お母さんがケーキを焼いてくれなくてとても悲しんでいるようだね。お母さんにとっても怒っているように聴こえるよ。（カウンセリングでよく使われる「〜のようだ」という表現を不適切に使っています。子どもは悲しくて、また傷ついているようなのではありません。**彼女はそのとき、悲しみと傷つきを体験し、表現しているのです**。また、子どもが怒っていることを示すようなものはありません。これはセラピストの投影です）

3. お母さんは、あなたが弟に意地悪すぎるって思っているから、あなたの誕生日にケーキを焼いてくれそうになくて、悲しいんだね。（悪くはない応答ですが、まだ子どもの感

情を捉え切れていません。意地悪というところにこだわる必要はありません。なぜならば、子どもの感情の主要な部分から逸れていってしまうからです）

4. 誕生日なのに、誕生日ケーキがなくて本当に悲しいんだね。今にも泣きたい気持ちなんだね。（短く、また子どもの感情に触れることで理解を示しています）

　子どもは、自分の体験についての説明や長い語りを必要としていません。関係性の中で最も重要なところは、その中で子どもが感じ経験していることです。興味深いことに、最後の応答のときだけ、子どもの涙が認められました。悲しさは、子どもの感情の中でいちばん明白な部分だったのです。このように明らかな感情をセラピストが言葉で認めなければ、子どもはその感情や表現は受容されないと解釈してしまうことになります。

促進的ではない応答の典型例

　次に示すプレイセラピーのセッションからの抜粋は、促進的ではない応答の典型例です。セラピストの応答の仕方、言葉の使われ方によって、子どもが理解されているか、受容されているか、あるいは制限されていると感じるかに大きな違いが出てきます。応答の提案は、あくまでも提案であり、これらが唯一役に立つ応答だと言うつもりはありません。ここでの目的は、子どもに対する自分の応答のパターンに気づいていくことです。

感情を見落とす
　　　子ども：みんなここにたくさん来るの？（興奮した声で、期待の表情で）
　セラピスト：ときどきね。（子どもは答えを求めているのではありません）
　　　提案：あなたはここに来るのが本当に好きなんだね。（示された感情をしっかり認めています）

＊

　　　子ども：私の子犬が死んでしまって、泣いたの。
　セラピスト：あなたの子犬が死んでしまって、とても気の毒に思うよ。（セラピストの焦点は自分の反応に置かれ、子どもの感情を無視しているため、子どもが自分の感情をさらに探索することができなくなります）
　　　提案：あなたはあなたの子犬が死んでしまってとても悲しかったんだね。泣きたい気持ちだったんだね。（感情に触れ、理解を示しています）

＊

　　　子ども：（セラピストが今録音しているのは、セラピストと子どものためであり、他の人のためではないことを説明しました）あなたがやろうとしていること知って

いるよ！ それをお母さんに渡そうと思っているんでしょう！

セラピスト：録音はお母さんのところには行かないよ。これは私のためのもので、あなたが望むなら聴くこともできるよ。その後でテープを消去するつもりだよ。（セラピストは少し防衛的です。子どもは自分が理解されているか知りたいと思っているのです）

提案：あなたがとても心配していることはわかるよ。あなたはお母さんに録音を聴いてほしくないんだよね。これはあなたと私だけのもので、他には誰も聴かないよ。（感情をしっかり認識し、あらためて守秘を伝えます）

*

子ども：（子どもが作業しているものがどんどん崩れていきます）違う！ うまくいかないよ！（子どもは怒っているようです）

セラピスト：それであなたは怒っているのかな？（セラピストは答えがすでにわかっている質問を子どもにしているので、子どもの感情を理解していないかのように聞こえます）

子ども：そうだよ！ それがなんだって言うんだい？（子どもは理解されていると感じられず、当然セラピストに腹を立てます）

提案：それを固定できなくて、あなたは怒っているんだね。（感情をしっかり認識します）

*

子ども：私の犬が死んじゃったから、家の裏庭に埋めたんだ。びっくりしたよ！ だって古い犬小屋の真横で死んだんだよ。（犬の死に対して目立った感情がありません）

セラピスト：あなたの犬は犬小屋のそばで死んで、あなたは家の裏に埋めたんだね？（子どもの言葉の単純な映し返しであり、最後の声の調子で、セラピストの発言が子どもの発言に対する質問に変わります）

提案：犬が犬小屋のすぐそばで死んだなんてとてもびっくりするね。（感情への理解を示しています）

子どもより先に、物に名前をつけてしまう

子ども：ブーン、ブーン。（床の上で積み木を動かしています）

セラピスト：車で楽しんでいるね。（子どもは積み木を車だとは言っていません。セラピストは自分の憶測を投影しています）

子ども：車じゃないよ。ボートだよ。

提案：騒がしい音が鳴っているね。（積み木に名前をつけるのを避け、「共にいるよ」ということを伝えています）

＊

子ども：（手にワニの人形を持っています）
セラピスト：ワニを持っているね。（子どもは人形の名前を言っていません。人形を名づけ
　　　　　ると、セラピストは子どもの創造性を制限し、遊びの活動の可能性を構造づけ
　　　　　てしまいます）
　　提案：それを手に持ったんだね。（子どもがリードして、人形が何かを言うことがで
　　　　　きます）

＊

子ども：（宇宙船を調べていましたが、その名前を呼びませんでした。彼は机の上に
　　　　　あった家族人形の中から二人の男の子人形を選びました）
セラピスト：あなたは二つ手に取って、宇宙船の中に入れようとしているみたいだね。（セ
　　　　　ラピストがリードして、宇宙船という名前をつけています。子どもは2体の男
　　　　　の子人形で何をしようとしているかも見せていませんでした。このような応答
　　　　　は子どもの遊びを方向づけることになります）
　　提案：それで何かをするつもりのように見えるね。（子どもがしようとしていること
　　　　　に関心があることを伝え、子どもが自由に自分の遊びを進めることができるよ
　　　　　うにしています）

＊

子ども：（クレヨンを使って猫の絵を描いています）これは私の子猫だよ。（足を描い
　　　　　て、その足の先に点をいくつか描いています）
セラピスト：あなたは子猫に足の爪を描いているんだね。（子どもはそれをそのようには呼
　　　　　んでおらず、セラピストがリードしています）
子ども：違うよ。（猫全体に色を塗り続けています。子どもは猫に足の爪ではなく足の
　　　　　指を描いていたのでした。子どもは何か間違ったことをしたと感じたでしょ
　　　　　う）
　　提案：今、あなたは子猫のそこにそれを描いているんだね。（この応答では、セラピ
　　　　　ストが子どもの取り組んでいることに気づいており、関心があることを伝え、
　　　　　子どもは何を描いているのかを言葉にできるようになります）

評価することとほめること

子ども：（子どもが櫛を見つけ、2体の人形の髪をとかしています）
セラピスト：それをかわいくしてあげているんだね。（子どもはセラピストを喜ばせたいと
　　　　　思うために、もっとほめてもらえるようなふるまいを続けるかもしれません）
　　提案：髪のとかし方を知っているんだね。（それを知っていることで結果がどうなる

かを判断するよりは、子どもの能力を映し返します）

＊

子ども：これが終わったら色塗りをするよ。
セラピスト：いい考えだね。（子どもはセラピストが自分に色塗りをやってほしいと考える
ようになります。子どもには気が変わる自由がなくなってしまいます）
提案：次に色塗りをしたいって考えているんだね。（理解を示します。子どもは自由
に決めることができます）

＊

子ども：飛行機を作ったよ。（そして部屋中に飛行機を飛ばします）
セラピスト：わあ、飛行機を作ったんだね！　かっこいい飛行機だね。（セラピストは興奮
し、子どもの感情の強さを超えています。これは評価的な判断といえます）
提案：あなたはそれをぐるりと飛ばすことができるんだね。（単純に言葉を映し返す
のではなく、子どもがしたことをしっかり認めます）

＊

子ども：（卵を料理したふりをして、皿に乗せてセラピストに渡してきます）お味はど
う？
セラピスト：この卵、とってもおいしいよ！　（この応答は評価的であり、外発的動機づけを
強めてしまいます）
提案：私のために、この卵を一生懸命料理してくれたんだね。（子どもの努力を認
め、内発的動機づけを高めます）

不適切な質問

子ども：私とコートニーがままごとをしていて、それでね……。（何をしたかについて
の長い説明に入り、コートニーについてずっと話し続けています）
セラピスト：コートニーはあなたのお友だち？（セラピストのニーズに沿った質問です。
コートニーが友人かどうかということは取るに足らないことです）
提案：あなたとコートニーは一緒にいろいろやったんだね。（内容を理解していると
いうことが示され、子どもへの焦点が維持されます）

＊

子ども：（勢いよく繰り返しボボ人形を殴っています。感情が見て取れません）
セラピスト：ボボ人形を殴るとどんな気持ち？（感情が観察されていないのでこれは不適切
です。このように尋ねると、子どもに何か感じなければいけないと思わせてし
まいます）

提案：(子どもがプレイルームの中で行うことすべてに応答する必要はありません)

＊

子ども：(自分の野球チームについて話し、興奮して言います) 今日の午後勝つってわ
かっているんだ！
セラピスト：あなたは勝ちたいの？ (答えが決まっていることを質問しています。理解して
いないことを伝えることになります)
提案：あなたは勝つのをとても楽しみにしているんだね。(理解を示します)

＊

子ども：(小さな入れ物を見つけます) これに入れる中身はどこ？ (そして、バービー
人形の靴を入れ物の中に入れます)
セラピスト：それがこの中に入るって思うの？ (子どもが決めたことに質問をすると、子ど
もは自分を疑うようになってしまいます。これでは、理解を伝えたことにはな
りません)
提案：あなたはそれをその中に入れるって決めたんだね。(子どもが決めたことを認
めます)

質問に変わってしまう言葉
子ども：雷が怖いんだ。
セラピスト：雷がちょっと怖いんだね？ (「ちょっと」という言葉を使うと子どもの感情を
控えめに表現することになります。また、語尾の質問形からは、セラピストが
子どもの感情を理解しておらず、確認せねばならないと思っていることを伝え
ることになります)
提案：雷が鳴ると怖いんだね。(感情を理解していることを伝えています)

＊

子ども：今から晩ごはんを作ってあげる。
セラピスト：晩ごはんの時間に決めたの？ (これでは理解の不足をほのめかしています)
提案：晩ごはんの時間って決めたんだね。(語尾の声の抑揚を抑えることで、理解を
伝え、子どもが決めたことを認めます)

＊

子ども：私、人形遊びが好き。あなたは好き？
セラピスト：あなたは人形全部を使って遊ぶのが好きなんだね？ (語尾の声の調子のせい
で、言葉が質問に変化し、「はい」もしくは「いいえ」で答えねばならなくな
ります)

提案：人形遊びを楽しんでいるんだね。

＊

子ども：（いくつかのおもちゃで遊んでいます）

セラピスト：ウェズリー、あと5分プレイルームにいられるよ、いいね？（最後の言葉は、子どもが選択できないのに、子どもに選択肢があるような表現です）

提案：（同じ応答をしますが、最後の言葉は取りましょう）

子どもをリードしてしまう

子ども：（プラスティック製のナイフでびんのふたから絵の具をこすり落とそうとしています。一生懸命になっています）

セラピスト：とても難しいのに、あなたは諦めないんだね。（子どもは絵の具を削り落とすのが大変にもかかわらず、なかなかやめることができなくなってしまうでしょう。なぜなら、そうするとセラピストは子どもが諦めたと思い、がっかりしてしまうことを恐れるからです）

提案：それを取ろうと一生懸命なんだね。（子どもの努力をしっかり認めています）

＊

子ども：この家はあなたのためのものだよ。何色にしてほしい？

セラピスト：私は赤レンガ造りの家が好きだな。（その後、子どもの焦点はセラピストを喜ばせることに移ってしまうでしょう。子どもは家全体を、レンガ一つひとつを描いて覆うことを考え、数百のレンガを描くことに膨大な時間を費やすことになるでしょう。子どもがレンガを描くのが難しくなったら、どうなるでしょうか？）

提案：私のための特別な家なんだね。あなたが好きな色を選ぶことができるよ。（この応答では、子どもが決定して、リードすることができ、また子どもに焦点が置かれています。家の全体のデザインは子どもの責任に委ねられています）

＊

子ども：（台所のところで遊んでいて、赤ちゃんとポットとフライパンがあります。子どもはコーヒーポットを持ちます）

セラピスト：コーヒーを飲もうと思っているの？（セラピストは自分の現実感覚を差し挟み、子どもの創造性や志向性を邪魔しています。子どもが何か計画していたらどうなるでしょうか？　彼女が赤ちゃんにオレンジジュースや牛乳を注ごうとしていたとしたら？）

提案：今それを使おうとしているんだね。（セラピストが気づいていることを示し、名前を言うのを避け、子どもがリードできるようにしています）

第12章　促進的な応答の特徴　**223**

＊

　　　子ども：私たちにどんな食べ物を作ろう？

　セラピスト：わあ、あなたはいろいろ作れるよね。(こう言うと、セラピストが子どもが作
　　　　　　　　ることのできたものを知っているとほのめかすことになるため、子どもはセラ
　　　　　　　　ピストが教えてくれるのを待つことになってしまいます)

　　　　提案：あなたが決めることができるよ。(子どもの自由を認め、決定の責任を子ども
　　　　　　　　が引き受けることができます)

　以上のように、共感的な応答をするためには、セラピストの側の努力と深い関与が必要とな
ります。また、おしつけがましくない方法で子どもを理解し、子どもと共にいたいと思う真摯
な思いも必要です。その中で、子どもはそのとき、完全に自分自身でいられるという自由をも
つことができるのです。

シンディ　操ろうとする子ども

　M夫人は自分の5歳の娘シンディについて次のように述べています。

　　　彼女はおもちゃやものを大切にし、ものをもとに戻し、私が頼めば部屋もきれいにして
　くれます。彼女はいい子ですが、わからないのは……(長い間がある)。私はいつも彼女に
　怒ってしまうのですが、なぜかわからないのです。彼女を怒るのが私にとってよくないこ
　となのはわかっています。でも、怒ってしまうのです(間)。認めがたいのですが、本当
　のことなのです。何が間違っているのかがわからないのです。ただ、彼女によく怒ってい
　ます。彼女は家では問題はありませんが、他の子に対しては威張っていて、仲良くできな
　いところがあります。彼女をしつけないといけない時、衝突してしまいます。彼女は私が
　バカだと言います。彼女はよくそう言います。彼女はいつも自分のやり方を取りたがりま
　す。

　シンディの臨床像を彼女自身の言葉でフォーミュレートし、プレイセラピーが必要かを判断
するためにシンディとの探索的なプレイセラピーのセッションが必要だと考えられたため、翌
週にプレイセラピーセンターのプレイセラピールームの予約を入れました。シンディは、次に
示す短いやりとりでもみられるように、セッションの間、彼女の届く範囲でも、私にアイテム
を持ってくるように主張し、私(ランドレス)を操り、コントロールしようとしました。

　シンディ：(テーブルに座り絵を描いている)その絵の具をこっちに持ってきて。使いた
　　　　　　　いの。(実際はシンディのほうが絵の具の近くにいる)

ランドレス：私に絵の具をとってほしいんだね。ここでは、それがほしければ自分で取りに行くことができるよ。

シンディ：だけど、忙しいの。わからない？

ランドレス：今とても忙しいから、私にそれをとってきてほしいんだね。

シンディ：そう！　だから絵の具を取ってきて！

ランドレス：私が絵の具を取りにいかないから、あなたは私に怒っているんだね。でも、絵の具がほしければあなたが取りにいけるはずだよ。（シンディは立ち上がって、絵の具を取って、絵を描き続ける）

　プレイセラピーの初回のセッションで、彼女は自分の絵に少しの間違いも許すことができず「もっとうまくできるよ」と言い続け、絵を丸めてゴミ箱に放り投げました。私があと５分のお知らせをすると、シンディは「かまわないよ。私は出ていかないから」と言いました。セッションの終わりに、私は時間がきたことを伝え、立ち上がりました。するとシンディは「出ていかないって言ったでしょ。私はアートをしようと思ってるんだから」と言いました。彼女はすばやく画材のほうへ行って、絵を描き始めました。私は、「自分でいる時間を決めることのできる人になりたいんだろうね。でも私たちの時間がきてしまったよ。お母さんの待っている待合室に向かう時間だ」と応えました。シンディは絵を描き、抵抗の言葉を言い続けました。私は彼女のしたいことを映し返し、セッション終了のリミットを示し続けました。５分後にシンディが自分の足で出ていったときに私の忍耐は報われたと感じました。

　シンディは操作的な行動をたくさん見せており、これが家での行動の典型ではないか、と強く疑われました。母親への聞き取りで、シンディは母親が気づいていない微妙な操作的行動の数々をしていること、そしてこれが、母親がシンディに怒ってしまう根幹の理由であることが裏付けられました。シンディとの追加のセッションが設けられました。２回目のセッションでは、彼女の操作的な行動と、私との関係を築こうとする彼女の努力が明らかになりました。

２回目のプレイセラピーセッション

シンディ：（シンディはプレイルームに入り、すぐに砂場に向かい、遊び始める。砂場の端に座り、砂を移動させながら、引っ越した新しい家について話している）新しい家に行ってからどれくらい経ったかわかってるんだけど……結構長い時間だよ……何週間も経ってて……でも何日経ったかが今はわからないや。

ランドレス：そこに行ってからどれくらい経ったかを思い出せるんだね。今は、何週間経ったかがわからなくなっているんだね。

シンディ：（砂で遊び続けている）今日のあなたのほうが好き。

ランドレス：この前よりも私のことを好きになったんだね。

シンディ：そう。（砂場から、絵の具のあるテーブルに移動する）こっちに来て絵を描こう……あなたがしたければ手伝ってくれてもいいし、見ててくれてもいいよ。あなたは何がしたい？　見ていたい？

第12章　促進的な応答の特徴　**225**

ランドレス：見てるよ。

シンディ：（洗面所に行って、シンクにあった筆と絵の具入れを洗い始める）黒いシンクだ。

ランドレス：シンクを黒にした？

シンディ：うん。黒いお水で。

ランドレス：おお。

シンディ：（水に絵の具を混ぜ続けている）この水の音聞こえる？

ランドレス：ふむ。ここにいるから、ずっと聞こえているよ。

シンディ：さあ、また始まった。気をつけたほうがいいよ。（水を全開にして出す。洗面所に留まって、数分間水を出しっぱなしにします。洗面所から戻ってきて、大きな紙を選ぶ）これに何を描くかよく見てて。

ランドレス：それに取り組もうとしてるんだね。

シンディ：最初にやろうと思っていたのは、絵を描くことだったの。そうでしょ？

ランドレス：ここに来る前に決めてたんだね。

シンディ：そう。昨日。私の誕生日はおとといだった。（粘土の入れ物を選ぶ）やってもいいかな……これに水を入れようと思うの。そうしたら、これを洗えるから。（洗面所に行く。彼女のサンダルが床の砂の上で滑って擦れる音がする）滑りやすいサンダルだね。

ランドレス：滑りやすそうだね。

シンディ：滑りやすいの。（戻ってきて絵を描き始める。私はシンディのいるテーブルの真向かいに座っている）あなたはアートに興味はある？

ランドレス：アートは好きだよ。あなたもアートが好きそうだね。

シンディ：作るのが好き。昨日作ろうと思ってたの……そう、子猫と花の咲いた木と、子猫のそばに噴水を作ろうと思ったの。

ランドレス：その絵の中にたくさん描くわけだね。

シンディ：あとは、鳥と、空と……。白い鳥と、青い空と、葉っぱと……あと、草。そしたら、誕生日にもらったボードに飾ろうと思って。それが7月4日だった。

ランドレス：本当に特別な誕生日にするために、だろうね。

シンディ：みんながお祝いしてくれたときにね。私は爆竹みたいだったよ。

ランドレス：誕生日にいろんなことが起きたんだね。

シンディ：そう。その理由はね、警察が外に出て爆竹を鳴らしている人たちを探していたからだよ。

ランドレス：ほお。（シンディは私が応答する前に続ける）

シンディ：警察は人を追ってたの。だってそんなことをしちゃいけないから。怪我しちゃうから。

ランドレス：彼らは人が怪我するのを防ごうとしてたんだね。

シンディ：そう。（絵を描き続けている。彼女が筆を絵から絵の具入れに移す際、私は筆

を追うように顔を向ける）顔を動かさないで、同時に私が描いているところを見られるでしょ。

ランドレス：私がやることがあなたを困らせるときがあるね。

シンディ：そう。（嘲笑うかのような表情を浮かべて、ランドレスの前で絵筆をすばやく行ったり来たりさせる。クスクス笑う）

ランドレス：私があなたとゲームするか気になっていたんだろうね。

シンディ：そうだよ。

ランドレス：そして、私はあなたを見ていようと決めたよ。

シンディ：（私の顔に絵筆を突きつけて、クスクス笑う）だまされたでしょ？　あなたに絵を描くって思ったんじゃない。

ランドレス：ときどき私をからかいたくなるようだね。

シンディ：そう。ただあなたをからかうのが好きなの。

ランドレス：あなたはただ私をからかうのが好きなんだね。

シンディ：そのとおり。デビーをからかうことはできないから。彼女はいとこなんだけど、からかわれるのは好きじゃないの。

ランドレス：あなたが彼女とゲームをするのが彼女は好きじゃないんだね。

シンディ：いいえ、えっと……彼女は私が彼女にいたずらするのが好きじゃないの。

ランドレス：なるほど。

シンディ：だけどロビンは気にしないの。

ランドレス：大丈夫な人もいるし、大丈夫じゃない人もいるんだね。

シンディ：そう。ロビンは私が一番好きな子。だってジェニーは私にそれをやらせてくれないもの。

ランドレス：あなたはからかうことのできる人が本当に好きなんだね。

シンディ：そう。ロビンがいちばん。なぜなら、とにかく彼女は……。（絵を描き続ける）青と赤。（彼女は青と赤の窓のついた家を描いている）

ランドレス：青い窓と赤い窓だね。

シンディ：あと、黒いドアのついた紫の家。

ランドレス：いっぱい色を使ったね。

シンディ：もうすぐ時間？

ランドレス：今日はあと30分あるよ。（彼女は家に黒いドアを描き、その黒色は他の色のほうへ混ざっていく）

シンディ：よかった。自分の絵をめちゃくちゃにすることもできる。次は散らかしたくないな。もっとうまくできるよ。本当に小さなことも……うまくできるよ。（彼女は考え込みながら言った）

ランドレス：あなたはそれよりももっとうまく作れると考えてるんだね。

シンディ：できるよ！　きっと、できる。（湿った絵を丸めて、ごみ箱に投げる）

ランドレス：できるって思ってるんだね。

シンディ：（彼女はフィンガーペイントを見つけて、それをすることに決める）これフィ
　　　　　ンガーペイントみたいな匂いがするね。

ランドレス：以前にフィンガーペイントで遊んだことがあるんだね。

シンディ：うん。日曜学校で。フィンガーペイントに水を入れたい？

ランドレス：ここでは、あなたがやりたいことを決めることができるよ。

シンディ：（洗面所へ行き、フィンガーペイントに水を入れて、筆で注意深く絵を描き始
　　　　　める。彼女は明らかに手に絵の具をつけたくなさそうだ。彼女はしばらくの間
　　　　　フィンガーペイントを塗るのに筆を使い、その中に筆を浸すと筆をもう片方の
　　　　　手に持ち替える。しかし、筆の持ち手に絵の具がついており、彼女の指がすぐ
　　　　　近くにあることに気づくと、彼女はすぐに手を放す）

ランドレス：どこに指を置けばいいかはっきりしないね。

シンディ：できるよ。これがフィンガーペインティングでしょ。（彼女は洗面所へ行って
　　　　　筆を洗うと、出てきて、フィンガーペイントの絵の具を塗るのに筆を使い続
　　　　　け、すべての色を使って丸を描いていく。そして、絵の上でフィンガーペイン
　　　　　トを何色か混ぜる）

ランドレス：たくさんの色が混ざっているね。

シンディ：静かにしてくれない？

ランドレス：私が話すとそれが気になるんだね。

シンディ：ええ。

ランドレス：あなたが何かしてるときに、人に邪魔されるようなことをされたくないんだ
　　　　　ね。

シンディ：話す以外のことなら大丈夫。アートをやっているときは邪魔されたくないの。
　　　　　ロンダなら大丈夫。だって彼女はただの赤ちゃんだし、よくわかってないか
　　　　　ら。でもあなたは違うでしょ！　だからあなたは静かにしたほうがいいの！

ランドレス：私にもっとわかっておいてほしいんだね。

シンディ：そう。

ランドレス：そして、あなたが私に言うことをすべきなんだね。

シンディ：そのとおりだ。（彼女は絵を描き続け、その後洗面所へ行くと手を洗って、
　　　　　出てきて、指先一本で絵を描き始める。木を描いている）さあ。木だよ。これ
　　　　　よりもっとうまく描けるよ。

ランドレス：もっとうまくやれると思うことが何度もあるようだね。

シンディ：そう、できるよ。

ランドレス：あなたは自分にずっと言ってるね、「もっとうまくできる」って。

シンディ：そう、できるの。

ランドレス：うーん、あなたはできるってわかってるんだね。

シンディ：そのとおり。わかってるの。じゃあ静かにしてくれない？　私が言ったこと覚
　　　　　えてないの？

ランドレス：私に、あなたが言うとおりにしてほしいんだね。

シンディ：そう。そうだね。（絵を描き続け、両手で力強く描いている間鼻歌を歌っている。紙の上で手をぐるぐる回すのに身を任せている）ここにちょっと糊を入れようと思うの。いい？　……いい？

ランドレス：「あの糊を使ってもいいかな？」って思ってるんだね。

シンディ：うーん、いいの？

ランドレス：それをするかどうか迷っているんだね。

シンディ：していいの？（パンチして遊ぶボボ人形に話しかけ、洗面所へ行って手を洗う。戻ってきて、フィンガーペイントでペーストを混ぜ合わせ始める。瓶からペーストを二つかみ取り出す）

ランドレス：ほしい分だけ取ったね。

シンディ：（大きな一握りのペーストを取り出す）アイスクリームみたい。

ランドレス：アイスクリームを思い出したんだね。

シンディ：うん。これは紫色のアイスクリームになる。

ランドレス：それをどんなふうにしたいかわかってるんだね。

シンディ：紫色はかわいい色だよね。

ランドレス：あなたがとても好きな色なんだね。

シンディ：そう。お気に入りなの。（もっと大きなペーストをすくって、紙の上で混ぜ合わせる）

シンディ：あなたはロジャーズさん？（クスクス笑っている）

ランドレス：私を見て誰かを思い出したようだね。

シンディ：そうなの。彼はアートが好きで。私も彼が好き。

ランドレス：じゃあ私とその人両方とも好きなんだね。

シンディ：そう。

シンディ：手が紫色になっちゃった。

ランドレス：おお。

シンディ：（洗面所へ行き、長い時間手を洗い、洗面所から出てきて言う）もう一回やったら、終わりにしようかな。でも、まずちょっとだけ砂を使おうかな。

ランドレス：あなたは、絵をどんなふうに見せたいかわかっているんだね。絵の中に何を入れたいかもわかっているんだね。

シンディ：（砂を少し取って、彼女の絵に加えると、こう言う）これじゃ足りないや。（砂場に戻って、砂を大きく二つかみ分取って、絵の上にかけて、私の反応を確認するためにちらっと私を見る）

ランドレス：好きなだけ取ったね。

シンディ：（砂をならして、砂に絵の具をさらに加えて、混ぜ合わせて、言う）これ、くっつくよ。

ランドレス：どうなるかなんとなくわかるんだね。

第12章　促進的な応答の特徴　**229**

シンディ：そう。（絵の具をもっと混ぜ合わせる。彼女の手と腕が絵の具と砂だらけになる）ある種のアートだね……私が作った……あなたのために。（砂をさらに足す）

ランドレス：私のために作ってくれたんだね。

シンディ：あなたがほしかったら持っていてもいいよ。ほしい？

ランドレス：私のためにそれを残しておきたいなら、それでいいよ。あなたは私のために作ってくれたんだ。（声のトーンで賞賛を伝える）

シンディ：あなたの家に持って帰ってもいいよ。

ランドレス：私に持っていてほしいようだね。

シンディ：うん。（洗面所へ行き、手を洗う）

ランドレス：シンディ、今日はプレイルームにいる時間はあと5分あるよ。その後、お母さんのいる待合室に行く時間になるよ。

シンディ：（フライパンを砂場から取ってきた砂でいっぱいにして、自分のアート作品に加えて、それを叩いて、砂と絵の具のアート作品にフィンガーペイントを加えて、言う）青色を全部使わないとね。いい？

ランドレス：青色を全部使おうと決めたんだね。

シンディ：そうしなきゃ。（青色のフィンガーペイントを空になるまで出して、砂と混ぜる。空になった容器をゴミ箱に捨てて、洗面所へ行き手を洗って、水が出たままにして、洗面所から出てきて、言う）私、一日中絵を描いてたよね？

ランドレス：長い間絵を描いていたように感じられるんだね。

シンディ：（砂の作品にあらゆるフィンガーペイントを混ぜ合わせ、その後言う）やっと終わった。

ランドレス：終わったね。

シンディ：今日は終わり。（彼女は洗面所へ行き、手を洗って、水を止める）タコスになるよ。（砂と絵の具のペーストを塗った新聞紙の端同士をくっつけて、折りたたむ）

ランドレス：大きなタコスみたいだね。

シンディ：（新聞紙の端をつかんで、「タコス」を持ち上げようとする。砂と絵の具を混ぜ合わせたものが重すぎて、新聞紙が破れてしまう）あっ！　もっとたくさん必要だったんだ。こうするしかなさそうだね。（新聞紙の端を何重にも折る）

ランドレス：別のやり方でやらないといけないんだ。

シンディ：そう。サンドイッチみたいだね。（たしかにそう見える）

ランドレス：なるほど。大きなサンドイッチだ。

シンディ：そう。今日は終わり。さあ行こう。これがあなたの……アートだよ。（「アート」を私に手渡してくれる）持っていいよ。

ランドレス：私のために作ってくれたんだね。（声のトーンで賞賛と感謝を伝える。「アート」を優しく受け取って、テーブルの上に慎重に置く）シンディ、今日は時間

がきたね。

　この2回目のセッションで、シンディは最初のセッションで私につらい時間を味わせたことの埋め合わせをするために、「今日のあなたのほうが好き」と言うことで早急な動きを作り出しています。この発言がセッションの最初の数分の間になされたことを考えると、彼女の動機は明らかです。私が初回と何か違うことを示すには、時間が足りませんから。しかし、シンディは私に頭を動かすな、しゃべるな、と強く求めることによって私の忍耐と受容を試し続けました。ものごとを正しくやらねばならないという彼女の不安と欲求は、彼女が最初の絵を壊したところに表れていました。シンディの内側がどんどん自由になっていく姿は、彼女がフィンガーペイントに自由かつ表現豊かに取り組んでいったこと、そして彼女のタコスのアート作品が破れてしまったときに、それに対処して調整できるようになったところから見て取れます。私のためのアート作品を作るのは、シンディの関係性作りの方法でもあったのでしょう。2回目のセッションの終わりまでに、シンディは自分に自信をもち、混乱を耐えられるようになり、より創造的に自分を表現できるようになり、そして私を操ろうとする必要がなくなっていきました。

第13章

意味がないように見えるときに意味を発見する

　プレイセラピーの各セッションは、発見され知られることを待っている潜在的な意味であふれていますが、たいていは発見されません。なぜなら、語られないメッセージや、見つけられること、聞かれること、気づかれること、あるいは感じられることを待っている意味をプレイセラピストが理解しないからです。子どもはセラピストに知られることを待っていて、来る日も来る日もメッセージを出しています。ねえ、そこのあなた！　私が見えますか？　聞こえますか？　私がここにいるのを知っていますか？　傷ついているのを知っていますか？　混乱しているのがわかりますか？　途方に暮れているのがわかりますか？　私のことを大事に思っていますか？　プレイセラピーは、これまで誰もその子どもの中に見てこなかったものを見出し、聞いてこなかったものに耳を傾けるプロセスです。この発見のプロセスにおいてプレイセラピストは見えてくるもの、聞こえてくるもの、気づかれるもの、そして感じられるものの意味に応答していきます。それは、答えを必要としないプレイセラピーの関係性を築き、子どもについて事実が教えないものを捉えることを学び、意味を発見するプロセスです。

プレイセラピーの沈黙には意味がある

　子どもたちのコミュニケーションはおもに遊びを通して行われます。子どもが遊んでいるとき、その子どもはコミュニケーションをしていないと言われるでしょうか？　そうではないことを願います。プレイセラピーを用いる理論的根拠は、若者や大人の自然なコミュニケーション手段が言葉であるように、子どもにとっては遊びこそが自然なコミュニケーション手段であるからです。第2章でも述べましたが、遊びは子どもたちにとってとても意味があり重要です。なぜなら、子どもたちは遊びを通して言葉では入り込めない領域にまで自分たちの領域を広げることができるからです。子どもたちはおもちゃを使って言葉にならないことを言うことができ、不快に感じることをすることができ、そして言葉にしたら叱責されかねない感情を表

第13章　意味がないように見えるときに意味を発見する　**233**

現することができます。子どもが遊んでいるとき、その子どもは沈黙しているのではありません。遊びこそが、象徴的な自分を表現する子どもの言葉なのです。

　子どもが「沈黙している」とプレイセラピストが述べるとき、よく「見られる」のは話すことをやめて静かにしている子どもの姿です。このような態度は話そうとしないとか、返事をしないと受け取られかねません。しかし、声を出さないからといって子どもが黙っているわけではありません。それはただ、話をしていないというだけです。「沈黙している」という言葉は、その子どもがしていないことに焦点を当て、その子どもが今経験していることから注意を逸らしてしまいかねません。子ども中心プレイセラピストは、子ども独自の表現として、あるいは子ども自身を表明するものとして沈黙を捉えます。沈黙の中には、常に可能性があるのです。

経　験　則

沈黙は沈黙ではない。

　沈黙の意味に耳を傾けること。子どもは自分のことを常に伝えようとしています。プレイセラピーの中で生じる沈黙は、子どもの体験を雄弁に語りうるのです。涙は沈黙ではありません。涙は感情を豊かに物語ります。沈黙は語られない言葉や仕草、表情、鋭い視線、ぼんやりしたまなざし、移り変わる姿勢、ぎこちない微笑み、決して合わせようとしない目、髪やシャツに絡ませる指、固く握り合う左右の手、気づかれることを望んでいる感情で満ちています。怒りがほとばしった後の沈黙は、間違いなく沈黙ではありません。プレイルームはあふれ出た感情でいっぱいです。意識的、無意識的にさまざまな感情がざわめいている空間で子どもが沈黙しているとはとてもいえません。こうした無言のメッセージは目で見て受け取るしかありません。プレイセラピーにおける沈黙は関係性の一部なのです。

　ときには、絵や作品に対する子どもの満足感が伝わってくる沈黙もあります。子どもが一人で思いをめぐらせていることを表す沈黙もあります。子どもなりの自己主張の方法かもしれません。耳を傾ければ、沈黙は雄弁です。話さないということは、単にプレイセラピストが想定したり望んだりする方法で子どもがコミュニケーションをしていないということかもしれません。子どもたちは多くのことを語らずに伝えることができます。子ども中心プレイセラピストは「子どもに心を開かせよう」としません。子どもにはそれぞれが必要とする関係を築く力があると信じているからです。

プレイセラピーの中で沈黙に応答すること

　沈黙に応答する唯一の方法はありません。子どもたちは沈黙を通して一人ひとり異なる方法

で関わっています。そのため、プレイセラピストはそれぞれの非言語的なコミュニケーションを繊細に感知することが必要です。おそらく最も役立つことは、プレイセラピストが自分自身の感情を吟味して沈黙に対する不安を解消することです。不安は沈黙の意味を受け取りにくくするからです。そうすることでプレイセラピストは沈黙ではなくその意味に対して促進的に応答することができます。もし、プレイセラピストが沈黙を居心地が悪いとか、ふさわしくないと感じていたら、子どもはプレイセラピストの反応を受け取って拒否されているとか、何か間違ったことをしたと内面化するかもしれません。子どもを受け容れるということは、遊び方や言葉の表現量、そのとき言語化された感情の有無、感情表現に左右されるものではありません。**受容に条件はありません。「もしそうであったら」受け容れるということはないのです。**子ども中心プレイセラピストは子どもをあるがままに受け容れます。

　私のスーパーヴィジョンでは、プレイセラピー中に子どもが急に話すことや遊びを中断したときはいつもビデオを止めます。プレイセラピストに次のようなことに注意を向けて探索してもらうためです。

なぜそのとき子どもは立ち止まったのでしょうか。
子どもはどんなことを感じているでしょうか。
子どもが話すことを止めた直前に何が起きていたでしょうか。

　多くの場合、子どもはプレイセラピストの直前の応答に反応しています。おそらく、その応答はまったく的外れです。そのときの子どもの気持ちに応えるのではなく、原因や事実を知ろうとするセラピストのニーズからなされています。あるいは、遊びの中で子どもが感情的なブロック（行き詰まり）を感じるようなことが起き、遊び続けることができなくなっている場合もあります。

　話すことを止めた子どもに対するアプローチとして最も重要なことは、子どもの内的な経験、すなわち今ここで子どもが感じていることに常に注目することです。子どもはさまざまな感情を体験している可能性があります。たとえば、恐れ、怒り、不安、混乱、恥、怯え、困惑、悲しみ、脅されている感覚（とくにプレイセラピストが複雑な質問をしたばかりの場合）、守られていない感覚が挙げられます。口数の少ない子どもが内的に体験している重要な感情について、頭字語をとって FOCUS と覚えておくと役に立つでしょう。

Frightened（恐怖）
Overwhelmed（困惑）
Confused（混乱）
Unsafe/threatened（守られていない／脅されている）
Sad/angry（悲しみ／怒り）

子ども中心プレイセラピストは子どもを「沈黙している」とは捉えません。今体験している

第13章　意味がないように見えるときに意味を発見する　　**235**

ことや子どもがどのような人なのか、あるいは欲しているものについて、いつも何かを伝えていると考えます。したがって、理解と受容をもって応答するべき何かがその中に必ずあります。沈黙はプレイセラピーのプロセスにおける自然な現象として受け容れられています。

　子どもが感情的なブロックを体験して無言になっていることもあります。話を始めたものの不安が高まり、最後まで続けられなくなっているのかもしれません。セラピストの質問に対する応答として口をつぐむこともあるでしょう。青年や大人に比べて子どもの防衛機制は発達が未熟です。そのため、子どもの感情的なブロックは尊重される必要があります。発達的な面から、子どもは青年や大人のように「それについて触れたり、話したりする心の準備ができていません」とセラピストに伝えることができません。質問は行動の主体がセラピストに置かれるため、子ども主体の交流や探索を促すことはできません。**私は子どもといることに心から没頭しているときに質問することを思いつきません**。言葉を発していない子どもに質問することは間違いです。他方、子どもが私をロールプレイに参加させ、次に何をしたらいいのかを知る必要があるときは気兼ねなく質問します。そのような場合、「次に私はどうすればいいかな？」と私なら尋ねるでしょう。ロールプレイでは、私の価値体系をおびやかすことや子どもを傷つけることを決してしないことを明確にしなければなりません（質問を避けることについてのより詳細な説明は第12章「質問を避ける」を参照してください。ロールプレイにおける制限については第11章「子どもとのロールプレイにおける制限」を参照してください）。

プレイセラピーにおける沈黙への応答の提案

- 子どもの沈黙は他の側面と同様にその子どもの一つの側面であり、そのように理解され受容される必要がある。
- 子どもが無言でいるとき、セラピストは子どもが経験していること／感じていることを共感的に映し返す。
- 話さないという問題、あるいは黙っているという問題ではなく、その子どもという人間そのものに意識を向け続ける。
- 子どもは感情の防衛機制の発達が未熟である。そのため、子どもの沈黙は尊重され受け容れられる必要がある。

子どもの沈黙：いくつかの意味

- 子どもは怯えているか不安に思っている。プレイセラピーはとても特殊な体験で、おかしなセラピストが「変なこと」を言うように感じられる。
- 子どもは心の中でより深く重要な情動のレベルに移行している。
- 子どもはぎこちなさや不安を示している。
- 構造がないことによって子どもは困惑し不安を覚えているかもしれない。子どもは学校の先生がするように、セラピストが○○をしなさいと言うことを待っている。
- 子どもは次にすることをいろいろと考えているかもしれない。
- 子どもは抵抗を示している。

- 子どもは選択を迫られて途方に暮れている。
- 子どもは間違ったことをしてしまうのではないかと恐れている。
- 子どもは不安で安全感がない。あるいは誰かに頼りたいと感じている。
- 子どもは深い満足と達成を感じている。
- 子どもは何か重要なことが起きたことを感知して無言でいる。
- 子どもは境界／制限を試している。
- 子どもは別の表現に移る前の移行時間を体験している。
- 子どもはセラピストまたはプレイセラピーの体験、あるいはその両方を拒否している。
- 子どもは心の中でファンタジーを繰り広げている。
- 子どもは怒りを表出した後で「今度はなに？」という感覚の中にいる。

セラピストの沈黙：いくつかの意味

- 沈黙は成長の証になりうる。セラピストがふさわしいという感覚を育むにつれて沈黙の時間はより受け容れやすく心地よいものになる（子どもにも当てはまる）。
- セラピストの沈黙は、感情や思いを表現しがたい子どもに受容とサポートを伝えることができる。
- セラピストが自分自身を信頼していないことを示している。
- その場にふさわしい言葉がないと思われるとき、セラピストの沈黙はサポートを表す。
- セラピストは言葉を失っているが、気持ちは理解している。
- セラピストは困惑している、または自信がない。
- セラピストは個人的な体験に心を奪われている。
- 沈黙は"共にいること"を伝えることができる。
- 子どもが黙っているときのセラピストの沈黙は理解と受容を伝えることができる。
- セラピストは沈黙することで子どものプライバシーを尊重している。

プレイセラピーセッションの記録——沈黙の始まり

　これから紹介するのは4歳半のブリアとの初めてのプレイセラピーセッションです。沈黙の時を経てブリアがセラピストとの交流をより心地よく感じるようになった後、二人の関係に何が起こりうるのかを体験的に理解できるでしょう。

（ブリアとランドレスがプレイルームに入る）

ランドレス：ブリア、ここが私たちの特別なプレイルームだよ。いろいろなやり方であなたが遊びたいようにおもちゃで遊べる場所だよ。（セラピストは椅子に座る）

　　ブリア：沈黙（ブリアはセラピストのほうを向いて立っている。手が届きそうなほど近くで体はこわばり、両手を前で握りしめて全身が緊張している。部屋の一部に

第13章　意味がないように見えるときに意味を発見する　**237**

ちらりと視線を送る）

ランドレス：そこを見ているんだね。（手でジェスチャーをする）

ブリア：沈黙（観察用の鏡を見て微笑み、再び両手を前で握りしめる）

ランドレス：鏡で自分のことを見ていたんだね。あのとても大きな鏡に自分が映っていたんだね。（鏡に目を向ける）

ブリア：沈黙（笑う。全身がこわばっている。両手を下ろすが、すぐにまた体の前で握りしめる）

ランドレス：（ブリアが両手を下ろすと、セラピストもそれに応えて身を乗り出し、肘を膝につけて微笑む）

ブリア：沈黙（棒立ちになったままセラピストのほうを向いて両手を前で握りしめている）

ランドレス：最初に何をするか決めるのは難しいと思うんだけど——ここは（セラピストが部屋の中を指さすとブリアもそちらを向く）あなたが遊びたいと思うおもちゃで遊べる場所だよ。（時間がゆっくり流れているように感じられる）

ブリア：沈黙（長いためらい。部屋の中を一通り見わたすとセラピストのほうへ顔を戻す。緊張した面持ち。緊張を和らげて飲み込むかのように口を大きく開けて閉じる。両手を顔まで上げ、指を揃えて爪をいじる。爪を熱心に見ている）

ランドレス：ふーむ、その爪に何かついているんだね。（身を乗り出したままブリアの指を指さす）ふーむ。どうやら爪から何かを取ろうとしているみたいだね。

ブリア：(両手を少し上げ、それからもう少し高くして、指を揃えたままよく見て調べている）違う、糸くずだよ！　もう一つのは取ったよ。

ランドレス：ああ、もう一つのはつまんで取ったんだね。

ブリア：学校で！

ランドレス：学校で取ったんだね。それで今からこれを取ろうとしているんだね。（ブリアの指を指さす）

ブリア：（セラピストの近くに立ち続けている。体の緊張が解けて明らかにリラックスしている。ブリアは指をかみ始める）

ランドレス：そこにも何かあるね。それも学校のかな。（ブリアの爪の端に黄色い小さいものがあるのが見え、彼女に触れないように手を伸ばして指し示す）

ブリア：そうじゃない。一緒に遊んだジェシカの家にあった粘土。（セラピストに近い場所に立ち続けているが、横を向く。ブリアの顔は楽しげで、両手を硬く握りしめていない）

ランドレス：ああ、黄色い粘土はジェシカの家にあったんだね。ふーむ、粘土でとっても楽しい時間を過ごしたみたいだね。（ブリアは笑ってうなずく。彼女は部屋を見わたす。この後の展開は非常にゆっくりしたもの）

ブリア：学校でもね。（セラピストに歩み寄る）

ランドレス：ああ、学校でも楽しかったんだね。

ブリア：歩いて帰らない。お父さんが私たちを迎えにくるんだ。（嬉しそうに言う。小さく飛び跳ね、さらにセラピストに近づく）

ランドレス：へえ、お父さんが迎えに来てくれて一緒に家に帰るんだね。（ブリアはまた一歩近づき、手を伸ばしてセラピストの額に指で触れる）ははあ、するとあなたは歩かなくていいんだね。（ブリアはうなずいて同意する）

ブリア：大きな子どもだけだよ。（握った手を口に近づけ、指や爪をかみ始める）

ランドレス：小さな子どもは乗せてもらえるの？（膝に肘をつけて身を乗り出す姿勢を続けている）

ブリア：小さい子どもたちだよ。

ランドレス：小さい子どもたちも乗せてもらえるんだ。

ブリア：大きな子どもたちは自分で家に帰るの。（ブリアは最後の指をかみ終わると何かをつまんで取る。おそらく爪か皮膚の一部だろう。指を口から離すと笑い、少し驚いたような表情で音を立てて唾を飲み込みながら取ったものを調べている）

ランドレス：あなたがそれを取ったんだね。ほら、そこにあるよ。（ブリアは表情たっぷりに手を払う仕草をすると部屋の中を見わたす）そこに突き出ていたなんて驚いたね。

ブリア：うん。（セラピストの顔から1フィート［約30cm］ほどのところに立ち続けている）

ランドレス：そうだね。（感情を込めて言う）

ブリア：（区別ができない言葉）

ランドレス：（前かがみになってささやく）なんて言ったのか聞こえなかった。

ブリア：（前にかがんで口を手で押さえ、クスクス笑いながら話す）びっくりした！

ランドレス：（何回かうなずきながら）そうか、びっくりしたね。ほんとにびっくりした！

ブリア：だけど、足が痛かったの。（口を手で押さえたまま話す）

ランドレス：うーむ、足が痛かったんだ。

ブリア：（うなずく）転んだところ。

ランドレス：そうか、何かに転んで足が痛かったんだね。（もう一度うなずく）痛かっただろうね。

ブリア：（首を振る）ううん！

ランドレス：（首を振る）痛くなかった。

ブリア：少しだけ。（彼女は両手をほぼ合わせて少しと表し、部屋の中を見わたす）

ランドレス：おもちゃを全部見ていることがわかるよ。（部屋の中を指し示す）あそこまで。

ブリア：なあに？

ランドレス：おもちゃを全部見ているんだね。あそこまで。

ブリア：なあに？　聞こえなかった。（クスクス笑う）

ランドレス：（笑顔で）ほほう。今、私がさっき言ったことを言ったね。

ブリア：なあに？

ランドレス：あなたが見ていたこと。（部屋の中を指さして）おもちゃを全部見ていたんだね。

　　ブリア：（彼女は横を向き、さらに部屋の中を見る）あそこ？（指さす）

ランドレス：そう、あそこのおもちゃ全部。

　　ブリア：それからあっちも。（指さす）

ランドレス：うん、うん。

　　ブリア：それからあっちも。（高い声で興奮したように指さす）

ランドレス：うん、うん。

　　ブリア：それからあっち。（部屋のさまざまな場所を指さす）

ランドレス：うん。

　　ブリア：あっち。（セラピストの鼻を触る）

ランドレス：（笑って）そうだね。どこもかしこもだ。あなたはときどきおもしろいことをするのが好きみたいだね。

　　ブリア：（首を振る）違う。（両手を口に当てて指を噛み続けている）

ランドレス：違うんだ。

　　ブリア：学校では違う。

ランドレス：ああ！　学校では違うんだ。

　　ブリア：先生が来るもの。

ランドレス：ああ、すると学校ではおもしろいことはしたらいけないんだね。（ブリアは首を振る）そういうことは先生は好きじゃないんだ。

　　ブリア：そう。

ランドレス：ふむ。

　　ブリア：先生は好きじゃない。

ランドレス：先生は好きじゃないから、別の場所でおもしろいことをしなきゃいけないんだね。（ブリアは口を手に当てたまま、私の正面で10インチ［約25cm］か12インチ［約30cm］しか離れていないところに立ち続けている）

　　ブリア：あなたの家では——あなたのお父さんが何々しなさいって言う。

ランドレス：ほお！

　　ブリア：そうしなさい！

ランドレス：すると、あなたのお父さんがそうしなさいって言ったら、そうしなきゃいけないんだね。

　　ブリア：それか、あなたのお母さん。

ランドレス：それか、あなたのお母さんもときどき、そうしなさいって言うかもしれないんだ。（ブリアはセラピストから2、3歩後ずさる。両手はまだ口にある。明らかにまだ不安そう。相変わらずおもちゃに触れない。不安の中からは遊びが生まれない）

ブリア：そうなの。（一歩セラピストに歩み寄る）ナマズを食べたの。もし学校におもちゃを持っていったら、先生は職員室におもちゃを置いて家に持ち帰らせないの。

ランドレス：ほお、そうすると、学校ではおもちゃを持っていられないんだ。職員室に置かれてしまうんだ。ふーむ。

ブリア：それで、おもちゃは他の人のものになるの。

ランドレス：もはやあなたのものではなくなっちゃう。誰か他の人のものになってしまうんだ。

ブリア：だって、その人たちはおもちゃを大事にして、何にも学校に持ってこないから。

ランドレス：ふーむ。

ブリア：だから、私持っていくよ、子どもたちは——私たち子どもは——私のクラスの子は、おもちゃを持っていくよ！

ランドレス：なるほど。すると、あなたのクラスはみんな学校におもちゃを持ってくるんだ。

ブリア：そう、小さなおもちゃじゃなくて——小さなクラスじゃないの。

ランドレス：ああ、小さなクラスじゃない。

ブリア：違うの。

ランドレス：あなたのクラスだけだね。

ブリア：ああ、そうなの。（セラピストに背を向けて２歩進み、セラピストの近くにある小さな机の上にあるおもちゃのレジスターに触る）見て。（おもちゃのレジのキーを打ちながら）５が出たら、次は２だよ。

ランドレス：（レジのほうへ体の向きをわずかに変え、腕を膝の上に置いてブリアのほうへ身を乗り出す）５を出して、それから２を出したね。

ブリア：５！（後ろへ下がり、口に手を入れて興奮した高い声を出す。見た目も声もリラックスしている。レジで遊ぶことで彼女はレジをコントロールできるので、自分がよくできているように感じられる）

ランドレス：そして５！　わくわくしているね。数を知っているみたいだね、ブリア。

ブリア：下！（両手でレジを引き寄せる。このとき、レジにかがんだブリアの頭はセラピストの顔から数インチ以内にある）

ランドレス：今度は、あなたが一つキーを押すと一つ数が上がったね。ほお！　それからそこを開いたんだね。（ブリアはクスクス笑う）どうやってこれを動かすのかわかっているみたいだね。

ブリア：次は５？

ランドレス：５、もう一度５だね。

ブリア：２。

ランドレス：それから２。

第 13 章　意味がないように見えるときに意味を発見する　**241**

ブリア：これは？
ランドレス：それかい？　あなたがいいと思う数でいいんだよ。
　　　ブリア：プラス。
ランドレス：次はプラスか。ふーむ。いろいろなものが出てきたね。
　　　ブリア：見て。（いくつかキーを押す）私これ押した？
ランドレス：ふーむ。それは押したかな。
　　　ブリア：（もう一度キーを押すが、何も起きない）
ランドレス：押したみたいだね。
　　　ブリア：（数歩下がり、両手で口を覆い金切り声を上げる。それからキーを押し続ける）
ランドレス：それが本当に好きなんだね！　ほら、下がっていたのを見つけた。全部上にし
　　　　　　たね。
　　　ブリア：（別のキーを押すと全部のキーが下がり、驚いた様子）
ランドレス：全部キーが下がったね。全部下がるなんて驚いたね！
　　　ブリア：（三つのキーを押す）
ランドレス：ふーむ。一度に三つだね。

　私たちの関係が始まったとき、私はブリアの不安を見て取り、聴き、察し、感じることがで
きました。ブリアは緊張と不安で身動きが取れず、どうすればいいかわからなくて困惑し、お
そらくは信頼できないと感じていたでしょう。私は彼女の感情に深く共感し、心地よさを感じ
ていました。私は彼女に何かをすることを期待していませんでした。私は彼女の感情を理解し
て受け容れました。次に何が起きるのかということは考えませんでした。**私はただ彼女と共に
その時を生き、共に経験していることに完全に没頭していたのです。**
　私の共感的な応答は、彼女がしていることを具体的に言葉にするものでした。たとえば、
「あの大きな鏡で自分を見ているんだね」という言葉は彼女のしていることに意味と価値を与
えて彼女の存在を肯定し、気持ちがリラックスするのを助けました。私は彼女が体験している
感情を言葉にしませんでした。言葉にすることで彼女の不安に注意を向けて大きくするからで
す。その後のブリアとの関係性の中で、私はすぐにそのような感情を言葉にするようになりま
した。それらはブリアをおびやかさないからです。私は年上の子どもたちにはためらうことな
く感情を言葉にします。年上の子どもたちは感情的な言葉を理解できるからです。もしセッ
ションの間中ずっとブリアが不安を感じ続け、私の正面の位置で根が生えたように動かなかっ
たとしても、私はそのことを快く受け容れ、何の期待ももたずに彼女とその時を過ごし続けた
でしょう。ブリアが私にどんどん近づいてきたとき、私は辛抱強く待ち、彼女は私の額に手を
伸ばして触っても大丈夫だと感じました。これは私たちの関係における重要なターニング・ポ
イントだったと思います。
　私はブリアが体験していることを受け容れ、忍耐強くありました。私はなぜ彼女が不安なの
かとは考えませんでした。彼女の体験について考えることは、彼女と共にいることを妨げるで
しょう。考える時間ではないのです。感じ、体験し、応答する時間です。言葉を使わない時間

でもありません。何も言わずにいることはブリアの不安と困惑を増大させ、どうしたらいいか わからなくさせていたでしょう。

この点は、初心のプレイセラピストが体験しています。「私は、私の沈黙や表情、身体の大 きさで子どもを制することができることを学びました。同様に、受容や寛大さ、感情と結びつ く目的に適った方法で子どもを自由にすることもできます。自分自身の使い方に配慮しなけれ ばいけません。子どもたちは、私よりも傷つきやすい存在です」

私は、私たちの関係の中で何が起きても乗り越えていく力がブリアにはあると信じていまし た。私の共感的な応答によって、彼女は怖いと感じる何かに触れても安全だと感じました。し かし、それが何だったのか私にはわかりません。私は受け容れ、それ以上を求めませんでし た。子どもたちは心の準備ができたときに自分が必要としているところに行くのです。

無意味に見えるできごとは、無意味ではない

アクスラインの本 *Dibs* は架空の物語ではありません。*Dibs* は、子どもが人生と葛藤する現 実の物語です。ディブスの母親は、彼を「知的障害あるいは脳に障害がある」と説明しまし た。ディブスは5歳で、約2年前に上級の子どもを対象とした上流の私立学校に入学しまし た。母親はディブスの入学のためにスタッフに賄賂を渡していました。毎朝ディブスは学校に 行くのをいやがり、教室まで母親に連れてこられるか、屈強な運転手に担がれてドアのすぐ内 側に降ろされなければなりませんでした。

ディブスは、プレイセラピーにおける一見取るに足りないできごとの中にも常に可能性があ ることを示しています。その根拠は第2章の最後の数ページに記述された、ディブスの学校で 行われたアクスラインによる初回のプレイセラピーが終わろうとする場面にみられます。「私 たちが廊下を半分ほど進むと彼の教室のドアが見えてきました。私はそのとき、ここから先は 一人で教室に行けると思うかどうか彼に尋ねました」（少し読むのをやめて次の質問を考えて ください。なぜアクスラインは教室まであと半分の地点で立ち止まったのでしょう？……感じ るままに、そこに何があったのか「感じて」みてください。あなたはディブスに感情的に近づ いたでしょうか？　ディブスは一人で行くことができるとアクスラインは思ったので、自分 の感じたことにすぐに応答したのです）。「『そうだね』、ディブスはそう言いました。彼は私の 手を離すと、一人で廊下を歩いて教室のドアに向かいました……ドアを開けると、彼は振り向 きました。私は手を振りました。彼の表情は興味深いものでした。驚いているように見えまし たが――ほとんど嬉しそうでもありました。彼は教室に入り、しっかりとドアを閉めました。 ディブスが一人でどこかに行くのは初めてでした」（Axline, 1964, pp.16-17）。教室に一人で行 くことも初めてでした。ディブスが一人で教室に入っていったとき、それはごくありふれたで きごとに見えます。ドアを開けることはそれほど重要なことには見えません。しかし、ディブ スにとっては、初めてのプレイセラピーで彼がどこまで到達したのかを見事に表していまし た。そしてこれはディブスにとって、始まりにすぎなかったのです！

第13章　意味がないように見えるときに意味を発見する　　**243**

経　験　則

プレイセラピーでは、意味のないできごとはない。

　アクスラインがプレイセラピーセッションの中でディブスと築いた関係性は、この小さな本の中に生き生きと描写され、遊びが子どもの普遍的な表現言語として重要であることを裏づけています。プレイセラピストはこの自然な遊びという言葉を通してのみ、子どもが自分の経験やそれへの反応、複雑でときに打ちのめされるような問題への解決を表現することを促し、子どもの世界と有意義に触れ合うことができるのです。アクスラインは、ディブスは考えられている以上の力をもっていると信じ、その信念に従って彼に対応しました。プレイルームの中で、ディブスは自分という人間を受け容れ、理解することを経験しました。彼は自分の境界を探索しても安全だと感じました。アクスラインが彼の世界に入ってもいいと感じ、アクスラインが彼を認めたように自分を認めても大丈夫だと感じました。自分自身に対する捉え方が変化すると、彼の世界の捉え方は変化し始めました。自分に能力があると感じられたので、教室はもはや怖い場所ではなくなったのです。

　プレイセラピーの中で起きる一見取るに足らないできごとは、実はふつうのことではないかもしれません。プレイセラピーにおけるすべてのできごとや行動は潜在的に重要な意味をもっていますが、些細なできごとに見えるので見過ごされてしまうことがあります。**そのようなできごとに気づくことは、たとえば鉱夫が金を探すときの態度に似ています。**鉱夫はこの小川のどこかに金があることを「知って」います。だから彼は常にそれを探しています。金がそこにあるかもしれないと思って探しているからこそ、小川の中できらめくどんな小さな光の粒にも気がつくのです。子ども中心プレイセラピストは、どのセッションにも常に可能性があるという態度で臨むのです。

プレイセラピーの中で感情的なブロックを発見すること

　プレイセラピーに関する文献や訓練ワークショップで感情的なブロックについて述べられることはほとんどありません。けれども、4歳のブリアが初めてのプレイセラピーセッションで体験したように、子どもたちはプレイセラピーの中でそれを体験します。

　　　ブリア：チョークはある？
　ランドレス：あそこにあるよ。（セラピストは黒板を指さす）
　　　ブリア：（黒板に近づく）家を描くの。赤い家。（黒板に描き始める）
　ランドレス：赤い家を描くんだね――そう、そこに。
　　　ブリア：それは、ただの家の道具。

ランドレス：ああ、そう。

ブリア：家は、三角のはずなの。

ランドレス：ふむふむ、あなたは家がどんなふうに見えるのか知っているんだね。

ブリア：ここに、えっと、少し——濃い色がほしいな。

ランドレス：ほお、違う色がいいんだね。

ブリア：濃いチョークがほしい。——チョーク、ああ——この色がいい。（夢中になってチョークで描く）

ランドレス：ほうほう。

ブリア：描けた——光があるところ。

ランドレス：そこに光があるんだね。

ブリア：でも、光は新しい色。ここがちょうど光が終わるところ。見て——。

ランドレス：なるほど。

ブリア：それから、すてきなドアがいる。

ランドレス：すぐそこに描いているのがドアだね。

ブリア：これがトントンノックするところ、それでこれがドアを開けるところ。

ランドレス：なるほど、そこにトントンノックするところがあるんだ。

ブリア：それから、誰かがひっかいて落書きしたあと。（チョークでドアのあちこちに落書きのあとをつける）

ランドレス：へえ、そんなふうに誰かがドアにひっかいて書いたんだ。

ブリア：うん！（すばやく動き始める。黒板の下にあるトレーの中にどさっとチョークを投げ入れてすぐに振り向き、さっと3歩ボボに近づき抱きしめる）そう！ドアをひっかいたところ。

ランドレス：ふーむ。

ブリア：（ボボを離してドールハウスのそばにひざまずく）OK！　準備はいい？（ぶっきらぼうな低い声で言う。ドールハウスの部屋の家具を別の部屋に移す）

（セッションは続く）

　心の目で黒板に向かうブリアを見てください——すばやく背を向けてトレイにチョークを投げ込みました……いったい何が起きたのでしょう？　……最初に戻ってこのエピソードを読み直し、書かれている言葉を超えて何が起きているのかを読みながら思い描いてください……あなたの目でその意味を聴くことができます。ブリアは遊びやお絵描き、物語を続けることができませんでした。読み直しながら小さなできごとに耳を傾けてください。そこにあるものをより十全に受け容れてみましょう。今度は何を見て何を聴いたでしょう？　ブリアが絵を描くのをやめたのは、家を描き終わったからでしょうか？　自分に尋ねてみてください。「なぜ、私は最初もっと隅々まで見なかったんだろう？」と。すべてのことを理解するつもりで見たり聞いたりしていなかったからでしょうか？　次に述べる2番目の感情的なブロックは、先に述べた1番目の感情的なブロックの約15分後に起きたものです。

第13章　意味がないように見えるときに意味を発見する　　**245**

ブリア：（おもちゃの4輪バギーに乗り、自分で押しながら部屋を横切る。おもちゃの棚の前で止まり、手を伸ばして大きな飛行機に触って言う）空港。空港ってどんなところか知らない。（バギーから降りてシンクに向かい、コップを手に取って中に水を注ぐ）飛行機ってどんなふうに飛ぶのかな——たとえば——船みたいかな。

ランドレス：ほお、不思議なんだね。どんなふうかなって。

ブリア：（コップから水を少しずつ飲みながら、ボボを抱きしめて言う）飛行機は地球の空気を押しているだけって知ってるよ。それで、悪魔が来て飛行機を捕まえるの。

ランドレス：ああ、すると、飛行機が押すと（セラピストは手を使って空中で押す動作をする）、悪魔が来て捕まえるんだ。ふむ。

ブリア：（ゴミ箱にコップを落とす）悪魔は船も乗っている人も丸ごと全部食べちゃう。

ランドレス：ほう。

ブリア：（振り返ってすばやく両手でボボを握り、それからギュッと強く抱きしめる。ドールハウスを見下ろし、セラピストを見て興奮した声で言う）ほら、起きようとしている。男の人が服を着ないで仕事に行こうとしている。（ドールハウスのそばにひざまずく）

ランドレス：ああ、するとその人は仕事に行くところで、服を着ていないんだ。

ブリア：そうだよ、だって仕事はその人のこといらないの。寒くはないよ。仕事はその人にいなくなってほしくないの。わかった？

ランドレス：わかったよ、決めたみたいだね。

ブリア：起きる時間だよ。あら、彼は「ノー」って言った。起きる時間じゃない。

（セッションは続く）

　いったい何が起きたのでしょう？　……この二つ目のエピソードの最初に戻って読み直し、ブリアが感じていたことを聴き、見ようとしてください……なぜブリアは話し続けられなくなったのでしょう？　今回あなたは何を見て何を聴きましたか？　小さなできごとに耳を傾けてください——子ども中心プレイセラピストは、常に意味を探して耳を傾けています。セラピストが感知していることを耳にとめ、心で感じています。一見取るに足らないできごとの中に潜在的な意味があります。感情的なブロックを体験するたびにブリアが慰めを得る一連の流れに気がつきましたか？　彼女は毎回ボボを抱きしめてからドールハウスで遊ぶためにかがみこんでいました。

　感情的なブロックについてもう少し述べます。子どもの感情的なブロックを常に尊重しましょう。幼い子どもはプレイセラピストに「それについて話す準備ができていません」と伝えられるような感情の防衛機制をもっていません。私はぞっとするようなことや恐ろしいできごとについて尋ねません。子どもがそのような領域に行く心の準備ができたときに、私を連れていってくれると信じています。

第14章

治療的な制限設定

　制限設定はプレイセラピーの最も重要な要素であるとともに、セラピストにとって最も問題となる領域でもあります。経験の浅いセラピストはしばしば不安を感じ、制限を用いるまでに時間がかかってしまいます。ときには、子どもに好かれたいがために制限を用いるのをしぶることもあります。そのような問題はセラピストの子どもに対する信頼の欠如の結果かもしれません。あるいは、そういったセラピストは治療のプロセスにおける制限設定の本質的な重要性を理解していないのかもしれません。制限は、治療関係の発展に構造をもたらし、それを現実の関係にする助けとなります。制限が設けられていなかったならば、**治療関係はほとんど価値のあるものにならないでしょう**。無秩序で混沌とした関係の中では情緒的・社会的成長は起こりえませんし、ムスターカス（Moustakas, 1959）によれば、制限なしの治療はありえません。

制限設定の基本的なガイドライン

　子ども中心プレイセラピー（CCPT）のアプローチにおける許容とは、すべての行動を受け容れることを意味しているのではありません。セラピーは学習経験であり、制限は、子どもたちが自己コントロールや、自分たちが選択の自由をもっていること、選択するということはどのような感じがするものか、責任とはどのような感じがするものかということを学ぶ機会を提供するものです。ですから、制限が設けられるべきなのに設けられないとき、子どもたちは自分自身について何か大切なことを学ぶ機会を奪われることになります。治療的な制限設定の中では、子どもたちは選択の機会を与えられています。それによって、彼らは、生きていくうえで自分自身、そして自分の幸せに責任をもつということについて学ぶのです。

　子どもたちは建設的で協力的な行動を選ぶものだというセラピストの信念は、治療過程において、重要で影響力をもつ変数です。子どもたちは、自分自身が尊重され、自分自身の感情（それがポジティブなものであれ、ネガティブなものであれ）が受容されているときに、より

第14章　治療的な制限設定　　**247**

制限に応じやすいものです。ですから、セラピストは、たとえば、その子どもへの根本的な理解や支持、尊重する気持ち、そしてその子どもを本当に信頼しているということを表現し続けながら、その子どもが表現していない抵抗への欲求に焦点を当てていったりします。

　プレイルームでの制限は、最小限で、かつ、守らせることができるものであるべきです。たくさんの制限が課せられた中では、子どもたちは自分自身について学び、適切に自己を表現することはできません。守らせることのできない制限は、信頼が育つのを妨げ、治療関係に多大な悪影響を及ぼします。

　条件つきの制限よりは、むしろ完全な制限を定めるほうが効果的です。完全な制限は子どもを混乱させることがより少なく、セラピストもより安心していられるでしょう。「私のことをつねってもいいけれど、私のことを傷つけてはいけません」というのは、どれくらいつねると傷つけることになるのかということについて、考える余地が十分に残っています。同様に、「少しなら砂に水をかけてもいいよ」と言うのもいただけません。もし、セラピストが「たぶん、ボボ人形にそんなにたくさん糊を塗りつけるべきじゃないよ」と言ったとしたら、子どもは何が期待されているのかをどうやって知ればいいというのでしょうか。条件つきの制限は、議論のもとになります。完全な制限とは、「私をつねったらだめだよ」というようなものになるでしょう。そうすれば、その子は何が許されないのかがはっきりとわかります。「ドアを強く蹴ったらだめだよ」というような条件つきの制限は、議論のもとになりうるのです。セラピストが「強い」と思っても、それが子どもには「強い」と知覚されていないかもしれず、それゆえ子どもはセラピストを説得しようとするかもしれません。セラピストは、決して子どもと議論するべきではありません。いちばんよいのは、もともとの制限や論点を簡単にもう1回言い、そして、子どもの感情や欲求を言葉にして言ってやることです。「あなたは、鏡を撃っていないと私に納得してほしいみたいだけど、ともかく鏡は撃つものじゃないよ」というように。

　制限は、穏やかに、辛抱強く、事実に即してしっかりと提示するべきです。あわただしく設定されたり、すぐに口にされたりした制限は、セラピストの不安や子どもへの信頼の欠如を明かすものとなります。セラピストの態度が、子どもが責任をもって反応するという信頼や信念に本当に裏づけられたものであるならば、セラピストの応答はそれ相応に穏やかなものとなるでしょう。子どもがセラピストから10フィート［約3m］離れたところに立って、ダーツ銃でセラピストを撃つぞとおどかしているとき、実際のところ、そのセラピストがすばやく部屋を横切って引き金が引かれる前に子どもを止めることはできません。ですから、セラピストはそこに穏やかに座って、自分が適切に応答すれば子どもは責任をもって反応するだろうと信じていたほうがよいでしょう。もし、セラピストが椅子から急に立ち上がって銃をつかもうとしたら、その行動は「私はあなたを信じていません」というメッセージを伝えることになるでしょう。するとその子どもは、セラピストが「本当にぼくがそうすると思った」ので、最初にやろうと思ったことを実行することになるのです。

　このような、神経を張りつめたやりとりのひとときは、セラピストの不安を喚起し、セラピストのより深い態度や信念、動機をすぐに露わにしてしまうことがあります。経験の浅いセラ

ピストは、制限を押し広げようとし続けたり、制限せざるをえないようなことをすると言っておどしたり、あるいは実際に制限を破ったりする子どもに対して、いくらかの不安や、ひょっとすると少しの拒否感すら覚えることでしょう。こういった状況の中で子どもたちが本当に信頼できるということや、いずれ「難局を切り抜ける」ことができるということをセラピストが学び、そして、もし適切な応答がなされるのであれば、子どもたちは自分の行動をコントロールすることが本当にできるし、またそうするだろうということをそのプロセスの中でセラピストが発見する方法が一つだけあります。スーパーヴィジョンはその唯一の方法なので、セラピストが自分自身のより深いレベルの感情や態度を詳細に検討するために、スーパーヴィジョンを受ける経験が不可欠です。

　治療的な制限設定においては、責任がどこにあるかということをはっきり伝えるために、常に子どもに焦点を合わせ、子どもを強調します。「ここでは、私たちはズボンを脱いではいけないよ」というような応答は、セラピストにはズボンを脱ごうとする気持ちがちっともないので、不適切です。さらに、「私たち」とか「私たちの」という言葉を使うと、セラピストもプロセスの一部であると示すことになってしまいます。子どもたちは独立させておいてやるべきなのです。「ここでは、私たちは絵の具を床に投げないよ」という応答は、子どもに焦点を当てていないので、制限というものの影響力を薄めてしまいます。こういった応答でセラピストが自分自身を含めてしまうということは、おそらく文化的な応答の習慣によるものでしょうが、それだけでなく、セラピスト自身が気づいていない欲求や態度の存在を示しているのかもしれません。

いつ、制限を提示するか

　プレイセラピストたちの間での共通した問題は、いつ制限を提示するか、ということです。制限は、最初のセッションが始まるときに、プレイルームについての全般的な説明の一部として示すべきなのでしょうか。あるいは、セラピストは、制限を示さなければならなくなるときまで待つべきなのでしょうか。最初のセッションが始まるときに、たくさんの制限事項を伝える必要はありません。こういうことをすると否定的な雰囲気になりがちで、自由で許容的な環境を確立するという治療上の目的の邪魔になります。プレイセラピーにおいては、セラピストは常に、子どもや二人の関係に自分が投げかけようとしている態度に気を配ります。

　ある子どもたちにとっては、制限を一覧にして示すことは、彼らに入れ知恵するだけのことにしかなりません。用心深く（いわゆる“内気”で）怯えている子どもにとっては、初期に制限を導入することは彼らをますます抑制することにしかなりません。行動に制限を設ける必要がまったくない子どもたちもいます。プレイセラピーは子どもたちにとっての学習経験ですが、学習するのに最もよいときとは、制限の問題が生じたときです。制限が必要となるまさにその瞬間に、情動的な学習が可能となるのです。

第14章　治療的な制限設定　**249**

> **経 験 則**
>
> 制限は、それが必要になるまでは必要ではない。

　自己コントロールは、自己コントロールを練習する機会が生じなければ、学ぶことはできません。ですから、子どもがプレイルームを出ることへの制限は、その子どもがプレイルームを出ようとし始めるまで不必要です。そのときに、「あなたはプレイルームを出たいんだね。でも、（セラピストは時計をちらりと見て）私たちはもう20分間プレイルームにいることになっているよ。20分たったら、プレイルームを出る時間だよ」と応答することで、子どもはその制限を守るか守らないかという責任に取り組むことになります。ちなみにこのケースでは、セラピストは「私たち」という表現を、関係性を強調するために用いています。また実際に、セラピストも子どもと同様、時間がくればプレイルームを出ることになっています。

治療的な制限設定についての理論的根拠

　プレイセラピストは、制限設定についての理論的根拠をもっていないがゆえに制限を用いるのに困難を感じることがよくあります。その結果、あるときはある行動を許していたのに、また別のときにはそれと同じ行動に制限を設けるというような一貫性のないことになってしまいます。制限設定の目的や、いつ制限を設けるべきなのかということを知っておくことで、矛盾なく制限を用いることができます。プレイルームで制限が必要になる瞬間に、特定の行動に制限が必要かどうかを考え始めるのではありません。

　治療的な制限設定は、適切な原則や、制限設定を通した介入が必要となるような全般的な領域においてよく考え抜かれた定式化を基礎にしています。制限設定は、セラピストの散発的で不確かな思いつきによって行われるべきではありません。制限は、治療関係の促進を念頭に置いてはっきりと考え抜かれた理論的根拠に支えられた、明確で定義可能な基準に基礎を置いているのです。制限は、単に行動を制限するためだけに設定すべきではありません。制限は、一般に認められている心理的な成長原理の実現を促進するものと見なされているがゆえに適用されるのです。

　このようにいうと奇妙に聞こえるかもしれませんし、また、攻撃的で、怒っている子どもと直面しているまっただ中ではなおさらそれを正しく認識することは難しいのですが、**欲求を表現する自由**は、その結果としての行動表現よりも重要です。制限を破りたいという子どもの欲求には、行動として表現されなかったとしても治療上の意味があります。なぜなら、私たちはここで、動機、自己認識、独立心、受容されたいという欲求、そして重要な人物との関係性の理解に関わる内在的な変数を扱っているからです。示されている行動はまったく二次的なものなのですが、不慣れなセラピストがそれを止めようとして子どもの行動に注意とエネルギーを

とられてしまうことが非常にしばしば起こります。熟練したセラピストは、子どもがおもちゃのトラックをつかんで「このトラックを踏んでやるぞ」と言うなど制限設定が必要であることが明らかになると、すぐに治療的な制限設定のプロセスを始めます。セラピストは、トラックが壊れるまで待つようなことはしません。子どものすべての感情、欲求、願いは受容されますが、すべての行動が受容されるわけではないのです。セラピストは「あなたはそのトラックを踏みつけたいんだね。でも、トラックは踏みつけるためのものじゃないよ。その卵のケースなら踏みつけてもいいよ」と言います。このプロセスにおいては、子どもの感情や欲求は受け容れられ、制限は設定され、受容できる代替案が提示されているため、子どもはその関係性の中で自由に行動できます。破壊的な行動は受容されませんが、子どもは、叱られたり拒絶されたりする心配をすることなく自分自身を象徴的に表現することができます。治療的な制限設定の理論的根拠については、以下の七つの原則とそれに付随する議論の中で示します。

1. 制限は、子どもたちに身体的、情緒的な安心感と安全を提供する

　プレイルームの中の雰囲気は、プレイルームの外での人間関係における雰囲気よりももっと許容的な感じを子どもに与えますが、プレイルームにおいては、基本的で常識的な健康と安全のための制限が優先されます。子どもの行動に対して制限を設定することは、セラピストの子どもを尊重する気持ちや子どもへの配慮、そしてセラピストがその子を身体的、心理的に安全でいられるようにしようとしていることを示しています。その結果として、子どもが安心感をもてる関係性や雰囲気が実現するのです。鉛筆の先はとがっているので子どもは鉛筆をダーツ銃で撃ってはいけません。また、子どもは錆びた缶から水を飲んではいけませんし、はさみで自分を切ったりしてはいけません。危ないことになりそうな行為に子どもが没頭しているためにセラピストの気が立っている、というようなセッションには、まったくといってよいくらい治療的価値がないと思われます。子どもには決して壁の電気コンセントに物を突っ込ませてはいけません。予防措置として、コンセントは覆っておくべきです。

　子どもがセラピストを叩いたり、おもちゃでセラピストの頭をぶん殴ったりしたいと思っているような場合には、起こりうる罪悪感から子どもを守る必要もときにはあるかもしれません。その子どもは、セラピストにしてしまったことを後で気に病み、セラピストはけがをしたのではないか、あるいは、セラピストは自分のことをもはや好きになってはくれないのではないかと恐れて、まったく不安な気持ちになってしまうかもしれません。もし子どもがセラピストの顔に絵の具を塗ったり、セラピストの服に絵の具をあびせたり、あるいはダーツ銃でセラピストを撃つことを許されたとしたら、同じような感情や反応が起こりえます。子どもに、セラピストを叩いたり、蹴ったり、ひっかいたり、噛んだりすることを許してはいけません。子どもがセラピストを叩きたいとか、壁に絵を描きたいとか、備品を壊したいなどといった欲求を表現したとしても、そのような行動は、それに伴って罪の意識や不安が出てくることを防ぐために、制限されます。ここに描かれているような状況に対応するにあたって、セラピストは常に子どもの感情や欲求を受け容れる態度を守り続けます。

　子どもは、不安定に感じるような環境では、みずからの成長可能性を最大限に発揮すること

ができません。行動に関して限界や制限がまったく存在しないようなとき、子どもは危なっかしく感じ、通常は不安を抱きます。制限は、環境や関係に構造を与え、それゆえに子どもは安心感をもつことができるのです。自分自身の衝動をコントロールするのが難しく、自分の行動をコントロールする機会を与えてくれるような形での制限の経験を、安全のために必要としている子どももいます。つまり、制限は、子どもの情緒的な安全を保証する助けとなるのです。子どもがプレイセラピーの関係の中でどこに限界があるのか発見し、それらの限界が一貫して厳守されることを経験するとき、彼らはその関係や設定の中に予測可能性があるため、安心感をもつのです。制限は、治療関係の限界を明確にしてくれます。

2. 制限は、セラピストの身体的安全を守り、セラピストが子どもを受容する助けとなる

　セラピストの身体的安全は、情緒的、身体的な快適さと並んで、治療過程における重要な側面です。子どもに部屋の反対側から積み木を投げつけられて爆撃されているセラピストは、その攻撃の根底にある理由や、そのとき子どもが何を感じているかを理解することに集中するのに大変な困難を感じることでしょう。頭の上から砂をあびせられているのに座っていたり、子どもが自分の新しい靴のひもを切っている間に我慢強くそれを見ていたりして、それでもなお、子どもの欲求に集中していられるセラピストは実際めったにいません。身体的な快適さと安全は、私たちみんなが基本的に必要としていることであり、意識的であろうと無意識的であろうと、人はそれに気を配っているものです。そのことについてのセラピストの自覚は、この問題を適切に扱い、解決するために不可欠です。

　子どもの中にある生来の成長可能性は、セラピストの受容と優しい気づかいにより促進されますが、治療過程全体を通してセラピストが子どもに対して共感的、受容的であり続けられるのは、制限設定のおかげです。セラピストの受容を妨げてしまうような子どもの行動には制限が設けられます。ハンマーで膝を殴られながら、セラピストがその子どもに対して優しく、思いやりのある、受容的な態度をとり続けるのは、事実上無理なことです。こういった状況の中では、セラピストは憤慨や拒否といった感情を経験しがちですし、それは、ある程度その子どもに伝わってしまいます。子どもがセラピストの髪を引っ張ったり、セラピストに砂を投げつけたり、セラピストの靴に絵の具を塗ったり、あるいはセラピストを叩いたりすることを、いかなる形であれ許すべきではありません。いかなる形であれ、セラピストに対する直接の強引な身体的行動化や攻撃は禁止するべきです。この手の行動は、どのような事情にあっても受け容れてはいけません。なぜなら、これらの行動はセラピストの共感的な受容、子どもへの尊敬、子どもについての客観的な姿勢といったものを妨げてしまうからです。おそらく、制限は、セラピストが子どものことを高いレベルで受容し続ける助けになるのでしょう。

　プレイセラピストは「超人」ではありません。セラピストは、ふつうの、そしてときには制御不可能な情緒的な反応を体験せざるをえませんし、いったんセラピストに怒りや拒否の反応が起こってくると、それは子どもに感じ取られてしまいます。それゆえ、制限設定を適切なタイミングで行うことは、子どもに対する受容的態度や肯定的な関心を維持するうえで非常に重要なのです。セラピストの怒りや不安といった感情を喚起しそうな活動は、ふつうは制限すべき

です。しかしながら、子どもがちょっと散らかしているようなときにも不安や怒りを覚えているセラピストもいます。このようなケースにおいては、セラピストに自分自身の動機を注意深く調べてみることを強くお勧めします。制限は、治療関係を促進するために設定されているでしょうか。それとも、セラピストの考える堅苦しくきちんとしたふるまいをさせるために設定されているのでしょうか。

3. 制限は、子どもの意思決定、自己コントロール、自己責任能力の発達を促進する

プレイセラピーで子どもが学ぶことの一つに、それがポジティブなものであろうとネガティブなものであろうと、自分の感情は受け容れられる、ということがあります。ですから、自分の感情を拒否したり、否定したりする必要はないのです。プレイルームの中では、あらゆる感情について、それを受け容れられる形で表現することができます。子どもは、最初の衝動に突き動かされる形で感情をとことん出し切ったり表現したりすることを我慢できるようになる前に、自分の行動への自覚や責任感をもち、自己コントロールの練習をしなければなりません。激しい情動が湧き上がってくるまっただ中では、子どもはしばしば自分の行動に気づいていないものですし、同様に、責任感がまったく欠けているものです。制限設定は、「壁は絵を描くところじゃないよ」というような言葉を通して、その状況における目先の現実に焦点を当て、また間接的には子どもの行動に注意を向けさせるものなのです。

自分のしていることに気づいていないとき、子どもはどうやって責任感を発達させていけばよいというのでしょう。また、自分の行動を変えるのにひどく防衛的になっているとき、どうやって自分自身をコントロールできているという感じを経験すればよいのでしょうか。治療的な制限設定は、子どもの行動には焦点を当てていないので、行動をやめさせようとするときにしばしば起こってくるような防衛的な感情をかき立てはしません。焦点が当てられているのは、子どもの感情や欲求、そしてその行動の受け取り手や対象なのです。このことは、「壁に絵を描いてはいけません」とは違う、「あなたは壁に絵を描きたいでしょうけど、壁は絵を描くところじゃありません」という言い方にはっきりと見て取ることができます。

壁に絵を描きたいとか、散らかしたいとか、制限を破りたいといった子どもの要求は受け容れられます。そのことはたとえば、「きみは壁に絵を描きたいと思っているんだね。でも壁は絵を描くためのものではないよ。イーゼルの上の紙は、絵を描くためのものだよ」というように、こちらが許容できるような代わりの物を用意するという非常にはっきりした具体的なやり方で伝えられます。ここでは、感情や要求を表現するのをやめさせようとはしていません。こういった言い方は、子どもに、自分自身を表現するうえで許容される方法をはっきりと示しています。こうなると、子どもは、もともとの衝動に従って行動するか、あるいは、代わりとなる行動によって自分自身を表現するか、という選択に直面することになります。その選択は子どもがするのであり、セラピストは子どもが選択できるようにするのです。決定は子どもがするものであり、意思決定には責任が伴います。子どもがイーゼルの紙に絵を描くことを選んだとき、それはその子がそうすると決め、自己コントロールを実行したためであり、セラピストがそうさせたためではないのです。

第14章　治療的な制限設定　　**253**

4. 制限は、セッションを現実につなぎとめ、「今、ここ」を強調する

　プレイルームの中で空想遊びに没頭し、すべての時間を空想のシーンを演ずるのに熱中して過ごし、それゆえ社会的に受け容れがたかったり破壊的であったりするような行為やふるまいについて、事実上少しも責任をもとうとしない子どもたちがいます。セラピストが制限を口にすると、子どもはすぐに、空想の体験から、特定の行動を受け容れてくれない大人との関係という現実に引き戻されます。それは、プレイルームでは行動にかけられる制限が実質的にずっと少ないという点を別にすると、プレイルームの外における現実と同様です。セラピストが、「あなたはとても絵の具を床に投げ捨てたいと思っているみたいだけど、絵の具は床の上に流すものではありません。絵の具を流すところは、流し台ですよ」と口をはさんだとき、子どもは受け容れられる境界を越えてしまったのだという現実に直面して、次に何をするか選択する機会を与えられ、それに伴う責任感を経験することとなります。もはや子どもは、空想を演じてはいられません。なぜなら、いったん制限が設定されたら、セラピストを無視することはできないからです。すると子どもは、プレイルームやセラピストとの関わりの中で決定をするという現実に集中せざるをえなくなります。

　そういうわけで、制限は、プレイセラピー体験が現実的な性質をもつことを保証するものです。経験や学んだことを日常に生かすことができなくなってはいけないので、治療上の体験は、プレイルームの外での生活とあまりかけはなれたものであってはなりません。何らかの意義を有するあらゆる関係において、制限は存在するのです。どのような制限もない関係というのは、間違いなく、当事者にとってほとんど価値をもたないでしょう。セラピストが、自分自身を危害から守るために制限を口にすることは、セラピストが人間であるということや、セラピストが自分自身を尊重しているということを言明することでもあるのです。そのとき、子どもとの体験は本当の意味で、その瞬間に現実に起こりつつあるプロセスの力動としっかり結びついた、生きた関係となるのです。

5. 制限は、プレイルームの環境を一貫したものにする

　しばしば、大人の側がルールを維持できないために一貫しない行動をとっているような家庭や教室環境からやってくる子どもたちがいます。こういった環境の中では、今日禁止されていたことが明日も禁止されるかもしれないし、明日は禁止されないかもしれません。今日やってよかったことは、明日もやっていいかもしれないし、明日はやってはいけないかもしれません。大人の今朝の受容的な態度は、今日の午後も続いているかもしれないし、午後には持ち越されていないかもしれません。結果として、そういった環境に置かれている子どもたちは、何が期待されているのかということさえも決してちゃんとはわからないので、しばしばとても慎重になったり、あるいはただ境界がどこにあるのかということを見つけ出そうとしてあからさまな行動化を起こしたりすることで対処しようとします。そもそも、ある程度の情緒的バランスを得るためには、子どもはその生活の中で一貫性を体験する必要があります。セラピスト側の態度や行動が一貫していることは、子どもが安心感をもつ助けとなり、この内的な安心感により、彼らは自分自身として存在することができるようになるのです。

プレイセラピストが一貫した環境を構築する方法の一つとして、一貫した制限を導入し使用するというやり方があります。制限は、一貫して、脅威を与えないように提示され、セラピストは制限がちゃんと守られているか徹底して気をつけますが、それは厳しく行うのではなく、一貫して行うのです。厳しいという言葉は、ともすると罰とか、理解や受容的な態度の欠如という意味合いをもちます。その一方で、理解や受容というのは、気ままであるとか、最後までやりとげようとしないこととか、あるいは「煮え切らない」何でもありの態度、といったことを含んではいません。セラピストは、根気よく子どもの望みや欲求を理解して受け容れていても、子どもの行動を受け容れているわけではないこともあります。それゆえ、制限は、一貫した環境という構造を提供する助けとなるのです。セラピストは、同じようなおもちゃがおもちゃ箱にどれだけたくさんあっても、あるセッションにおいて子どもがおもちゃを壊すのを許しません。そして、次のセッションにおいても、子どもが同じようなおもちゃを壊すことについて制限を設けます。前回のセッションで禁止されていたことは今回のセッションでも禁止され、前回のセッションでやってよかったことは今回のセッションでもやっていいのです。このように、セッションには一貫性があり、予測のつく場です。こういったことが治療的なのです。

　一貫性がなければ、その場は予測のしようがなく、予測のしようがなければ、安心感をもつことなどできません。一貫した制限を断固として守ることは、プレイセラピーにおける関係性を予測可能なものにし、それゆえに子どもの安心感も高まります。制限設定についての一貫性は、セラピストの態度が果たす機能の一つであり、セラピストが子どもの幸せや、子どもの受容に献身しているということを具体的に示すものとなります。一貫した制限設定は、セラピストが喜んで子どもとの関係にエネルギーをそそぐつもりがあることの明確な表明となります。このように目に見える形で一貫性を保つことで、セラピストは、受容のような目に見えにくい他の領域におけるセラピストの気持ちや態度が本物であることを子どもに保証するのです。

6．制限は、専門的で、倫理的で、社会的に受け容れられる関係を維持するのに役立つ

　プレイセラピーの設定そのものやクライエントの年齢のせいで、プレイセラピーにおいては、他の治療設定においてよりも、抑制されていない、あるいは行動化とも呼べるようなふるまいが起こりやすくなっています。成人期、青年期のクライエントがセラピストのオフィスで服を脱いだり、セラピストを抱きしめたり、床におしっこをしたりしたいと思うことなど想像もつきませんが、こういった行動は、プレイルームの中では珍しいことではありません。自由さ、許容性、構造といったプレイルームの性質は、一般的な面接室よりもこういった行動を誘発しやすいのです。ときには、こういった行動が筋の通った流れで起こってくることがあります。まず初めに、子どもは靴と靴下を脱いで砂場に入ります。それからしばらくしてその子は、砂場で遊ぶために、あるいは赤ちゃんのふりをするために、残りの衣服を脱いでしまうのです。

　砂場の中で遊ぶために靴と靴下を脱ぐのを子どもに許すのは適切なことです。なにしろ、それは、学校のグラウンドや公園、海岸などではありふれた行為なのですから。しかし、こう

いった場所でズボンや下着を脱ぐことは、ありふれたことでも社会的に受け容れられることでもないので、それはプレイセラピー体験の中でも受け容れられはしません。床の上におしっこをすることも社会的に受け容れられることではないので、きっぱりと、一貫した制限設定によって対応するべきです。

　性的虐待を受けた子どもの中には、加害者である大人にされた性的でエロティックな行為をセラピストに向けようとする子もいるかもしれません。それは、その子がプレイルームの中で安全であると感じているためかもしれませんし、あるいは、ひょっとすると無意識に、自分が何を体験したのかということをセラピストに伝えようとしてのことかもしれません。セラピストを抱きしめることや、その他誘惑的な行動をその子に許すべきではありません。こういった行動に対しては、制限を設定するべきなのです。どのような形態であれ、セラピストと子どもの間の性的接触は不適切であり、専門家のやることではありませんし、非倫理的で、法律に反しています。その他多くの行動化に対してと同様に、治療的な制限設定がなされると、子どもは自分の行動やそれに伴う感情を象徴的に表現することができるようになり、セラピストも、客観的でありつつも十分に関わっている参加者としてそこにいることができるようになります。このようにして、制限設定は、専門的で倫理的な治療関係を維持するのに役立ちます。これらと同じ制限は、グループでのプレイセラピー体験にも適用されます。上に挙げたような性的な行動を子どもたちがお互いにすることを許してはなりません。

7. 制限は、プレイセラピー用具と部屋を守ってくれる

　ほとんどのプレイセラピープログラムは、おもちゃや用具をいつもプレイルームに調達し続けることができるほど無制限な予算に恵まれてはいません。手あたりしだいにおもちゃを壊すのを許すと高くつくでしょうし、同時にそれは、子どもの情緒的発達に役立ちはしないでしょう。ほとんどのプレイセラピストには、ビニール糸で密に織った3枚重ねの布で覆ってある、150ドル以上もするボボのパンチング人形を頻繁に取り替える金銭的余裕はありません。そこで、「ボボ人形は殴るためのもので、はさみを突き刺すためのものじゃないよ」と言うわけです。

　子どもにとって、木のドールハウスの上で飛び跳ねてそれをばらばらに壊すのは大変楽しいことでしょうが、そのドールハウスはおそらく修理不可能となりますから、「ドールハウスは、その上で飛び跳ねるためのものじゃないよ」と言って守らないといけません。これらより安価なものもまた、壊したり、打ちつけたりするためにあるのではありません。それと同様、部屋も壊すものではありません。子どもは、壁や床を積み木で叩いて穴を開けてはいけないのです。こういったときは、制限を設定するよい機会であり、子どもが価値のあること、つまり、どのようにして自分自身をコントロールするかということを学ぶ好機です。プレイルームは、制限がなく自由で、そこで子どもがまったく何でもすることができる、というような場所ではありません。そこには制限があり、そういった制限は、治療過程の一部分なのです。

　しかしながら、子どもが許容できるものを使って自分の感情を適切に表現する機会をもてるように配慮することは重要です。単に行動を制限するだけでは十分ではありません。ですの

で、あらゆるプレイルームには、打ちつけたり、壊したり、投げたりできるようなものをいくつか備えておくべきです。卵のパックは、この目的を非常によく満たしてくれるようです。これらの箱は、積み重ねて蹴り飛ばすこともでき、その上で飛び跳ねて壊すこともできれば、ばらばらにすることも、投げることも、絵を描くこともできます。床に打ちつけたり、投げつけたりするものの適切な代替物としては、子ども用粘土がよいでしょう。

　実際、プレイセラピーにおいて設定される制限の数は最低限に抑えられており、制限されるのは以下の範囲の行動です。①子どもやセラピストに対して、害を与えたり、危険であったりする行動、②治療の決まった手順やプロセスを妨害するような行動（しきりにプレイルームから出ようとしたり、時間が過ぎても遊ぼうとするなど）、③部屋や用具を壊すこと、④プレイルームからおもちゃを持ち出すこと、⑤社会的に受け容れられない行動、⑥不適切なやり方で愛情を表すこと。

制限設定の本質
　プレイセラピストは
　　最小限で
　　現実的で
　　中立的で
　　必要な
　制限を設定するとき
　　理性的で
　　合理的で
　　一貫性があり
　　無条件に子どもを受け容れ
　　くつろいでいて
　　確固たる態度でいるべきです

治療的な制限設定の手続き

　制限設定は、子どもに理解や受容、そして責任を伝えるために慎重に考え抜かれた手続きです。セラピストの目的は行動をやめさせることではなく、むしろ、その行動を動機づけている感情や望み、要求を、より受け容れられる形で子どもが表現できるよう促すことです。プレイセラピストは、行動を禁止する者というよりは、表現を促進する者です。ですから、その目的は、子どもがより社会的に受け容れられる行為やふるまいを通して表現するのを促すことです。適切な方法で感情を表現することを促す過程で、子どもは初めの行動をコントロールすることや、自分に「ノー」と言うことを学びます。すぐにわかることですが、プレイルームにおけるいくつかの行為は制限されなければなりません。こういったときのセラピストの態度や目

第14章　治療的な制限設定　　*257*

的は、そのセラピストの制限設定への取り組み方におおいに影響しています。もしもセラピストが、好ましくない行動をやめさせようと決心していたなら、制限設定への取り組み方は、「そんなことはしないで」というようなきつい言い方になりそうです。するとその子どもは、拒否されたと感じるか、セラピストはわかってくれないと感じるでしょう。もしセラピストに自信がなく、制限設定の手続きに確信がもてずにいたら、そのことも、「あなたはそれをするべきじゃないと思うよ」というような言い方を通して伝わってしまうでしょう。するとその子どもは、不安に感じるか、あるいは、それをやめる十分な理由がないというわけで、その行動を続けることでしょう。

プレイセラピーの実践家の多くは、セラピストが制限しようとしている行動に固執する子どもの何人かは、セラピストの不確かさや不安に気づいているためにそうしているのだ、ということがすぐにわかるでしょう。「それをしてはいけないと前にも言ったでしょう」というように、要求がましく権威主義的な態度や言い方を突きつけられると、子どもはもともとの行動に固執することによって自分自身を守らなければならないと感じるようです。こういった場合、変わるということは、ほとんど自分をなくしてしまうことに等しいのです。そういうわけで、結果的に権力闘争が起こりがちです。

セラピストの目的は、行動をやめさせようとするよりもむしろ、子どもは自分の行動を変える責任を委ねられているのだというふうに応答することです。もしセラピストが子どもに何をするかを教えるならば、セラピストに責任があることになってしまいます。セラピストが、子どもに責任を果たす能力があると信じ、「鏡は物を投げつけるためのものではないよ。物を投げつけたいなら、砂場があるよ」と伝えるとき、子どもは次に何をするかを自由に決めることになり、したがって、子どもに責任があることになるのです。

プレイセラピストは、制限を設定する必要に迫られたとき、自分の態度や意図を慎重に吟味し、実際の制限を伝えるにはどうするのがいちばんよいのかということについて徹底的に考えるとよいでしょう。壁に絵を描こうとしている子どもに対する下に挙げた言い方は、明らかにそれぞれ異なったメッセージを伝えるものです。

　「壁に絵を描くということは、たぶん、いい思いつきじゃないよ」
　「私たちは、ここでは壁に絵を描くことはできないよ」
　「きみは、壁に絵を描くべきじゃないよ」
　「私は、きみに壁に絵を描かせてあげることはできないよ」
　「たぶん、壁じゃなくて、何か他の物に絵を描くことができるよ」
　「規則では、きみは壁に絵を描くことはできないよ」
　「壁は、絵を描くためのものじゃないよ」

治療的な制限設定のプロセスにおけるそれぞれのステップ

　治療的な制限設定のプロセスにおいては、いくつかの具体的なステップが用いられるでしょう。これらのステップは、子どもの動機に対する理解や受容を伝えるというプロセスを促進するためや、制限を明確にするため、また、許容できる代わりの行動やふるまいを子どもに提供するために用いられます。

ステップ１　子どもの感情や願い、欲求を認める
　子どもの感情や欲求を理解して言葉にすると、子どもの動機をこちらが受容しているということが伝わります。これは重要なステップです。なぜならそれは、子どもが感情をもっており、それが遊びの活動において表現されているということや、またそれらの感情は許容できるものであるということを認める行為であるからです。感情を受け容れることなしに、単に制限を設定するだけだと、子どもに対して、その子の感情は重要でないと言っていることになりかねません。
　感情についての共感的な理解を言葉にすることは、しばしばその感情の激しさを和らげる助けとなります。このことはとくに、怒りの感情が湧き上がっている場合に当てはまりますし、また、子どもが自分自身の行動を修正し始めるのには、しばしばこれだけで十分なのです。その動機を理解することで、子どもは満足し、もはやその行動をする必要がなくなってしまうようです。感情に気づいたら、すぐにそれを映し返すべきです。「きみは私に怒っているね」と。いったん部屋に積み木が飛び始めてしまうと、感情の受容はもはや抑止力になりません。

ステップ２　制限を伝える
　制限は、一般的というよりは具体的で、何が制限されているのかをはっきりと線引きするものであるべきです。一般的な制限は、わかりにくく、やっかいで、子どもの安心感が育つのを妨げてしまいます。制限を設けるときは、何が適切で何が適切でないのかとか、何が受け容れられ何が受け容れられないのか、ということを子どもが疑問に思わないようにするべきです。不明瞭であいまいな制限は、子どもが責任を引き受け、責任をもって行動する能力の妨げになります。したがって、セラピストの「壁に絵の具をあまりたくさんつけたらだめだよ」という言い方は不適切でしょう。とくに、いつも何であれ自分は「ほんのちょっぴり」しかやっていないと思っているような子どもにとってこのような言い方は明確とはいえず、非常にあいまいです。
　セラピストは、これらのステップをいつも順番どおりに行うことはできないでしょう。子どもが今まさにおもちゃのトラックを窓に投げつけようとしている、というように事態が緊迫している場合には、まず「窓は物をぶつけるところではないよ」と制限を口にし、次に「きみは窓にトラックを投げつけたいんだね。でも、窓は物をぶつけるところじゃないよ」という映し返しを行うことを余儀なくされるかもしれません。この例では、子どもの感情が明らかではな

いので、子どもの欲求が映し返されています。

ステップ3　許容できる他の何かを対象にする

　子どもは、自分が感じていることを表現する他の方法があることに気づいていないかもしれません。そんなとき、その子は、自分自身を表現するのに一つの方法しか考えつくことができません。制限設定のこのステップにおいては、セラピストは、感情を表現する際にその行動の代替案を子どもに提供します。子どもに代わりのいろいろと異なったやり方を指し示すということも、それに含まれるでしょう。感じていることを表現するには、より丈夫で適切な物を選ぶ必要があるかもしれません。つまり、「ドールハウスは、その上に立つためのものではありません。立つのなら、椅子やテーブルがありますよ」というように。

　また、違ったところに絵を描く必要があるかもしれません。このようなときは、「壁は絵を描くところじゃないよ。絵を描くのなら、イーゼルの紙や積み木があるよ」と介入します。攻撃的な行動の受け手として、セラピストの代わりになるような何かを選ぶ必要があるかもしれません。「エレン、私は殴られるためにいるわけじゃないよ。ボボ人形は殴るためのものだよ」というように。代わりになる何かについて口で言うのにあわせて、代わりになる何かを指し示すような非言語的な合図をすることは、もともと子どもがとらわれていたところから子どもの注意をそらし、子どもが自分で選択を行うプロセスを促進するのに、とくに役立ちます。子どもの名前を口に出すことも、子どもの注意を引くのに役立ちます。

　制限設定が必要なとき、セラピストは、一連のプロセスのステップを開始するにあたって、"ACT"と覚えておくとよいでしょう。

　　　　A　子どもの感情や願い、欲求を認める（Acknowledge）
　　　　C　制限を伝える（Communicate）
　　　　T　許容できる他の何かを対象にする（Target）

　CCPTの主眼を踏まえれば、セラピストが制限を必要とするような行動に**反応する**（react）よりも、自分から**行動する**（act）ほうが治療的であり、関係の発達を促進するといえます。次のやりとりでは、6歳になるクメイルがプレイセラピストに対してとてつもなく怒っていて、ダーツ銃を拾い上げ、それにダーツを装填しながらセラピストをにらみつけているときに、それぞれのステップがどのように用いられるかを示しています。

　セラピスト：きみは私のことを本当に怒っているんだね。
　　クメイル：そうだ！　だからぼくはこれからおまえを思いっきり撃ってやるんだ！
　セラピスト：きみは私のことを本当に怒っていて、私のことを撃ちたいんだね。（今やクメ
　　　　　　　イルは銃の装填を完了し、セラピストを狙い始めている）だけど、私は撃たれ
　　　　　　　るためにいるんじゃないよ。（クメイルは、セラピストが制限について続けて
　　　　　　　言うのをすばやくさえぎる）

図14.1　制限設定における"ACT"モデルは、自己コントロールや自己責任能力の発達を促進します。

クメイル：ぼくを止めることなんてできないよ。誰にもできないんだ！（彼は銃をセラピストに向ける）

セラピスト：きみはすごく強いから、誰もきみを止めることはできないよ。だけど、私は撃たれるためにいるわけじゃないんだよ。きみは、ボボ人形を私だと思って（セラピストはボボ人形のほうを指さす）、ボボ人形を撃つことができるよ。

クメイル：（銃をぐるっと回し、ボボ人形に狙いをつけ、叫ぶ）これでもくらえ！（彼はボボ人形を撃つ）

　ここで重要なことは、感情表現がなされ、子どもは感情も、行動をコントロールすることも、責任をもって引き受けたということです（図14.1）。これは、自己コントロールやみずからを方向づけること、また感情は受容されるということを学ぶ治療過程における重大なステップなのです。制限は、子どもが害をもたらすことなく、またそれに引き続く報復の恐れなしに、否定的な感情を表現することを可能にします。

　この時点で、この本を読んでおられる方のうち何人かは、「わかったよ、ゲリー。だけど、もしその子どもが実際にきみを撃つとしたらどうなるんだい？」と思われるでしょう。私は、その子どもが私を撃たないと信じます。私はその子どもが自分をコントロールするだろうと信じます。ここでの重要な治療的側面は、子どもへの姿勢、そして子どもを信じることです。私はこれまでダーツ銃で撃たれたことがあるでしょうか？──はい、何度も撃たれたことがあります。しかし、それでもなお私は、その子どもがまた私を撃つことはないだろうと信じます。

第14章　治療的な制限設定　　***261***

その子どもの行動によって私の子どもへの信頼が変わることはないのです。それでも私は、その子どもが自分自身をコントロールし、私を撃たないと決めることができると信じます。もし誰もその子を信頼しないとすれば、その子はどうやって自分自身を信頼すればよいというのでしょうか。**子どもを信頼するこの姿勢は揺らぐことのないものであり、CCPT の理論やアプローチの核となるものです。**

制限が破られたときは

　制限破りといっても、軽く試すような行動から意志のぶつかり合いになるようなものまで、あらゆるものがあります。制限を破ることはしばしば、自尊心が低く、明確な境界がたしかに存在するのだということを知って安心したいと切に願っている子どもの、助けを求める叫びです。したがって、このようなときには、おそらくそれ以外のあらゆるときよりも、子どもは理解や受容を必要としているのかもしれません。セラピストは、定められた制限についてしっかりと言明しながらも、子どもに寄り添って、気持ちや欲求を映し出すべきです。議論や長ったらしい説明は避けるべきです。もし制限を破ったらこんなことが起こるかもしれないと子どもをおどすことは決して許されません。制限は決して、子どもを罰する方法として使ってはならないのです。こういうときは、**根気や冷静さ、堅実さを発揮するときなのです。たとえ制限が破られてしまったとしても、セラピストは子どもを受容し続けます。**

　子どもと親の関係性セラピー（CPRT）の訓練を受けた母親とその 2 歳半の娘とのプレイセッションの記録から"ACT"の効果について検証してみましょう。2 歳児は、自己コントロールが強くないといわれています。

> **クリスティン**：（キッチンからコップを取ってきて、シンクに歩いていく）
>
> 　　**母親**：クリスティン、今日はあと 5 分遊べるよ。5 分たったら帰る時間だよ。
>
> **クリスティン**：（シンクの蛇口から水を出し、コップをいっぱいにする）ごふん？
>
> 　　**母親**：あと 5 分だよ。そうしたら帰る時間だよ。
>
> **クリスティン**：（砂場に歩いていって、砂にコップの水をそそぐ）
>
> 　　**母親**：（子どもが砂場に水をそそいでいるときに）お水が 1 杯……。
>
> **クリスティン**：（シンクに戻ってコップに水を満たし、砂場に歩いていって水をそそぎながら）に……。
>
> 　　**母親**：2……数えてるんだね……ゆっくりそそいだんだね。音が聞こえたよ。
>
> **クリスティン**：（またシンクに戻ってコップに 3 度目の水を満たし、また砂場に歩いていって砂に水をそそぐ。彼女は遊びに夢中のよう）
>
> 　　**母親**：3……あなたは砂にコップ 3 杯分の水をそそいだ。
>
> **クリスティン**：あといっかいだけ……（子どもはシンクに歩いて戻って、コップを水で満たす）

母親：（共感をこめて）あなたは砂場にもっと水をそそぎたいんだね。でも、あなたはもう3杯水を入れたから、それでおしまい。（これはそのプレイルームでの標準的なルールで、砂場にそそいでいいのは水3杯までと決まっている）

クリスティン：（いっぱい水が入ったコップを持って砂場に歩いていって、とてもゆっくりと砂場に水をそそぎ始める）

母親：クリスティン、ここでは、砂場にそそいでいいのはお水3杯までで、あなたはもう3杯そそいだよ。これ以上砂場に水を入れることはできないよ。（お母さんは子どものほうに身を乗り出し、指で「3」を作って見せる。彼女はクリスティンに非言語的なサインをいくつも送っている。彼女の声はよりきっぱりしたものになっている。子どもは砂場の前に立っている。彼女は今まさに水をもっとそそごうとしてはいるが、お母さんの言うことも聞いている）

母親：あなたがもっと水をそそぎたいのはわかっているよ。

クリスティン：OK。（長い時間、彼女はどうするのか立ち止まって考えている）

母親：あなたはその水をシンクにそそぐことができるよ。もう3杯砂場にそそいでしまったから、その水を砂場にそそぐことはできない。あなたはその水をシンクにそそぐことができるよ。

クリスティン：（砂場にもっと水をそそぐという考えと戦っているように見える。彼女はほんのちょっとだけコップをかたむけて、砂場に水をそそごうとする）

母親：クリスティン、あなたはほんとに砂場に水をそそぎたいんだね。でも、それは砂場にそそぐ水じゃないよ。あなたは、その水をシンクにそそぐことができるよ。あなたはもう水を3杯砂場にそそいだけれど、砂にそそいでいいのはそれで全部だよ。

クリスティン：（お母さんを見上げ、砂場を見下ろし、またお母さんを見上げ、砂場を見下ろす。彼女は戦っている。彼女は全身全霊、もう1杯の水をそそぎたいのだ。彼女はコップをもっと前に傾け、砂場にいくらか水を垂らす）

母親：あなたが水をそそいでいるのが見えるよ。（クリスティンはもうちょっと水をそそぐ）クリスティン、その水は砂場にそそぐものじゃないよ。（と、忍耐強く、しかししっかりと言う）

クリスティン：わたしはほんのちょっぴりそそいだだけだよ……。

母親：あなたは、本当に、ただほんのちょっぴりだけ砂場にそそぎたいんだね。

クリスティン：（シンクに戻って、残りの水をシンクに捨てる）

母親：今、あなたは水をシンクに流したね。

クリスティン：もういい……。

母親：シンクは、あなたが水を流していい場所だよ。

クリスティン：（シンクの水で遊ぶ）わたしはそそいでいるだけ……コップ……そう……わ

第14章　治療的な制限設定　　**263**

たしはこのみずをここにそそぐことができるんだよ。

　　母親：それであなたはコップにもっと水を入れてシンクにそそいでいるんだね。

クリスティン：そこに‼

　　母親：そこに‼

クリスティン：（シンクで水を流しながら遊びを続け）見て！（彼女はお母さんに向き直る）

　　母親：聞こえた！　水は排水口を流れていったね。

クリスティン：（もう一つのコップを水でいっぱいに満たして、排水口にその水を丁寧にそそぐ）

　　母親：わあ……丁寧に……排水口にそそいでいるんだね……。

クリスティン：いくらかはそとにながれていった。

　　母親：いくらかは外に流れていったね。あなたは外に流れていってほしいんだね。

クリスティン：に……。

　　母親：うん、うん。

クリスティン：さん……。

　　母親：さん……。

クリスティン：よん……ご！

　　母親：五つまで数えたね！

クリスティン：すなをなかにいれたいなあ……。（はっきりしない感じでそう言って、砂場まで歩いていって、何をしたいか伝えるためにお母さんを見る）すなを……シンクのなかに……いれたい。（と、シンクを指さす）

　　母親：何をしたいですって？

クリスティン：シンクにすなをいれたいの。（子どもは砂をコップにすくい始めます）

　　母親：ああ、あなたはシンクに砂を入れたいんだね。砂はシンクの中に入れるものではありませんよ。砂は、砂場の中にあるものだよ。あなたは砂場でなら、砂で遊べるよ。砂はバケツになら入れていいよ。

クリスティン：（両手いっぱいに砂をつかみ、シンクに向かう）

　　母親：あなたは本当に砂をシンクに入れたいんだね。でも、砂はシンクに入れるものではありません。

クリスティン：わたしはただ……。（口ごもって……砂場に歩いていって、砂を砂場に戻す）

　　母親：砂を砂場に戻したね。（母親はセッションが終わりだということを示すために立ち上がり、言う）今日はこれでおしまい。

クリスティン：わたしはてをあらう……。

　　母親：手を洗うことにしたんだね。

　この子は、感情システム全体で、砂に水をそそぎたいという欲求と戦っていました。けれど、母親の我慢強く穏やかな言葉と、砂場には３杯分の水しかそそいではいけないというルールを伝えるにあたっての共感的な応答を聞き、体験することで、彼女はルールに従おうと決め

たのです。この2歳の子どもの奮闘は、子どもに自分をコントロールする責任をもたせるにあたっての治療的な制限設定の"ACT"モデルの有効性を示しています。たしかにこの子は砂の中にちょっと余分に水を垂らしてしまいましたが、心の中の衝動をコントロールし、シンクまで歩いていって残りの水をシンクに流しました。数秒後に彼女がシンクに砂を入れたいと思ったときには、彼女は同様の自制心を、今度は前よりもすぐに見せたのです。そう、たった2歳の子でも、自己コントロールがちゃんとできるのです。お母さんの穏やかで我慢強いアプローチも称賛に値します。

　子どもが制限を守りたがらず境界を押し広げようとするとき、セラピストは、これから挙げるエリックの事例でやっているように、子どもをおどしたり結論を次のセッションに延ばしたりはしません。エリックは、そのセッションでセラピストが4度も時間オーバーを告げた後も砂場の中で遊び続けたのですが、それに対するセラピストの「もしあなたが遊び続けることを選ぶなら、来週、プレイルームで遊ぶ時間が少なくなりますよ」という言い方は不適切でした。選択させ、その結果を引き受けさせるというのは、その日のセッションにだけ適用できるのです。次の週には、エリックは、彼の人生において違った場所にいることでしょう。**それぞれのセッションは、子どもにとって、新しい始まりのチャンスであるべきなのです。**

　子どもがあくまでも、もともとの行動を表出したり続行したりし、規定の制限を破り続けるときは、この一連の制限設定に加えて、追加のステップを伝える必要があるかもしれません。このステップについて説明する前に注意しておくことにしますが、非常にしばしば、セラピストは、制限を無理に受け容れさせようとすることに過度に熱中し、とても早くこの最後のステップを実行してしまいます。こういうときは、辛抱強くなるのが鉄則です。ほとんどの例においては、最初の三つのステップを最低3回は順番どおりに行っておいてから、最後のステップを口にするべきです。また、この最後のステップは、めったに使うべきではありません。

ステップ4　最後の選択について言及する

　ACTを最低3回、しばしばそれより多く完了してから、子どもに対して、究極の、あるいは最後の選択が提示されます。セラピストは、子どもに、自分の行動しだいでは持っているものをセッションの残り時間中取り上げられることを選ぶことになると伝えたり、あるいは、めったにないことですが、最終的な選択として部屋を出るように提示したりします（プレイルームを出ることは、あくまでも最終手段として使われるべきであるということを、取り急ぎ指摘させてください。この選択肢が適切であることはめったにないので、ひょっとしたら私はこれに言及するべきではなかったかもしれません）。子どもが壁に絵を描いているとか、マジックミラーを叩いているとか、あるいはそれと同じような破壊的行動をとっているのでなければ、プレイルームを出るという選択肢を適用する必要はありません。セラピストがどの最終条件を出すことを選ぶかは、そのときの状況、子ども、セラピストの許容範囲によって決まります。人を操るのがうまく、すでにプレイルームを出たいと思っている子どもに対しては、プレイルームを出ることを選択肢として提示するべきではありません。

　子どもが、自分は選択の自由をもっていて、何が起ころうともそれは自分の選択の結果なの

第14章　治療的な制限設定　　*265*

だということを明確に理解するように、この四つ目のステップは注意深く口にされなければなりません。「もし、きみがまた私を撃つことを選ぶなら、きみは今日はもう銃で遊ばないということを選ぶことになるよ。もしきみが私を撃たないことを選ぶなら、あなたは今日このプレイルームで私と過ごす残りの時間、銃で遊べるということを選ぶことになるよ」というように。「選ぶ」という言葉が4回使われていることに注意してください。こういった発言は、選択あるいは責任、そして、肯定的あるいは否定的な結果が子どもの手の中にあるということをはっきり表明しています。このようにして提示された制限は、罰でも、子どもに対する拒否でもありません。もしその子どもがセラピストをもう一度撃ったとしたら、子どもは自分の行動を通じて、銃で遊ぶのをやめるという選択をはっきりと示したことになるのです。子どもはダーツ銃で遊ぶのをやめることを選んだのです。この選択は、セラピストがしたのではありません。したがって、子どもは拒絶されてはいないのです。

　子どもがセラピストを撃つことを選んだ場合、セラピストは穏やかに、「きみはこのプレイルームで一緒に過ごす残りの時間は銃で遊ばないことを選んだんだね。その銃を私のそばのテーブルの上に置くか、（指さしながら）あっちの棚に置くか、決めていいよ」と応答します。この時点で、交渉を始めようとする子どももいることでしょう。「これからはあなたのことを撃たないと約束するよ。お願いだからその銃でもっと遊ばせてよ」というふうに。制限を設定するというこのやり方は学習体験であり、子どもたちは選択をするプロセスとは何かということや、選択に伴う結果はどんな感じがするものなのかを学ぶことになるのです。ですので、いったん子どもが選択を行ったら、セラピストはいかなる状況にあっても子どもの選択を取り消すことはありません。もし子どもが銃で遊び続けるようなときは、セラピストは最後まで、その子どもの選択が実行されるように気を配り続けます。とはいっても、セラピストが椅子からさっと立ち上がって子どもと銃を奪い合うというようなことではありません。こういったときは、そのプロセスに根気強く耐え、「あなたは本当にその銃で遊び続けたいんだね。けれど、あなたが私をもう一度撃つと決めたときに、あなたはこの部屋で一緒に過ごす残りの時間に銃で遊ばないことを選んだんだよ」と言葉にし続けながら、子どもの欲求を理解するべきときなのです。こういった応答は、常に子どもを気にかけ、理解しながら、何度も繰り返す必要があるかもしれません。セラピストは、「自分は壊れたレコーダーみたいだな」と思い始めるかもしれませんが、そのメッセージは最終的には子どもに伝わることとなるのです。

　他に考慮すべき点として、子どもやセラピストに危害が及ぶのを防いだり、高価な物が壊されないようにしたりするために、可能なあらゆる努力が払われるべきだということが挙げられます。セラピストは、子どもがトラックでマジックミラーをガンガン叩いているのに、座ったままで制限設定のステップを2、3回繰り返して行ったりはしません。割れたガラスで、子どもが大けがをする可能性があるからです。このようなときは、ACTを1回提示した後、子どもが再び鏡を叩いたら、最終的な制限を提示します。「もしきみがトラックで鏡を叩くことを選んだら、きみは今日のところはプレイルームを離れることを選ぶことになるよ。もしきみがトラックで鏡をもう叩かないことを選ぶなら、きみは今日の残り時間、プレイルームにいられるようになることを選ぶことになるよ」と。

自分自身で責任を引き受けたり、自分自身の行動を制限したりする機会を子どもに与えるために、制限設定の手順を３回繰り返して行う間、ビニール製のダーツで撃たれるのをセラピストが我慢するということもありえます。自分についての責任を引き受けるということがおもな目的であり、その責任を果たす機会をもつことのほうが、セラピストがダーツでもう一度撃たれるかどうかということよりも重要かもしれないのです。ただ、人に危害が及ぶ可能性のあるときは、その限りではありません。

制限設定の際にためらいがちであること

制限設定をするときには、セラピストは淡々と、どの制限が必要なのかがすでに決まっていることからくる確信と説得力をもって、子どもに話しかけるべきです。これから挙げるのは、セッション中にためらいがちだったセラピストに対して行われたスーパーヴィジョンの例です。

　　　子ども：（セッションの時間があと30分残っているのに部屋を出ようとし始めている）
　　セラピスト：出入りするより、残りの時間をここで一緒に過ごそうよ。いい？（このセラピストは、自信がない様子で、子どもに同意を求めている）
　スーパーヴァイザーによる受け答え提案：ジェイソン、今日私たちがプレイルームにいる時間はまだ終わっていないよ。私たちはもう30分ここにいて、そうしたらきみは外に出ることができるよ。（明確な制限を示しており、子どもがいつ外に出られるかを知らせている）

＊

　　　子ども：私は、部屋を出てあそこに行きたいの。（オフィスのほうを指さす）
　　セラピスト：外に出るまでもう少し待とうよ。（セラピストは、子どもが外に出たいということを忘れるように期待しつつ、子どもをなだめすかしてとどまらせようと試みている）
　　　　提案：きみは、他の人たちがいるところに出ていきたいんだね。だけど、プレイルームに私たちがいる時間は、あと10分しないと終わらないよ。10分経ったらきみはそこに出ていけるよ。（子どもが何を欲しているかということへの理解を見せ、しっかりした制限を示し、その後何ができるかということを伝えている）

＊

　　　子ども：ここに水を入れてもいい？（銃を掲げている）
　　セラピスト：きみはそこに水を入れたいと思っているんだね。だけど、私たちは今そんなこ

第14章　治療的な制限設定　　*267*

とはしないよ。（明確な制限を示しておらず、後で銃に水を入れることができるかもしれないような言い方をしている。「私たち」という言葉を入れることで、セラピストも銃に水を入れる手伝いをするだろうということをほのめかしてしまっている）

提案：あなたはそれに水を入れたいんだね。だけど、それは中に水を入れるためのものじゃないよ。その平鍋は、中に水を入れるためのものだよ。（子どもの欲求を認めており、明確な制限を示していて、許容される代わりの対象を知らせている）

＊

子ども：このトラックを、あの窓から放り投げてやろうと思うんだ。

セラピスト：そのトラックで、たぶん何か別のことができるんじゃないかな？（子どもが他に何も思いつかなかったら、子どもがもともとやろうとしていることを許容できるかのように言ってしまっている）

提案：きみはそのトラックを窓から投げたいんだね。だけど窓は物を投げつけるためのものではないよ。トラックは、床の上で遊ぶものだよ。（子どもの欲求を認め、明確な制限を示しており、許容できるトラックの使い方に言及している）

状況に応じた制限

おもちゃや用具をプレイルームから持っていこうとするとき

　子どもが、「お願いだから、このミニカーをちょっと家に持って帰って遊ばせてよ。ぼくは、遊べる車を一つも持っていないし、これはぼくのいちばん大事な車なんだよ」と、とてもあわれっぽく頼むようなとき、その体験はセラピストの感情を非常に揺り動かすことがあります。セラピストの最初の反応は、「いいよ、もちろん。ここには他にもおもちゃがたくさんあるし、その車とそっくりの別の車だってあるんだから」というようなものであるかもしれません。おもちゃを家に持って帰ってはならない基本的な理由は四つあります。まずはじめに、プレイセラピーは情緒的な関係に基礎を置いていて、子どもが内的に持ち帰るもののほうが、外的に持ち帰るものよりも重要であるということが挙げられます。あまりにたくさんの家庭において、子どもは親のふるまいから、物を共有することは感情を共有することよりも大切であると教えられてきました。みずからを分かち合うことの代用として贈り物が与えられ、それによって子どもたちは不適切にも、具体的な物が関係を表現するのだと学んでしまったのです。

　それと同じくらい大事な2番目の理由は、予算のことを考慮しなければならないという事実です。ほとんどのプレイルームは、非常に限られた予算で運営されているのです。3番目の要因には、他の子どもたちへの配慮や、そもそもおもちゃや用具を選んだ根本的な理由が含まれています。すなわち、おもちゃは子どもの言葉であり、遊ぶことは子どもの伝達手段なので

す。おもちゃは子どもの自己表現の手段ですので、プレイルームからおもちゃを持ち出すこと
を許すと、他の子どもの表現の自由を邪魔することになりかねません。そのため、おもちゃ
は、他のスタッフがベビーシッターをするときに待合室に持ち出されるべきでもありません。
「他の子どもたちが使うので、おもちゃはプレイルームに置いておくものだよ」と言ったセラ
ピストの場合のように、他の子どもたちがそのプレイルームを使うのだということを口にする
べきではありません。そのとき、その子はおそらく他の子どもたちのことは気にかけていない
でしょうし、また、そうなると他の子どもに焦点を合わせていることになります。その子ども
は「自分よりも他の子どもたちのほうが大事なんだ」というメッセージを内面化してしまうか
もしれません。4番目の要因は、もし子どもがおもちゃを家に持って帰るのを許され、後でそ
れを持ってこないようなときにどうするかという問題です。そんなことになったら、セラピス
トはおもちゃを取り返すために、別の役割をとらなくてはいけなくなるでしょう。

　おもちゃを家に持って帰りたいという子どもの要望に対しては、セラピストは「その車が家
にあって遊べるというのは楽しいだろうけど、おもちゃはプレイルームに置いておくものだ
よ。そうすると、きみが次に戻ってきたとき、おもちゃはここにあるよ」と答えることができ
るでしょう。この応答はすべてのおもちゃについて一般化して言っているので、子どもが10
個のおもちゃを次々と持って帰りたがろうとしたときに制限を繰り返す必要がなくなり、ま
た、「そうすると、きみが次に戻ってきたとき、おもちゃはここにあるよ」と言うことで、子
どもへの深い敬意を示すことにもなります。

　もし子どもがプレイルームの中にある大事なアイテムを親に見せたいと思ったなら、その子
どもはセッションが終わった後に親をプレイルームに招いてそれを見せることができます。子
どもは自分が描いた絵を家に持ち帰ってもいいのですが、セラピストは彼らにそうするように
提案したりはしません。もし、セラピストが子どもの絵の記録がほしいのなら、次のセッショ
ンまでその絵を預かっておいて、その間に絵の写真を撮ってもいいか、子どもに許可を求める
ことができます。子どものいるところで子どもの絵の写真を撮ってはいけません。それは、
もっと絵を描くようにというメッセージになってしまうからです。

　セラピストの報告では、親きょうだいへの贈り物として家に持って帰るためだけに絵を描い
ているような子どもたちがいるようです。こういった事例においては、セラピストは、描画活
動の中に、明らかな探求や自己表現を、もし感じたとしてもほんの少ししか感じませんでし
た。ですから、彼らはその子どもたちに、最後のセッションまですべての絵を置いておき、最
後のセッションが終わったらそのすべてを持ち帰るようにと言いました。その制限が設定され
た後に絵が描かれることは少なくなり、そのことはセラピストの仮説を裏づけているようでし
た。子ども用粘土で作った作品を家に持って帰ることについては、予算によって、制限が必要
であるかもしれないし、必要でないかもしれません。ほとんどのプレイセラピストはおそらく
子ども用粘土についての制限を設定する必要があるでしょうし、それは当然のことです。

プレイルームを離れること

　セッション中に子どもがやたらにプレイルームを出入りするのを許すことはお勧めできませ

第14章　治療的な制限設定　　**269**

ん。なぜなら、そうすることは、とくに制限が設定されたときや子どもがちょうど何らかの怒りあるいは恐ろしい感情を表現したときに、関係性の発達をひどく限定したものにし、また、いくつかのやりとりをとことん最後まで行うのを妨げるからです。**子どもたちは、最後までやりとげるという責任からは逃れられないことや、関係にコミットするとは、そこにとどまってやりとげることを意味するのだということを学ぶ必要があるのです。**子どもに、意のままに部屋を出たり入ったりすることを許すと、治療体験はゲームと大差ないものとなってしまいかねません。セラピストは、ある子どもたちに対しては、もし部屋を離れることを選ぶなら、その日の間ずっとプレイルームには戻ってこないことを選ぶことになるのだと言いたくなるかもしれません。

　ほとんどの事例においては、飲み物を取りにいったりトイレを使ったりする以外は、予定された時間が終わるまでプレイルームを出ることを許さないのが望ましいといえます。通常は、1回だけ飲み物を取りにいってもよく、1回だけトイレに出てもいいという規則で十分です。しかしながら、子どもによっては本当に2回以上トイレに行く必要があるかもしれないので、この規則を厳密に守ることはできません。多くの経験の浅いセラピストたちは、床に突然おしっこの水たまりができたとき、そのことに気づきます。そしてそんなときには、子どもはばつの悪い気持ちや恥ずかしさを感じることがあります。**こんなことにならないために、親には毎回のセッション前に子どもをトイレに連れていくという責任をもたせてもよいでしょう。**私たちのプレイセラピーセンター内にあるプレイルームのうち2部屋は、プレイルームに通じる小さなトイレがついているので、こういった問題が起こることはありません。まれに、非常に不安の強い子どもの、自分の親が待合室で待っていてくれるかどうか確認しにいきたいという要求が認められ、セラピストが付き添ってプレイルームを出ることもあるかもしれません。

　これから挙げるプレイルームでのやりとりは、プレイルームを離れることについての制限設定の過程を描写したものです。

　　　　ゾーイ：ここにある物は全部気に入らない。もう出ていく。（すばやくドアのほうに向かう）
　　セラピスト：ゾーイ、私たちのプレイルームでの時間はまだ終わっていないよ。きみはここにある物がまったく気に入らないし、外に出たいと思っているんだね。けれど、私たちがここにいる時間は終わっていないよ。（セラピストは腕時計をちらっと見る）あと15分あるよ、そしたら外に出る時間だよ。

　前に指摘しておいたように、セラピストは、セラピストと子どもの両者が関係の担い手であり、その両者が後で部屋を離れるので、「私たちの」とか「私たちが」という表現を使っています。このセリフの最後の「そしたら外に出る時間だよ」という部分を付け加えることによって、セラピストは子どもに、最終的には外に出るのだということを伝えています。もしそうしなければ、子ども、とくにとても小さな子どもは、自分は二度と外に出られないのではないか、そして「ママとパパは二度と自分には会えないのではないか」と心配するかもしれませ

ん。

時間制限

セッションは 45 分で十分です。そしてセッションとセッションの間の 15 分は、次の子どものために時間どおりに部屋を準備するのにしばしば必要になる時間です。小学校や女性シェルターといった、そこに勤めるカウンセラーがとてもたくさんのクライエントを抱えているような環境においては、30 分のセッションでもまったく十分かもしれません。子どもに伝えられるセッションの時間がどれくらいの長さであろうとも、それは厳守されるべきです。セラピストは、セッションの残り時間が 5 分になったときに、子どもにそのことを知らせるべきです。時間についての明確な概念をまだもっていない小さな子どもたちや、遊びに完全に熱中している子どもたちには、さらに残り時間 1 分での「お知らせ」が必要なこともあります。

これらの合図は、子どもたちがセッションを終える準備をする助けになり、子どもたちに、目の前にある作業を仕上げたり、やろうと思っていた他の何かにすばやく移ったりする機会を与えます。後者のふるまいは多くの子どもに典型的なもので、子どもたちが遊んでいる最中に、あるいはセッションに来る前にすら、自分のやることを計画していることを物語っています。このことは、ポールの「ぼくは来る前、あのトラックで遊ぼうと思っていたんだ。いいよね？」というコメントにも表れています。子どもたちが何か他の遊びに急いで移ることについて、もう一つ考えられる説明としては、彼らは自分がもうすぐプレイルームを出ることを知ってからやっと、自分の基本的な問題により直接的に関わる遊びを安心してできるということです。このプロセスは、ときどき治療セッションの最後の数分まで待ってから重要な問題について話し合おうとする大人が経験するものと大差ありません。

目的は、子どもを部屋から追い出すことではなく、むしろ、部屋を出ることについての責任を引き受ける機会を子どもに与えることなのです。ですから、セラピストの忍耐と子どもへの理解は、セッションの終わりまで続けられます。セラピストは、子どもを部屋から追い出そうと焦りを感じたりはしません。セラピストが「今日の私たちの時間は終わりました。お母さんのいる待合室に行く時間です」と知らせるとき、セラピストは立ち上がって視覚的に合図を与え、子どもの最後までやりとげたいという気持ちを尊重し、必要な数秒、数分を待ってやります。子どもに責任をもたせるという態度は、子どもがセラピストよりも先にドアの外に出るのを許すことによって維持されます。

騒音を制限すること

通常、プレイルーム内でのどんな騒音も許容されます。子どもたちは、好きなだけ大きな音量で、また好きなだけ長い時間、わめいたり、叫んだり、積み木をバンバン打ち合わせたりしてかまいません。しかし、隣接の部屋やオフィスにいる人たちやそこでの活動が音によって邪魔されるようなクリニックや学校では、騒音が制限されることがあるでしょう。これはたしかに状況によるもので、そうしなければならないというのは望ましいことではないのですが、実際必要になっているのです。プレイセラピーでの騒音の大きさは、小学校では大問題になるこ

とがあります。なぜなら、カウンセラーの仕事場は、たいてい、校長室の近くにあるからです。このような場合は、校長にプレイセラピーを禁止されるよりは、騒音の大きさを制限することのほうがずっとましでしょう。

私物は遊ぶためのものではない

セラピストの時計やめがね、シャツのポケットにある予約帳、その他個人的な所有物で子どもが遊ぶのを禁じることで、セラピストの快適さの度合いや子どもへの受容的な気持ちはかなり増大することでしょう。子どもがセラピストのめがねを試しにかけてみて、そのままかけているというようなことを許していると、大変なことが起こって、セラピストの子どもに対する怒りや拒否の感情が生まれてくることにもなりかねません。簡単に、「私のめがねは、私がかけるためのものだよ」と言えば十分です。もし子どもがしつこくせがむなら、セラピストは「私のめがねは遊ぶためのものではないよ」と付け加えてもよいでしょう。

セッションを録画する場合は、携帯電話やノートパソコン、あるいはタブレットを、セラピストの椅子の近くで子どもの手の届かない目立たない場所に置いて、子どもをプレイルームに連れてくる前に、ディスプレイ画面はオフにした状態で電源を入れておきましょう。そうすれば、録画していることに注意を向けられることはないでしょう。もし子どもがノートパソコンやその他の電子機器で遊ぼうとしたら、「ノートパソコンはおもちゃではないよ」と言うことができます。

砂場に水を入れるのを制限すること

子どもは砂場に水を入れるのが大好きで、砂がどろどろになってしまうまで、夢中になって次々とバケツに水を入れて砂場にそそぎ込むことがあります。たとえセラピストが、どろどろの砂を快適に思うようなことがあるとしても、考慮すべき点はいくつかあるでしょう。プレイルームにやってくる次の子どもが、砂場で遊ぼうと思ってきたのに砂があまりにどろどろなので遊ばないということがあるかもしれません。そうすると、2番目の子の表現を制限しているということになります。どろどろの砂は、乾くのに数日間かかるかもしれませんし、もし砂場が木でできているのならば、底をすぐに腐らせてしまうでしょう。水をある容量までと制限するのではなくて、容器何杯までと制限するのが、水の量を制限するにはいちばんよいと思われます。子どもが4杯目の鍋に水をいっぱい入れようと流し台のほうに向かうときには、「ジェイムズ、砂場に入れる水は容器3杯までという決まりだよ」というふうに言うとよいでしょう。このルールは、子どもが選んだ容器の大きさに関係なく厳守されるので、水の量について子どもと議論しなくてすみます。

プレイルームでおしっこをすること

子どもが砂場の中やプレイルームの床の上におしっこをするのを許すというのは、大いに問題があり、セラピストが毎回砂場を空にして新しい砂を入れるつもりでないならば、砂場で遊ぶ他の子どもたちに対する心づかいが欠けています。子どもたちは、このような行動化をコン

トロールすることを学ぶ必要があります。同様に、子どもたちに、哺乳瓶におしっこをしてそれを飲むようなことを許すべきではありません。

制限設定に対する駆け出しのプレイセラピストたちの反応

ジョアンナ

　私は、プレイルームの中での予期せぬ状況を扱えるようになれるかどうかとても心配でした。プレイセラピーの最初のセッションで、その子は、まるでドアを開けて出ていくかのように、ドアノブに手をかけました。私は、「あなたは今、外に出たいと思っているのね。だけど、私たちの時間はまだ終わっていないよ」と自分が応答したのに驚きました。予想と違って、私は、おろおろしなかったのです。2回目のセッションでは、その子は時間の終わりになっても、明らかにプレイルームの外に出たがりませんでした。私は、我慢強く穏やかでいることができ、また、ちゃんと子どもをプレイルームから外に出させることができました。どちらの場合も、その子は、直接的にこうしなさいと私が言わなくても、私の期待に従ってくれたのです。

カーメン

　カーメンがレコーダーのほうに走ってきたとき、私は過剰に反応してしまいました。制限を口にして彼女に決めさせるのではなくて、私は彼女の手をつかんで引き離しました。けれども、別のセッションでサラがマイクを見たときは、私は、それはマイクで、おもちゃではないとだけ言いました。彼女はすんなりそれを受け容れました。私は、本や論文からよりも多くのことを、ローラとサラから学んだのではないかと思います。

参考文献

Moustakas, C. (1959). *Psychotherapy with children: The living relationship.* Harper & Row.

第15章

典型的な問題とその対応

　プレイルームでの子どもとの関係性は、いつでも新しく創造的、刺激的で、その子どもごとに異なっています。ですから、あるセッションでそれぞれの子どもが何をするか予言するのは不可能です。しかしながら、子どもたちがするかもしれないいくつかのことを予想しようとしたり、先に応答を練っておいたりすることは、初心のセラピストの役に立ちます。予測していなかったできごとに出会ったときにどう対応するか知っていると、セラピストは落ち着くことができ、子どもに対して受容的でいやすくなります。何をするべきか、どう応答したらいいかといった計画を先に立てておいても、セラピストが自己を創造的、自発的に働かせる邪魔にはならないでしょう。どんなに頻繁にある特定の応答をしたとしても、それが言葉であれそれ以外のものであれ、機械的になったりお決まりのようになったりしてはなりません。セラピストは常に、思いやり、理解、そして子どもの感じていることへの最大限の関心をもって応えるべきです。このことを心にとめつつ、セラピストが考えておくべきこととして、プレイルームでよく起こる以下の問題と、それに対してなしうる対応を述べます。

子どもが話さなかったら

　話さない子どもは、セラピストにとって興味深いパラドックスと複雑な問題を示してくれます。セラピストは、子どもたちは遊びを通して伝えるのだという信念をもってプレイセラピーをしますが、言葉を発さない子どもに直面すると、その子は話すべきである、というような考えや感情を体験します。子どもが黙っていることを扱いにくく感じたり、子どもが話すのを密かに願ったりするセラピストは、自身の価値観や子どもへの期待について、そして子どもがありのままに子どもであることを自分が快く受け容れているかどうかを吟味するべきです。

　子どもが何も伝えていない瞬間などあるのでしょうか。コミュニケーションを成立させるために、子どもに言語表現をさせなければならないのでしょうか。子どもにしゃべらせようとす

ることで満たされるのは、誰の要求でしょうか。この最後の問いに正直に答えようとするならば、セラピストの側が自分自身の中を深くのぞき込む勇気を求められます。子どもはみずからが成し遂げたいと思うことを果たすために、話す必要があるでしょうか。子どもに話してもらいたがっているセラピストは、どれくらい受容的といえるでしょうか。子どもの沈黙に対して不愉快に感じるセラピストは、子どもに対してさほど受容的ではない、というのが妥当な見方でしょう。子どもたちは、このようなセラピストの内心や態度にとても敏感で、しばしば言葉で表現することに抵抗します。それは、子どもたちが、言葉で表現しなければセラピストに受け容れられないのだと察して、拒絶されているように感じるからです。受容とは、子どもをありのままに、沈黙したままに受け容れることです。子どもが話すのなら受け容れるというのは、受容ではありません。**受容には条件はありません。そこには「○○なら」はないのです。**

　プレイセラピーにおいて、言葉で表現されていようとそうでなかろうと、子どもは絶え間なくメッセージを送り続けています（図15.1）。ですから、セラピストは子どもの沈黙を受け容れていることを言語的にも非言語的にも伝えるような、応答的な態度を維持しなければなりません。**子どもが話しても話さなくても、セラピストは子どもに対して注意深く耳を傾けなければなりません。**言葉を発さない子どもとの間につながりを築く鍵は、そのときその子どもがしていることや、そのとき子どもの中で感じられていることに対し、言葉で応えることです。**応答的な態度は、子どもが話をするかしないかに左右されません。**言語的には沈黙していたある子どもとの下記のやりとりの中に、こうした態度がもつ促進的な力を見ることができます。

図15.1　プレイルームにおいて、子どもたちは自分が経験した場面を再現することができます。そして、言葉がなくてもコミュニケーションは成立します。

シュンイン：（砂場の中に座り、砂を規則的に靴の上にすくっている）

セラピスト：靴のちょうどてっぺんにたくさんの砂を載せているんだね。

シュンイン：（反応はなく、顔も上げない。砂をすくい続け、片方の靴を砂で覆い切ることに集中している）

セラピスト：よしよし、片方の靴を完全に隠したね。見えなくなったね。

シュンイン：（砂場の端に置いていた左手の上に砂を注意深くすくう作業に移る。砂を少し床にこぼし、セラピストをちらっと見る）

セラピスト：あなたが床に砂をこぼしたことを、私がどう思っているかな、と思っているようだね。そういうことも起こるものだよ。

シュンイン：（もう一方の靴を砂で覆うのに戻り、そしてそれを最後までし終える）

セラピスト：どちらも隠れて見えなくなったね。

シュンイン：（ささやき声で）誰も彼らのことを好きじゃないんだ。それで隠れたんだよ。

　シュンインは遊び場でまったく仲間に入れず、2年生になっても友だちがいないようだったため、プレイセラピーを受けるように言われて来たのでした。他の子どもたちが教室で彼を探すことはありませんでした。

　このエピソードが示しているように、セラピストは子どもがやりとりの方向を決めていくのを受容し、子どものペースに従います。根気強さが何より大事です。セラピストは子どもがすること一つひとつすべてに反応しようとしないよう注意しなければなりません。そんなことをしては、子どもをひどくイライラさせるかもしれないし、自意識を過剰にしてしまうかもしれません。セラピストは子どもに対し、話すよう圧力をかけることにつながる類いのどんなふるまいも避ける必要があります。長い沈黙を辛抱した後、居心地の悪いセラピストは、子どもに何か言わせようという、見え透いた企てをして「あなたはなぜ自分がここにいるかわかっている？」と尋ねるかもしれません。さらにこの問いかけは、その子どもに問題があって、そうした問題に影響するものごとをうまく進める必要があるということを暗示しています。そうした努力は子どもを遠ざける結果にしかなりません（プレイルームで話さない子どもとの関わりの詳細は第13章を参照のこと）。

子どもがおもちゃや食べ物をプレイルームに持ち込みたがったら

　ときどき子どもは初回面接にお気に入りのおもちゃや人形を持ってきますが、これは何らかの不安の存在を示している可能性があります。ですから、特別な人形をプレイルームに持っていきたいという子どもの望みは認められ、受け容れられることでしょう。もし子どもがプレイルームへ続く廊下をセラピストと一緒に歩きながら、特別なトラックを片腕にぶら下げて揺すっていたら、それは許容されるでしょうし、廊下を歩く間にその子とお近づきになるためのポイントになりえます。「ブライアン、あなたはプレイルームに持っていこうと何か運んでい

第15章　典型的な問題とその対応　　*277*

るようだね。それはきっと特別なおもちゃなんだろうね。緑色で大きな黒いタイヤがついているね」。この応答は、トラックをプレイルームに持っていきたいという子どもの気持ちを受け容れ、暗に許していて、そのトラックの大切さを認め、そのトラックをほめるとか大切に考えていることを表しています。

このことは、子どもにとって特別なものすべてをプレイルームに持ち込んでもよいということを意味しているでしょうか。それはまったく違います。原則としては、ふつうプレイルームに置かれるようなものに近いものだけが許されます。リモコンで動くようなおもちゃや、機械仕掛けのおもちゃ、ネジ巻き式のゲームやゲームウォッチ、携帯電話、ガラス製の物やその類いのものは、子どもとの交流や子どもの表現を促進しないので許容されません。子どものお気に入りの本もまた、プレイルームに持ち込めません。それは、防衛的だったり用心深かったり引っ込み思案だったりする子どもが、本の中にひきこもって新しい環境やセラピストと交流することを避けたまま、時間中ずっと過ごしてしまうかもしれないからです。本がプレイルームで子どもと関係を築くのを促進することは、めったにありません。

子どもたちは、あらゆる種類のおやつをもぐもぐしながら待合室に来るかもしれません。食べることで気が散ってしまうので、食べ物をプレイルームには持ち込まないようにするのが一般的には最もよいでしょう。ポテトチップをほおばるのは、熱中したあるいは集中した遊びにつながらないし、また、子どもがセラピストにその食べ物のいくらかを勧めるような場合には、問題を引き起こすことになります。もしセラピストがその子のソーダを飲まなかったら、その子は拒絶されたと感じるでしょうか。プレイルームに食べ物を入れるのを許すと、たいていその後、飲み物かおやつを取ってくるよう子どもがセラピストに要求することになります。もしも子どもが食べかけのアイスクリームバーを持ってやってきたら、セラピストはプレイルームに行く前に食べてしまうのを許してあげることで、思いやりと理解を示すことができます。ただし同じ話が、子どもがソーダを12オンス缶まるまる飲むのを待ってあげる、といったことに当てはまるわけではありません。4歳の子が缶のソーダジュースを飲むのを見たことがありますか？　何時間でもかかりますよ！

禁止されたものに反応するとき、セラピストは子どもの気持ちに敏感であるべきです。「そのゲームをプレイルームに持っていきたいんだね。でも、そのゲームは待合室に置いていくものだね。プレイルームから戻ってきたらちゃんとここにあるからね」。このときセラピストは、45分経った後、それが待合室に置いてあることを子どもに思い出させてあげないといけません。同じように、子どもたちは特別なものをプレイルームに持ち込んだことを忘れてしまいがちなので、セラピストがセッションの最後に思い出す必要があります。

子どもがほめられようとし続けたら

セラピストの評価や意見を求め続ける子どもに直面したら、セラピストはその子どもの気持ちと自己認知に敏感であるべきです。これは、子どもたちとのやりとりの他の場合と変わりあ

りません。子どもが、自分の描いた絵をセラピストが好きかどうかしつこく知りたがるのは、不安感や自尊感情の低さ、あるいは、やりとりをコントロールする必要性のしるしでしょうか。特定の答えを憤慨しながら求める子どもとつきあうと、セラピストの応答の妥当性と子どもへの受容性がときに厳しく試されます。

「ねえ、教えてよ。知りたいんだ。ぼくの絵、いいと思う？　それともよくないと思う？」といった言葉を前にしたとき、セラピストは、よい応答を考えるための時間を稼ぐために、子どもに質問し返すことでごまかそうとする強い衝動に駆られるかもしれません。「あなたの絵を私がいいと思うか知りたいんだね」といった尻込みした物言いは、そうした状況ではまったくといっていいほど促進的な価値はもたないし、ふつうはただ子どもを失望させるか混乱させるだけです。子どもは、自分は理解されているのだろうか、どうなのだろうかと思ったままにされ、それだけ一層答えを求めるのです。子どもたちはまた、セラピストが躊躇しはっきりしないのを感じ取り、さらに強く直接的な答えを引き出そうとするでしょう。子どもにただ「あなたの絵、とてもいいと思うよ」といった答えを言うだけの単純なことと思われるかもしれませんが、ほめることは、子どもの行動を方向づけ、自由を制限し、依存性を生み出し、外からの動機づけを助長します。

子ども中心プレイセラピーにおいて目標となるのは、子どもに自由に自身の行動を評価させ、自分自身の創造的な美点を味わわせ、報いと満足についての内的な体系を発展させることです。ほめることは、子どもに気分よくいてもらおうとするセラピストの側の理由のためになされるのであり、治療的な関係の発展に寄与しませんし、ふつう、セラピストが子どもの内的なダイナミクスについて理解していないしるしになります。次の引用にみられるように、こうした状況でのセラピストの応答は、プレイルームにおける関係を明確にするか、あるいは子どもが自分の絵を重んじるのを促進するものであるべきです。

マーティン：（自分の描いた絵をセラピストに見せて）ぼくの描いた家の絵、いいと思う？
セラピスト：（絵をさして）ちょうどそこに赤い家を描いたんだね、そして、うーん（思慮深く絵を見て）、そこに三つ窓があるね（窓をさして）、そして、ああ、ここから上の部分全体は青くしたんだね。それから、ここの角にオレンジのかたまりを描いたんだね。（心から興味をもち、本当に大切に感じていることがわかるような声のトーンで言う）

このような、評価的でなく細部まで注意を払った尊重的な態度で作品に応じられると、子どもはもともと質問していたことを忘れがちになって自分の作品をよく見始め、セラピストが注目しているものをよく見るのに熱中するようになり、作ったものに対してよい感情を抱くようになります。しばしば子どもは、セラピストのほめ役を引き継ぎ、「そしてここに大きくて黄色い太陽を描いたし、それからここのこの鳥たちはなかなか描くのが難しかった」といった具合に解説し始めるでしょう。そうなれば、セラピストは「そうだね、大きな黄色い太陽があるね、それからあれは本当に鳥らしく見えるよ。描くのは難しかったけど描いたんだね」と返す

第 15 章　典型的な問題とその対応　　**279**

ことができるでしょう。こうなると、子どもは自分自身の作品を自由に評価し味わいます。セラピストが、何か子どもがしたことや作ったものに対して判断や評価をしたり、それを「すてきだね」と言うとか、あるいは何か他のほめるような応答をするとき、同時にセラピストは、自分が何かを醜いと判断したり、否定的に判断したりする力をもっているのだということを伝えることになります。だから評価的な応答は避けるのです。

　絵が良いか悪いか言ってと、セラピストに要求し続ける子どももいます。こういうことがあったときには、セラピストは「ここで大事なのは、私があなたの絵を良いと思うかどうかではなくて、あなたが自分の絵について何を思うかだよ」と言うことで、プレイルームにおける関係の在り方を明確にすることができます。この応答では長すぎる子どもたちもいるので、セラピストは「大事なのはあなたが自分の絵について何を思うかだよ」と言ってもよいでしょう。そうすると子どもは、自分がその絵を良いと思うかどうか自由に言えるようになります。評価はその子どもがすることです。ですから、セラピストは判断の権限を子どもに返すのです。

　上記の例は認識面での判断を扱ったものですが、絵やその他のものについての気持ちに焦点が当たるような場合にも、同じ方法が使われます。

　　　　サフィア：ぼくが何をしているかわかる？
　　セラピスト：粘土で遊んでいるね。
　　　　サフィア：何を作るのがいいかな？
　　セラピスト：ここでは何を作りたいかあなたが決められるんだよ。
　　　　サフィア：わかった。カバを作ろう。
　　セラピスト：カバを作ることにしたんだね。
　　　　サフィア：（とても注意深く粘土を形作り、いくぶん動物に似た形のものを持ち上げて）これは何だろう？　　これ好き？
　　セラピスト：頑張って作ったね。それは何でもあなたがなってほしいものにできるんだよ。（こんなふうに言ったのは、子どもたちはいったん実際に組み立てたり物の形にしたりすると、作ったものについての考えを変えることがあるからです）
　　　　サフィア：でも先生はそれが好き？……いいと思う？
　　セラピスト：いちばん大事なのはあなたが作ったものをあなたが好きかどうかじゃないかな？

子どもに変な話し方だと言われたら

　セラピストが質問をしたり、提案をしたり、どうしたらいいか言ったりしないことは、子どもの目に奇妙に映るかもしれません。子どもには、いくつかの点でセラピストの言うことがまるで外国語のように聞こえるかもしれません。それは子どもが、誰からであろうと、自分につ

いての考えや気持ちを言葉で言われるのを聞き慣れていないからです。あるいは、「変な話し方」と子どもが言ったようなときには、その子はセラピストの応答やその仕方が不自然に聞こえるということを言っているのかもしれません。セラピストはしばしばおおげさで態度が機械的なのが明らかで、やりとりがまったく会話のように聞こえないのです。

　セラピストが、ただ子どもの言葉をオウムのように繰り返すだけだったり、あるいは子どもの遊びをおざなりの報告のような調子で言葉でなぞるだけであれば、子どもが気にしたりイライラしたりして当然です。その子どもは、セラピストは何が行われているかをただ話し、報告しているだけと感じます。そして子どもは何が行われているかもうわかっているので、それはバカにしていることになります。**目指すのは子どもと一緒にいること、理解を伝えることであり、何が見えたり聞こえたりしたかを報告することではありません**。「今車はテーブルの上にある」というのと「車を端ぎりぎりに置いたんだね」というのとは、まったく違ったメッセージを伝えます。一つ目の応答は客観的で、事実を記録しているけれど、もう一方は共にいるという感じを伝えます。

　「変わった話し方をするね」という申し立ては、受け容れられるべきであり、「ああ、あなたには私の話し方が他の人たちと違って聞こえるんだね」というような応答がされるかもしれません。あるいはセラピストは、次のように説明をする形の応答ができるでしょう。「私はただ、あなたとあなたのすることに私が興味をもっているということを知らせておこうとしただけなんだ。違ったふうに聞こえたかな」。「変な話し方だ」という言葉は、子どものセラピストに対する否定的な「価値下げ」か、抵抗の表現であることもあります。それならば「私の話し方が気に入らないんだね」とか「話すのをやめてほしいみたいだね」と応答することになるでしょう。どのように応答するかは、子どもがそう言ったことの意味をセラピストがどう感じたかによります。

子どもが愛情の表現を求めてきたら

　プレイセラピーをしている子どもの中には、本当にわずかしか直接的な愛情表現を経験しておらず、しばしば情緒的に愛情を強く必要としている子どもたちもいます。彼らは、関係の中での自分の立場に確信がもてず、セラピストが本当に彼らのことを好きなのだと確かめて安心することを必要としているかもしれません。「ぼくのこと好き？」とある子どもが尋ねてきたとき、「私があなたのことを好きかどうかと思っているんだね」といった言葉で映し返しをしている暇はありません。そう、それはまさにその子どもが知りたがっていて、尋ねていることです。ですから、質問の言葉をそのまま子どもに言う必要はありません。これはセラピストの側が人間的な関係の発展に参加する機会です。下記のやりとりにおいて、セラピストは子どもの情緒的なニーズを避け、そして子どもは、やりとりの焦点をすばやく変えました。8歳のカイルの6回目のセッションです。

第 15 章　典型的な問題とその対応　　***281***

カイル：（砂場に座って）言いたいことがあるんだけど……。（少しの間静かに座って、指で砂をふるっている）

セラピスト：何か言うことがあるんだね。でもそれを言いたいかどうかわからないんだね。

カイル：そう。言ったら先生の気持ちを傷つけるかもしれないし、泣くかもしれない。（指を砂に埋め、下を見ている）

セラピスト：私の気持ちを傷つけたくないんだね。

カイル：そう、それから……。（視線を合わせるのを避け、手を深く深く砂の中に掘り進めていく。しばらく静かに座っていた後、セラピストをちらっと見る）先生の子どものことなんだ。

セラピスト：そうか、私の子どもについての何かなんだね。

カイル：そう、そして……ええっと……（それからすばやく、息をつかずに）それは……ぼくのことが好き？

セラピスト：私があなたのことをどう思っているんだろう、と思っているんだね。

カイル：そう……それで、どう？

セラピスト：私があなたのことをどう思っているか、好きか嫌いかを知ることがあなたにとって大事なんだね。

カイル：（砂に座ったまま、目をそむけ、手は砂の中に深く入れている。指が何かにさわる）ねえ、これはなに？（砂からおもちゃの兵隊を引っ張り出す）

　カイルとのこの情緒的な瞬間は、今や失われてしまいました。彼の情緒的なニーズに応える機会はたぶんまたやってくるでしょう。なぜなら、そうした問題は子どもたちにとってとても重要だからです。でもこの瞬間は永遠に去ってしまったのです。

　セラピストは、自分が心から子どものことを好きで重んじていることが子どもに受け取られ感じられるようにと、いつも願っています。しかしながら、より具体的な証明を必要とし、「ぼくのこと好き？」と尋ねる子どもたちもいるかもしれません。子どもの自尊感情は傷つきやすいので、そうしたときセラピストは、とてもあたたかく気づかいをもち一個の人間として応える人である必要があります。もしもセラピストが本当にその子どものことを好きで大切に思っているなら、それを表現するのは適切なことでしょう。私たちの社会では「好き」とか「愛」という言葉は、多くの場合あまり意味や重みをもたず、紙吹雪のようにまき散らされています。それゆえ子どもに応えるときには、セラピストは自分の気持ちを「あなたは私にとって特別だし、一緒にいるこの時間は特別だよ」と言うことで伝えたいと思うかもしれません。同じ応答は、子どもが「ぼくのこと愛している？」と尋ねてきたときにも適切でしょう。

子どもがハグしたりセラピストの膝の上に座ったりしたがったら

　ハグしたりセラピストの膝の上に座ったりといったことをしたいという頼みには、その根底

にある動機に注意して応えねばなりません。もちろん、もし子どもがセラピストを抱きしめた場合に、セラピストが板のように硬直して座っているのは適切ではありません。セラピストは抱きしめ返したいと思うでしょうが、注意する必要があります。その子は性的虐待を受けた子どもではないでしょうか。誰かのことを好きとか愛しいと思ったら、その人に性的な形で表すように教えられてきたのではないでしょうか。その子どもにとっての、好きであるということは、触れたり、なでたり、体をこすりつけたり、といったことで表されるような誘惑的なふるまいを意味していないでしょうか。女の子が突然男性セラピストの膝の上に跳び乗り、ふざけて体をくねらせ始めたらどうでしょうか。セラピストはきっとそうしたふるまいのもつ可能性に気づき、それに応じて、優しく子どもを膝から降ろしながら「きみにとって楽しいことなのだろうと思うけど、膝の上に座ったりしなくてもきみがぼくのことを好きだってわかっているよ」と応えるでしょう。

　プレイルーム場面を見て取って、セラピストの脚にもたれかかるのが最も自然なことだと思うような子どもたちもいます。そうした子どもたちはくつろいでいて、無意識にこんな行動をとっているのです。ただおおらかで自由なだけです。もしセラピストが手を伸ばしてその子どもを抱きしめたとしたら、それで誰にとっての必要性が満たされたのかという疑問が出てきます。そうすると、セラピストが関係性とセッションの方向性を握ることになるでしょう。

　また別の子どもは哺乳瓶を取って吸い始め、セラピストの膝にハイハイで進んできて、赤ちゃんのように抱っこをしてほしがるかもしれません。ここでの適切な応答はセラピスト自身が感じる居心地の程度によって決めるのがいちばんでしょう。もしセラピストが、これは純粋な願いで、巧妙に隠された動機からではなく、単に子どもがひと続きの実演をしているのであって、赤ちゃんの気持ちの再体験なのだと感じたとしたら、しばらくその子どもを抱っこするのが自然な反応でしょう。しかしながら、セラピストは、歌うとか、揺り動かすとか、赤ちゃんのおしめを取り替えるなどの、さらなる要望を覚悟しておかねばなりません。いくつかの点で、セラピストが演じるように求められる役割に制限を設ける必要があるでしょう。

　こうした状況は、セラピーのプロセスにおいてやっかいなひとときとなることがあります。もしセラピストが、子どもが自分の膝の上に這い登ってくるのを許さなかったら、子どもは拒絶されたと感じるかもしれません。子どもを膝の上で揺すってあやすと、自身の子どもを揺する親としての気持ちが刺激され、その子どもの分離をセラピストが受け容れる妨げとなるのではないでしょうか。

　身体的あるいは性的虐待は大変な割合に達しており、私たちの社会において非常に緊迫した問題になっているので、とても注意深くなること以外には、適切な応答について何かはっきりした提案をすることはもはやできません。もし子どもの欲求や意図を疑っているなら、ひょっとして次のような応答が可能かもしれません。「あなたは赤ちゃんごっこをしたくて、瓶を吸っているんだよね。あっちのベビーベッドでできるよ」。ここでこの応答は誤解されるかもしれず、たくさんの条件を伴います。しかしながらそのような応答は、子どもの側の成長に必要な条件をセラピストが維持するために必要であるかもしれません。もしセラピストがその領域における自分自身の欲求を注意深く吟味していないのなら、セラピストにとっては自然に感

第15章　典型的な問題とその対応　　**283**

じられるからといって、子どもを抱きしめるという行動が正当化されるわけではありません。子どもの頼みに従って子どもを抱きしめたり揺り動かしたりすることは、ほとんどの場合とても自然で適切なことでしょう。そうした体験においてプレイセラピストを守るものとして、セッションのビデオを撮ることは非常にお勧めです。

子どもがおもちゃを盗もうとしたら

　ケイサムは5歳で、すてきなプレイルームにやってくるのは2回目です。そのプレイルームには、おもちゃ売場を除けば、彼がこれまで見たどこよりもたくさんのおもちゃがあります。彼は最後に両親がおもちゃを買ってくれたときのことを思い出せませんでしたが、今ここにはすてきな物がみな、値札なしで置いてあります。彼は、ミニカーをポケットに詰め込んでいる間、何をしているかセラピストに見えないように気をつけながら、もう一方の手でトラックで遊んでいるふりをします。しかしセラピストはミニカーが彼のポケットに押し込まれるのをしっかり見ています。ケイサムはセラピストが終了を告げるまでトラックで遊び続けます。

　さて、セラピストはどうしたらよいでしょうか。ケイサムが正直になり自分から打ち明けるのを待つのでしょうか。彼がミニカーを持っていくのを許し、それを戻すことを願うのでしょうか。これを彼に正直さについて教える機会にするのでしょうか。ミニカーはいずれにせよ1ドルもしないのだから、ミニカーのことを心配したりはしないのでしょうか。どれも違います！　私たちは、ケイサムが家にミニカーを持って帰った後に感じるかもしれない潜在的な罪悪感に関心をもたねばなりません。ミニカーの価値は物質的なものではないのです。私たちが気にかけることは、子どもの行動と気持ちであり、ミニカーの値段ではありません。**プレイルームは子どもが価値観を身につける場であり、セラピストによって教え込まれる場ではありません。**

　初心のセラピストの中には「ケイサム、何か忘れていない？」と尋ねる人もいるでしょう。そうしたセラピストは「ケイサム、今日帰る前にもう一つしないといけないことを思い出せない？」と応対するかもしれません。「ミニカーを盗った？」と尋ねるセラピストもいるかもしれません。こうした性質の質問は、ケイサムに混乱したメッセージを提示します。というのは、彼はセラピストの強い口調からセラピストが知っていると感じ取るけれど、質問はセラピストが知らないとほのめかしているからです。そうした場合に、セラピストは本当に不正直だということにはならないでしょうか。こういうことが実際にあるように思います。すでに知っていることについての質問はほとんど役立ちません。

経　験　則

すでに答えを知っているときには、質問しないで述べること。

これは率直に、理解をもって、断固とした態度をとるべきときです。

> セラピスト：ミニカーを持って帰りたいだろうなとは思うけれど、あなたのポケットの中にある（ポケットをさして）ミニカーはここに置いておこう。そうしたら今度ここに来たときもそれで遊べるよ。
>
> ケイサム：ミニカーって？　ぼくはミニカーなんて持っていないよ。（からっぽのポケットを叩いて）
>
> セラピスト：ミニカーがどこにあるか知らないふりをしたいんだね。でもそのポケットの中のミニカーは（ポケットをさして）プレイルームに置いておこう。
>
> ケイサム：（手をポケットに入れてミニカーを取り出す）

どうしてミニカーを持っていきたかったのかについてケイサムに尋ねて、「自分のものではないものを持っていくべきじゃないとわかっているよね」と言って道徳的に諭したり、「学校で物を盗ったらどうなるだろう？」と尋ねることで関連するできごとについて話し合わせようとしたりすることは、そのエピソードをより強烈なものにし、罪悪感を抱かせかねません。これらの応答はまた、リーダーシップをとり方向性を決める責任を子どもから奪い、何が重要か決める責任をセラピストに負わせます。付け加えると、子どもに対し遊びの代わりに洞察的に言葉で示すよう求めることは、子どもにプレイセラピーを受けさせる発達的な理由を無視することになります。プレイセラピーにおける子どもの遊びは、より意味ある活動と見なされる言葉による探求への単なる準備ではありません。

子どもがプレイルームから出るのを拒んだら

セッションの最後にプレイルームを後にするのを拒むことによって、抵抗や限界を試す必要があることを表現する子どもたちもいるでしょう。子どもの退室しぶりは、時間の制限やセラピストの忍耐がどのくらいまで延びうるのかを見る、巧みな操作かもしれません。そうした操作をしている可能性がある兆候として、ふつう子どもが操作的になっているときには、子どもはセラピストの反応を観察する傾向があるということが挙げられます。子どもの顔の表情は激しさに欠け、身体表現は不完全で表面的にしか没頭していないことを示します。それからまた、とても楽しいのでもっと長くいたいと思う子どもたちもいるでしょう。この場合、その子にとっての、そのしていることの重要さが、集中するにつれ、顔の表情の激しさや率直さから伝わってきます。理由にかかわらず、セッションは延長すべきではありません。**十分に自己制御を発達させ、自分の望みや欲望に対して立ち止まったりノーと言ったりできるようになることは、子どもにとっての治療的なプロセスの一部です。**それゆえ、退室しぶりをする子どもとのセッションを終わらせるためには、以下のような手順が勧められます。

第15章　典型的な問題とその対応　**285**

セラピスト：私たちのプレイルームでの時間は、今日はもう終わり。（セラピストは立ち上がる）お母さんのいる待合室に行く時間だよ。

ジェシカ：でもまだ砂場で遊んでいないよ。（走っていき砂で遊び始める）

セラピスト：砂で遊ぶためにもっと長くいたいんだね。でもジェシカ、今日はもう終わり。（ジェシカを見続けたまま、ドアのほうへ2歩進む）

ジェシカ：（満面の笑み）これすてき。ちょっとだけ長くいられない？（漏斗から砂をサラサラとまき始める）

セラピスト：（さらに2歩ドアのほうへ進む）本当にとっても楽しいんだと思うけど、もう出る時間だよ。

ジェシカ：私のこと嫌いなんだね。もし本当に私のこと好きだったら、ここにいさせてくれるでしょう。（砂をまくのを続ける）

セラピスト：ああ、もし私があなたを好きならあなたをここにいさせるって、そんなふうに思うんだね。あなたが本当にもっといたいというのはわかるよ。でもプレイルームを出る時間だよ。（さらに2歩進み、ドアに達してノブを回す。そしてドアを押して2インチ［約5cm］開ける）

ジェシカ：（顔を上げてセラピストがドアを開けたままにしているのを見る）もう終わりかけだよ。あと1分だけ。

セラピスト：（ドアをより大きく開ける）ジェシカ、自分で決めただけ長くいたいと思うのだろうけど、終わりの時間だよ。（ジェシカに期待の眼差しを向けながら1歩ドアを出る）

ジェシカ：（ゆっくりと立ち上がり、漏斗を落として開いたドアのほうへ足を引きずって歩く）

　このできごとはだいたい4分くらいかかっていますが、もしセラピストが子どもを部屋から出させようとするプレッシャーにとらわれてしまったら、40分かかっているかのように思えるでしょう。たとえジェシカが部屋から出るのに5、6分かかっていたとしても、最も考慮すべき点は、彼女がプレイルームにいたかったにもかかわらず出ることにし、そしてそのプロセスによって、彼女の一人の人間としての尊厳と個人としての自尊心が保たれたにとどまらず高められたということです。

もし、セラピストが思いがけず予約を守れなかったら

　予約をしたり、それを守ったり、キャンセルについて説明することについては、子どもたちにも大人に対するのとまったく同じだけの配慮と丁寧さが必要です。セラピストは不在の予定に先立って、できればセッションの初めに、2週間たてば、あるいはいつであれ次の通常の予約時に、その子がプレイルームに戻ってこられるのだとはっきりとした言い方で知らせておき

ます。そしてセッションの終わりにもそのことを思い出させるようにします。あらかじめわかっている不在については、セッションの初めに触れるべきです。そうすれば子どもは、何か自分がプレイルームでしでかしたことに対する何らかの罰として、セラピストが来ないとは考えないでしょう。「会議で別の町に行くんだ」というように、不在の理由について大まかに述べることもまた、セラピストの不在の理由は自分のした何かではないということを子どもが理解するのに役立ちます。

　もしセッションとセッションの間で予期しないできごとがあって、次の予約を守れないときは、ショートメッセージや電子メールあるいは電話で保護者に知らせ、保護者から子どもへ不在を知らせてもらうよう頼むと、関係を大切に思っていることをあたたかく表現することになるでしょう。緊急の事態で予約を守れず、予約時間の前に子どもに知らせるのが不可能といった稀な場合には、セラピストは、子どもへの電話メッセージや、子どもが読むか誰かが子どもに読んであげるための伝言メモを残してもよいでしょう。**子どもの気持ちを思いやることは、いつでも最も大切なことです。**

第16章

プレイセラピーの諸問題

　プレイセラピーにおける治療的な関係というものは、おそらく、手順やプロセスにおいて他の援助職より多くの問題点を提起するでしょう。プレイセラピストは、プレイルームで生ずるであろう問題をすべて予想することなどはとてもできません。しかし、子どもとの関係が始まる前にそれらを考え抜いておくことは、優柔不断になることによって子どもが混乱することのないように、確信をもってセラピストが対応する手助けとなるでしょう。この章で議論する諸問題は、そういった類いの自己探求のスタート地点になります。セラピストは、これらの諸問題に対し、自分の立場が**何であるか**、**なぜそうであるか**を問う必要があるでしょう。

守　秘

　ごく幼い子どもたちは、ふつうは守秘の問題に関心はありません。しかし、ここは安全な場所で、秘密が守られる時間であるということを子どもたちに伝える必要はあります。年長の子どもたちは、より敏感になっていますし、社会的な意識もあります。ですから、両親が友人や親族に自分の行動を詳細に語っているのを聞くにつれて、セラピストが誰に何を言うのだろうか、ということをあれこれ思いめぐらすようになるのです。子どもが、ここが内緒の時間で両親には黙っていることに罪悪感をもったりすることのないように、子どもへの説明の仕方に注意を働かせないといけません。性的虐待を受けた子どもに説明するときは、このことはとくに繊細で微妙な問題になります。彼らはこれまでに、情緒的に誘惑されたり、そのことを内緒にするようにおどされたりしてきているのです。大部分の子どもたちに対しては、次のように言えば十分でしょう。「この特別な時間では、あなたが言ったりやったりすることは、ここだけのことですよ。私は、あなたの安全を守るのに必要がない限りは、お父さんお母さんにも先生にも誰にも言わないからね。もしあなたが、ここでやったことをみんなに知ってもらいたいと思ったら、言ってもいいんです。それでいいんだよ。あなたが決めていいんですよ」

子どもたちの作品は、プレイルームの壁や通路に展示すべきではありません。それらは彼らのプライバシーの侵害になるでしょう。大人のカウンセリングセッションの記録のコピーを、壁にかけたり通路に展示したりしないでしょう。子どもたちの作品は、彼らにとってのコミュニケーションの手段であり、子どもたちの決定なしに教師や両親に見せるべきではありません。なぜなら、子どもたちの作品をプレイルームの壁に展示すると、他の子どもたちはプレイルームに入室し壁の作品を見て、自分たちもそうすることになっているものだと思うでしょう。そしてそのことは、子どもたちの行動に影響を及ぼし、枠組みを与えてしまうでしょう。また子どもたちは、常に展示された作品と競争させられているとも感じるでしょう。

プレイセラピーにおいて、子どもと作業を共にするときの一般的なガイドラインとしては、専門職の倫理規定による許可なしに、子どもがプレイルームの中でしゃべったり行ったりした詳細を決して明かさないことです。子どもの言葉それ自体や具体的な遊びの行動は、セラピストやコンサルテーションを担当する専門家の同僚だけが見聞きできるものなのです。そうすると、両親とは何を共有することができるでしょうか。セラピストは、そのような情報に対して両親がどのように反応しそれを使うのか慎重に判断しなくてはなりません。ふつう、守秘の問題に関わるときの最良の手順は、石橋を叩いて渡るように注意深くするということです。子どもやその行動に対するセラピストの印象は、守秘の厳格なルールを侵すことなく親に伝えねばなりません。

親の秘密の情報を知りたいという願望に向き合って理解を示すことは、親の「後回しにされている」という感情や憤りや怒りを避けることに役立つでしょう。一般的な情報だけを伝えて、しかも両親が後回しにされていると感じさせないためには、セラピストに多くの技術が必要とされます。原則としては、**特定の行動を明かすことを避け、全般的に観察されること**を話し合います。たとえば、次のような親とのやりとりです。「クリスは怒っているように思われますね。おうちでは怒っていることをどんなふうに表現されるのですか」。次のように言うのは適切ではないでしょう。「クリスは本当に怒っていますね。クリスは15分間もボボ人形をあんまり激しく打ち続けるものですから、壊してしまうんじゃないかと思いました」

守秘は、子どもとの作業を行うときには難しい問題です。結局のところ、両親には子どもへの法的責任があり、彼らはどうしたら自分たちが役に立てるかということを純粋に知りたがっているのかもしれません。それに、彼らはセラピーに料金を払っているので、自分たちが何に対してお金を払っているのかということについて、またセッションで何が進行しているのかということについて知る権利があると感じているでしょう。親の知る権利はどこで終わり、子どものプライバシーの権利はどこから始まるのでしょうか。これは答えることの難しい問題ですが、その決定はいつも、親が情報を適切に用いることができる能力や、その情報の内容や、子どもの情緒的な傷つきやすさや、すべての当事者たちの身体的な安全性によって決まります。

子どもたちはいつでも、自分自身や他者からの潜在的な身体的危害から守られなければなりません。たとえば、自殺の恐れや家出の危険性があるといった場合です。子どもたちに自殺の可能性があるときは、両親には情報を伝えなければなりませんし、セラピストは、子どもの安全を保障するための予防的なステップを両親に説明することに熟達している必要があるでしょ

う。その手順の一つとして、両親は薬や凶器となるものや、詰まった排水管用の台所薬品や、苛性洗剤などを隠すように注意する必要があります。

子どもの遊びへの参加

　子どもの遊びに参加するかどうかは、セラピーを開始する前にセラピストが決定しなければならない重要な問題です。そして、セラピストの人格によるところが大きいのですが、セラピストの目的と一致した理論的根拠に基づいているべきなのです。子ども中心プレイセラピストは、子どもの自己志向能力に対して信頼を置いており、子どもの遊びにみずからの人格を押しつけることは避けます。**子どもの遊びとは、子どもが自分自身の方向を示し、決定をし、余計な妨害なしに遊び、表現したいことならば何でも遊びの中で生み出すための時間なのです。**セッションは子どものためのものであり、セラピストの欲求や方向性は排除されるべきものです。これは社会的な時間ではないし、子どもは遊び仲間を欲しているわけではないのです。セラピストは、子どもが受容的な関わりのもつ安心感の中で、自分自身に耳を傾け、自分自身を見つめ、自分自身を理解し、自分自身であることの助けとなるためにそこにいるのです。

　たとえ子どもがセラピストを遊びの中に招き入れたとしても、とくに遊び仲間を欲しているのではないでしょう。子どもによっては、セラピストを遊びに参加するよう誘わないといけないと感じていることもあります。子どもがセラピストに参加するように呼びかけるのは、そうすることが期待されていると信じ込んでいたり、セラピストに好かれたいと思うからなのかもしれません。遊びへ招き入れようとすることは、子どもが承認を求めているということや、誰か別の人が遊びの方向性を決定してくれる安心感を求めているということを意味するかもしれません（図16.1）。このような要求は、セラピストの許容レベルを測るための子どもなりのやり方かもしれません。

　セラピストは、遊びに参加する目的が何であり、何が達成されるのか、という問いに取り組まなければなりません。真の動機は、子どもと接点をもちたいということなのか、あるいは参加したいというセラピストの欲求をかなえたいということなのでしょうか。プレイルームの中央に立ち尽くして言葉を用いない子どもに出会ったとき、セラピストは、子どもが自分のリードについてきてくれて遊びを始めることを願いながら、人形を手に取って、人形の服をまっすぐに伸ばし、人形の足に靴を履かせたりするかもしれません。そのセラピストの動機は、子どもを自由にすることでしょうか。それとも、セラピストがいられるように子どもに何かをさせることでしょうか。

　子どもの遊びに参加することは、子どもがもっと仲間になったと感じることを保証したりはしませんし、子どもが情緒的に関わってもらっているということを保証するわけでもありません。**重要な変数となるのは、実際の遊びへの参加ではなく、セラピストの態度なのです。**セラピストが子どもと共にいて、十分に関わって、共に体験して、そのように関わっていることをうまく子どもに伝えているときには、子どもがセラピストにあからさまに参加してほしいと言

図16.1 セラピストは、子どもの遊びに参加する際、方向性を決める力について子どもを信頼しています。そのようにして子どもが先導するようにします。

うことはめったにありません。セラピストが参加するように頼まれるときは、何か潜在的なメッセージがあるのです。子どものメッセージは次のようなものかもしれません。「私は、あなたが関心をもっていると感じられないよ。あなたは、ぼくと関わっていないように思えるし、ぼくのすることに興味がないみたいに思えるよ」。おそらく中心的な問題は、セラピストが参加していると子どもが感じているかどうかなのです。

　セラピストは遊ばなくても、積極的に子どもと関わることができます。セラピストの態度のありようは、参加することよりも重要なのです。子どもの遊びに直接的には関わらないことを選んでも、(何人かの専門家が主張してきたように) セラピストが受身の観察者になることを最初から決めてしまうわけでは必ずしもありません。セラピストが、間接的な形ではあるけれど精神的、情緒的に子どもの遊びに参加し、セラピストは遊ばなくても情緒的に子どもと関わるという関係は、存在しうるのです。二人の人間が互いに情緒的に関わり合う場合、ときに言葉は不要ですが、ちょうどそれと同じように、子どもとの遊びに参加することも関わりのために必要というわけではありません。子どもへの関わりや関心が欠けていることが子どもに感じ取られるのとちょうど同じように、セラピストの純粋な関わりや一緒にいるという感じも、子どもに感じ取られるのです。

　セラピストは、子どもの遊びを邪魔したり禁止したりすることがないよう用心すべきですが、遊びに参加することが自動的に治療的なプロセスを邪魔するというわけでもありません。経験あるプレイセラピストには、邪魔しないようなやり方で、遊びへの参加を巧みにやりとげる人もいます。セラピストが子どもの遊びに参加することを選ぶ場合は、セラピストは、(a)

子どもが先導するようにする、(b) 子どもを視野に入れておく、(c) 大人の治療者としての役割を維持する（セラピストは、子どもにとっての遊び仲間ではありません）、(d) 制限の設定を通じて適切な境界を維持する、といったことをしなければなりません。もしセラピストが子どもの遊びに参加することを選ぶとしたら、それは従う側の立場として、子どもからの合図を受け取っていくことになるでしょう。子どもに、セラピストの役割や行動を決めるように頼んでいけば、子どもが先導できることになるでしょう。

　子どもの先導に従っていくということは、子どもがセラピストに指示したことなら何でもすることを意味しているのではありません。セラピストは、ただ子どもが提示したからという理由だけで、赤いテンペラ絵の具を飲むとか、子どもをぴしゃりと叩くとか、子どもにわいせつなことを叫ぶとか、セラピストのブラウスの中に砂や水をそそぎ込むことを許すとか、そういったことはしないでしょう。私はかつて、次のような裁判になった事例の相談を受けました。そこでは、「プレイセラピスト」が（この場合、この言葉をおおざっぱな意味で使っているわけですが）、赤ちゃんごっこをしている5歳の子どもの指示によって、その子の下着を脱がせて、ティッシュを使ってペニスを拭いたのです。その「セラピスト」は、子どものリードに従っているという基本に則ることでこの行動を正当化しました。プレイセラピーの文献で推奨されていることのように。明らかに、この「プレイセラピスト」は子どものリードに従うという考えを理解していませんでした。それに、制限の問題や倫理的行動に関して限られた理解しか持ち合わせていませんでした。セラピストが子どもの遊びに参加することは、セラピストの参加が子どもの独立や自立を促進し、後押しするときにのみ、治療的関係を促進するのです。

　たとえ遊びにおいて子どもの指示に従っていても、子どもの遊びに影響を与えたり妨げたりする可能性は常に存在しています。スージーがセラピストに鳥の絵を描くように言って、座って見ていて、セラピストが描いたものを写そうとするならば、子どもの前向きに成長しようとする機会をセラピストが促進しているというよりも、むしろセラピストが必要としていることが満たされているように思われます。この結論の裏づけは、後になってスージーが待合室で次のように述べたことからきています。「あの人（セラピスト）は、私が描くよりもよい絵を描くことができる」

　セラピストは、遊ぶことで引き起こされる可能性のある自分自身の潜在的な感情に対して敏感でなければなりません。20分間もダーツを追いかけて回収するとしたら、セラピストは子どもに対して苛立ちや、欲求不満を感じるかもしれません。それゆえ熟練のセラピストなら、否定的な感情が表れるずっと前にやめるでしょう。あるいはそのようなゲームにはまったく参加せず、「もしダーツがほしいのなら、あなたが手に入れたらいいんだよ」と答えることによって、責任を子どもに戻すでしょう。部屋中を走り回りながら理解ある応答をしようとすることは、とても難しい場合があります。セラピストが、コントロールされたやり方で限定的に参加をするときには、子どもの遊びへの参加は最も効果的になるでしょう。たとえば、手錠はかけられたとしても、際限なく部屋中を引っ張りまわされることはないようにします。

　子どもに影響を与えたり操作されてしまうことの危険性を常に心にとめている熟練のセラピ

ストは、子どもの遊びへの参加が限られているからといって治療的な効果を落とすことはおそらくないでしょう。しかしながら、遊びの中にセラピストが参加することによる微妙な影響力についての心配は、まだ残っているのです。

　子どもの遊びに参加するかしないかという問題は、その子どもと状況、そしてセラピストしだいなのです。遊びに参加しないでおくか、限定された遊びにのみ参加するという関係が、枠を当てはめず、一緒にいる時間が子どものものであることを保証するために、最も効果的な方法でしょう。セラピストが遊ばないことを選択した場合は、子どもがセラピストの役割も演じることもできると示すことができるでしょう。

プレイセラピーで子どもから贈り物を受け取ること

　これはなんと気まずい状況でしょう。多くの家庭で子どもたちは、愛情や好意や感謝は、贈り物をすることによって表現されるということを、親の行いから教えられてきています。旅行から戻ってきた両親は、子どもたちのためにお土産を家に持ってきます。許しを請うために、あるいは傷ついた関係を修復しようとして、両親は特別なおもちゃを買います。結果として、子どもたちは贈り物をすることを通して感情を表現することを学ぶのです。自然な成り行きとして、子どもたちはセラピストに対して、自分の人生におけるこの特別な人物への好意を示すため、もしくはプレイルームでセラピストにとりわけ困難な時間を与えた後で、セラピストの関心を何とか取り戻そうとして、贈り物を持ってくることがあります。ここで、**贈り物のタイミングについて考えることは、贈り物を受け取るか否かを決定するうえで大切なことです。**前回のセッションで子どもはいくつか制限を破ってはいないでしょうか。そして今、贈り物を使ってセラピストにつらい時間を与えたことの償いをしようとしてはいないでしょうか。もしそのような場合であるとしたら、贈り物を受け取ることは、いかに関係を適切に修復するかということについて、間違ったメッセージを与えることになるでしょう。

　贈り物にかかる費用も大切な要因です。高価な贈り物を受け取ることは、セラピストに義務感を与えたり客観性を失わせたりすることを招きかねません。加えて、いくつかの専門家組織の倫理規定では、贈り物を受け取るときの金額の制限を設定しています。通常この項目はあまり関心が払われません。なぜなら、設定された金額は、子どもの贈り物の一般的な金額よりも、はるかに高額だからです。

　子どもが手にプレゼントを持って現れたとき、セラピストがそのプレゼントを受け取ることに強く感情を揺り動かされる経験をすることは、よくあります。何しろ、セラピストは子どもをがっかりさせることは望んでいないのです。しかし、贈り物を受け容れることで起こりうる結果はどんなものでしょうか。「もし私がそうしたなら、子どもは何を学ぶだろうか。それは私たちの関係を強くすることに役立つだろうか。このことは、一人の人間としての子どもの内的な成長を促すのだろうか。このことは、子どもがより自立していくことに役立つのだろうか」。これらは、セラピストがみずからの行為と関連づけて常に吟味していかなければならな

い重要な問いです。贈り物を受け容れることによって、自分とは別の外的なものをずっと与え続けるということを、促してしまうかもしれません。プレイセラピーにおける関係は情緒的な関係であり、情緒的に分かち合うことは、具体物を分かち合うことよりも重要なのです。プレイセラピーにおいて、子どもたちは自分自身の情緒を分かち合うことを学びます。贈り物を分かち合うことは、情緒的に分かち合うことの重要性をぼやかせてしまいます。**情緒的な贈り物は、形ある贈り物よりも影響力があり、より満足のいくものなのです。**

　贈り物を受け容れるかどうかを決定するのに影響する重要な要因の一つは、子どもからプレゼントされた贈り物の種類です。子どもによって作られた作品などは子どもの延長です。それゆえに、子どもにとっての一部分であり子どもが作り出したものであるという理由から、情緒的な贈り物の延長であると見なすことができます。子どもが摘んできた花や描いてきた絵など、買ったのではない物を受け容れることは、だいたいの場合において認められることでしょう。セラピストは、あたたかい感謝の気持ちを示し、口調で賞賛を表し、細やかにコメントをしながら受け容れます。ただし、プレイルームの中と同様に、あからさまな賞賛の言葉は避けます。「わあ、すごくきれいな絵だね」というのは、容認できません。賞賛や理解は、手を差し出し、優しく丁寧にその品物を手に取ってコメントを伝え、それをそっとテーブルや棚に置くことによって、示すことができるのです。

　受け容れた贈り物を展示するべきではありません。というのは、そのことは競争を助長し、他の子どもが贈り物を持ってくることを推奨するかもしれないからです。これらの特別な品物は、プレイセラピーの終結まで特定の場所に保管しておくべきです。もし後になって子どもがその品物を見たいと言ってきたなら、それらはとても大きな満足の源となるでしょう。セラピストに絵を手渡して、次のように言う子どももいるでしょう。「これを壁にかけてもいいよ」。そうしたらセラピストは、「私のオフィスにはね、こういった特別なものをしまっておくための場所があるから、安全にとっておけるんだよ」と答えたらいいのです。

　キャンディ棒のようにそれほど高価ではないような物であっても、買ってきた物を受け取ることは、子どもが情緒を分かち合うことの制約となりかねません。またそれは、いくらか無意識的にセラピストを束縛するかもしれません。どうするか決める要因として、購入された品物があらかじめ計画されたものとして渡されたのかどうか、あるいは一切れのガムの包装を取って二つに分けて分かち合う場合のように、自然発生的に共有されたのかどうかということがあります。私の貴重な宝物の中には、二つの小さな丸片の、ピンクと黄色のキャンディがあります。それは、3歳の子どもが待合室で、手のひらに握り締めた一束からその残りを口の中にポイッと放り込もうとしたその直前に、自発的に分けてくれたものです。

　贈り物を受け容れるという問題については、おそらく最も単純には、値段にかかわらず購入された贈り物はいっさいなし、という一律のルールで片づけることができます。しかしながら、私はそうすることにとても気が進まないのです。大部分は、子どもの意図やその瞬間の自発性しだいなのです。セラピストにとって、贈り物を断ることはとても気乗りしないつらい瞬間になることでしょう。しかし子どもにとっては、子どもたちが自分自身を与えることができるということや、プレゼントは情緒的な意味を表現するのに必ずしも必要ではないのだという

ことを学ぶことはとても重要です。そのような瞬間には、セラピストは理解や感謝の気持ちを細やかに伝えたいと望むでしょう。贈り物を贈る際に、セラピストは「私のために買ってくれたんだね。あなたが私のことを思ってくれていたということだね。本当にありがとうって思う。でもここでは、私に好きって言うために贈り物を渡す必要はないんだよ。私は、これをあなたに持っていてほしい」と答えることができるでしょう。あるいは、もしその品物がまさにセラピストのためにお店で購入したプレゼントであったならば、「私はこれをあなたに持っていてほしいな、それからあなた自身は何か贈り物をしてほしいのかな」と応じることができます。小学校ではクリスマスの時期に先生に贈り物をするのはふつうの習慣ですし、クリスマスの贈り物を断ることは、子どもを混乱させるかもしれません。

　贈り物に関しては、厳格な固いルールでうまくいくということはありません。敏感で、共感的なセラピストは、(a) 贈り物が渡されるタイミング、(b) 贈り物の性質、(c) 贈り物の費用、(d) 贈り物を受け容れたり受け容れなかったりすることが暗示すること、を考慮した最良の判断を用いて、この状況を最小限のフラストレーションで切り抜けることができるでしょう。

セッションの最後に子どもにご褒美を与えること、もしくは終結のときに記念品を与えること

　プレイセラピーのセッションの終了のたびに、1粒のキャンディーやニコニコ顔のステッカーを与えることや、子どもの手の甲に絵の判子を押すことなどは、治療的な成長へと導くものではありませんし、プレイセラピーを用いる理論的根拠と一致していません。子どもたちは他の体験から、そのような贈り物は「よい」行動に対するご褒美として使われるのだということを学んできていますし、それをどうやって獲得するかということも知っています。それゆえに、そのような報酬はプレイセラピー体験での行動を抑制します。そのような報酬を受けた子どもたちは、プレイセラピーの中でダーツ銃でセラピストを撃とうとしたり、めちゃくちゃに散らかしたり、セラピストに対して憎んでいるんだというような攻撃的な行動を表現したり、個人的な問題を出したりしなくなるでしょう。**子どもたちにとって遊びの体験そのものが報酬となるのです**。子どもたちは、**遊ぶことに対しての報酬は必要としていないのです**。そうすると、贈り物を与えるということは、誰の必要性に応じているのでしょうか。

　関連した問題として、プレイセラピー関係の終結時に子どもに記念品を与えることがあります。「そうすれば、子どもはセラピストやその体験を思い出すものを何か持っていることになるでしょう」。しかし、これまでの関係は情緒的な関係でした。そしてその関係が、形ある物品によって十分に表されるということはありえません。子どもが心の中に入れて持ち帰るものは、子どもが手に持つことができるどんなものよりも、かぎりなく重要なものです。手の中に持っているものは、失われることがあります。心の中に持っているものは、**失われることはありません**。セラピストを覚えておいてもらう必要はありますか。あるとすれば、なぜですか。セラピストは、子どもを解き放ちたいと望まないといけませんし、もはや子どもに必要とされ

なくなることを望まないといけません。この解き放つためのプロセスは、子どもとの最初の出会いから始まっており、そしてそれは、子どもに責任を返していき、子どもに力を与えていくという絶え間ないプロセスなのです。もしセラピストが子どもに一度も思い出されなかったとしても、それでいいのです。セラピストの責任とは、もうこれ以上自分を必要としないくらいに子どもが強くなるよう成長することを手助けすることなのです。

子どもに片づけるように求めること

　子どもたちの中には、自分自身を十分に表現するためには、散らかして汚すことを必要とする子もいます。そうした子どもたちは、おもちゃで遊んでは、それを棚に戻すことなくすぐに別のおもちゃへと移動していきます。たとえば、カルロスのような子どもがいるかもしれません。彼の家庭状況は混乱しており、彼の遊びは、自分の生活がどういうものであったかを表しています。つまり無秩序で散らかっているのです。セッションの終了時には、おもちゃが床一面にありました。散らかったプレイルームは、混乱した家庭を表しているといえます。カルロスに、片づけるように言うべきでしょうか。そのように要求することは何を示しているでしょうか。子どもに片づけるように要求することは、誰の必要性に応じているのでしょうか。プレイセラピストの中には、もし子どもたちがプレイルームを散らかしたまま出ていくとしたら、「子どもたちを何かから逃れさせてしまっている」と感じる人もいるかもしれません。子どもがあまりに散らかしていることでセラピスト自身がイライラしたり腹が立ったりして、子どもに片づけるように要求するセラピストもいるかもしれません。そのようなセラピストは、子どもの行為に意味づけをして、その行為が自分に逆らう行動であると感じているのです。

　子どもがプレイルームの外でもうまくやっていけるように手助けするためには、子どもはプレイルームでの自分の行動によって起こる結果を学ばないといけないのだ、と合理化するセラピストもいるかもしれません。そうすると、子どもに片づけをさせなくてはならなくなります。セラピストが他の遊びの領域で適切な治療的制限の設定を十分に行っているのであれば、自己コントロールの学習という問題は論点にならないはずです。この問題を検討するにあたって、セラピストは子どもをプレイセラピーに導入する根本的な理由をもう一度吟味するべきです。子どもたちは、自分自身や自分の人生経験の全体を十分に表現するために、おもちゃや用具を必要とするのです。**おもちゃは子どもの言葉であり、遊びは彼らの言語なのです。**もしそうだとすれば、子どもは片づけをするべきだという要求は、表現されてきたこと、つまり彼らの「言語」を片づけるべきだという要求になります。いったいセラピストが大人のクライエントに、彼らの言語を片づけるようにとか、話の内容についてそんなに生き生きと話さないようにと要求したりすることがあるでしょうか。おそらくないでしょう。どんなセラピストが成人のクライエントに、発泡スチロールのコーヒーカップを片づけるようにとか、カーペットに染みついた泥を掃除するようにと要求したり、感情が溢れているクライエントに対して、涙で濡れたティッシュを帰る前に集めておくように要求したりするでしょうか。このように大人との

間で比較すると、私たちが子どもに片づけるように要求するならば、子どもを大人より尊重しないと言っていることは明らかです。結局、もし行動の結果を学ぶことが本当に問題点であるならば、成人が自分の行動の結果を学ぶことも同じように重要なのではないでしょうか。

プレイセラピーのセッションを観察した後に、ある大学院生が次のように書きました。

> 私は、散らかす行為をした結果をジェイムズにわかってもらうには、どのポイントが適切かということをあれこれ思いまどいました。たしかに、物を壊しはしませんでしたが、彼が去ったときにプレイルームは完全にぐちゃぐちゃな状態でした。セラピーにおいて、このような自由さとかエネルギーが解放された状態を注意したり修正したりしないといけないようなポイントはあるのでしょうか。おそらくプレイセラピストは「ジェイムズ、あなたはここでやりたいことを決めていいよ。でも私たちの時間が終わるときには、一緒に全部元あった通りに戻しましょう」と言うべきだと思います。

いったい、大人の言葉が攻撃的だったり、取り乱していたり、大声だったりしたときに、このような物言いがなされるでしょうか。もし遊びが子どもの言語ならば、その遊びという言語がなぜ受け容れられないのですか。

別の院生が次のように書きました。「私は、子どもを片づけの過程に参加させようと数回試みました。あるとても散らかす子どもに対して、2回要求したのです。私の動機は、セラピーよりも、罰することなのではないか、という思いがよぎりました」。この学生の正直な言葉は、子どもに片づけを求めることは誰の必要性なのかを考える重要性を、あらためて思い返すためのよい例となっています。

プレイセラピーの関係において遊びの中で表現され体験されていることは、セラピーのプロセスにおいて片づけ方を学ぶことよりも、はるかにずっと重要です。子どもに片づけを要求したり子どものモデルになろうとして片づけを開始することは、次のセッションでの子どもの表現を抑えてしまうでしょう。なぜならば、子どもが最も内在化しそうなメッセージは、散らかしてしまうことは本当は許されないことだということだからです。それに、子どもは散らかしてしまったことを罰せられたと感じるかもしれません。

セラピストは、もし子どもが片づけを断ったらジレンマに直面することにもなります。そこでセラピストがすべきことは何でしょうか。子どもに力ずくで片づけさせようとすることでしょうか。それとも、片づけの要求を無視されるままにしておくことでしょうか。どちらの選択も容認できません。どのような選択を子どもに提示することができるのでしょうか。来週のセッションをなくしてしまうことでしょうか。それとも、床に置きっぱなしのおもちゃを来週まで残しておいて、次のセッションでは立ち入り禁止にすることでしょうか。部屋にあるおもちゃのすべてが床の真ん中に残してあったらどうなるでしょうか。これらの選択は、まったく受け容れられるものではありません。子どもに片づけさせようと試みることは、セラピストがこれまでのセッションを通してコミュニケートしようと懸命に努めてきた受容と理解という役割からかけ離れています。セラピストはまた、「ねえ、これを棚のどの場所に置くか覚えてい

るでしょう」とか「片づけをしてえらいね」というような応答によって、子どもが片づけをすることを奨励しようとするのを避けるべきです。

　片づけは子どもの責任ではないので、セラピストか別の大人の仕事として残されています。一部の専門家たちが推奨している、中立的な第三者やメイドに片づけをさせるという解決策は、金銭的に現実的ではありません。私は、セッションが終わるたびに片づけをするメイドや中立的な第三者を雇っているプレイルームを、アメリカ中のどこでも聞いたことがありません。片づけは、セラピストに残されていることなのです。そしてそれは理想的ではないのですが、実行可能なのです。散らかしている子どもは、セラピストが床中に散乱したティンカートイや、投げ捨てられたドールハウスの家具や、砂場の内外に全部まき散らされたおもちゃの兵隊たちを見つめているときに、セラピストの受容の限界を厳しく評価することもあります。

　次の子どものセッションに向けて、部屋をきちんとした状態にするための時間が必要ならば、45分のセッションの後に、一般的には15分とれば十分でしょう。子どもがとくに散らかして、部屋をきちんと戻すのにさらなる時間が必要な場合は、子どもに変更を告げることなく数分間セッションの時間を短くすることも可能です。変更を告げると、散らかしたことで罰を受けていると子どもに感じさせるかもしれません。さらに考慮しなければならないことは、プレイルームは次の子どものために時間どおりに準備しないといけないということです。

子どもたちにプレイセラピーを受ける理由を伝えること

　自分自身がプレイセラピーにいることの明確な理由を子どもたちに伝えるプレイセラピストもいます。それは、行動の変化が生じるためには子どもが知っていることが不可欠だと信じているからです。そのことによって、子どもは特定の問題に取り組むことを期待され、セラピストはセッションの内容がその問題に焦点づけられるように構造化することによって援助するのです。このことは、セラピストが主導する立場になる、またセッションが子どもにではなく問題に焦点を当てたものになる、という問題点をはらんでいます。このアプローチはまた、特定の問題がまさに扱うべき力動の中心であると想定しており、子どもが関わっているかもしれない他のより深い問題の可能性を見過ごしています。

　子ども中心プレイセラピーの立場は、セラピストはいつでも子ども自身に焦点づけるべきであるということであり、子どもの変化や成長のためには子どもに対してプレイルームに連れてこられた明確な理由を伝える必要はないというものです。子どもの行動は、自分が何に取り組んでいるのかを知らなかったり、それどころか、何かを変化させようと試みたりすることがなかったとしても変化しうるものですし、実際変化します。もし、変化が生じる前にプレイルームにやってきた理由を子ども自身が理解することが必要なのだとしたら、落ち込んでいる4歳児や、操作的な3歳児や、弟である赤ちゃんを傷つけようとする2歳児に、いったいどうやって変化するための援助をするのでしょうか。末期のがんであった7歳のライアンに、彼がどんなことに取り組む必要があると伝えることができたでしょうか。「きみは死にゆく中にあるか

らプレイルームにやってきたんだ。きみは死を受け容れる必要があるんだ」と言うべきだった
のでしょうか。もちろん、そうではありません！　ライアンは、他のみんなと同じように、生
の問題に集中して取り組みました。迫りくる死は、彼の生のほんの一部だったのです。いった
いどんなセラピストが、死にゆく子どもがセラピーで取り組むべきことについて十分にわかっ
ているほど全能になれるというのでしょうか。これは極端な例のように見えるかもしれません
が、おそらく極端な例は問題の本質を我々に考えさせるために必要なのです。もし行動を変え
るように要求することが、本当に変化に必要であるならば、年齢や目の前にある問題に関係な
く、あらゆるケースにとって必要であるはずです。

　子どもたちがプレイルームにやってきた理由をわざわざ言うことは、子どもたちの中に受け
容れられないものがあるということをほのめかすことになります。子ども中心のセラピスト
は、子どもの何かが間違っているとか子どもが自分の行動や自分自身を修正し変化させること
が必要であるというようなほのめかしを、いっさいしないようにします。セラピストによる受
容は、子ども自身による自己受容を促進させますし、そのどちらもが変化や成長の前提となる
のです。

　紹介された理由を詳細に話すことは、子どもに罰せられた感じを与えすぎることとなるで
しょう。子どもが知りたがるときは、一般的な理由を提示することが最も好ましいです。もし
子どもが「なんで私はプレイルームにやってきたの」と聞いてきたら、セラピストは「あなた
のご両親は、ときどきおうちであなたにとってものごとがうまくいっていないように見えるの
で心配しているんだよ。それで毎週火曜日に、あなただけのためにプレイルームで特別な時間
を過ごすのがいいっていうふうに考えたんだ」と答えたらよいでしょう。

プレイルームに友だちを連れてくること

　プレイセラピストは、プレイルームに友だちを連れてくることを禁止します。しかし、あら
ゆる理論的なアプローチで一般的なわけではありません（Ginnot & Lebo, 1961）。子ども中心
アプローチの中でも、この問題についてはアプローチに違いがあります。プレイセラピーにお
けるグループのメンバーを子どもに選ばせることを厳格に制限している Ginnot（1994）の立
場から、「治療が本当に子ども中心にしているならば、子どもが選んだグループは、治療者が
選んだグループよりも、そのグループを選ぶ子どもにとって価値があるはずだ」（p.41）と結
論づけるアクスライン（Axline, 1969）の立場まで、幅広くあるのです。

　Dorfman（1951）は次のように述べています。

　　　グループセラピーのように、セラピーが二人の関係性だけではないときにも効果的であ
　　るならば、子どもが個人セラピーのセッションに友だちを連れてくることは、おそらく必
　　ずしもプロセスを妨げるものではないだろう。たしかに、子どもが他の子どもではなく
　　て、特定の子どもを遊びの関係へと連れてきたというのは、単なる偶然とばかりはいえな

いだろう。ときに子どもは、一人、また一人と連れてくるかもしれない。それらの人たちは、その子どもの困難な問題を示している。そして彼の必要性が消えていくにつれて、連れてこなくなるのである（p.263）。

　子どもがプレイルームに友だちを連れてくることを許容するということは、セラピストの全注目と受容を必要としている子どもたちや、他の子どもと比較されることに敏感な子どもたちにとっては、禁忌であるかもしれません。性的に虐待されてきた子どもたちや過度に攻撃的な子どもたちは、プレイルームの中で他の子どもたちに性的な行為や攻撃を引き起こすかもしれませんし、個別のプレイセラピーであるべきでしょう。ふつう、外傷を受けた子どもたちは、関わりを強く必要としており、セラピストの注目を求めているのです。

　もう一人の子どもが居合わせるときには、セラピストは自分の応答によって、一人の子どものしていることやなしとげたことがより優れているということを暗に示さないように、特別の注意を払わなければなりません。もし、内気な子どもが、より活発な友だちを連れてきたとしたら、セラピストは単純に活発な子どものほうが目に見える活動が多いという理由で、知らず知らずのうちに活発な子どもにより多くの言葉がけをするかもしれません。片方の子どもよりももう一方の子どもに多くの応答をするということもまた、比較だとか批判として受け取られかねないのです。「ジェニファー、あなたはまさにやりたいようにブロックを積み重ねたんだね」というのは自然で後を追うような応答なのですが、それでは人形を抱えて座っている子どもや砂場に座って指で砂を振るっている子どもには、どんな応答がなされそうでしょうか。同じような応答がなされていないということは、活発な子どものしていることのほうがよりよいのだということを暗示していないでしょうか。おそらく、このようなタイプの子どもにとっては、後になってセラピストとの関係が十分に確立されて嵐を乗り切ることができるようになったときに、友だちを連れてくるというのが最良の方法なのでしょう。

　また、子どもが友だちを連れてきたいと要求してきたタイミングについても考えなければなりません。その要求は、数多くの制限が設けられたような、とりわけ困難なセッションに引き続いて出されたのではないでしょうか。子どもは、自分がもはや好かれていないのではないかと恐れていないでしょうか。別の子どもがいることが、関係を再構築するのを妨げたりしないでしょうか。その子どもは、きまりの悪い思いをしたり、知られてはいけないと恐れていたりすることを、明らかにしたばかりのタイミングだったのではないでしょうか。

　他の子どもの存在は、関係の力動をかなり劇的に変えます。子どもたちの中には、関係を構築する一員ではない招かれた友人がいる状況で、自分自身や家族のことなど非常に個人的な題材を分かち合うことに対して気が進まない子どももいます。それはグループセラピーにおいても同様です。子どもたちは、セラピストの注意を得ようと互いに競い合うかもしれませんし、ある子どもはおもちゃをセラピストに見せるために持ってきて、セラピストの膝にいろんなものを積み上げて注意を引きつけようとしたり、あるいはセラピストのそばに立って会話を通して注意を得続けようとしたりして、セッションの大部分を費やすかもしれません。

　子どもに友だちを招き入れることを許すかどうかという決定に関して、セラピストの技術と

第16章　プレイセラピーの諸問題　**301**

いうものを考えることは、大変な重要事項です。なぜならば、相互作用の力動は他の子どもが加わることにより幾何級数的に増大するからです。あらゆることは、潜在的に激しさを増します。その状況は、単にもう一人の子どもが加わったということではありません。子どもたちは互いを刺激し、互いを挑発します。そして限界設定を必要とするような活動が増えていきます。グループプレイセラピーで効果をあげるためには、特有の技術と訓練が必要とされるのです。

　友だちを招き入れるということは、典型的な要求ではありませんが、子どもとセラピストの必要性を熟考したうえで許容するのなら、子どもにとって有益なものとなります。グループプレイセラピーを子どもの必要性に合致するような最も効果的な方法として決定する場合、そのグループを形成する際には、傷ついたすべての子どもに対する思いやりのある配慮が、セラピーを必要とする子どもたちを優先するうえで、必要とされます。性的な虐待を受けてきたわけではない子どもや、過度に攻撃的ではない子どもたちにとって、友だちを連れてきたいという要求には妥当な理由があるかもしれないということを、セラピストは考えなければいけません。ここでは、子どものリードに従うことが必要かもしれません。

親やきょうだいをプレイルームに招き入れること

　プレイルームは通常、子どもたちにとって大変わくわくする場所ですので、この特別な場所を両親やきょうだいに見せたいと思うかもしれません。ですが、そうしたいという要求はセッションの途中で出てくるかもしれません。そのとき子どもが心に抱いていることについて、親やきょうだいをセッションに加えることを認める前にはっきりさせるべきです。一般に、両親はセッションに入ることを認められません。通常、セッションが終了した後で、両親やきょうだいにプレイルームを見せることを子どもに許可すれば十分でしょう。もし子どもが後になって再び要求し、それが作ったものを見せたいというわけでも、巧みに操作して母親をプレイルームに入れたいというわけでもないとしたら、そのとき、その子は何か重要なメッセージを親に伝えたいのかもしれません。友だちを招き入れるということに関して心配されたことは、両親を招き入れる場合にも同様に当てはまります。プレイルームに親が存在することは、セラピストと子どもの関係の発展を著しく制限することがあります。プレイセラピーセッション中に親がいるということは、めったにあってはいけません。いったんプレイルームに入ったら、不安な子どもの、親に来てほしいという要求は、慎重な注意深さをもって感情に応答しながら断られることになるでしょう。一方で、不安がとても強い子どもが母親を要求する場合は、子どもの不安の水準が高まり、衰弱したりしない限りにおいて許容されることになるでしょう。

　もしセッションの最後にきょうだいが部屋を見るために招かれたのならば、彼らが遊びの時間として使わないように注意を払って見なければなりません。プレイルームは関係を築くための特別の場所であり、そしてプレイルームで進行していることは常に一貫しているのです。もし後になってきょうだいがプレイセラピーを必要としたときは、新しい関係が作られていく必

要があるのでしょう。

参考文献

Axline, V.（1969）. *Play therapy*. Ballantine.（小林治夫訳〔1972〕『遊戯療法』岩崎学術出版社）

Dorfman, E.（1951）. Play therapy. In C.R. Rogers（Ed.）, *Client-centered therapy*（pp.235-277）. Houghton Mifflin.

Ginott, H.（1994）. *Group psychotherapy with children: The theory and practice of play therapy*. McGraw-Hill.

Ginott, H., & Lebo, D.（1961）. Play therapy limits and theoretical orientation. *Journal of Consulting Psychology*, 25（4）, 337-340.

第**17**章

治療的なプロセスと
終結の決定

　プレイセラピーのセッションにおける子どもの成長過程や、プレイセラピーの終了に対する子どものレディネスの評価については、これまでほとんど注目されてきませんでした。これらのトピックが扱われてこなかったのは、おそらく簡単には答えが見つからないからでしょう。また、このような空白が存在するのは、プレイセラピストが関係の終了を扱うことが難しいからかもしれません。通常、セラピストは、関係の終結を目指して関係に入っていくことはありません。結局のところ、私たちは関係を築き、それを促進する仕事をしているのです。しかし、治療的な関係の終わりはその関係の始まりと同じくらい重要で、オープンに扱われるべきです。

　変化し続けているか、または進展し続けているかという問題は、実はその子どもよりもセラピストにとって重要なものとなっていて、子どもの成長にとって必要な条件というよりも、セラピストが知りたいという欲求から生まれます。子どもたちは、自分が前に進んでいるかどうかを気にすることはめったにありません。彼らはただ、生きることのすばらしさを展開する絶え間ないプロセスにすっかり没頭しています。子ども中心プレイセラピストは、子どもたちとのこのプロセスを価値あるものとして重んじています。しかし同時に、変化が実際に起こっているかどうか知る必要があるというセラピスト自身の感情や、セラピーに子どもたちを永遠にはとどめておけないという現実といった実際的な点についても扱われなければなりません。ある時点で、決断が下されなければならないのです。そしてこのような決定には、常に子どもたちが関わっていることが望まれます。

セッション内での治療的な動きを見つけること

　プレイセラピーのプロセスにおいて、子どもたちの内なる変化は、必ずしもプレイルーム内での表現の文脈の中に簡単に見つけることができたり、観察できるわけではありません。子ど

第17章　治療的なプロセスと終結の決定　**305**

もたちが何セッションにもわたって同じような遊びの行動を示し、遊びのパターンや内容の中に目に見える変化がすぐには現れないかもしれません。同時に、プレイルームの外での行動の変化は、はっきりと観察できるかもしれません。これは、子どもたちのネガティブな自己表現の欲求がプレイルームで満たされるにつれて、プレイルームの外での不適切な自己表現の欲求が減少していくためです。このようなネガティブな行動は破棄され、創造的なエネルギーがよりポジティブな行動に向けられるのです。同時に、子どもたちはプレイルームの中で、以前みられた行動に類似した行動をとり続けるかもしれません。なぜならプレイルームはそうするのに安全な場所ですし、そのような感情を表現したり調べたりするという欲求はまだ完全には満たされていないからです。

　子どもたちが何セッションにもわたって同じ行動を示し続けるとき、セラピストは、ものごとが早く起こってほしいという欲求や、観察可能な変化を見たいという自身の欲求のために不安を感じ始めるかもしれません。セラピストは自身の適性やアプローチの適切さについて、いくばくか疑念を抱き始めるかもしれません。私たちはみな、自分はよくやっている、自分は子どもたちの助けになっているということが知りたいのです。プレイルーム内での子どもたちの行動に、具体的で目に見える変化がないとき、セラピストは自分自身が治療者であるということに疑いを抱き、プロセスに対する自信を失い始め、より直接的なアプローチが必要だと判断するかもしれません。これは通常、自分がもっと有能だと感じたいというセラピスト自身の欲求を満たすための衝動で、真に子どもたちの欲求を満たそうする試みではないということにセラピストは気づいておく必要があります。セラピストの立てた行動面の変化についてのスケジュールを満たすことは、プレイセラピーにおける子どもたちの責任には含まれていません。子どもたちは心の中で作られた自分のスケジュールをもっていて、それぞれの子どもの自己が現れてくるのをセラピストは辛抱強く待たなければならないのです。

　プレイセラピーの中で、子どもたちがすさまじい、洞察に満ちた解決をするということはほとんどありません。成長はゆっくりとしたプロセスで、行動面での変化もゆっくりと起こります。セラピストはプロセスに対して忍耐強くあらねばなりません。子どもたちに重大で劇的な変化が起こるのを期待するセラピストはおそらく落胆することでしょう。そして、もしこの欲求に気がつかなければ、もっと早く変化をもたらそうとして最初はある技法を試し、次は別の技法を試すというように一貫性のないアプローチをとりがちになる可能性が高いです。何か違うことがしたいとセラピストがこれまでになく強く感じるならば、それはたぶんセラピストがこれまでになく一貫性をもち、辛抱強く、分別をもたねばならない時なのでしょう。そうしなければ、子どもが拒絶されたように感じたり、セラピストを喜ばせたいと感じたりしてしまう結果に陥ってしまうかもしれません。

　子どもたちの非言語の行動は、彼らのふるまい方や動き方の全体を理解するための重要な手がかりと、プレイセラピーでの治療的なプロセスを理解するのに有用な情報をもたらす可能性があります。変化は何百もの小さな方法で起こっており、セラピストは変化のプロセスのしるしをただ探せばよいのです。

変化の次元

初めて起こること（初めて起こる行動）

　セラピストが子どもとの関係で初めて起こったと思い出すことができる行動を、各セッションで注意深く記録することによって、治療過程の中で動きが起こっているかどうかについて判断することができます。たとえば、ジェイソンがセラピストのそばで遊んだのは、最初の5回のセッションの中でこれが初めてかもしれないとか、ジェイソンはセラピストのすぐ近くで遊んでいたけれども、セラピストから離れて部屋のあちら側で遊ぼうとしたのは今回初めてかもしれないといったことです。

　もしかすると、キャシーは毎回イーゼルで絵を描いていたけれども、今回のセッションでは絵を描かなかったかもしれません。キャシーが今回のセッションで絵を描かなかったのには何か理由があるということを、セラピストは認識しておく必要があります。何かが違っているのです。情動面の変化が起こっているのです。今回、セラピストがキャシーの行動に制限を設けなければならなかった初めてのセッションになるかもしれないし、あるいは初めて制限が必要にならなかった回になるかもしれません。**このような行動の変化が、子どもの内面で情動の変化が起こっていることを知らせるのです。**今回が6回のセッションの中で子どもが初めて砂場に入って遊んだセッションかもしれないし、あるいは6回中初めて砂場の中で遊ばなかったセッションかもしれません。**このような一見重要でないできごとが重要なのです。**

経 験 則

初めてのできごとに注目しよう。

　5歳のジャクソン——とても引っ込み思案で、注意深い子ども（"恥ずかしがり"は否定的な意味合いをもたらすので、子どもについて表現するときには使われません）——とのプレイセラピーでの印象的な初めてのできごとは、4回目のセッションで起こりました。彼が何かを探してくる間、持っていてほしいと言って私にワニの人形を手渡しました。観察者によっては、この行動の重要性に気がつかないかもしれません。ジャクソンが初めてこのように私に近づいたことは、彼が私たちの関係について抱いている感情の変化を示しています。このできごとは、彼が私との関係をより心地よく感じ、私に直接アプローチできるほど安全だと感じていることを示しているようでした。

　ワニの人形を手渡したのは、私を初めて彼の遊びに参加させるということでもありました。このように私に近づくには、彼に勇気と、自分自身の遊びを指揮できるという気持ちが必要でした。これは彼にとって、自分のことを自分で決めたりできるようになることの始まりでしょうか？　子どもたちの変化はこのように小さなことから始まり、立派な洞察力をもって、言葉

第17章　治療的なプロセスと終結の決定　　***307***

で「これからずっと誰かに頼らず、自分で決める」という決意を宣言して始まるのではないのです。

アリとのセッションでは、このような意味のある変化は6回目のセッションで始まったように思います。6回目のセッションでは、アリは前の5回のセッションのように、セラピストに助けを求めたり、セラピストに判断を仰ごうとしたりすることは一度もありませんでした。ブレントが、料理を作ってすべての人形に食べさせるという手の込んだ遊びを毎回行っていたのに、今回のセッションでは料理を作らず人形にも食べさせなかったという事実は、何か重要な意味をもつのでしょうか？　私はそう思います。タミーが最初の6セッションで初めて砂場で遊んだという事実に意味があるのと同じようにです。セッションをまたいでこのように初めて起こったことを注意深く調べることは、セラピストが治療過程における重要な動きに気づく助けとなります。

遊びの中に表現されるテーマ

子どもの内面的な感情のダイナミクスを洞察できる第二の側面は、子どもの遊びの中で起こるテーマの展開です。重要な情緒的体験やできごと、あるいは何らかの形で子どもに大きな影響を与えたできごとは、遊びの中で繰り返される行動となってしばしば現れます。テーマとは、子どもの遊びの中で特定のできごとや話題が現れることであり、それは1回のセッションまたは数回のセッションにまたがって現れます。5、6分間ほど、ヘイリーは恐竜を砂場に埋めては掘り起こし、また埋めるのを繰り返していました。それからイーゼルに向かい絵を描き、砂場に戻って埋める行動を繰り返しました。そして2、3分ほどお医者さんセットで遊び、恐竜を埋めるために砂場に戻ってきました。このように1回のセッションの中で、中断を挟みながら何度も繰り返される遊びが現れるときは、テーマの展開を示しているのかもしれません。

最初のプレイセラピーのセッションでショーンがゴム製のヘビで20分間遊んだことは、4歳児がそのような遊びをする時間としては非常に長いと思われますが、テーマとは見なされないでしょう。関係が発展していく中で、そのような遊びは意味深い、重要なできごとかもしれませんが、テーマと見なすにはその表現がもう一度か二度起こる必要があります。ショーンが2回目のセッションにやってきて、ゴム製のヘビがドールハウスの周りを這い回り、それぞれの窓やドアに頭を突っ込み、それからゆっくり慎重に屋根の上を這い回るという場面を再びやって見せたとき、私はそこにテーマがあるのではないかと思いました。この疑いは、ショーンが3回目のセッションで同じ遊びを繰り返したとき、確信となりました。このとき私は、ショーンの家がプレイセラピーの最初のセッションのほんの数週間前に、二度も家に泥棒に入られていたことを知りました。

3回目から8回目のセッションにかけて、8歳のジェイコブは馬、家畜小屋、納屋が登場する場面を演じました。ジェイコブは馬に手綱をつけるふりをして、「口が痛くないよ」と言いました。それから馬を納屋に連れていき、「馬が馬小屋の壁を蹴ると、馬の世話をしている男の人の家にある明かりがつくから、馬に助けが必要なことがわかるんだ」と言いました。ジェ

イコブが、言語療法で顎の筋肉を鍛えるために週２回電気刺激を受けていたことを知れば、この遊びの意味は明らかでしょう。小さな電極が口の中に付けられ、ふつうは処置中に痛みはありません。しかし、刺激によってときどき筋肉がひきつるので、ジェイコブはボタンを押してランプを点灯させ、自分が何らかの苦痛を感じていることを言語療法士に知らせることがありました。

　何度も繰り返される遊びは、子どもが表現している情緒的な問題を示していると考えられます。その強さと情緒的なエネルギー、つまり身体面のエネルギーではなく感情面のエネルギーで、子どもが遊びの行動を繰り返すときに費やされるエネルギーが、テーマを特定する要因の一つです。セラピストが子どもと共にいることを体験しているとき、この激しさがセラピストにも感じられ、実感されます。何か重要なことを体験しているという感覚があるのです。テーマの表現がみられなくなったら、子どもが情緒面で解決や適応に向かい進めるようになっていることのしるしかもしれません。

　テーマを明らかにする目的は、プレイセラピーの過程で子どもが何を探求し、経験し、何に取り組んでいるのかを、セラピストが理解するのに役立てることにあります。このような認識と理解が深まることで、セラピストは子どもの内的葛藤に対してより敏感に反応することができるようになります。子どもに情報を提供したり、子どもの変化を促進するという狙いを達成するために洞察を促したりすることが、目的ではありません。子どもの象徴的な遊びの行動が何を意味するのかを判断するのは難しいことであり、セラピスト側の経験的な憶測がせいぜいで、間違っている可能性もあります。また、知覚の要因もあり、セラピストが自分の探しているものだけを子どもの遊びの中に見ている可能性もあります（第９章の「背景についての情報」の項に登場する子どもについて、もう一度読んでおくとよいでしょう）。このような注意点をよく理解しているセラピストであれば、家に泥棒に入られた子どものケースや言語療法を受けている子どものケースのように、遊びの中の行動やできごとが、子どもの生活における既知の重要なできごとと密接に関連している場合、その正確性をある程度保証することができます。

　次の記録は、恐怖心が強く行動化の多い子どもであるポールがプレイセラピーを受けているときのもので、いくつかのテーマが含まれています。遊びの内容、活動、遊んでいるおもちゃが毎回違うので、テーマがすぐにわかるとは限りませんが、遊びのテーマ、あるいは遊びの根底にある意味は同じです。これについては、ポールのセッションの記録を見ればわかります。安全な家から離れたくないというテーマは、彼が「ニューヨークへ旅行に行くんだ」と言って人形の家族を飛行機に乗せ、ドールハウスから飛行機が一度も飛び立つことなく、すぐに「帰ってきたよ！」と宣言した飛行機旅行の場面に表れています。第二の場面は、ポールが人形の家族をトラックに積み込み、トラックをドールハウスの周囲数インチのところまで走らせ、すぐに「彼らは戻ってきた！」と告げるシーンです。第三の場面は、「彼らは引っ越すつもりなんだ」と言い、ドールハウスの家具や備品をすべてトラックに積み込み、家具を降ろして入れ替えながらすぐに「彼らはまたここに住むことにしたんだ」と言うというものでした。ポールは、見捨てられることへのとてつもない恐怖を体験していました。このような、遊びを

第 17 章　治療的なプロセスと終結の決定　**309**

繰り返す行動は、子どもが情緒的な問題を表現していることを示すことがあります。

　ポールは祖父ととても親密な関係にありました。二人は小型トラックに乗って、どこへでも一緒に行きました。ポールが４歳のときに祖父は亡くなり、ポールにとって祖父の死はトラウマ的なできごとになったようには見えませんでしたが、ポールは祖父をとても恋しがりました。祖父が亡くなってから２ヵ月後、ポールは母親に、おじいちゃんに会いに墓地に連れていってほしいと強く求めました。墓地に着くとポールは祖父の墓石に駆け寄り、手と膝をついて、平らな墓石の穴から祖父に話しかけ始めました。明らかに、その穴は花を生けるためのものでした。ポールは祖父に数分間話しかけてから、母親に祖父に話しかけるように言い、それからやっと家に帰ろうと言いました。ポールが母親に対して祖父と話すように頼んだのは、このときだけでした。２週間後、ポールはおじいちゃんと話すためにもう一度お墓に連れていってくれるよう母親に言いました。２週間に一度、車で１時間かけて墓地へ行き、祖父と話すというのがそれから２年の間お決まりのパターンになりました。その２年の間に、ポールの死に対する強迫的な恐怖は増していきました。小学校１年生の６歳のとき、ポールは字が読めず、遊び場では他の子たちに対してとても攻撃的で、そして怖がりでした。ポールは母親にプレイセラピー・センターに連れてこられました。以下の記録は、ポールとの２回目のプレイセラピーセッションでのものです。

　　　　　ポール：（ポールはプレイルームの扉を開けて部屋に入り、すぐにバップバッグ──叩くと跳ね返ってくるおもちゃ──を叩き始めた）今のはなに？　バーン！（バップバッグを再び叩く）

　　ランドレス：きみは本当に強く殴ったね。

　　　　　ポール：ぼくは警察官だ。今は警察官なんだよ。

　　ランドレス：しばらくの間、きみは警察官なんだね。

　　　　　ポール：そうだよ。（バップバッグを叩く）よし！　今の見た？

　　ランドレス：それをくるくる回したね。

　　　　　ポール：ぼくが本当は誰だか知ってる？　警察だよ。やめた、この家（ドールハウス）でしばらく遊ぼう。旅行に行くんだ。乗らなくちゃ。（フィッシャープライス社の大きな飛行機を取り上げて、人形の家族を飛行機に積み込み始める）

　　ランドレス：彼らは飛行機でどこかに飛んでいくんだね。

　　　　　ポール：彼らがほんとうはどこに行くのか知ってる？　それはね……。（アニメ番組を消すふりをする）今、ニューヨークへ行くときなんだ。

　　ランドレス：遠いところだね。

　　　　　ポール：きっと速いんだろうね。子どもたちが飛行機で飛ぶことについてどう思うかな。喜ぶんじゃないかな。そうだよね？　そう思わない？

　　ランドレス：彼らはとっても気に入るだろうね。

　　　　　ポール：彼らは飛行機で旅に出るんだ。今からみんなを座らせるよ？

　　ランドレス：ちょうどいい具合に入れるんだ。

ポール：もし彼らが座ってシートベルトを締めなかったら、どうなるかわかる？　家に いなくちゃならなくなるんだ。飛行機の旅には行けなくなるんだよ。

ランドレス：だから、彼らは決められたことをきちんとやらないと、行けなくなるんだ。

ポール：そういうこと。赤ちゃんは泣かないよ、だって嬉しくなるんだから。お母さん は……。（笑っている）お母さんと家族はこの飛行機に乗るには大きすぎるよ ね？（人形の家族はすべて飛行機の中に入っているのに、ポールはそんなふう に言った）帰ってきたよ。（飛行機は元の場所からまったく離れなかった）家 のすぐ隣に着陸したでしょ？

ランドレス：だから家からとても近いところにいるんだ。

ポール：（飛行機から人形たちを取り出してドールハウスに戻す）うわあ！　かなり速 かったね。何のことかわかる？　お父さんがこれから何をするかわかる？　新 しいトラックを買うんだ。

ランドレス：それで、お父さんは新しいトラックを買うつもりなんだ。

ポール：うん。2台あるんだ。みんなこのトラックに乗る。出発の準備をしてるんだ。 （ドールハウスの中の人形で遊んでいる）

ランドレス：それでみんなはトラックに乗ることができるんだね。

ポール：そうかもしれない。動くかも。子どもたちはアニメを見てる。赤ちゃんたちは 遊んでるよ。知ってる？　アニメが終わったら外に出られるんだ。

ランドレス：テレビを見てから、外に出るんだね。

ポール：お父さんは新しいトラックを買おうとしているんだ。だからお母さんはここで 夕飯を作ってる。お父さんは新しいトラックを見つけられなかったんだ。（別 のトラックを持って、ドールハウスに戻ってくる）ここに1台ある。このト ラックを買うつもり。（トラックを周りに走らせる）わあ、大きなトラックだ ね？　そのトラックはたぶん買わない。わあ。あー。見て見て、これ見て。お 父さんはお仕事だ。トラックを買いにいけない、見つからなかったんだ。

ランドレス：彼は気に入るのを見つけられなかったんだね。

ポール：（砂場に行く）いつか気に入るのが見つかるよね？　他のトラックある？ バットマンはまだか？（バップバッグに駆け寄って顔を9回激しく殴り、取っ 組み合い、押し倒す）彼はちょっとの間気絶してる。この椅子に座らせよう。 （バットマンバップバッグを椅子に乗せる）彼は……ぼくはこいつを撃つぞ。 たくさん銃を持ってるんだ。こいつを撃つぞ。（銃と小さなプラスチック製の テレビを手に取る）おや！　このテレビは何だか違う。

ランドレス：そうかあ。

ポール：（ポールはテレビをドールハウスの中に置く）あれは、お父さんのテレビかな。

ランドレス：彼は特別なテレビを手に入れようとしているんだね。

ポール：そう。（ピンポン球を撃つライフル銃を手に取る）ねえ、あの丸い玉はどこ？ （ピンポン球を手に取る）あいつ（バットマン）を永遠に撃ってやる！　そう

だろ？　ねえそうだろ？

ランドレス：つまり、今から何をするか決まっているんだね。計画どおりだ。

ポール：見て！　バットマンの準備はいい？　バットマンはこれからすごく困ったことになる、そうだよね？（撃つ）当たったでしょ？

ランドレス：一発で仕留めたね。

ポール：もっと殺してやるんだ。（狙いを定めて撃つが外す）うーん、別の銃で試したほうがいいかな。（ダーツ銃を試す）あった。（バップバッグの横を撃つ）外しちゃったね。

ランドレス：通りすぎたね。

ポール：（もう一度バップバッグの横を撃つ）今のは難しかったね。

ランドレス：あそこから当てるのは難しいよ。

ポール：（再び撃って外す）何回も外したよね？（ダーツを拾い上げる）あいつを捕まえたら、どうすると思う？　しばって殺してやるんだ。あいつを切り刻んでやる。

ランドレス：ほんとうに彼を殺すつもりなのかな。

ポール：（再び撃ち、外す。またバップバッグを撃つ）やったぞ！（駆け寄り、バップバッグを床に置き、バップバッグの頭を椅子の下に入れてバップバッグが水平になるようにする）しばらくの間は死んでると思う。バットマンをどうすると思う？　あー。（ゴム製のナイフでボボ人形の真ん中に切りつける。キッチンへ行き、皿をあさる）今からぼくが何すると思う？

ランドレス：何か計画があるみたいだね。思いついたみたいだね。

ポール：毒を飲ませたりはしないよ。（ポールは前回のセッションで毒を作り、バットマンに飲ませた）今回はどうすると思う？　ううん、やっぱりやめる。もう1回彼を殺す。毒を飲ませる。そうするつもりだったんだ。やってみよう。（拳銃を手に取りバットマンに向かって歩いていき、バットマンの顔の真横に狙いを定めて撃つ）ハハ。（砂場に行き真ん中に立ち、バケツいっぱいに砂を入れる）今から何するかわかる？

ランドレス：今からすることを教えてくれてもいいんだよ。

ポール：うーんとね、この中にバットマンを入れる。（バケツを置いて、砂場の中から外へ、外から中へとほうきで掃く）血を掃いちゃうんだ。ハハハ。血を掃く。今日はバットマンはほんとうに死ぬんだ、だってぼくが必ず殺すから。

ランドレス：今度こそほんとうに彼を殺すんだね。

ポール：そうだよ。今日は先生も殺されるんだよ。

ランドレス：ああ、私も罰を受けるのか。

ポール：そうだよ。先生はロビンだ。

ランドレス：私たちの二人とも殺すつもりなんだね。

ポール：そう、そのとおり。外さないといいけど。（軽快な声と満面の笑みで言う）

ランドレス：私は撃つものじゃないよ。（ポールは私の頭上に狙いをつけて壁を撃つ）きみ
　　　　　が私を撃ちたいのはわかっているよ。バットマンを私だと思って（バットマン
　　　　　を指さす）、バットマンを撃てばいい。（ポールは再び私の頭上を撃つ。私を撃
　　　　　つつもりがないのは明らか）

　　ポール：ああ、外しちゃったよ。（再び撃つ）ああ、大変だ。（電話をいじり始める）誰
　　　　　に電話すると思う？　うーん、うーん。（別の電話を手に取って電話をかける）
　　　　　バットマンは死んだよ。うん、わかった。（電話を置いて部屋を横切る）ね
　　　　　え、今からバットマンを目覚めさせる歌を作ろうか？（木琴を弾きながら、期
　　　　　待のまなざしでバットマンを見る）もう起きそうだ。（バットマンのほうへ
　　　　　歩いていく）首をちょん切ってやろうか？（バットマンを殴る）もう死んだ。
　　　　　これでまたお父さんと遊べるよ、ミスター・オールド・ダッド。（ドールハウ
　　　　　スやスクータートラックで遊ぶ）これが新しいトラック。よく動くよ。新しい
　　　　　テレビも買ったんでしょ？

ランドレス：それで今はテレビが二つあるわけだね。

　　ポール：そう。ねえ、これ動く？　そこに入れたの？（テレビを調べて、どこに部品が
　　　　　入るか突き止める）

ランドレス：ほら、わかったね。

　　ポール：これ、動く？（画面が動くか試す）

ランドレス：これがほんとうに本物のテレビみたいに動くのか気になる？

　　ポール：動かなかった。お父さんは新しいテレビを買ったんだよね？　お父さんが、家
　　　　　族のために。

ランドレス：お父さんは家族のためにテレビを買って帰ってきた。

　　ポール：見るため……見るために。子どもたちはお父さんの買ってきた新しいトラック
　　　　　を見たよ。お父さん。子どもたちはまだ知らなかったんだ。子どもたちは走り
　　　　　始めた。

ランドレス：ああ、お父さんは子どもたちを驚かせたんだね。

　　ポール：子どもたちは何も見ていないんでしょ？

ランドレス：特別なサプライズだったんだね。

　　ポール：お父さんはいつかそれを返さなくちゃいけないんだ。

ランドレス：そうしたら、お父さんはそれを手元に置いておけないんだ。

　　ポール：（人形をトラックに乗せる）今から乗ってみるんだよ。赤ちゃんはどこかな？
　　　　　ああ、そこに乗って。（人形の家族をスクータートラックに乗せる）みんな楽
　　　　　しいでしょ？

ランドレス：みんな一緒にその新しいトラックに乗って、楽しんでいるんだね。

　　ポール：（ポールはドールハウスの周りをトラックをゆっくり押して回り、モーター音
　　　　　を立て、ドールハウスのすぐ近くに停まる）もうすぐ家に着くね。

ランドレス：彼らは戻ってくるんだね。

第17章　治療的なプロセスと終結の決定　　**313**

ポール：さあ、降りる時間だ。（人形を降ろして家の中に入れる）おや、子どもたちがぶーぶー言ってる。

ランドレス：彼らはトラックを降りたくないんだ。

ポール：彼らは家に帰りたくなかったんだ。みんなドライブを楽しんだでしょ？

ランドレス：彼らはとても楽しんでいたね。

ポール：当ててみて？　お父さんはトラクターを買うかもしれない。彼は仕事に行くんだ。

ランドレス：じゃあ、彼はテレビを買って、それからトラックも買って、トラクターまで買うかもしれないんだね。

ポール：彼らは引っ越すかもしれない。

ランドレス：うーん。彼らは引っ越すかもしれないんだ。

ポール：うん、きっとしばらくアニメが恋しいよね。お父さんは行かなくちゃ。お母さんは赤ちゃんを寝かさなくちゃいけないよね。（赤ちゃんを手に取る）この赤ちゃん、絶対はげ頭になるんだろうな。

ランドレス：髪の毛がないね。

ポール：そうなんだよ。つまり、いつかこの子ははげ頭になるってことだよ。

ランドレス：うーーん。

ポール：この赤ちゃんは間違いなくそうだよね？　はげた赤ちゃんはほしくないなあ。なんだか小さな男の子がはげてるみたい。彼らは何かし始めそうだよ。お父さんは仕事に行かなくちゃ。彼は何かを動かすかもしれない。彼は新しいトラクターを買うかも。間違いないと思う。必要なんだ。そうしたら引っ越すかもしれない。あー、ほら！　ほら来た！　新しいトラクターが来たよ。（トラクターで遊ぶ）子どもたちは新しいトラクターが来て喜ぶと思う。ああ、もう！ハンドルが大きすぎるよ。（トラクターをスクータートラックに入れようとする）

ランドレス：そこには入らなさそうだね。

ポール：また別のトラクターを買わなくちゃいけないと思う。わかった、ひっくり返してみよう。だめだ。（トラックの中にトラクターを入れることができない）反対向きに入れたらどうかな？　だめだ。今日、別のを買うことはできないと思うんだ。ここに彼のためのトラクターがある。（大きさが合う別のトラクターを見つける）トラクターを見てて。これがトラクターだ。さあ行こう。アニメは終わったよ。みんな見たでしょ？（嬉しそうに言う）

ランドレス：アニメ番組が見られて彼らは喜んでいたよ。

ポール：（スクータートラックに家具を積み込み始める）うん、でもかわいそうに、お母さんはもう料理ができない。（なぜなら彼がコンロを積み込んでしまったので）お母さんはお腹が空いていたんだ。お父さんもお腹が空いていた。あのバスルーム、動かせるんだよ。

ランドレス：そうなんだ。家の中の何でも動かすことができるんだね。

　　ポール：トラックの中にね。なんてこった！　彼らは引っ越したでしょう？

ランドレス：家の中の物を全部運び出してね。

　　ポール：そう。ここにまた住むことにしたんだ。（家具をドールハウスの中に戻す）

ランドレス：それで彼らは引っ越したんだけど、またここに戻ってくることにしたんだね。

　　ポール：なんでかわかる？　アニメをいくつか見損ねちゃったんだ。

ランドレス：だから彼らは戻ってきて、アニメを見たかったんだね。

　　ポール：お父さんが何をしなくちゃいけないかわかる？（お父さん人形を持って砂場に
　　　　　　向かう）

ランドレス：彼がこれから何をするつもりなのか、私に教えてほしいな。

　　ポール：いいよ。彼は……死んじゃった。

ランドレス：ああ、お父さんは死んじゃったんだ。

　　ポール：そう。だからみんなは彼を砂に埋めるんだ。（砂を掘って穴を作り、お父さん
　　　　　　人形を埋め始める）

ランドレス：彼は死んでしまって、今そこに埋められるんだね。

　　ポール：そうだね。彼らには新しいお父さんが必要だよね。（人形に砂をかけ続ける）

ランドレス：その、お父さんが死んでしまったら、また別のお父さんが必要になるというわ
　　　　　　けだね。

　　ポール：ああ。全部埋まっちゃったよ。

ランドレス：彼はもう見えないね。

　　ポール：そこに彼がいるんだ。（お墓の上に漏斗を逆さまに置き、そそぎ口を上に向け
　　　　　　る）
　　　　　　子どもたちが彼に会いにきた。赤ちゃんはまだ眠ってる。（ドールハウスに行
　　　　　　き、男の子と女の子の人形を持ってくる）

ランドレス：ふーむ、じゃあ子どもたちは、お父さんが埋葬されている場所を見にいくんだ
　　　　　　ね。

　　ポール：（男の子人形の頭をろうとの先端に置く）何か聞こえるみたい。ウーーー。（墓
　　　　　　の中から音がしている）

ランドレス：お父さんの埋葬されたところから、何か音が聞こえるんだね。

　　ポール：うん。なんだと思う？　彼らは今からお父さんを掘り起こそうとしているん
　　　　　　だ。（人形を砂から引っ張り出す）ああ、神様！　彼は生きてる！

ランドレス：つまり彼は本当には死んでいなかったんだね。今は生きているんだ。

　　ポール：みんな驚いてる。（ほんとうに興奮して、嬉しそう）

ランドレス：彼らは驚いたけれど、喜んでいるんだね。

　　ポール：大変だ！　家のそばに竜巻がきている。急いで家に帰ったほうがいいよ。

ランドレス：竜巻は危険だね。

　　ポール：わかってる。竜巻は家を吹き飛ばすこともある。彼らのうちの一人がお墓にい

るんだ。女の子だ。（女の子を砂に埋める。埋められるところは私には見えな
かった）

ランドレス：じゃあ女の子は墓場に置いていかれたんだね。

ポール：ああ、埋葬されたんだ。

ランドレス：ああ、彼女はお墓に埋められたんだね。

ポール：彼女は……彼女は竜巻に捕まりたくないんだ。

ランドレス：だから、竜巻は彼女を捕まえられないんだね。

ポール：竜巻は通過した。うわあ。どうなったか見て！（ドールハウスの周りのおも
ちゃを倒す）大変だ！

ランドレス：竜巻は何かいろいろ壊していったね。

ポール：うん、多少ね。でもこれは壊れなかったよ。（スクータートラックを指さす）
子どもたちはみんな早く家に入って、横になって休まなくちゃいけない。

ランドレス：だから、彼らは家の中が安全であることを望んでいるんだ。

ポール：それから、お父さんがピックアップトラックを止める間、彼女にも家に入って
休むように言ったんだ。（トラックを引っ張り出す）ああ、ああ。竜巻は去っ
た。何だと思う？　お父さんは驚くよ。何だと思う？　バットマンにご期待く
ださい！

ランドレス：再びバットマンの時間だね。

ポール：（バットマンのところへ行き、自分に手錠をかけようとする）あーあー、捕
まっちゃったよ！

ランドレス：誰かに捕まったんだね。

ポール：警察がやったんだ。（体の後ろで手錠をかけようとする）

ランドレス：そうか、警察に捕まったのか。ふーん。

ポール：バットマンを殺した罪でね。

ランドレス：じゃあきみはバットマンを殺して、それで警察に捕まったわけだね。

ポール：そう。バットマンは今は生きてる。あ、痛っ。手を後ろにやって手錠をつけら
れなくても当然だね。ほら。（助けを求めて私のところへ手錠を持ってくる。
私はそれを彼の背中側でとどめる）よし、ぼくは刑務所の中だ。

ランドレス：警察官がきみに手錠をかけて、刑務所に入れたんだね。

ポール：わかってる。まず彼は何かしなくちゃいけない。彼は誰も殺せない。警察が彼
の回りを囲んだから、彼はこれ（ナイフ）を戻さなくちゃいけなかった。

ランドレス：だから警察は彼がだれも殺せないようにしたんだ。

ポール：そう。ナイフを戻さなくちゃ。バットマンは生きてる。立たせたほうがいい
ね。（バットマンを立たせる）

ランドレス：もう彼は大丈夫なんだね。

ポール：その前にちょっと待って。（バットマンを動かす）ほら。あーあ、ぼくはもう
牢屋から出ちゃったよ。助けて。（手錠を外そうとする）痛い、痛い。（手錠が

　　　　　　　　手首を挟んでいる）

ランドレス：ときどきこういうのは挟まるね。

　　ポール：そうだね。（手錠を外す）

ランドレス：でもきみはもう手錠を外したね。

　　ポール：当ててみて？　今ぼくは警察だ。ぼくは警察になるんだよ？

ランドレス：つまり今からきみは手錠を持つ人になるんだね。

　　ポール：ぼくは警察だ。ぼくはバットマンだ。今から牢屋に入れてやる。いい？

ランドレス：誰かがそうしているようなふりをしてくれたら、私はそれを見ている。

　　ポール：わかった。あの警察官、困っているんだ。（手錠をかけようとしている）

ランドレス：手錠をちゃんとかけるのに苦労しているように見えるね。

　　ポール：ううん、できた。もう困ってない。

ランドレス：わかったんだね。

　　ポール：うん、やり方がわかったんだ。（手錠を自分のポケットに引っかける）

ランドレス：ふーむ。きみはいい方法を見つけたんだね。ポール、今日プレイルームで過ご
　　　　　　すのはあと5分だよ。

　　ポール：えーっ。（終わりたくない。射撃音を鳴らしたり、走り回ったり、床の上に転
　　　　　　げたりする。誰かと格闘するふりをする）捕まえた、そうでしょ？

ランドレス：きみは彼を捕まえたね。

　　ポール：（架空の相手と数分間格闘する）

ランドレス：きみはほんとうによく頑張っているね。

　　ポール：そうだね。彼は手強いやつだ。

ランドレス：彼はほんとうに手強いけど、きみは彼と闘っている。

　　ポール：やっつけたよ。

ランドレス：きみの勝ちだね。ポール、今日はここまでだよ。お母さんがいる待合室に行こ
　　　　　　う。（立ち上がる）

　　ポール：あーーーーーっ！　わかった。（ドアに向かって歩いていき、ドアを開ける）

　　プレイセラピーではよくあることですが、この2回目のセッションでもいくつかのテーマが
明らかになりました。ポールが何回も言及していることからもわかるように、ポールにとって
テレビが非常に重要なものであるようでした。人々が飛び立たない飛行機旅行や、ポールが
ドールハウスのすぐ近くにとどまった自動車旅行や、家族が引っ越すと言ってすべての家具と
備品をトランクに積み込んでからすぐに「またここに住むことにしたんだ」と宣言した場面な
どから、安全な家からの引っ越しや離れることというテーマが存在することは明らかでした。
おそらく読者のみなさんは、遊びの中でポールが何度も新しいものを手に入れるのに気づいた
でしょう。「お父さんは新しいトラックを買うんだ。気に入るのが見つからなかったんだ。い
つか気に入るのが見つかるよ」
　　もう一つのテーマは、死は永遠ではないという認識を示すポールの遊びと発言でした。「バッ

第17章　治療的なプロセスと終結の決定　**317**

トマン（バップバッグ）をしばりあげて、殺して、切り刻んで、撃つんだ」「彼はしばらくの間死んでいることになってるんだ」「ポールは床の砂をバットマンの血に見立て、床の砂を払う」「バットマンは今度こそ本当に死ぬ」。このテーマの頂点は、砂場にお父さん人形を埋葬することでした。そしてポールは小さな漏斗を逆さまにしてお墓の上に置き、男の子の人形が、漏斗のそそぎ口から埋葬されたお父さん人形に話しかけました。ポールは「なんてこった！二人には何か聞こえたんだ！」と言ってお父さん人形をすぐに掘り起こし、「彼は本当には死んでなかった！」と言いました。この場面は、ポールが墓石の花瓶用の穴から祖父に「話しに」墓地へ行っていたことと類似しており、印象深いものでした。この2回目のセッションの後、ポールが墓地へ行きたいと言ったのは一度だけで、彼に大きな変化があったことを示しています。5回目のセッションで、ポールは「知っていると思うけど、ぼくのおじいちゃんは死んじゃったんだ」と言いました。これが、祖父の死を受け容れた最初の明確な言葉でした。

　テーマを理解することによって、セラピストは子どもの内面で起きているプロセスをより深く理解することができます。情緒面での成長や、具体的な問題の解決、あるいは問題を乗り越えて離れることができるようになることは、子どもがテーマを表現する方法の変化として観察されることがあります。変化は、テーマが表現される頻度や、遊びの中に表現されるできごとの順番に表れます。セラピストは、子どもの激しさが弱まっていることに気づくかもしれませんし、ひょっとすると激しさがすでに失われていることに気づくかもしれません。遊びの中でテーマを表現するうちに、子どもの身体活動に変化が生じ、以前より興奮しなくなったり、急がなくなるかもしれません。子どもの心の奥底から押し出されてきたような言葉や遊びによるテーマの表現がみられなくなったりするかもしれません。テーマの遊びが何セッションか続いた後で、遊びの中でテーマが表現されることが完全になくなったら、それは次のようなことを示しています。すなわち、子どもが何らかの解決に到達したり、心の中にあるものを表現できたり、その問題を片づけたり、適応に向かって進んだりしたのだということです。

　子どものために、セラピーの中で遊びのテーマに注意を促したり、テーマを特定したりすることは、解釈的で、構造化され、子どもにとっては迷惑であり、子どもの遊びのプロセスを妨害し、セラピストを関係の主導者にします。子どもを教育したり、子どもに情報を与えたり、子どもの洞察力を刺激したりしたいというセラピストの欲求は、セラピスト自身に焦点を向けることになり、そうなってしまえば、セラピストはもはや子どもと共にいることはできないのです。テーマを指摘することは認知的なプロセスです。子どもに自身のテーマを伝えることと、子どもと気持ちの通じ合う人間として接することを、同時に行うことはできません。セラピストが子どもの遊びの意味について知っていることよりも、子どもとの関係のほうがより重要なのです。

終結の意味

　終結（termination）という言葉には厳しい響きがあり、非常に決定的な感じがするため、

子どもたちとの定期的な関わりを終えるということについて私が伝えたいと考えていることが、まったく伝わりません。「結びとする（concluding）」とか「終わる（ending）」といった言葉を使うこともできますが、これらの言葉もまた、関係が完全に断ち切られ今後も存在し続けることがまったくないかのように、決定的な印象を与えます。これほど真実から遠く離れていることはありません。子どもとセラピストは、ときにはためらいがちに、ときには痛みを伴い、ときには熱心に、ときには揺れ動きながら、意味のある、繊細な思いやりのある関係を築き、育ててきました。優しい瞬間が訪れ、大きな興奮に包まれ、抑え切れないほどの喜びに包まれ、世界に向けて怒りや苛立ちを叫び続けたり、すばらしい発見があったり、言葉や音も必要ない静かな時を共に過ごしたり、理解と受容を分かち合ったときもありました。そのような関係は決して終わることはありません。なぜなら、それを分かち合った人の一部として続いていくからです。そのような大切な経験というものは、それを経験した人の中に生き続けます。そして、定期的に会うことをやめると誰かが決めたからといって、終わることはないのです。

> 古いものとの決別と新しいものの始まりは、人間の成長において絶えず繰り返される場面の転換である。古いものは、そこから生み出された価値や満足感に対して多くの敬意を払われながら、終わりを迎える。しかしながら、その価値が、もし初めに経験した状況においてのみ評価され、感じられるのであれば、それは成長を促す影響力を失い、肯定的な意味を失う。どのような人生経験から得た価値観も、個々人の人生で常に繰り返される新しさの中で自由に使ってこそ、肯定的な意味を保つことができる。これは、古いものを忘れ、抑圧することではなく、新しいものを構成するために古いものを使うということである（Allen, 1942, p.123）。

子どもとの最初の出会いからセラピストが目指してきたこのプロセスの部分を正確に表現しようとすると、一言ではとても足りないように思われます。セラピストがこの関係にいる目的は、子どもが自己責任感をもてるようにすること、子どもの自己を強化すること、そして子どもの自己主導的な変化の展開に貢献することです。子どもがこのような関係をもはや直接は必要としなくなることは、成長の過程における自然な展開であり、終わりではなく、むしろ広がりなのです。もしセラピストが、重要な感情的レベルで子どもと真に関わることができ、子どもとセラピストの内なる自己の共有につながったなら、重要な関係が築かれてきたはずであり、個人的な関係の終わりを迎えるのは難しいことなのです。

終結を決定する際の参考点

子ども中心プレイセラピストは、あらかじめ決められたものではない、子どもたち一人ひとりに合わせて決められた、特有のプレイセラピーの目標をもっています。そのために、特定の行動上の問題が改善された場合のように、いつ終結するかという問いに簡単に答えられるわけ

ではありません。あることが達成されたから終結の準備が整っているのだと判断されるような、固有の目標があるわけではないのです。治療関係において、特定の問題ではなく、子どもに焦点を当ててきているため、成功の目安となるような経験的なチェックポイントは存在しません。Haworth（1994）は、子どもが終結の準備ができているのか判断するガイドラインとして、下記のような質問項目を提唱しました。

1. セラピストへの依存は減りましたか？
2. 他の子どもがプレイルームを使ったり、セラピストに会ったりすることへの心配は減少しましたか？
3. 子どもは今、同じ人間の良いところも悪いところも見て、受け容れることができますか？
4. 時間に対する態度に変化がありましたか？　気づき、興味または受容に関して変化がありましたか？
5. 部屋を掃除することへの反応に変化はありましたか？　以前は几帳面だったのにあまり気にしなくなったとか、以前は散らかっていても気にしなかったのに片づけに興味をもつようになったりしましたか？
6. 今、自分自身のことを受け容れていますか？
7. 洞察力や自己評価の証拠はありますか？　以前の行動や感情と、現在のそれらを比較することはありますか？
8. 発語の質や量に変化はありますか？
9. おもちゃに対する攻撃性、またはおもちゃを使っているときの攻撃性は減少しましたか？
10. 容易に制限を受け容れることができていますか？
11. 芸術表現の形態は変わりましたか？
12. 幼児的な遊び（例：哺乳瓶）や退行的な遊び（例：水遊び）に没頭する欲求は減少しましたか？
13. 空想的で象徴的な遊びが減り、創造的で建設的な遊びが増えましたか？
14. 怖がる回数や、怖がり方の激しさは減少しましたか？

　変化は全体的な性質から見るのが最善であり、これらの質問項目はセラピストがあらかじめ決められた特定の目標を達成することよりも、変化の過程に焦点を当てるのに役立ちます。プレイセラピーの終了を検討するに値するだけの十分な変化が起こったかどうかを判断するためには、第一に子どもの変化に焦点を当てるべきです。セラピストは、次に示す子どもの自発的な変化を考察することで、実際にプレイセラピーを終了するかどうかの判断材料とすることができます。

1．依存度が低くなった。

2．混乱することが少なくなった。

3．率直に欲求を表現する。

4．自分自身に焦点を当てることができる。

5．自分の行動と感情に責任をもつ。

6．自分の行動を適切に制限する。

7．自分の内面を見つめることができる。

8．柔軟性が増した。

9．予想外のことに対して、以前より耐えられるようになった。

10．自信をもって活動を始めている。

11．協力的だが、従順ではない。

12．怒りを適切に表現する。

13．否定的で悲しい感情から、幸せで満たされた感情に変わった。

14．自分自身をより受け容れている。

15．一連の物語を遊びとして表現することができる：遊びに方向性がある。

　子どもたちは、関係を終わらせる準備ができているかどうかについて、大まかな合図をしてくれるでしょう。おもちゃに興味がなくなり、プレイルームで立ち尽くすようになる子もいます。だるそうで、無関心で、まるでスローモーションで遊んでいるように見えるかもしれません。子どもはしばしば、やることが何もないというよくある不満を表し、退屈そうに部屋の中をうろうろします。そんなとき、「もう来なくていいや」と言い出す子もいます。このような発言は、セラピストから離れ、自分自身に完全に頼ることができる能力と全体性を子どもがもっていることの宣言です。これはとてもポジティブな自己肯定なのです。ときどき、子どもは現在の行動や反応を、以前の異なった反応と比較し、自己の変化について指摘することがあります。セラピストは、プレイルームで一緒に過ごす時間の感じが漠然と変化していることに気づくかもしれません。一緒にいる時間が、同じようには「感じられない」のです。両親や教師が語る変化もまた、プレイセラピーの関係を終わる決断をする際の決定因の一つとして考慮するべきです。

関係の終わりへの手続き

　子どもの年齢、子どもの未来に対する概念がどれくらい発達しているか、抽象概念についての言葉のやりとりをどれくらい理解し、どれくらい効果的に参加することができているか。これらは、プレイセラピー体験を終わらせるためのプロセスを始めるにあたり、セラピストがどのようにアプローチするかのかなりの部分を決定します。子ども中心の理念にしたがって、子どもはこの重要な関係を終わらせるために必要な計画に参加すべきです。子どもがもはやプレ

イセラピーを必要としていないとセラピストが判断したとき、あるいは、子どもがこの関係を終わらせる準備ができていることに気づいたとき、セッションの中で、子どもの他の感情や決定と同じくらい繊細に対応すべきです。セラピストが、子どもがあと何回プレイルームに来る必要があると感じるかを尋ねることで、関係を終わらせるかどうかや、最後のセッションの日取りを決めるときに子どもを参加させることができる場合もあります。学校や一部の機関では、子どもはセラピーを終える準備ができていなくても、年度の終わりによって関係の終わりが決定されることもあります。それでも少なくとも3ヵ月間はあるでしょう。あと何回のセッションが必要かを決めることを除けば、他の終結の手続きを利用することもきっと可能だと思います。

　関係を終えることは、いきなりのことではなく、円滑なプロセスであるべきで、子どもの気持ちに十分配慮しながら行うべきです。プレイセラピー体験の終了が適切に扱われなければ、子どもたちは拒絶されたと感じたり、罰せられたと感じたり、喪失感を抱いたりするかもしれません。実際には、どんなにうまく終わりを扱ったとしても、子どもがこれらの感情を経験しないという保証はありません。**子どもたちが、この意味ある関係や、人生における重要な存在となった人から離れることに不安を感じるのは、無理もないことです。これらの感情は受け容れられ、去ることについて「気分をよくしよう」と努力することはないのです。**そうすることは、子どもが人間関係から離れることについて経験している不安、傷、怒り、その他どのようなことであれ子どもの感情を軽視することになります。子どもたちが戻る必要性を感じたらそうすることができるように、戻ってくることができると伝え、ドアを開けておくことが、曲がりくねった解放のプロセスにおいて子どもたちを助けることがあるのです。

　子どもたちは、人生の他の重要な部分を生きてきたように、この重要な関係の終わりを生きるために、プレイルームでの時間を必要とします。したがって、実際の終結のプロセスは最終回の2、3回前から始める必要があります。この関係の始まりのとき、子どもは関係の中にいる方法を探し、発展させていくための時間を必要としました。今、子どもは、この意味ある人生の一部分を終わらせることについて湧き上がってくる気持ちを乗り越えたり、このような支えがもうないことについての気持ちを探ったりする時間を必要としています。関係を終わらせる計画に参加することで、子どもは、重要な関係の終わりとはどのような感じがするものなのかを発見する機会を得るのです。

　子どもによっては、終結の準備の過程で、セッションの一部で一時的に退行し、以前のセッションでみられた行動を示すことがあります。**これは、子どもが昔の行動を再訪し、現在と過去を比較できる満足感を味わうための方法かもしれません。**子どもは、描かれた絵を台無しにして、「以前だったら、こんなことしたら怒ったのに」と言うかもしれません。別の可能性として、子どもは以前の行動を遊びの中で表現してみせることで「終わりたくない。これからもここに来させて」と遅ればせながら言おうとしているのかもしれません。

　子どもによっては、最後の2回のセッションを週1回から隔週に1回にすることで、終結のプロセスをゆっくりとしたものにすることを考慮したいとセラピストは思うかもしれません。また、週1回の定期的な面接の最終回の1ヵ月後に、フォローアップのための最後のセッショ

ンを計画しておくという方法もあるでしょう。この判断は、子ども側の必要性に基づいて行うべきで、様子を知りたがったり、子どもを解放したくないというセラピスト側の気持ちに左右されるべきではありません。関係を終えるためのプロセスが始まったら、最後の2、3回のセッションでは、セッションの始まりと終わりに、プレイルームであと何回過ごせるかを子どもたちに知らせる必要があります。子どもによっては、あと何回プレイルームに来ることができるのかを1週間のあいだ覚えておくのは難しい場合もあります。最後から3回目のプレイセラピーの初めに、セラピストはこんなふうに言うかもしれません。「カーラ、今日と、今日のあともう2回プレイルームに来ることになっているからね。今のところはそれでおしまいだよ」。この「今のところ」という言葉は、子どもが後日また戻ってくる必要がある場合に備えて、ドアを開けておくためのものです。セッションの終わりでもこの文言が繰り返され、次回のセッションでも、最終回のセッションの冒頭でもこの作業が繰り返し行われます。

最終セッションに対する子どもたちの反応

　最終セッションで子どもがどのような反応を示すかを予測するのは、通常は難しいことです。子どもの中には、最後のセッションを淡々とこなす子もいます。プレイルームで過ごすのはこれが最後だというコメントさえしないかもしれません。**セラピストは、会話や別れの抱擁を長引かせることで、最後のセッションを盛大なものにしよう**という衝動を抑えるべきです。子どものほうから始めたのであれば、それは適切なことでしょう。そうでない場合は、そのような行為はセラピストの欲求として認識し、それに応じて対処すべきです。セラピストは「寂しくなるね」「一緒に過ごせて本当に楽しかった」というような発言は避けます。なぜなら、もし子どもがもうそんなふうに思っていなかったとしたら、そのような発言は子どもに罪悪感を抱かせるかもしれないからです。たとえ最後の数分間であっても、その子どもの時間であることに変わりはなく、子どもの欲求が表現され、セラピストに応答されるための時間なのです。子どもによっては、帰り際にドアの前でぐずぐずしたり、部屋についてコメントしたり、セラピストに伝えたいことをいろいろ考えたりすることで、関係を終わらせたくないという気持ちを示すことがあります。

　7歳のブラッドがそうだったように、関係を終わらせることに強い怒りを覚える子どももいます。私たちは12回、一緒にすばらしい時間を過ごしましたが、その間にブラッドが過度に部屋を散らかしたり、攻撃的になったりすることはありませんでした。彼はとても活発に、しかし注意深く遊んでいました。最終セッションで、ブラッドはプレイルームに入ってきて、「ああ、これが最後だ」と言い、棚からおもちゃを引っ張り出して床の真ん中に捨て始めました。この間、彼は一言も発しませんでしたが、明らかに怒っていました。彼は棚を全部空にするまで、やめませんでした。なんということでしょう！　自分が散らかした様子を一瞥することもなく、今度は棚のおもちゃを入れ替え始めました。それはかなりの作業で、セッションに残された時間のほとんどを占めていました。残り10分のところで、彼は私たち二人のため

第17章　治療的なプロセスと終結の決定　**323**

に、今までででいちばん楽しく手の込んだ料理を作ってくれ、自分は何を料理していて、どんな食べ物が好きなのかを話してくれました。そして時間切れとなり、彼はさよならの言葉もなく、プレイルームで一緒に過ごすのはこれが最後だということを一切口にすることなく、プレイルームから出ていきました。ブラッドは私たちの関係の終わりへの複雑な感情について、雄弁に伝えていました。

　7歳のローリのように、セラピストとの関係を終わらせることについて、とても率直に感情を共有する子どももいます。ローリは、最後のセッションでの以下の会話で、セラピストとの関係の重要性を生き生きと表現しました。

> ローリ：（鍋やフライパンに砂を入れながら）私にはたくさんの友だちがいるよ。ずっと友だちだよ！（セラピストを横目で見ながら）あなたも私の友だちだよ。
> セラピスト：私たちはずっと友だちでいられると思っているみたいだね。
> ローリ：（激しくうなずきながら）うん、うん！　たとえあなたがここにいなくてもね。
> セラピスト：だから、私がいなくなっても友だちでいましょう。
> ローリ：私のことはイエス様に話せばいいよ。
> セラピスト：あなたのことをいつも覚えていることは、私にとって本当に大切なことのようだね。
> ローリ：秘密の暗号を作ろう。（紙に電話番号を書き、別の紙にシールを4枚貼る）はい、これ。もし緊急事態が起きたら、これが私の番号だよ。そして、この絵を見て、「イエス様」とか「神様」とか、何か好きなことを言えばつながるよ。
> セラピスト：つまり、あなたは私たちがいつでもつながっていて、友だちでいる方法を考え出したんだね。
> ローリ：うん（うなずきながら）、いつもつながってる。

早すぎる終結

　ときには、親がセラピストに知らせることなく、子どもをプレイセラピーに連れてくるのをやめてしまうことがあり、そのような場合は、セラピストが子どもと終結の準備をする機会がありません。こうしたプロセスは、通常、子どもにとって突然の狼狽するようなことで、往々にして最もタイミングの悪いときに起こります（たとえば、子どもがセラピストと何か重要なことや個人的なことを分かち合ったり、初めて制限を試したまたは破ったり、責任をもつことについて前回のセッションで大きな変化があったりしたときなどです）。もし子どもがプレイルームに戻ってくることができなければ、その子は、前回のセッションで起こったことのせいで自分が罰せられたという体験を内面化するでしょう。ですから、もし子どもの親が不意にセラピーを中断した場合、セラピストは親に連絡し、終結セッションの重要性について説明するべきです。

最後のセッションは、子どもたちにとって、大切な関係に前向きな終止符を打つ体験となります。

参考文献

Allen, F.（1942）. *Psychotherapy with children*. Norton.（黒丸正四郎訳〔1955〕『問題児の心理療法』みすず書房）

Haworth, M.（1994）. *Child Psychotherapy: Practice and theory*. Aronson.

第18章

短期集中的プレイセラピー

　プレイセラピーは、必ずしも何ヵ月も何年もの治療を必要とする長期的なプロセスではありません。多くの子どもの行動上の問題や経験は、比較的短い期間で効果的に扱うことができ、そのときには子どものダイナミックで自然な内なる創造力が、促進的で安全な子ども中心プレイセラピー（CCPT）の関係の中で現れてきます。子どもが自然に発達している状態は、問題解決に向かう動きが連続して起こるプロセスから成り立っているのです。したがってセラピストは、子どもの成長のプロセスを早めるために、前もって決められた解決策を子どもに押しつける必要はまったくありません。

集中的子ども中心プレイセラピー

　CCPT は、子どもが自分自身の言葉で自分の感情に合ったペースで、適応的な対処法を身につけるために必要な関係を提供します。私たちは、発達途上の子どもを見て、「あなたはまだ十分に変化していないね」と言うようなことはしません。私たちは忍耐強く、発達の自然なプロセスを信じています。これと同じ論理が、プレイセラピーにおける子どもたちにもあてはまります。本書に書かれているような関係が与えられれば、子どもたちは驚くべきスピードで変わることができるのです。しかし、数回のプレイセラピーで、すべての子どもの問題に対処できるという意味ではありません。

　プレイセラピーのセッションの数に注目するよりもむしろ重要なのは、予定されたセッションの頻度を吟味することでしょう。**プレイセラピーを週に 1 回行うという伝統的な方法は、子どもの情緒的なニーズや子どものダイナミックな発育発達にいつも合うとは限らないのです。**とくに、子どもが性的虐待を受けていたり、離婚によるトラウマを抱えていたり、これらと同程度にダメージを与える危機に直面していたりする場合には、セッションの間隔が 1 週間というのは、子どもにとって非常に長い時間となりえます。

ですから、プレイセラピストは、ある子どもたちにとってはセッションの間隔を短縮する可能性を考慮することが推奨されるのです。私たちは、人間が何を自分に取り込んでいけるのかも、プレイセラピーのセッション中に促進された変化を処理するためにセッションとセッションの間にどれだけの時間を必要とするのかも、簡単にはわからないのです。伝統的な週1回というセッションの設定は、セラピストのニーズに合わせて作られたものであり、必ずしも子どもの感情的なニーズを満たしているとは限りません。

　子どもが危機やトラウマを経験した場合、プレイセラピストは集中的なプレイセラピーを検討すべきです。つまりそれは、子どもの情緒的なニーズを満たし治療プロセスを早めるために、最初の2週間あるいはもしかするとセラピーの期間中ずっと、週に2回以上のプレイセラピーのセッションを行うということです。集中的なプレイセラピーは、すでにプレイセラピーを受けており、そのような経験がある子どもに推奨されます。もし、家族の死、大きな交通事故、性的虐待、身体的虐待、家庭内暴力、動物の襲撃、爆撃、その他のストレスといった大きなライフイベントがあった場合、セッションとセッションの間の1週間は、子どもにとって永遠にも感じられます。心的外傷がある場合には、最初の1週間か2週間は週に5、6日のプレイセラピーを設定する必要があるかもしれません。

　子どもたちの自然な反応は、トラウマ的なできごとを再現したり遊びの中で演じたりすることですが、それはトラウマとなったできごとを理解し、克服し、コントロールの感覚をもって、その体験を自分の内におさめようとする無意識の努力によるものです。子どもたちの大きな感情体験は、子どもたちの生活の中でそのできごとが遊びとして象徴的に表現されることで、実際のできごとと感情的に距離を置くことができ、圧倒されるような感情から子どもたちを守るのです。このように遊びを通して実際の体験から距離を置くという力動によって、セッションがより頻繁に組まれることで、子どもたちは激しい感情体験に取り組み、理解することができます。このプロセスによって、子どもたちは、セラピストの指導のもとで恐怖や苦痛の体験を言葉で認識したり名づけたりしなければならないときに求められるように、トラウマとなるような体験を自分自身の体験として認識したり分類したり、あるいは直接的にトラウマ体験を扱ったりすることなく、それを乗り越えることが可能になります。子ども中心のプレイセラピストは、子どものペースに合わせた治療環境を確立します。その環境は、子どもたちが、受け容れられ、理解され、尊重され、恐ろしい感情を扱うのに十分に安全であると感じられるものなのです。

　プレイセラピストは、いかなる方法でも、子どもに遊びを押しつけることも、促すことも、指示することもありません。そのため、子どもは自分が表現しても大丈夫だと思う範囲を、与えられた時間の中で十分扱えると感じるペースで探索していきます。セッションがセラピストによって構造化されていない場合、子どもは自分の探索のペースを、自分の機能できるレベルに合わせて必要なだけ早くしたり、遅くしたりして探索することができます。このような子どもがもつ直感的な知を信頼することは、セッション間の時間を短縮した集中的なプレイセラピーの体験において非常に重要です。トラウマ体験を演じるよう子どもに指示したり構造化したりすることは、子どもがそのできごとと向き合う心の準備ができていない場合に再トラウマ

化する可能性があります。子ども中心セラピストは、子どもの内的な方向性を信頼し、子どもとの関わりのすべてにおいて子どもがリードできるようにし、子どもの遊びや会話を方向づけようとはしません。そして、子どもは関係性と遊びの方向性を自分で決めていくのです。

　壊滅的な災害が発生すると、何千もの家庭で日常生活のすべてが崩壊し、子どもたちはもはや安心できなくなります。週に数回、30分か15分のプレイセラピーを体験することが、子どもたちの生活の中で唯一予測可能な日課となりうるのです。それは、溜め込んだ象徴という安全の中で溜め込んだ恐怖を演じる場であり、コントロールの感覚を取り戻す場であり、必要に応じて落ち着きを体験する場であり、混沌のまっただ中のオアシスとなります。災害の被害者は、即時の助けを必要としており、悠長に週1回のプレイセラピーを受ける余裕はありません。彼らには集中的なスケジューリングが必要なのです。Webb（2001）は、オクラホマシティの爆破事件に対する危機管理チームの対応の一環として、1～3回のプレイセラピーが効果的に用いられたと報告しています。Webbは、爆撃があった場所の近くの小学校の小さな倉庫を改造し、おもちゃをバッグに入れてその建物に行き、教師から紹介された子どもたちに30分のプレイセラピーのセッションを行いました。

　2011年に、ニュージャージー・シティ大学教授の小川裕美子博士は、日本を襲った津波に対応するため、災害によって影響を受けた子どもに対応するセラピストを養成するために、災害対応とCCPTのスキルについての、日本プレイセラピー協会（JAPT）主催の2日間のワークショップの講師を務めました。JAPTの他のメンバーはまさに津波が押し寄せた地域に赴き、大人や子どもの生存者に働きかけ、日本ユニセフ協会と協力し、現地のチャイルドセラピストを対象にプレイセラピートレーニングを提供しました。

　ノーステキサス大学のプレイセラピーセンターでは、集中的なプレイセラピーのさまざまなバリエーションが用いられてきました。ユニークなモデルの一つは、注意深く選ばれた子どもたちに3日間、毎日3回、30分のプレイセラピーのセッションを行うというものです。セッションとセッションの間には30分の休憩があり、トイレ休憩やおやつの時間として過ごしたり、待合室で過ごしたりすることができます。このモデルを観察してみると、興味深いことに、各セッションにおけるプレイセラピーのプロセスは、週1回のセッションのプロセスと似ていることが明らかになりました。たとえば、典型的な3回目のセッションでプレイセラピストがよく言う探索のプロセスは、一日の中に設定された三つのセッションのうち三つ目のセッションで起こることに似ているのです。親たちは、このような体験の中で、子どもたちの行動がよい方向に変わったと報告しています。

集中的な子ども中心プレイセラピーについての研究

　私は長い間、子どもたちが情緒的成長の機会に直面したときに、それを成し遂げていく無限の可能性に強く心を惹かれてきました。このような思いは、私のプレイセラピーについての多くの著作や研究にインスピレーションと方向性を与えてくれました。私の最も興味深い研究プ

ロジェクトの一つは、プレイセラピーのセッションとセッションの間の時間を変えられないかと考えることから生まれました。その考えは、私の想像力を強く刺激し、子どもに対する信念を深めることになりました。その結果、CCPTを構成する三つのアプローチ、つまり、集中的な短期間の個人プレイセラピー、集団プレイセラピー、親がセラピストの代わりになるよう訓練する特別なプレイセッション（子どもと親の関係性セラピー〔CPRT〕）を含む比較調査研究が考え出されました。これらすべてはとても困難な環境や設定で行われました。ドメスティック・バイオレンス（DV）シェルターは、母親とその子どもたちのための通常3週間の滞在施設であり、私が必要とする条件に合っていました。以下の三つの研究はプレイセラピーの分野において独創的なものです。

Kotら（1998）は、ドメスティック・バイオレンスを目撃しDVシェルターに母親と一緒に住んでいる子どもたちに対して、短期集中的なCCPTを行いました。実験群の11人の子どもたちは、45分の個人プレイセラピーのセッションを12日から3週間の間に12セッション受けました。実験群のドメスティック・バイオレンスを目撃した子どもたちは、統制群と比較して、統計的に有意な自己概念の高まりと、外在化した問題行動と全体的な問題行動について有意な減少を示しました。短期の集中型のモデルは、DVシェルターに暮らす家族のような不安定で移り変わりやすい生活状況にとくに適しています。

Tyndall-Lindら（2001）は、母親と一緒にDVシェルターに暮らすドメスティック・バイオレンスを目撃した子どもに、短期集中的な個人CCPTときょうだいグループでの短期集中的なCCPTを行い、比較分析を行いました。10人の子どもは45分のきょうだいグループのプレイセラピーを2週間、1日1回で12セッション受けました。比較群の個人プレイセラピーと統制群は、Kotら（1998）の研究からデータを得ました。きょうだいグループでのプレイセラピー（図18.1）を受けた子どもたちは、統制群と比べて、統計的に有意に自己概念が高まり、外在化行動、内在化行動、および全体的な問題行動が統計的に有意に減少しました。そして、攻撃性、不安、抑うつについても統計的に有意な減少がみられたのです。短期集中的なきょうだいグループプレイセラピーと短期集中的な個人プレイセラピーは、家族の暴力を目撃した子どもに対して同様の効果があるとわかったのです。

Smith と Landreth（2003）は、DVシェルターに住む親たちに、集中的なCPRT、つまり3週間に12回（1.5時間）の親へのトレーニングセッションの効果を調査しました。親は、2週間に7回（30分）の治療的遊びのセッションを子どもと行いました。その子どもたちは対照群と比較して、自己概念の統計的に有意な向上、外在化行動、内在化行動、全体的な問題行動の統計的に有意な減少、そして、攻撃性、不安、抑うつの統計的に有意な減少を示したのです。CPRTを受けた親はまた、子どもとの共感的やりとりが統計的に有意に増加しました（盲検評価者による直接観察から）。CCPT（Kot et al., 1998）、きょうだいグループへのCCPT（Tyndall-Lind et al., 2001）、CPRTの治療群の間に統計的に有意な差は認められませんでした。この研究結果はとくに注目すべきものです。つまり、CPRTを受けた親は、子どもの感情やトラウマの問題に対して、博士号レベルの専門カウンセラーと同等の治療効果をもつという

330

図18.1 プレイルームに数人の子どもがいると、消極的な子どもは他の子どもたちを観察することで、セラピストが安全な人だと理解しやすくなります。

ことです。

　以下の要約に含まれる実験的研究は、さまざまな集中的なスケジュールで行われた集中的CCPT個人セラピーとCCPTグループプレイセラピーの実験です。

　抑うつ症状をもつタイトル・ワン[訳注1]学校の5〜9歳の児童が、8週間にわたって16回のCCPT個人セッション（週2回、30分）を受けたところ、全体的な抑うつ症状と問題行動について統計的に有意な減少を示しました（Burgin & Ray, 2022）。

　5〜10歳のアフリカ系アメリカ人の子どもが、CCPTの個人セッションを8週間にわたって8〜16回（週2回、30分）受けたところ、社会情動的能力において統計的に有意な改善を示しました（Taylor & Ray, 2021）。

　CCPTの個人セッションを8週間にわたって16回（週2回、30分）受けた子どもは、共感性、社会的能力、責任感の項目で統計的に有意な向上を示し、全体の行動的問題が統計的に有意な減少を示しました（Ray et al., 2021）。

　学業的にリスクのある小学生（平均年齢7.6歳）が、CCPTの個人セッションを8週間にわたって16回（週2回、30分）を受けたところ、読解力、数学、言語使用において統計的に有意な改善を示しました（Perryman et al., 2020）。

　ASD（Autism Spectrum Disorder，自閉スペクトラム症）と診断され、24回のCCPT個人セッション（週4回、30分）を受けた4〜10歳の子どもたちは、ASDの中核症状と行動症状が統計的に有意に減少し、社会的反応性、外在化した問題、注意の問題、攻撃性について大きな治療効果を示しました（Schottelkorb et al., 2020）。

16 セッションの個人またはグループ CCPT（週 2 回、30 分）を受けた小学生は、総合的な社会的情緒的能力と責任感について統計的に有意な改善を示しました（Blalock et al., 2019）。

学業的にリスクのある 5～6 歳の幼稚園児が、CCPT を 6 週間にわたって 12 セッション（週 2 回、30 分）受けたところ、幼児達成度複合テスト（the Early Achievement Composite of the Young Children's Achievement）において統計的に有意な改善を示しました（Blanco et et al., 2019）。

攻撃性の高い行動を示したタイトル・ワン学校の 5～10 歳の子どもたちが、CCPT の個人セッションを 8～16 回受けたところ、統計的に有意な攻撃性の減少、自己制御の向上、共感性の増加を示しました（Wilson & Ray, 2018）。

20 回（1 日 2 回、10 日間、30 分）の CCPT 個人セッションを受けた 6～9 歳の子どもたちは、統計的に有意な外在化行動、攻撃的行動、規則破りの行動の減少を示しました（Ritzi et al., 2017）。

深刻な貧困校に通う非常に破壊的な行動を示す 5～11 歳の子どもに、個人 CCPT セッション（週 2 回、30 分）を 9～22 回実施したところ、全体の問題と、外在化した問題、注意の問題、自己効力感において、統計的に有意な改善を示しました。（Cochran & Cochran, 2017）。

社会的／情緒的な障害を示す 5～6 歳の幼稚園児を対象に、15～16 回のグループ CCPT セッション（2 人または 3 人のグループで、週 2 回、30 分）を行ったところ、社会的能力と共感性において統計的に有意な改善が示されました（Cheng & Ray, 2016）。

不安を示した 6～8 歳の子どもが、平均 15 回の CPRT 個人セッション（週 2 回、30 分）を受けたところ、不安や心配の全体的なレベルが統計的に有意に低下したことが示されました（Stulmaker & Ray, 2015）。

3～4 歳のリスクのあるヘッドスタート（Head Start）[訳注2] の子どもたちが、20 回の個人 CCPT セッション（週 2 回、30 分）を受けたところ、破壊的な行動、注意の問題、攻撃性において統計的に有意な改善がみられました（Bratton et al., 2013）。

臨床的に障害があると考えられる 5～8 歳の子どもたちが、CCPT セッションを 12～16 回（週 2 回、30 分）受けたところ、統計的に有意な機能障害の改善を示しました（Ray et al., 2013）。

トラウマ症状を示した 6～13 歳の難民の子どもたちに、17 回の CCPT 個人セッション（週 2 回、30 分）を行ったところ、心的外傷後ストレス症（PTSD）症状の重症度が統計的に有意に低下しました（Schottelkorb et al., 2012）。

これらの研究結果は驚くべきものであり、子どもたちが集中的な CCPT の体験に適応することができ、その体験から有益な効果が得られることを示しています。

短期子ども中心プレイセラピー

ここでの議論のために、短期プレイセラピーは 10～12 回以下のものとします。短期プレイ

セラピーは、プレイセラピーを必要とするすべての子どもに適しているわけではありません。長期にわたる性的または身体的虐待やトラウマを経験した子どもや、重度の情緒的問題を抱えた子どもには、より長期のセラピーが必要となります。短期 CCPT は、発達上の問題、つまり慢性疾患や学校関係での学習障害、行動上の問題、情緒的適応、自己概念の問題といった小児期の幅広い問題と、ドメスティック・バイオレンスの犠牲となった子どもに効果的であることがわかっています。CCPT の特徴である、あたたかく、思いやりがあり、共感的で、理解力のある、受容的な関係を子どもたちが経験し、プレイセラピーの体験の方向性とペースを子ども自身が決めることができるとき、目覚ましい進展が可能となるのです。

短期子ども中心プレイセラピーの研究

以下のレビューは、文献で報告されている短期子ども中心プレイセラピーの有効性に焦点を当てたものです。

情緒的または行動的問題を呈しているヘッドスタートの生徒が、子どもと教師の関係性トレーニング（Child-Teacher Relationship Training：CTRT）[訳注3]のスキルの個人セッションを5〜6 時間受け訓練した教師がファシリテートする個人プレイセッション（週1回、30 分）に6 回参加したところ、全体的な問題行動が統計的に有意に減少し、中程度以上の治療効果が認められました（Coggins & Carnes-Holt, 2021）。

平均年齢 3.63 歳の学習面でリスクの高いヘッドスタートの生徒に、7 回の個人プレイセッション（週1回、30 分）と、CTRT の訓練を受けた教師がファシリテートするクラス内でのグループプレイセッション 10 回（週3回、30 分）に参加してもらったところ、破壊的行動が統計的に有意に減少し、大きな治療効果を示しました（Gonzales-Ball & Bratton, 2019）。

2.5〜8 歳の養子縁組された子どもたちに、CPRT の訓練を受けた親がファシリテートした 7回のプレイセッション（週1回、30 分）に参加してもらったところ、治療効果が大きく、全体的な問題行動が統計的に有意に減少するという結果が示されました。プレイセッションをファシリテートした保護者については、親子関係ストレスが統計的に有意に減少し、共感的行動が増加したことが示されました（Opiola & Bratton, 2018）。

2.5〜10 歳の養子縁組された子どもたちに、CPRT の訓練を受けた親がファシリテートする 7回のプレイセッション（週1回、30 分）に参加してもらうと、大きな治療効果があり、外在化行動と全体的な問題行動の減少が統計的に有意に示されました。プレイセッションをファシリテートした親は、親としての共感性が統計的に有意に増加しました（Carnes-Holt & Bratton, 2014）。

行動上の適応困難を抱える幼児に対して、7〜10 回の CCPT セッションに参加してもらったところ、内在化行動（ひきこもる行動、身体的な苦痛の訴え、不安・抑うつ）において、同等の対照群と比較して統計的に有意な肯定的変化がありました。プレイセラピーを受けた子どもの親については、有意ではないものの、対照群と比べてその後も育児ストレスが著しく減少していたと報告されました（Brandt, 2001）。

リスクのある子どもに、CCPT に 4 回参加してもらったところ、自尊心とローカス・オブ・

コントロール（Locus of Control）の水準が維持されましたが、統制群の子どもたちは統計的に有意に低い水準に低下しました（Post, 1999）。

　学校での学習に影響を及ぼすような情緒的または身体的な障害があるとされる子どもたちに、6回のCCPTセッションに参加してもらいました。研究者の観察、教師の報告、保護者の報告によると、子どもたちの衝動的な行動が減り、自分の環境をコントロールする力が増し、感情を表現する力が増したことが確認されました（Johnson, et al., 1997）。

　読解力が低いために留年した小学校1年生の児童に、小学校で実施された週1回30分のCCPT個人セッションを10回受けてもらったところ、統計的に有意な自己概念の肯定的変化とローカス・オブ・コントロールの改善を示しました（Crow, 1990）。

短期子どもと親の関係性セラピー

　私が考案した10セッションのCPRTモデルは、モデルの構造上の性質から、短期子ども中心プレイセラピーという介入方法になります。親はCCPTの基本原則とスキルを学ぶ10セッションのトレーニングを受けますが、実際に子どもたちが親と一緒に行うプレイセッションは7回です。というのは、親が子どもとのプレイセッションを始めるのは、3回目のフィリアルトレーニングの終了後だからです。

　CPRTはよく研究された方法（手続き）であり、1500人以上の準専門家（おもに親）が参加した55以上の比較統制効果研究があります。これらの研究結果をまとめると、CPRTの効果についての多くの研究には説得力があります。親と子どもの両方で示された改善は、このアプローチの効果が強固であることを示しています。とくに注目すべきなのは、このモデルの効果が少ないセッションでも示されたことです。Bratton, LandrethとLin（2010）は、Brattonら（2005）が収集したメタ分析データをさらに分析し、CPRTという方法論の全体的な治療効果を明らかにしました。統計解析の結果、CPRTの全体の効果量（ES）は1.25であり、保護者のみ（教師と生徒指導者は除外）のCPRTの効果量（ES）はさらに強い1.30でした。CPRT研究のうち、治療プロトコルを遵守していることを確実にするために、BrattonまたはLandrethが直接訓練しスーパーヴァイズした個人研究者によるCPRT研究のみを対象とし分析しました。

　CPRTの調査研究では、性的虐待を受けた子どもたち、DVシェルターで暮らす子どもたち、母親や父親が収監されている子どもたち、家庭や学校での適応に困難を抱える子どもたち、学習障害、広汎性発達障害、慢性的な疾患、広範な外在化・内在化問題行動があると診断された子どもたちといった、さまざまな問題や人たちに対して、有意に肯定的な結果が得られています。

　CPRTは、病院、教会、シェルター、ネイティブ・アメリカン居留地、刑務所、郡刑務所、ヘッドスタート・プログラム、公立学校、私立学校、地域機関など、さまざまな環境で実施され、大きな有益な成果を出しています。CPRTの効果については、ラテンアメリカ系移民、ア

フリカ系アメリカ人、ネイティブ・アメリカン、イスラエル人、中国系移民、韓国人、韓国系移民を含む多様な親たちに対しても調査されており、親のストレス、親の共感性、親の受容性、家庭環境の領域で、大きな有益な成果が得られています。

CPRT で最もエキサイティングなプロジェクトの一つは、香港の Iris Chau 博士の革新的な研究です。2020 年の新型コロナウイルスの世界的大流行の初期段階で、Chau 博士は、香港のすべての親に CPRT トレーニングを提供するというビジョンを打ち出したのです。これは勇気ある事業でした。というのも、彼女は資金もなく、自分がスーパーヴィジョンを行っていた少人数の仲間のセラピストがいただけだったからです。彼女は自分のヴィジョンを広報し、ボランティアの中から 40 人のプレイセラピストを選びました。Iris は CPRT プログラムを六つのトレーニングセッションに適合させ、教材を中国語に翻訳し、ボランティアグループのトレーニングを開始しました。いくつかの学校の指導者から協力を得て 200 人の保護者を募り、その 21 グループに 2 ヵ月間の Zoom での CPRT トレーニングを行いました。保護者から非常に肯定的なフィードバックを受け、CPRT の指導グループは継続することを決めました。継続するための費用については、いくつかの資金源を得て、トレーナーへの支払い、Zoom アカウントの支払い、おもちゃの購入が可能になりました。1 年半後、71 の CPRT グループ、合計 850 人の親が訓練を受け、訓練は続いています。驚くべき成果です！ CPRT で訓練を受けた 158 人の低所得の親を対象とした調査では、**ポーター親受入尺度（Porter Parental Acceptance Scale）**の総合得点と、自尊感情と自律性の下位尺度において、統計的に有意な増加がみられました。

第 19 章を参照してください。そこに、この章で参照された CPRT 研究の詳細な調査データがあります。

まとめ

多くの大人は通常、セラピーのセッションで得た情報や洞察を処理するために、セッション間に十分な時間を必要としますが、子どもにはその必要はないようです。プレイセラピーの間隔についての実験の目的は、できるだけ早く効率的に子どもたちが遊びを通して自分の世界を理解する機会を提供することです。子どもによっては、複数のプレイセラピーのセッションをまとめて行うことで効果が得られることもあるようです。さまざまな研究の肯定的な結果から、従来の週 1 回というスケジュールから離れ、セッションとセッションの間隔の短縮を検討することは支持されます。特定の子どもたちに対して 12 回以下のプレイセラピーのセッションを毎日行うモデルが有効であることが証明されています。調査研究の結果、プレイセラピーはわずか 2、3 回のセッションであっても、子どもたちがうまくやっていったり、感情に向き合ってより適応的な行動に変わることができるようなスキルを身につけたりするのに役立つことが示されています。子どもたちがたった数回のプレイセラピーを受けただけで問題を整理し解決し始められることは、子どもの人生においてプレイセラピーの関係がもつ力の証明なので

す。

訳注

1) 教育の平等の実現に向けて大規模な国庫補助を定めた最初の連邦教育法である初等中等教育法（ESEA）が1965年に制定された。その中核となったのが「タイトル・ワン（Ⅰ）」と呼ばれる第1章であり、低所得家庭の子どもたちの教育のための地方当局への財政援助を定め、低所得家庭の子どもたちへの教育プログラムを拡大し、改善することが目指された。タイトル・ワン学校とは、その予算の受給校のことである。大桃敏行（2017）「学力格差是正に向けたアメリカ合衆国の取り組み―連邦教育政策の展開とチャーター・スクールの挑戦」『比較教育学研究』54: 135-146を参照。

2) 連邦政府による教育事業で、低所得家庭の未就学児童（3歳以降）を対象に行われ始めた、教育支援プログラムを含む就学や保健等の包括的支援サービス。1960年代のジョンソン大統領「貧困との戦い」の一部として始められた。Putnam, R.D.（2015）*Our kids: The American dream in crisis*. Simon & Schuster.（柴内康文訳〔2017〕『われらの子ども―米国における機会格差の拡大』創元社）を参照。

3) 教師と子どもの関係性を重視し、教師が子どもたちの社会的・情緒的ニーズだけでなく発達的ニーズにも対応できるようにするために、BennettとHelkerらがCPRTをもとに開発したモデルであり、教師が学校でCPRTモデルを活用できるようになっている。Gonzales-Ball & Bratton（2019）およびBratton, S.C. & Landreth, G.L.（2019）*Child-Parent Relationship Therapy (CPRT) Treatment Manual: An Evidence-Based 10-Session Filial Therapy Model* (2nd ed.). Routledge. を参照。

参考文献

Blalock, S. M., Lindo, N., & Ray, D. C.（2019）. Individual and group child-centered play therapy: Impact on social-emotional competencies. *Journal of Counseling & Development*, 97(3), 238-249. https://doi.org/10.1002/jcad.12264

Blanco, P. J., Holliman, R. P., Ceballos, P. L., & Farnam, J. L.（2019）. Exploring the impact of child-centered play therapy on academic achievement of at-risk kindergarten students. *International Journal of Play Therapy*, 28(3), 133-143. https://doi.org/10.1037/pla0000086

Brandt, M. A.（2001）. An investigation of the efficacy of play therapy with young children. *Dissertation Abstracts International Section A: Humanities and Social Science*, 61（7-A）, 2603.

Bratton, S. C., Ray, D., Rhine, T., & Jones, L.（2005）. The efficacy of play therapy with children: A meta-analytic review of treatment outcomes. *Professional Psychology: Research and Practice*, 36(4), 376-390.

Bratton, S. C., Landreth, G., & Lin, Y.（2010）. Child parent relationship therapy: A review of controlled-outcome research. In J. Baggerly, D. Ray, & S. Bratton（Eds.）, *Child-centered play therapy research: The evidence base for effective practice*（pp. 267-293）. Wiley.

Bratton, S. C., Ceballos, P. L., Sheely-Moore, A. I., Meany-Walen, K., Pronchenko, Y., & Jones, L. D.（2013）. Head Start early mental health intervention: Effects of child-centered play therapy on disruptive behaviors. *International Journal of Play Therapy*, 22(1), 28-42.

Burgin, E. & Ray, D. C.（2022）. Child-centered play therapy and childhood depression: An effectiveness study in schools. *Journal of Child and Family Studies* 31(1), 293-307. Advance online publication. https://doi.org/10.1007/s10826-021-02198-6

Carnes-Holt, K., & Bratton, S. C.（2014）. The efficacy of child parent relationship therapy for adopted children with attachment disruptions. *Journal of Counseling & Development*, 92(3), 328-337. https://doi.org/10.1002/j.1556-6676.2014.00160.x

Cheng, Y. & Ray, D.C.（2016）. Child-centered group play therapy: Impact on social-emotional assets of kindergarten children. *The Journal for Specialists in Group Work*, 41(3), 209-237. https://doi.org/10.1080/

01933922.2016.1197350

Cochran, J. L., & Cochran, N. H. (2017). Effects of child-centered play therapy for students with highly-disruptive behavior in high-poverty schools. *International Journal of Play Therapy*, 26(2), 59-72. https://doi.org/10.1037/pla0000052

Coggins, K., & Carnes-Holt, K. (2021). The efficacy of child-teacher relationship training as an early childhood mental health intervention in Head Start programs. *International Journal of Play Therapy*, 30(2), 112-124. https://doi-org/10.1037/pla0000154

Crow, J. (1990). Play therapy with low achievers in reading (Doctoral dissertation, University of North Texas). *Dissertation Abstracts International Section A: Humanities and Social Sciences*, 50(9-A), 2789.

Gonzales-Ball, T. L., & Bratton, S. C. (2019). Child-teacher relationship training as a Head Start early mental health intervention for children exhibiting disruptive behavior. *International Journal of Play Therapy*, 28(1), 44-56. https://doi.org/10.1037/pla0000081

Johnson, L., McLeod, E., & Fall, M. (1997). Play therapy with labeled children in the schools. *Professional School Counseling*, 1(1), 31-34.

Kot, S., Landreth, G. L., & Giordano, M. (1998). Intensive child-centered play therapy with child witnesses of domestic violence. *International Journal of Play Therapy*, 7(2), 17-36.

Opiola, K. K., & Bratton, S. C. (2018). The efficacy of child parent relationship therapy for adoptive families: A replication study. *Journal of Counseling & Development*, 96(2), 155-166. https://doi.org/10.1002/jcad.12189

Perryman, K. L., Robinson, S., Bowers, L., & Massengale, B. (2020). Child-centered play therapy and academic achievement: A prevention-based model. *International Journal of Play Therapy*, 29(2), 104-117. https://doi.org/10.1037/pla0000117

Post, P. (1999). Impact of child-centered play therapy on the self-esteem, locus of control, and anxiety of at-risk 4th, 5th, and 6th grade students. *International Journal of Play Therapy*, 8(2), 1-18.

Ray, D. C., Stulmaker, H. L., Lee, K. R., & Silverman, W. (2013). Child-centered play therapy and impairment: Exploring relationships and constructs. *International Journal of Play Therapy*, 22(1), 13-27.

Ray, D. C., Burgin, E., Gutierrez, D., Ceballos, P., & Lindo, N. (2021). Child-centered play therapy and adverse childhood experience: A randomized controlled trial. *Journal of Counseling & Development*, 1-12. https://doi.org/10.1002/jcad.12412

Ritzi, R. M., Ray, D. C., & Schumann, B. R. (2017). Intensive short-term child-centered play therapy and externalizing behaviors in children. *International Journal of Play Therapy*, 26(1), 33-46. https://doi.org/10.1037/pla0000035

Schottelkorb, A. A., Doumas, D. M., & Garcia, R. (2012). Treatment for childhood refugee trauma: A randomized, controlled trial. *International Journal of Play Therapy*, 21(2), 57-73.

Schottelkorb, A. A., Swan, K. L., & Ogawa, Y. (2020). Intensive child-centered play therapy for children on the autism spectrum: A pilot study. *Journal of Counseling & Development*, 98(1), 63-73. https://doi.org/10.1002/jcad.12300

Smith, N., & Landreth, G. (2003). Intensive filial therapy with child witnesses of domestic violence: A comparison with individual and sibling group play therapy. *International Journal of Play Therapy*, 12(1), 67-88.

Stulmaker, H. L., & Ray, D. C. (2015). Child-centered play therapy with young children who are anxious: A controlled trial. *Children and Youth Services Review*, 57, 127-133. https://doi.org/10.1016/j.childyouth.2015.08.005

Taylor, L., & Ray, D. C. (2021). Child-centered play therapy and social-emotional competencies of African American children: A randomized controlled trial. *International Journal of Play Therapy*, 30(2), 74-85. https://doi.org/10.1037/pla0000152

Tyndall-Lind, A., Landreth, G., & Giordano, M. (2001). Intensive group play therapy with child witnesses of domestic violence. *International Journal of Play Therapy*, 10(1), 53–83.

Webb, P. (2001). Play therapy with traumatized children. In G. Landreth (Ed.), *Innovations in play therapy: Issues, process, and special populations* (pp.289–302). Brunner-Routledge.

Wilson, B. J., & Ray, D. (2018). Child-centered play therapy: Aggression, empathy, and self-regulation. *Journal of Counseling & Development*, 96(4), 399–409. https://doi.org/10.1002/jcad.12222

第**19**章

子ども中心プレイセラピーに関する研究のエヴィデンス

Sue C. Bratton & Alyssa Swan

　プレイセラピストは倫理上、効果的であることが検証された介入を行わなければなりません。パンデミック後に深刻化しつつある子どもたちのメンタルヘルス上のニーズに対する最新の注目情報（American Psychological Association, 2022; Centers for Disease Control and Prevention: CDC, 2022; U.S.News & World Report, March 14, 2022）によると、子どものメンタルヘルスへの適切な対応に対してこれほどまでに増大しつつある需要に最大限応えるために、経験的に実証された治療の使用に同時に重点が置かれるようになりました。子ども中心プレイセラピー（CCPT）は、プレイセラピーの分野では最も十分に研究されている介入であり（https://evidencebasedchildtherapy.com）、とくに子どもたちの発達上のニーズにはかなり適しています（Landreth, 2012）。CCPT による介入、たとえば、個別の CCPT、グループCCPT、子どもと親の関係性セラピー（CPRT; Landreth & Bratton, 2020）は、児童福祉のためのカリフォルニアエヴィデンスベースドクリアリングハウス（California Evidence-Based Clearinghouse for Child Welfare: CEBC）（www.cebc4cw.org）を含むいくつかの国家機関によって、エヴィデンスベースドの実践であると見なされており、プログラムの有効性に関する情報を集めたデータベース The Results First Clearinghouse Database によっても同様にエヴィデンスベースドの実践であると見なされています。現在はオンラインでは利用できなくなった連邦政府のデータベースである The Results First Clearinghouse Database プログラムの有効性に関する情報を集めたデータベースは、以前に実証性のあるプログラムおよび実践に関するレジストリ（National Registry of Evidence-Based Programs and Practices: NREPP）によって決定された CCPT と CPRT に関するエヴィデンスの評価を要約しています。CCPTと CPRT がエヴィデンスベースドの実践であると全国的に認識された結果、個々のプロトコルに準拠して CCPT と CPRT を使用している実践家を保証するための認証プログラムの発展がもたらされました（www.cpt.unt.edu.）。本章の目的は、プレイセラピーの実践家と研究者が CCPT に関する充実した研究基盤を理解して利用する指針を提供するために、ランダム化比較研究（randomized control group designs）を用いた個々の研究を中心とした、現代の

CCPT 研究に関する最新かつ広範囲にわたるレビューおよび体系を提示することです。

子ども中心プレイセラピーに関する研究の状況

　CCPT に関する研究は、最初に確認された Dulsky による 1942 年に行われた研究から、80年以上に及んでいます。それ以来、数百の研究により、プレイセラピーの専門家が実施する CCPT による介入や、プレイセラピストによるスーパーヴァイズを受けて CCPT の訓練を積んだ準専門家によって実施される介入（例：CPRT／フィリアルセラピー）の有益な効果が実証され続けてきました。文献のレビューによると、1990 年代半ばから現在に至るまでに、CCPT の研究の数が増加していること、そしてそれと同様に、認められた研究デザインと方法論を遵守した研究および知見の報告も増加していることが明らかになりました。1942 年から 1990 年までの研究のレビューによると、実験計画法を用いた研究は 20 に満たないことが明らかになりました。初期の研究から得られた知見は期待できるものでしたが、科学的な厳密さが欠けていたことが大きな限界であると結論づけられました。現代の CCPT に関する研究の状況を評価するために、私たちは、厳密な研究の方法論を採用している研究で、1995 年以降に刊行された個々の諸研究について、レビューし、要約しました。ランダム化比較試験（RCTs）が、治療効果を判断するうえでの絶対的基準だと一般的に見なされています（Rubin & Bellamy, 2012）。そのため、私たちは、ランダム化を用いて参加者を治療グループに割り付けた研究のみをレビューすることに決めました。除外した研究は、非ランダム化統制群、単一グループの反復測定、シングルケースデザインを含む、一般的には厳格でないと見なされている計画を用いていました。

　40 の研究から得られた知見（表 19.1）によれば、メンタルヘルスの専門家によって実施する場合も、CCPT の方法論の訓練を受けた親、教師／メンターが、CCPT や CPRT／フィリアルセラピーの訓練を受けたプレイセラピストに直接スーパーヴィジョンを受ける中で実施する場合も、CCPT の有効性は強く裏づけられています。心理療法の分野におけるほとんどのアウトカム研究から一貫していえるのは、CCPT 研究は一般的にサンプルサイズが小さいため、知見の一般化に制限が生じるという意味で限界があるということです。メタ分析を行い、研究にまたがる研究の結果を統合して、全体的な治療効果を決定することで、この限界を克服することができました。この 2000 年代の間に、研究者は CCPT 研究に関していくつかのメタ分析と体系的なレビューを行い、CCPT の有効性をさらに裏づけています。

子ども中心プレイセラピーに関するメタ分析および体系的なレビュー

　プレイセラピーにのみ焦点を当てた最初のメタ分析は、LeBlanc と Ritchie（2001）による研究と、Bratton ら（2005）による研究でした。どちらの研究においても、研究者らは大部分

表19.1 子ども中心プレイセラピーの研究 ランダム化比較統制研究 (1995-2022)

研究	介入モデル／統制群のタイプ セッション数 頻度；設定時間 *治療を行う人	サンプル 年齢 性別 民族	知見
1 Blalock et al. (2019)	CCPT／グループ CCPT／WC*1 16回のプレイセッション 週2回：30分	N＝56 小学生にあたる年齢の子どもたち 年齢：5-10歳：M＝7.1 男82％：女18％ ヒスパニック系38％、コーカサス系30％、他民族14％、アジア系16％、民族に関するデータ未報告16％	親の報告によると、治療順番待ちリストの統制群と経時的に比較したところ、個別のCCPTおよびグループCCPT群は、社会情緒的改善（中程度の効果サイズ）を示した。教師のデータでは、経時的な群間差に関して、統計的に有意差があることは明らかにならなかった。
2 Blanco et al. (2015)	CCPT／WC 16回のプレイセッション 週2回：30分	N＝59 学業的にリスクがあると判断された1年生 年齢：6-7歳：M＝6.5 男53％：女47％ コーカサス系69％、ラテンアメリカ系17％、アフリカ系アメリカ人7％、アジア系2％、その他5％	治療順番待ちリストの統制群と経時的に比較したところ、CCPT群は、早期アチーブメントスコア（YCAT）および不安において統計的に有意な改善を示した。アチーブメントテストスコア（WJⅢ ACH）の群間差は有意ではなかった。
3 Blanco et al. (2019)	CCPT／WC 12回のプレイセッション 週2回：30分	N＝36 学業的に学業的なリスクがあると判断された幼稚園児 年齢：5-6歳：平均年齢は報告なし 性別は報告なし アフリカ系アメリカ人8.3％、アジア系5.5％、コーカサス系44.4％、ラテンアメリカ系30.5％、ネイティブアメリカン5.5％、二人種2.78％	治療順番待ちリストの統制群と経時的に比較したところ、CCPT群は、早期アチーブメントスコア（中程度の効果サイズ）、一般的知識に関するサブスケールスコア（中程度の効果サイズ）、ライティングサブスケールスコア（大きな効果サイズ）で統計的に有意な改善を示した。リーディング、数学、話し言葉のサブスケール間において、群間差は有意ではなかった。
4 Blanco & Ray (2011)	CCPT／WC 12回のプレイセッション 週2回：30分	N＝41 学業的にリスクがある1年生 年齢：M＝6.4 男63％：女37％ コーカサス系46％、ラテンアメリカ系34％、アフリカ系アメリカ人	治療順番待ちリストの統制群と経時的に比較したところ、CCPT群は、子どもの全般的な学力を示す標準アチーブメントトラストにおいて、中程度の効果サイズの統計的に有意な改善を示した。事後解析より、どちらの群においても、プレテストからポストテストの間で統計的に有意な改善がみられたことが明らかになったが、

		17%	CCPT群における治療効果は統制群の2倍であった。
5　Bratton & Landreth (1995)	CPRT／WC 7回のプレイセッション 週1回：30分 ＊CPRTのトレーニングを受けた親	N＝43　ひとり親の子どもたち 年齢：3-7歳：M＝4.7 男56％ 女44％ 人種は報告なし	治療順番待ちリストの統制群と経時的に比較したところ、CPRT群は、子どもの行動上の諸問題、親子関係のストレス、親の受容、親の共感的な行動において、統計的に有意な改善を示さなかった。これは、研究について知らされていない客観的な評定者によって測定されたものであった。
6　Bratton et al. (2013)	CCPT／AC※2 20回のプレイセッション 週2回：30分	N＝54　リスクのある、低所得で、就園前の生徒 年齢：3-4歳：M＝4.1 男67％ 女33％ アフリカ系アメリカ人42%、ラテンアメリカ系39%、コーカサス系18%	治療グループについて知らされていない教師によると、アクティブコントロール群（AC）と比較したところ、CCPT群は、破壊的行動、注意に関する諸問題、攻撃性において、統計的に大きな治療効果の有意な改善を示した。CCPTを受けた子どものうち78%は、困りごとが臨床的に問題のある水準であったところから、治療後には、困りごとのうち一つもしくは複数の領域でより正常域の機能状態への移行がみられた。
7　Burgin & Ray (2022)	CCPT／WC 16回のプレイセッション 週2回：30分	N＝71　抑うつのためにリファーされた子ども 年齢：5-9歳：M＝6.21 男69％ 女31％ アフリカ系アメリカ人19.7%、アジア系4.2%、二人種21.1%、コーカサス系26.8%、ラテンアメリカ系28.2%	治療順番待ちリストの統制群と経時的に比較したところ、CCPT群は、抑うつの諸症状、行動上の諸問題全般において、統計的に有意な改善を示した。反復測定分散分析で諸問題に関する自由度と全変動を出力した結果、臨床観察者の評定によると、CCPTを受けた子どもたちについて、行動上の諸問題全般の発現が統計的に有意に減少していることが明らかにされた。
8　Carnes-Holt & Bratton (2014)	CPRT／WC 7回のプレイセッション 週1回：30分 ＊CPRTのトレーニングを受けた親	N＝61　養子 年齢：2.5-10歳：M＝5.7 男55％ 女45％ コーカサス系47%、ラテンアメリカ系15%、アフリカ系アメリカ人18%、その他	治療順番待ちリストの統制群と経時的に比較したところ、CPRT群は、外在化行動、全般的な行動上の諸問題、親の共感的な行動において、統計的に有意な改善を示した。これは、研究について知らされていない客観的な評定者によって測定されたものであった。
9　Ceballos & Bratton (2010)	CPRT／WC 7回のプレイセッション 週1回：30分 ＊CPRTのトレーニングを受けた親	N＝48　リスクのある、低所得で、就園前の生徒 年齢：3-4歳：M＝4.3 男56％ 女44％ ラテンアメリカ系100%	治療順番待ちリストの統制群と経時的に比較したところ、CPRT群は、外在化問題行動、内在化問題行動、親子関係ストレスにおいて、大きな治療効果を示した。CPRT群に問題のある水準であった。CPRT群の子どものうち85%は、困りごとが臨床的に問題のあったところか

	介入	参加者	結果
10 Cheng & Ray (2016)	グループCCPT／WC 15-16回のプレイセッション 週2回：30分	N＝43 園児 年齢：5-6歳：M＝5.1 男70%：女30% ラテンアメリカ系44%，コーカサス系33%，アフリカ系アメリカ人23%	治療順番待ちリストの統制群と経時的に比較したところ、CCPT群の子どもは、親が報告した社会情緒的な機能状態全般、社会性コンピテンス、共感性において、中程度の治療効果での統計的に有意な改善を示した。教師の報告は、両群間で統計的に有意な差を示さなかった。 ら、治療後には、より正常域の機能状態への移行がみられた。文化的諸事情について考察された。
11 Chau & Landreth (1997)	CPRT／WC 7回のプレイセッション 週1回：30分 ＊CPRTのトレーニングを受けた親	N＝32 中国人の子ども 年齢：2-9歳：M＝5.1 男50%：女50% 中国人100%	治療順番待ちリストの統制群と経時的に比較したところ、CPRT群は、独立の評定者によってプレイセッション内で直接観察した結果、親の受容、親子関係ストレス、親の共感的行動において、統計的に有意な改善を示した。
12 Coggins & Carnes-Holt (2021)	修正されたCPRT／AC 6回のプレイセッション 週1回：30分 ＊CPRTのトレーニングを受けた教師	N＝29 ヘッドスタートスクールに参加している子ども 年齢：3-4歳：M＝3.92 男66%：女34% コーカサス系86.2%，ラテンアメリカ系13.8%	アクティブコントロール群（Conscious Discipline[原著*3]）と経時的に比較したところ、修正されたCPRTを用いた群は、問題行動全般において、統計的に有意な改善を示した。外在化問題と内在化問題については、群間差は統計的に有意ではなかった。子どもの研究参加者すべてが、ターゲット諸行動において、小から中程度の治療効果での改善を示した。
13 Costas & Landreth (1999)	CPRT／WC 7回のプレイセッション 週1回：30分 ＊CPRTのトレーニングを受けた親	N＝22 性的虐待の生育歴をもった子ども 年齢：4-10歳：M＝6.4 男32%：女68% 人種は報告なし	治療順番待ちリストの統制群と経時的に比較したところ、CPRT群は、客観的な評定者による評定によると、親子関係ストレス、親の受容、親の共感的行動において、統計的に有意な改善を示した。統計的な有意差はみられなかったが、グループ内分析の結果、CPRTのトレーニングを受けた親は、自分の子どもの問題行動、不安、情緒的適応、自己概念において、著しい改善を報告した。統計的に有意な群間差はみられなかったが、CPRTグループでは、不安の水準の低下、セルフエスティームの上昇、情緒的適応の上昇において、肯定的な傾向があったことに言及された。
14 Danger & Landreth (2005)	グループCCPT／AC (2名グループ)	N＝21 話し言葉に遅れのある就園前の生徒	統計的に有意ではなかったが、アクティブコントロール群（スピーチセラピー）と経時的に比較したところ、ス

研究	介入	参加者	結果
	25回のプレイセッション 週1回：30分	年齢：4-6歳：M=4.9 男86% 女14% コーカサス系81%、ラテンアメリカ系19%	ピーチセラピーも受けたCCPT群はプレ・ポストテストにより、受容言語と表出言語のいずれにおいても大きな治療効果での改善、不安においても小さな治療効果での改善を示した。
15 Fall et al. (1999)	CCPT／WC 6回のプレイセッション 週1回：30分	N=62 子ども 年齢：5-9歳：M=7.5 男50%：女50% コーカサス系97%、アジア系2%、アフリカアメリカ人2%	統計的に有意ではなかったが、治療番待ちリストの統制群ではセルフエフィカシーがわずかに悪化したのに対し、CCPT群では改善を示した。教師はいずれの群について改善がみられ、とくにCCPT群では教室での行動において大きな改善がみられたことを報告した。リサーチアシスタントによる教室の観察は、教師の報告を支持しなかった。
16 Garza & Bratton (2005)	CCPT／COMP*4 15回のプレイセッション 週1回：30分	N=29 行動面でリスクのある生徒 年齢：5-11歳：M=7.4 男59%：女41% ラテンアメリカ系100%	子どもの治療グループについて知らされていない親によると、比較治療（カリキュラムに基づく小グループ）と経時的に比較したところ、CCPTグループは外在化問題行動において大きな治療効果の統計的に有意な改善を示した。統計的に有意ではなかったが、CCPT群は子どもの内在化問題について中程度の治療効果を示した。文化的諸事情について考察された。
17 Gonzales-Ball & Bratton (2019)	CPRT／AC 7回のプレイセッション 週1回：30分 ＊CPRTのトレーニングを受けた親	N=20 リスクのあるヘッドスタートの子ども 年齢：M=3.63 男75%：女25% アフリカ系アメリカ人30%、ヨーロッパ系アメリカ人10%、ラテン系もしくはヒスパニック系60%	アクティブコントロール群（Conscious Discipline®によるトレーニング）と経時的に比較したところ、修正された CPRTを用いた群は、破壊的行動において、大きな治療効果での統計的に有意な改善を示した。修正された CPRT群の子どものうち63.6%は、破壊的行動の問題が臨床的に問題のある水準もしくは境界域であったところから、より正常域の機能状態への移行がみられた。アクティブコントロール群では22.2%の子どもしか改善がみられず、66.7%は悪化した。
18 Harris & Landreth (1997)	CPRT／WC 7回のプレイセッション 週2回：30分 ＊CPRTのトレーニングを受けた親	N=22 刑務所に入所している母親をもつ子ども 年齢：3-10歳：M=5 男53%：女47% 人種は報告なし	治療順番待ちリストの統制群と経時的に比較したところ、CPRT群は、独立の評定者によって直接観察した結果、子どもの行動上の問題、親の受容、親の共感的行動について、統計的に有意な改善を示した。

	介入	参加者	結果
19 Jones & Landreth (2002)	CCPT／AC 12回のプレイセッション 週3回：30分	N=30 インスリン依存型の子ども 年齢：7-11歳：M=9.4 男57%：女43% コーカサス系87%、アフリカ系アメリカ人3%、ラテンアメリカ系7%	アクティブコントロール群（小児糖尿病サマーキャンプ）と経時的に比較したところ、CCPT群は、親が報告する糖尿病への適応尺度において、統計的に有意な改善を示した。プレ・ポストテストにより、両群で不安の減少および行動上の問題の改善を示した。両群は統計的に有意ではなかったが、CCPT群は、3ヵ月のフォローアップで、より顕著な改善を示し続けた。
20 Jones, Rhine & Bratton (2002)	修正されたCCPT／COMP 20回のプレイセッション 週1回：20分 *11-12グレードのCPRTのトレーニングを受けたメンター	N=26 行動上、リスクのある未就園児および園児 年齢：4-6歳：M=5.4 男57%：女43% コーカサス系96%	子どもの治療グループについて知らされていない親によると、比較治療群（PALS[※85]）と経時的に比較したところ、修正されたCPRTを用いた群は、内在化問題行動、行動上の諸問題全般、メンターの共感的な行動において、統計的に有意な改善を示した。
21 Kale & Landreth (1999)	CPRT／WC 7回のプレイセッション 週1回：30分 *CPRTのトレーニングを受けた親	N=22 学習が困難であると認められる子ども 年齢：3-10歳：M=6.5 性別は報告なし 人種は報告なし	治療順番待ちリストの統制群と経時的に比較したところ、CPRT群は、親の受容と親子関係ストレスの尺度において、統計的に有意な改善を示した。統計的に有意でなかったが、CPRTのトレーニングを受けた親は、統制群と比べて、子どもの行動上の諸問題においてより大きな改善を報告した。
22 Kot, Landreth & Giordano (1998)	CCPT／WC 12回のプレイセッション 週6回：45分 *CPRTのトレーニングを受けた親	N=22 DVシェルターに住んでいる子ども 年齢：4-10歳：M=6.4 男41%：女59% アフリカ系アメリカ人50%、コーカサス系32%、ラテンアメリカ系18%	治療順番待ちリストの統制群と経時的に比較したところ、CCPT群は、自己概念、外在化問題行動、諸問題全般、身体的近接性において、統計的に有意な改善を示した。行動上の内在化問題については、群間における統計的な有意差はみられなかった。
23 Landreth & Lobaugh (1998)	CPRT／WC 7回のプレイセッション 週1回：30分 *CPRTのトレーニングを受けた親	N=32 刑務所に入所している父親をもつ子ども 年齢：4-9歳：M=6.2 男41%：女59% 人種は報告なし	治療順番待ちリストの統制群と経時的に比較したところ、CPRT群は、親の受容、親子関係ストレス、自己概念において、統計的に有意な改善を示した。
24 Morrison & Bratton (2010)	修正されたCCPT／AC 7回のプレイセッション 週1回：30分	N=52 リスクのある、低所得で、未就園の生徒 年齢：3-4歳：M=3.9	アクティブコントロール群（Conscious Discipline®）と経時的に比較したところ、修正されたCPRTを用いた群は、外在化問題行動（大きな治療効果）、内在化問題

文献	介入	対象	結果
	＊CPRTのトレーニングを受けた教師	男58%：女42% ラテンアメリカ系56%、アフリカ系アメリカ人31%、コーカサス系13%	行動（中程度の治療効果）において、統計的に有意な改善を示した。修正された問題のある子どものうち84%が、臨床的に問題のある領域への移行がみられたことから、より正常域の機能状態への移行がみられた。
25 Ojiambo & Bratton (2014)	グループCCPT／AC 16回のプレイセッション 週2回：30分 ＊CPRTのトレーニングを受けた親	N＝60 ウガンダの孤児 年齢：10-12歳：M＝11.2 男50%：女50% アフリカ人100%	子どもの治療グループについて知らされていない教師と寮母によると、アクティブコントロール群（メンタリング*6）と経時的に比較したところ、グループCCPT群は、子どもの内在化問題および外在化問題行動において、中程度の治療効果での統計的な改善を示した。CCPTに参加したほとんどの子どもたちが、困りごとが臨床域に問題のある水準であったところから、治療後には、より正常域の機能状態への移行がみられた。
26 Opiola & Batton (2018)	CPRT／AC 7回のプレイセッション 週1回：30分 ＊CPRTのトレーニングを受けた親	N＝49 養子 年齢：2.5-9歳：M＝5.5 男51%：女49% コーカサス系35%、アフリカ系アメリカ人10%、ラテンアメリカ系12%、アジア人22%、二人種16%、アフリカ系4%	アクティブコントロール群（通常の治療）と経時的に比較したところ、CPRT群は、研究について知らされていない客観的な評定者が測定した結果、子どもの行動上の問題全般、親子関係ストレス、親の共感において、大きな治療効果での統計的に有意な改善を示した。この追試における知見は、Carnes-Holt & Bratton (2014) の結果を裏づけた。
27 Packman & Bratton (2003)	グループCCPT／WC（3名グループ） 12回のプレイセッション 週1回：1時間	N＝24 学習障害と診断された生徒 年齢：10-12歳：M＝11.4 男75%：女25% コーカサス系92%、ラテンアメリカ系4%、アフリカ系アメリカ人4%	親の報告によると、治療順番待ちリストの統制群と経時的に比較したところ、グループCCPT群は、内在化問題、行動上の状態全般において、中程度から大きな治療効果での統計的に有意な改善を示した。外在化行動については、群間における統計的な有意な差はみられなかった。
28 Ray et al. (2013)	CCPT／WC 12-16回のプレイセッション 週2回：30分	N＝37 臨床的に障害のある子ども 年齢：5-8歳：M＝6.3 男78%：女22% ラテンアメリカ系38%、アフリカ系アメリカ人32%、コーカサス系30%	段階I：CCPT群では、治療順番待ちリストの統制群と経時的に比較したところ群間における統計的な有意差はみられなかったものの、子どもの機能障害において、中程度の治療効果での統計的な改善を示した。段階II（両群にCCPTが行われた）：群内の差異より、いずれの群の子どもも、障害全般、学業、学力の向上、仲間関係、クラスの諸問題に関する下位尺度（大きな効果サイズ）において、統計的に有意な改善を示したこと

No. 著者（年）	介入	対象（N）	結果
29　Ray et al. (2022)	CCPT／WC 16回のプレイセッション 週2回：30分	N＝112　スコア2以上のACEs（子ども時代の逆境体験）をもつ子ども 年齢：5-9歳：M＝6.34 男75%：女25% アフリカ系アメリカ人23%、ラテンアメリカ系20%、混血15.8%、コーカサス系40%、アジア系.8%	治療順番待ちリストの統制群と経時的に比較したところ、CCPT群は、共感性の下位尺度得点、セルフレギュレーションおよび自己応答性の下位尺度得点、社会性コンピテンスの下位尺度得点、社会情緒的コンピテンス得点全般において、中程度から大きい効果サイズの、統計的に有意な改善を示した。
30　Ray & Schottelkorb & Tsai (2007)	CCPT／AC 16回のプレイセッション 週2回：30分	N＝60　ADHDの症状をもつ生徒 年齢：5-11歳：M＝7.5 男80%：女20% ラテンアメリカ系35%、アフリカ系アメリカ人17%、コーカサス系45%	教師の報告によると、アクティブコントロール群（メンタリング）と経時的に比較したところ、CCPT群は、生徒の情緒的不安定性、不安／ひきこもり（中程度の効果サイズ：教師のストレス指標 [Index of Teaching Stress]）において、統計的に有意な改善を示した。ADHD分野得点（ITS ADHD domain score）である、学習困難に関する下位尺度、攻撃性および行為障害に関する下位尺度および、ConnerのADHD指標得点に関する経時的な群間差は、統計的に有意ではなかった。グループ内事後解析より、どちらの群においても、ADHDと生徒の特性、不安、学習障害に関して、プレテストからポストテストの間で統計的に有意な改善がみられたことが明らかになった。
31　Ritzi et al. (2017)	CCPT／WC 20回のプレイセッション 1日2回10日間：30分	N＝24　行動上の困りごとをもつ子ども 年齢：6-9歳：M＝7 男75%：女25% オーストラリア系コーカサス系71%、ラテンアメリカ系コーカサス系13%、二人種8%、イギリス系コーカサス系4%、アジア系4%	親の報告によると、治療順番待ちリストの統制群と経時的に比較したところ、CCPT群は、外在化行動得点、攻撃的行動得点、ルール違反行為に関する下位尺度得点、すべてにおいて、大きな効果サイズの、統計的に有意な改善を示した。教師の報告によると、治療順番待ちリストの統制群と経時的に比較したところ、CCPT群は、外在化行動得点、攻撃的行動得点に関する下位尺度得点において、大きな効果サイズの、統計的に有意な改善を示した。
32　Schottelkorb et al. (2012)	CCPT／COMP 17回のプレイセッション 週2回：30分	N＝31　トラウマ症状をもつ難民 年齢：6-13歳：M＝9.2 男55%：女45%	群間差は統計的に有意ではなかったが、グループ内分析の結果、PTSDの厳格な基準を満たす子どもを対象とする研究の一部で、CCPTと比較統制群（TF-CBT：トラ…）が、明らかになった。

No. 著者（年）	介入	対象	結果
		アフリカ系アメリカ人67.7%、中東系16.1%、アジア系9.7%、その他	（トラウマフォーカスト認知行動療法）のいずれの介入を受けた群においても、PTSD症状の重症度において統計的に有意な低減を示した。諸知見は、いずれの治療も等しく効果的であることを示した。
33 Schottelkorb et al. (2020)	CCPT／WC 24回のプレイセッション 週4回：30分	N＝23　ASDと診断された子ども 年齢：4-10歳：平均年齢は報告なし 男83%：女17% アフリカ系アメリカ人4.3%、コーカサス系95.7%	治療順番待ちリストの統制群と経時的に比較したところ、CCPT群は、対人応答性、注意欠如、攻撃的行動、外在化問題において、大きい治療効果サイズでの、統計的に有意な改善を示した。
34 Sheely-Moore & Bratton (2010)	CPRT／WC 7回のプレイセッション 週1回：30分 ＊CPRTのトレーニングを受けた親	N＝23　リスクのある、低所得で、未就園の生徒 年齢：3-5歳：M＝4.2 男62%：女38% アフリカ系アメリカ人100%	治療順番待ちリストの統制群と経時的に比較したところ、CPRT群は、子どもの行動上の諸問題全般、親子関係ストレスにおいて、大きい治療効果での、統計的に有意な改善を示した。文化的諸事情について考察された。
35 Shen (2002)	グループCCPT／WC 10回のプレイセッション 週2-3回：40分	N＝30　地震後に環境に適応できず不安になっているリスクのある子ども 年齢：8-12歳：M＝9.2 男47%：女53% 台湾人100%	治療順番待ちリストの統制群と経時的に比較したところ、CCPT群は、不安全般、生理的不安、心配もしくは過敏症、自殺リスクにおいて、統計的に有意な改善を示した。グループ内分析の結果、CCPT群は、不安、心配、過敏症において、大きな治療効果を示し、自殺リスクの現象において、小から中程度の効果を示した。
36 Smith & Landreth (2004)	修正されたCPRT／WC 7回のプレイセッション 週1回：30分 ＊CPRTのトレーニングを受けた教師	N＝24　聴覚障害者もしくは難な未就園の子ども 年齢：2-6歳：M＝4.1 男54%：女46% コーカサス系33%、ラテンアメリカ系42%、アフリカ系アメリカ人25%	治療順番待ちリストの統制群と経時的に比較したところ、修正されたCCPT群は、独立の評定者によって直接観察した結果、行動上の諸問題、社会情緒的機能、教師の生徒との共感的な関わりにおいて、統計的に有意な改善を示した。
37 Stulmaker & Ray (2015)	CCPT／AC 15回のプレイセッション 週2回：30分	N＝53　不安に関して臨床的もしくは境界域の水準を呈する子ども 年齢：6-8歳：M＝6.5 男68%：女32% コーカサス系45%、アフリカ系アメリカ人21%、ラテンアメリカ系19%、二人種13%、アジア系2%	アクティブコントロール群（活動グループ）と経時的に比較したところ、CCPT群は、不安得点全般、下位尺度である心配尺度（RCMAS-2[※7]）において、大きな治療効果での、統計的に有意な改善を示した。アクティブコントロール群の子どもは、不安および心配の水準が上昇した。生理的不安、社会的不安の下位尺度については、経時的な群間差は統計的に有意ではなかった。

	治療比較	サンプル情報	結果
38 Taylor & Ray (2021)	CCPT／WC 16回のプレイセッション 週2回：30分	N＝37 保育園から4学年までの子ども 年齢：5-10歳：M＝6.68 男78%；女22% アフリカ系アメリカ人100%	治療順番待ちリストの統制群と経時的に比較したところ、CCPT群は、社会情緒的コンピテンス得点全般において、統計的に有意な改善を示した。
39 Wilson & Ray (2018)	CCPT／AC 8-16回、10週にわたってのプレイセッション 週2回：30分	N＝71 小学生 年齢：5-10歳：M＝6.87 男83%；女17% アフリカ系アメリカ人52.1%、ラテンアメリカ系21.1%、コーカサス系19.7%、多人種7%	治療順番待ちリストの統制群と比較したところ、攻撃性における減少、セルフレギュレーションにおける上昇、CCPT参加後の共感性の上昇について、統計的に有意であることが、親によって報告された。教師による報告は、統計的に有意な結果を示さなかった。
40 Yuen, Landreth & Baggerly (2002)	CPRT／WC 7回のプレイセッション 週1回：30分 ＊CPRTのトレーニングを受けた親	N＝35 行動上、リスクのある移民 年齢：3-10歳：M＝6.4 男54%；女45% 中国系カナダ人100%	治療順番待ちリストの統制群と経時的な比較したところ、CPRT群は、治療グループについて知られている子どもの行動上の諸問題、親子関係ストレス、親の受容、親の共感において、統計的に有意な改善を示した。グループ内分析の結果、CPRT群では、知覚コンピテンス、社会的受容において、より大きな上昇がみられた。

[訳注]
※1 WC：治療順番待ちリストの統制群 waitlist control の頭文字をとった略記。統制群にはほぼこのWCが用いられている。
※2 AC：アクティブコントロール群の頭文字をとった略記。アクティブコントロールとは、ランダム化比較試験において比較される治療のこと。
※3 Conscious Discipline®：子どもたちの自己制御能力、問題解決能力をはじめとする社会情緒的スキルを育むとともに、子どもたちが安心できる学級環境作りを目指した、子どもと保育者の両者に介入するプログラム。®は商標登録されたプログラムである。
※4 COMP：比較統制群 comparison の略記。
※5 PALS®：Pediatric Advanced Life Support の略称で、AHA（アメリカ心臓協会：American Heart Association）がAPP（米国小児科学会：American Academy of Pediatrics）などと協力して提唱している小児二次救命処置法のこと。
※6 メンタリング Mentoring：指導する側（メンター）が一対一で対話し、メンティーの社会生活や心理的なケアを行いながら、成長を支援する方法。指導する側（メンター）と指導される側（メンティー）と指導する方法。
※7 RCMAS-2：Revised Children's Manifest Anxiety Scale-2。子どもの不安を測定する尺度であるが、日本語版が標準化されていない。

表中の民族名の略称については、次のように訳出した。AfAm：アフリカ系アメリカ人、Lat：ラテン系、Cauc：コーカサス系

の研究がCCPTによる介入を使っているとコード化しました。そのCCPTの介入は、メンタルヘルスの専門家や、CCPTやCPRT／フィリアルセラピーのトレーニングを受けたプレイセラピストからスーパーヴィジョンを受けた準専門家（例：親、教師、メンター）によって実施されました。メタ分析による知見は、プレイセラピー、とりわけCCPTによる介入を、子どもたちに実行可能な治療として支持しました。

　LeBlancとRitchie（2001）は、プレイセラピーの効果に関する42のアウトカム研究をレビューし、中程度の治療効果（.66）であることを報告しました。直後に、Brattonら（2005）は、プレイセラピーのアプローチに関わる総計93の比較統制効果研究を含む、プレイセラピー研究に関するこれまでで最も大きなメタ分析を行いました。Brattonとその共同研究者らは、プレイセラピーによる介入が総合的に大きな治療効果（.80）を示したことを報告しています。彼らはさらに、専門家やスーパーヴィジョンを受けた準専門家によって行われるCCPTもしくは非指示的プレイセラピーとして定義づけられる、人間主義的とコード化された諸研究を分析して、大きな治療効果（.92）を見出しました。Brattonとその共同研究者らもまた、子どもの懸念事項と結果変数に関して中程度から大きい治療効果を報告しました。現代の調査研究と比較すると旧来のプレイセラピー研究が科学的に厳密ではないことが明らかであることを認めたうえで、諸々の結果は解釈されました。Brattonらは、今後の研究は厳密な研究デザインと報告ガイドラインを忠実に守ることを示唆しました。Brattonら（2005）、LeBlancとRitchie（2001）の二つの研究で得られた知見によると、親の関わりおよび治療の継続期間は、子どもにとって有益な治療成果が出るうえで、重要な予測因子であることが明らかにされました。

　2015年に、CCPTのアプローチについて厳密に分析した二つのメタ分析（Lin & Bratton, 2015; Ray et al., 2015）が公刊されました。LinとBratton（2015）は、厳密な階層線形モデル（HLM）の手法を用いて、1995年から2010年の間に刊行された総計52の比較統制効果研究のうちCPRT／フィリアルセラピー研究を含む、CCPTの治療効果を評価しました。彼らは、全体的な治療効果サイズが.47で統計的に有意であり、ここから、CCPTによる介入によって統制群もしくは対照群を上回る中程度の治療効果を示したことを報告しました。結果変数から治療効果を分析すると、CCPTは、養育者と子どもの間の関係性におけるストレス（.60）、セルフエフィカシー（.53）、包括的な行動上の諸問題（.53）においては中程度の治療効果が、内在化問題（.37）、外在化問題（.34）については小さい治療効果があることが明らかになりました。それらの知見は初期のメタ分析とつじつまが合わないように見えるけれども、より厳密な研究の採用基準、効果の大きさを算出するためのより厳格な計算式、HLMという統計手法の使用といったいくつかの要因を踏まえて説明されるべきである、と研究者らは注意喚起しました。Rayら（2015）は、1975年から2011年の間に刊行された総計23の比較統制効果研究のうち小学校で行われたCCPTの効果に関するメタ分析を行いました。その結果、外在化問題（d=0.34）、内在化問題（d=0.21）、総合的な諸問題（d=0.36）、セルフエフィカシー（d=0.29）、学力の向上（d=0.36）を含む結果変数について、統計的に有意な効果サイズがあることが明らかになりました。ごく近年、Parkerら（2021b）は、破壊行動のためにサービスにリファーさ

れてきた子どもを対象とした CCPT の効果に関する 23 の比較統制効果研究について、メタ分析を行いました。このメタ分析の主な知見によると、CCPT による介入が、治療順番待ちリストの統制群もしくは比較治療群を上回り、外在化問題行動および全般的な問題行動を低減させるうえで、中程度の治療効果があることが明らかになっています。

　前述したメタ分析によって得られたエヴィデンスに加えて、CCPT 研究についてはいくつかの包括的かつ体系的なレビューの中で要約されています。以下に、2010 年以降に刊行されたレビューを概観します。2010 年に Bratton は、1990 年から 2009 年までに刊行された、学校を本拠地とした 51 のプレイセラピーによる介入のアウトカム研究についてレビューしました。そのうち 34 の研究は、専門家もしくはスーパーヴィジョンを受けた準専門家による CCPT の介入を用いています。学校を本拠地としたプレイセラピーは小児期の障害の領域に有益な効果をもたらすことが明らかになった、と研究者は結論づけました。Bratton は、レビューされている諸研究のうち 75%が 2000 年以降に行われており、それは学校を本拠地としたプレイセラピーに関して刊行された研究のうちそれ以前の 50 年間と比較すると 100%の増加を示していることを報告しました。Ray と Bratton（2010）は、メンタルヘルスの専門家によって行われた CCPT の影響について研究されている、2000 年から 2009 年の間に刊行された 25 の実験的、準実験的な CCPT についてレビューしました。Ray と Bratton は、方法論的な厳密さと研究の生産性が 21 世紀の間に大幅に増加した、と結論づけました。Bratton（2015）は、プレイセラピーに関する RCTs に限定して体系的なレビューを行いました。そして、24 のRCTs のうち、CCPT による介入を用いた 22 の研究が、2000 年以降に出版され、厳格な対象者基準を満たすことを明らかにしました。Bratton は、プレイセラピーの研究基盤における長所と限界に関する綿密なレビューを提供しました。

　Ray と McCullough（2015）は、プレイセラピー協会（APT）の業務に従事する中で、2000 年から 2015 年までのプレイセラピー研究に関する包括的なレビューを提供する形で、プレイセラピーにおけるエヴィデンスベースドの実践に関する声明を発表しました。Ray と Mc-Cullough は、25 のランダム化比較研究をレビューしましたが、うち 18 の研究はメンタルヘルスの専門家によって行われた CCPT による介入の効果を測定していました。2017 年に、Bratton と Swan は、総計 1087 の子どもの研究参加者から成る、2000 年以降に刊行された 26 の RCTs に関する体系的なレビューの中で、プレイセラピー研究の状況に関する最新情報を提供しました。24 の研究が組み込まれた諸研究のうち大半は、専門家もしくは CCPT セラピストによってスーパーヴィジョンを受けた準専門家によって行われた CCPT による介入の効果を測定していました。それらのレビューの主要な知見は、CCPT は文化や環境、治療の長さのいかんを問わず子どもにとって効果的な介入であるという、プレイセラピー研究に関するこれまでのレビューに一致するものでした。

　2010 年以降に刊行された五つのさらなるレビューでは、プレイセラピーの中でもとくにCCPT のアプローチに限定した体系的な文献をレビューしています。Landreth（2012）とRay（2011）は、CCPT アプローチにのみ焦点づけた公刊済み、および未公刊の教科書において包括的な研究のレビューを行いました。そして、CCPT 研究によって CCPT は研究参加者

第 19 章　子ども中心プレイセラピーに関する研究のエヴィデンス　　*351*

である子どもがもつ懸念事項のいかんを問わず、その有効性に関する正当なエヴィデンスが明らかにされたという結論に各々が独立に至ったのです。Landreth（2012）は1995年から2010年までの53のCCPTおよびCPRT研究をレビューに組み込んでおり、Ray（2011）は専門家によって行われ、かつ1947年から2010年までに刊行された62のCCPT研究をレビューに組み込んでいます。Brattonら（2010）は、1995年から2009年までに刊行された32の比較統制効果研究に関する包括的な文献レビューの中で、CPRTに焦点を当てました。RayとBratton（2015）は、実験研究デザインに関する厳格な基準を満たす13の学校を本拠地としたCCPT研究に関する体系的なレビューを行いました。CCPTに関する最新の体系的なレビューは2021年（Parker et al.）に刊行されました。Parkerとその共同研究者は、幼少期のトラウマに関連のある結果に焦点を当てた32のCCPT研究に関する体系的なレビューを刊行しました。彼らのレビューは、子ども時代の逆境体験（ACEs）に関する基準に合致する出来事を経験した子どもたちが研究参加者となっている研究が対象であり、公刊された統制群（n=23）と未公刊の統制群（n=9）の研究が含まれていました。20の研究はグループへのランダム割り付けを用いており、12の研究は非ランダム割り付けを用いていました。Parkerら（2021a）は、幼少期のトラウマに関連する研究知見を集約し、ACEsに関するCCPT研究それぞれに対して、方法論的な考察を報告しました。

　これらのメタ分析と体系的なレビューの結果、CCPTは、実生活の場、とくに学校の中で、小児期の障害の領域に対する効果的な介入として支持されています。CCPTは、CCPTのトレーニングを受けたメンタルヘルスの専門家が行っても、親や教師、メンターといった準専門家がCCPTもしくはCPRTのセラピストから直接スーパーヴィジョンを受けながら行っても、比較的少ないセッションで有益な成果が得られることが明らかになっています。どの研究者も、現代の研究方法について、グループへのランダム割り付け、大きなサンプルサイズ、治療プロトコルのマニュアル化、治療の正確性を確証する手続き等の使用が増加したことを盛り込んでおり、注目に値する改善を報告しています。研究者らは全員一致で、増大した方法論的な厳密さを高める現在の軌道をCCPT研究が継続することを提言し、その結果として、CCPT研究の信頼性はさらに高まり、エヴィデンスベースドの治療としてCCPTが認識されるためのいっそう強い基盤を提供することになりました。

子ども中心プレイセラピー独自の成果研究

　本節では、CCPT独自のアウトカム研究の成果に関する最新の概要を提供します。最新のレビューに含まれるためには、諸研究は以下の選択基準を満たしている必要があります。（a）介入が、CCPT（例：個別のCCPT、グループCCPT、CPRT／フィリアルセラピー）の原則、態度、スキルを理論的な一貫性をもって使用していると明確に定義づけられていること。（b）子どもの研究参加者が2歳から13歳までの間であること。（c）1995年から2022年までに刊行された研究であること。（d）国外もしくは国内査読付論文であり英語で刊行されているこ

と。(e) 子どもの結果変数について報告されており、標準化された評価が用いられていること。(f) CCPT による介入手続きおよび研究参加者に関する説明情報が盛り込まれていること。(g) ランダム化比較デザインを使用した研究であり、研究の方法論および手続きを明確に記述していること。CCPT による介入は CCPT のプロトコル（Ray, 2011）にしたがってメンタルヘルスの専門家によって行われている、もしくは、CCPT の態度およびスキルについてトレーニングを受け、CPRT のプロトコル（Bratton & Landreth, 2020）にしたがって CCPT や CPRT／フィリアルセラピーの訓練を受けたメンタルヘルスの専門家によって直接スーパーヴィジョンを受けた親や先生／メンターによって行われていました。最初に、プレテスト・ポストテストの結果を説明する 100 以上の CCPT に関する量的研究が特定され、その大半は Evidence-Based Child Therapy のウェブサイトで見つけることができます。そのうち 40 は、最新のレビューに見合う選択基準に合致していました。研究の特徴および知見の概要は表 19.1 の通りです。

　総計 40 の CCPT ランダム化比較統制研究（子どもの研究参加者 N = 1626）は、1995 年から 2022 年の間に刊行されており、CCPT 独自の成果研究に関する以下のレビューに含まれています。含まれた研究の数は、10 年単位で見ると、1990 年から 1999 年（n = 8）、2000 年から 2009 年（n = 9）、2010 年から 2019 年（n = 18）、2020 年から 2022 年（n = 5）と、これまで 20 年間に刊行された研究の数を全体で見ると 2010 年から 2022 年の間に 100% 以上増加したことが明らかになっています。CCPT の治療アプローチのタイプによって分類すると、24 の研究は、メンタルヘルスの専門家によって行われた CCPT の効果を検討しており、個別の CCPT（n = 18）、グループ CCPT（n = 5）、個別とグループ両方を使った CCPT（n = 1）でした。16 の研究は、CCPT のトレーニングを受け、スーパーヴィジョンを受けた準専門家によって行われた CCPT の効果研究で、CPRT（n = 12）、修正 CPRT/CTRT（n = 4）でした。すべての研究において、研究参加者は治療グループにランダムに割り付けられました。CCPT による介入の効果は、治療順番待ちリストの統制群（n = 26）、アクティブコントロール群（n = 11）、比較治療群（n = 3）と比較されました。40 の研究全体でサンプルサイズは子どもの研究参加者が 20 名から 112 名にわたっていました。Ray とその共同研究者により 2022 年に刊行された研究は、これまでのすべての CCPT ランダム化比較統制研究の中で最も大きいサンプルサイズ（n = 112 の子どもたち）を含んでいました。11 の追加研究では、子どもの研究参加者が最終的に 50 名以上のサンプルサイズであることが報告されました（Blalock et al., 2019; Blanco et al., 2015; Bratton et al., 2013; Burgin & Ray, 2022; Carnes-Holt & Bratton, 2014; Fall et al., 1999; Morrison & Bratton, 2010; Ojiambo & Bratton, 2014; Ray et al., 2007; Stulmaler & Ray, 2015; Wilson & Ray, 2018）。一つの研究は追試研究と見なされ、Opiola と Bratton（2018）は、厳密さを高めるためにアクティブコントロール群を追加して、養子縁組家族に対する CPRT の効果に関する Carnes-Holt と Bratton（2014）のランダム化比較統制研究を追試しました。ポストテスト以降（介入期間の終了）のデータ収集を組み込んでいる研究は一つのみで、Jones と Landreth（2002）が 3 週間のフォローアップデータを収集していました。CCPT による介入の効果に関する長期間のフォローアップ RCTs は実施されていません。

第 19 章　子ども中心プレイセラピーに関する研究のエヴィデンス　　**353**

1626名の子どもの研究参加者のうち、子どもたちの年齢は2歳から13歳にわたっており、平均年齢は全体で6.0歳でした。個別のCCPTとグループCCPT研究における平均年齢は7.2歳でした。CPRTと修正CPRT研究における平均年齢は5.01歳でした。子どもの研究参加者の平均年齢はなく、年齢範囲のみが報告されている研究が二つだけあったため、それらの研究はこの全体の平均年齢を算出する際に除外されました（Blanco et al., 2019; Schottelkorb et al., 2020）。子どもの研究参加者の性別が記載されていない二つの研究（Blanco et al., 2019; Schottelkorb et al., 2020）を除くと、1568名の子どもの研究参加者（残り38の研究における）の性別は男性が61.3%、女性が38.7%でした。子どもの研究参加者の民族もしくは人種が報告されていない研究が五つありました。子どもの研究参加者の民族もしくは人種が報告された35の研究のうち25において、子どもの研究参加者のサンプルは、コーカサス系もしくは白人の研究参加者が50%未満で構成されていました。すべて（100%）の研究参加者が同じ人種もしくは民族背景と見なされるサンプルを用いていることを報告した研究は、ラテン系アメリカ人（Ceballos & Bratton, 2010; Garza & Bratton, 2005）、ウガンダ系アフリカ人（Ojiambo & Bratton, 2014）、アフリカ系アメリカ人（Sheely-Moore & Bratton, 2010; Taylor & Ray, 2021）、台湾人（Shen, 2002）、中国人（Chau & Landreth, 1997）、中国系カナダ人（Yuen et al., 2002）と、八つありました。CCPT研究において多文化主義に大きく注目している点は特筆すべきであり、以下に示すような学校もしくはその他の実生活の場で行われている研究の大半が含まれていることの影響であるかもしれません。

40の研究において、CCPTによる介入は、6から25セッションで行われていました。CCPTの最も少ないセッション数（6回）は、Fallら（1999）の研究で報告され、最も多いセッション数（25回）はDangerとLandreth（2005）の研究で報告されています。個別のCCPTとグループCCPT研究におけるプレイセッションの平均数は15.4でした。CPRTと修正CPRT研究におけるプレイセッションの平均数は7.75でした。1年間のメンター向けに修正されたCPRT研究（Jones et al., 2002）1件を除くすべての研究で、親と教師は従来のCPRTのプロトコルにしたがって研究の期間内に7回のプレイセッションを行いました。個別のCCPTとグループCCPTの効果に関する研究においては、学校現場のニーズに合わせるために、介入は一週間に2回、30分のセッションとして行われることが最も多かったようです。ほとんどのCCPT研究（n＝30）は、学校現場で行われました。このレビューに含まれる10のCCPT研究は、学校現場で行われたものではなく、小児糖尿病サマーキャンプ（Jones & Landreth, 2002）、刑務所（Harris & Landreth, 1997; Landreth & Lobaugh, 1998）、DVシェルター（Kot et al., 1998）、CPRTのトレーニングを受けた親のいるコミュニティ環境（たとえばCarnes-Holt & Bratton, 2014; Opiola & Bratton, 2018）などの状況で行われていました。

40のうち35の研究において、CCPTによる介入は、統制群もしくは比較群と比べると、少なくとも一つの子どもの結果変数に関して、中程度から大きな治療効果という、統計的に有意な改善を示すことが明らかになりました。子どもの結果変数とは、子どもの行動（たとえばBratton et al., 2013; Ceballos & Bratton, 2010; Ritzi et al., 2017）、学業成績（たとえばBlanco et al., 2015; Blanco et al., 2019）、アタッチメント障害（Carnes-Holt & Bratton, 2014; Opiola &

Batton, 2018）、社会的・情緒的なコンピテンス（たとえば Blalock et al., 2019; Cheng & Ray, 2016; Ray et al., 2022; Taylor & Ray, 2021）、機能障害（Ray et al., 2013）、ADHD（Ray et al., 2007）、PTSD（Schottelkorb et al., 2012）、自閉スペクトラム症（ASD; Schottelkorb et al., 2020）、抑うつ（Burgin & Ray, 2022）、不安（Stulmaker & Ray, 2015）、攻撃性（Wilson & Ray, 2018）を含んでいました。表 19.2 に、研究の際ターゲットとした結果変数に関する包括的なリストを示します。CCPT による介入の間、症状の悪化を示した研究はありませんでした。

表 19.2　ターゲット結果変数別に見る表 19.1 の諸研究の相互参照

子どもに関する結果変数／ターゲットとなる問題	諸研究
不安、抑うつを含む内在化問題	Blanco et al., 2015; Burgin & Ray, 2022, Ceballos & Bratton, 2010; Garza & Bratton, 2005; Jones et al., 2002; Morrison & Bratton, 2010; Ojiambo & Bratton, 2014; Packman & Bratton, 2003; Jones & Landreth, 2002; Shen, 2002; Stulmaker & Ray, 2015
破壊的行動、攻撃性、ADHD を含む外在化問題	Ojiambo & Bratton, 2014; Bratton et al., 2013; Carnes-Holt & Bratton, 2014; Ceballos & Bratton, 2010; Garza & Bratton, 2005; Gonzales-Ball & Bratton, 2019; Kot et al., 1998; Morrison & Bratton, 2010; Ray et al., 2007; Ritzi et al., 2017; Schottelkorb et al., 2020; Wilson & Ray; 2018
機能障害を含む、併存的もしくは広範囲にわたる行動上の諸問題	Bratton & Landreth, 1995; Burgin & Ray, 2022; Carnes-Holt & Bratton, 2014; Coggins & Carnes-Holt, 2021; Harris & Landreth, 1997; Jones et al., 2002; Kot et al., 1998; Opiola & Bratton, 2018; Packman & Bratton, 2003; Ray et al., 2013; Sheely-Moore & Bratton, 2010; Yuen et al., 2002
トラウマ／アタッチメント／PTSD	Carnes-Holt & Bratton, 2014; Schottelkorb et al., 2012
学業の達成／発語障害	Blanco et al., 2015; Blanco et al., 2019; Blanco & Ray, 2011; Danger & Landreth, 2005; Smith & Landreth, 2004
社会的応答性、セルフレギュレーションを含む社会的・情緒的機能	Blalock et al., 2019; Cheng & Ray, 2016; Ray et al., 2022; Schottelkorb et al., 2020; Smith & Landreth, 2004; Taylor & Ray, 2021; Wilson & Ray, 2018
自己概念／コンピテンス	Kot et al., 1998; Landreth & Lobaugh, 1998; Ray et al., 2022; Yuen et al., 2002
糖尿病への適応	Jones & Landreth, 2002

その他ターゲットとなる結果変数	諸研究
養育者と子どもの関係性におけるストレス	Bratton & Landreth, 1995; Ceballos & Bratton, 2010; Chau & Landreth, 1997; Costas & Landreth, 1999; Harris & Landreth, 1997; Kale & Landreth, 1999; Landreth & Lobaugh, 1998; Opiola & Batton, 2018; Ray et al., 2007; Sheely-Moore & Bratton, 2010; Yuen et al., 2002
親の受容を含む、治療における養育者の共感性	Bratton & Landreth, 1995; Carnes-Holt & Bratton, 2014; Chau & Landreth, 1997; Costas & Landreth, 1999; Harris & Landreth, 1997; Jones et al., 2002; Kale & Landreth, 1999; Landreth & Lobaugh, 1998; Opiola & Bratton, 2018; Smith & Landreth, 2004; Yuen et al., 2002

第 19 章　子ども中心プレイセラピーに関する研究のエヴィデンス　　*355*

文化に即した子ども中心プレイセラピー研究

CCPT 研究は、民族／人種、国籍、貧困、言語能力もしくはヒアリング能力、トラウマ、症状などに関して、さまざまな文化的背景を代表する子どもの研究参加者を対象に行われてきました。プレイセラピー研究に基づく成果の中に文化的に多様なサンプルを募集することに対して研究者の間で持続的な関心が向けられることで、CCPT 研究はたしかに恩恵を受け続けていますが、過去 30 年以上にわたる諸研究における多文化主義への CCPT の関心は CCPT 研究の強みを表しており、さまざまな実践環境における異文化で育った子どものクライエントに対する CCPT の一般化可能性を示しています。

CCPT 研究の大半は、アメリカで行われてきました。CCPT の影響に関する研究はオーストラリア（Ritzi et al., 2017; Wicks et al., 2018）、台湾（Shen, 2002）、カナダ（Yuen et al., 2002）、ウガンダ（Ojiambo & Bratton, 2014）など、アメリカ以外で行われています。人種的、および民族的に多様な個人のサンプルを用いて、CCPT が与えた影響にとくに焦点づけた CCPT 研究もありました。Ceballos と Bratton（2010）、Garza と Bratton（2005）の二つの研究は、ラテン系の子どもたちを対象として、CPRT と個別の CCPT による介入それぞれの効果に関するランダム化比較統制研究を行い、どちらの研究においても統制群以上に CCPT 介入群を支持する大きな治療効果が得られ、子どもの行動において統計的に有意な改善がみられたことを報告しました。前述の個々のアウトカムに関するレビューには含まれていませんが、ある未公刊の学位論文の中で、Barcenas Jaimez（2017）が、ラテン系のスペイン語を話すプレイセラピストと英語を話す白人プレイセラピストによって行われたラテン系の子どもたちを対象とする CCPT の影響を検証しました。結果として、バイリンガルで指導を受けた統制群と比較すると、バイリンガルの CCPT 介入群と一言語だけ使用した CCPT 介入群のいずれにおいても、子どものアウトカムにおいて統計的に有意な改善を示しました。その他のすべての研究において、CCPT による介入は、子どもまたは親の話す言語で行われました。Taylor と Ray（2021）は、37 名のアフリカ系アメリカ人の小学生への CCPT の有効性に関するランダム化比較統制研究を行い、CCPT を受けた子どもたちにおける社会的・情緒的なコンピテンスというアウトカムは、治療順番待ちリストの統制群と比較すると、統計的にも有意であり実質的にも重要な改善があったことを報告しました。Sheely-Moore と Bratton（2010）は、23 名のアフリカ系アメリカ人の親と子の二人一組に対して CPRT のアウトカムについて検証し、治療順番待ちリストの統制群と比較すると、子どもの行動および育児ストレスにおいて大きな治療効果が得られ、統計的に有意な改善がみられたことを報告しました。

最近の CCPT 研究は、子ども時代の逆境体験（ACEs）という形でトラウマによる影響を受けた子どもたちに対する CCPT の影響を検証するために行われています。Ray ら（2022）は、スコア 2 以上の ACEs の歴史があるすべての子どもを対象に、CCPT の影響に関するランダム化比較統制研究を行い、治療順番待ちリストの統制群と比較すると、CCPT の介入を受けた子どもたちの社会的・情緒的なコンピテンスが統計的に有意に高まり、行動上の問題が減少し

たことを報告しました。HaasとRay（2020）は、ACEsを報告する子どもたちに対するCCPTによる介入の影響に関するシングルケース研究デザイン（SCRD）を行いました。Patterson ら（2018）は、アフリカ系アメリカ人の子どもたちに個別のCCPTやグループCCPTを実施した影響に関する単一グループの研究結果を報告しました。Carnes-HoltとBratton（2014）、OpiolaとBratton（2018）による二つの研究は、アタッチメントのトラウマに関連する懸念を親が報告した子どもたちを対象とするCPRTの影響について検証しました。どちらの研究においても、それぞれの統制群と比較すると、親と子どものアウトカムで大きな治療効果が得られ、統計的に有意な改善がみられたと結論づけられています。

　子どもの機能に対するCCPTの効果に関する多くの研究が、ヘッドスタートスクールに通う低所得の家族の研究参加者を対象に行われました（たとえばBratton et al., 2013; Ceballos & Bratton, 2010; Coggins & Carnes-Holt, 2021; Gonzales-Ball & Bratton, 2019; Jones et al., 2002; Morrison & Bratton, 2010; Sheely-Moore & Bratton, 2010）。CCPTに関するさらなる研究で、糖尿病（Jones & Landreth, 2002）、言語能力（Danger & Landreth, 2005）、ヒアリング能力／聴覚障害（Smith & Landreth, 2004）、学習能力（Packman & Bratton, 2003）といった多様なアイデンティティをもつ同質グループの子どもたちに特有の困りごとに焦点を当てました。

子ども中心プレイセラピー研究の長所と限界

　CCPT研究のレビューでは、CCPTに関し、実証的に裏づけられた長所と限界が示されました。表19.2に含まれる研究を通して研究成果と厳密さは1995年以来増加していることが示されており、CCPTによる介入の有効性を示すしっかりした科学的な基盤を発展させるうえで著しい進歩を見せました。しかし、研究者らは、CCPTが特定の小児期の障害に対するエヴィデンスベースドの治療としてさらに認知されるように大きなサンプルサイズを用い、研究デザインおよび研究法を最新の基準に適合させることによって、さらに強力なエヴィデンスの基盤を積み上げ続けなければなりません。CCPT研究の主な長所は、治療の順守を確証するための刊行されたプロトコル（Bratton & Landreth, 2020; Ray, 2011）や実施ガイド（Ray & Cheng, 2018）の使用、治療と研究の整合性を検証するための刊行された手続きおよびチェックリスト（Bratton & Landreth, 2020; Ray et al., 2017）の使用を含んでいることです。さらに、ノーステキサス大学のプレイセラピーセンター（CPT）では、プロトコルへの順守を確証するために、治療を行う人を対象に厳格なCCPTとCPRTの認定プログラムを提供しています。

　メタ分析により、CCPTでの治療における養育者の関与が子どもたちにとっての正のアウトカムの重要な予測因子であることが示されていますが、CCPT研究の大半は、介入（たとえば、個別あるいはグループCCPT）における親もしくは教師の関与を報告しておらず、子どもたちが全身的な影響を受けなくても機能面で顕著に改善できることを明らかにしました。CCPT研究の知見は、CCPTが学校現場で行われる場合、子どもたちがそれ以外に介入を受

第19章　子ども中心プレイセラピーに関する研究のエヴィデンス　***357***

けていない場合、またはセラピーにおける養育者や教師の関与が限られている場合に、効果的かつ適切なものになりうることを示したのです。学校以外の現場／臨床現場で行われた追加のCCPT研究において、臨床現場で行われるCCPTに対してエヴィデンスの基盤と一般化可能性を強化することができました。

　児童福祉のためのカリフォルニアエヴィデンスベースドクリアリングハウス（CEBC）のように、エヴィデンスベースドのプログラムと実践レジストリは、6ヵ月から1年間にわたるフォローアップ期間に効果が持続することを実証するためのアウトカム研究に基づく介入の成果に関して、最も高い有効性評価を与えています。現在まで、プレイセラピーの効果について、とくにCCPTの効果についてのフォローアップ研究は存在しません。CCPT研究は、CCPT群と統制群の間のフォローアップによる評価を追加することで、前進させることができます。CCPT研究は傷つきやすい集団と考えられる子どもたちと共に行われるので、研究者らは、フォローアップ評価を待つ間も、研究の方法論的な厳格さを損なうことなくすべての研究参加者のウェルビーイングを守るよう、慎重に対応しなければなりません。フォローアップ期間は統制群に割り付けられた子どもたちがサービス（CCPTによる介入）を受けるのが遅れるでしょうから、これはCCPTのフォローアップ研究に関連する実践的かつ臨床的な課題なのです。CCPTによる縦断研究の一例として、ランダム化比較統制デザインではありませんが、MassengaleとPerryman（2021）によって行われた単一グループ研究があります。CCPTの研究者はCCPTの効果を明らかにするために、より小さいサンプルサイズで統制群をもたない反復測定を用いた方法論的に信頼できる単一グループやシングルケース研究を多数刊行してきました（https://evidencebasedchildtherapy.com）。2019年には、Pesterらが、11のCCPTのシングル研究デザインの研究に関するメタ分析を行いました。総計65の効果サイズにわたって、内在化症状、外在化行動、ソーシャルスキルの改善という点で、CCPTは中程度の治療効果があることを明らかにしたのです。

　持続的な効果を明らかにすることに加えて、追試研究はいかなるシングルスタディよりも強力な介入の有効性に関するエヴィデンスとして認識されています。OpiolaとBratton（2018）は、養子縁組家族へのCPRTによる介入の効果に関するCarnes-HoltとBratton（2014）の研究を追試し、最初にCCPTの追試研究を発表することでCCPT研究を前進させました。CCPT研究のもう一つの方法論的な検討事項はサンプルサイズです。100名以上の子どもの研究協力者が参加したCCPT研究は一つだけです（Ray et al., 2022）。ほとんどのCCPTのアウトカム研究では、50名以下の研究協力者というサンプルサイズであることが報告されています。サンプルサイズが選択した統計的分析の想定に十分適合していたとしても、より大きいサンプルサイズであるほど、検出力が増し、ターゲット集団の代表性が向上し、知見の一般化可能性と関連づけられるのです（Sink & Mvududu, 2010）。サンプルサイズを大きくするというニーズに応えて、2000年以降に刊行された11のCCPTに関するアウトカム研究には、50名以上の研究協力者のサンプルが含まれていました。アメリカで異なる地理的場所でマルチサイトな研究を行うことはまた、CCPT研究の知見の一般化可能性に取り組むことになり、方法論的な整合性と実行するうえでの一貫性を向上させることにもなるでしょう。

358

CCPT 研究には、多様な人種的／民族的背景をもつ子どもたちのサンプルが含まれています。CCPT 研究者らは、代表的かつ包括的なサンプルを保証することに焦点を当てた意図的サンプリングと募集戦略を用いて、CCPT 研究を強化し続けることができます。研究協力者の多様性は、CCPT 研究の子どもたちと家族に関するアウトカムの一般化可能性を改善します。アメリカの外では限定的な CCPT 研究が行われてきました。アメリカの CCPT 研究者らは、アメリカの国境を越えて CCPT の有効性の輸送可能性を検証するために、アメリカ以外の研究者らと協働することができます。

子ども中心プレイセラピー研究のリソース

　研究の方法論とプレイセラピーの実践は進歩を続け、現代の諸問題のニーズに適合し続けています。そうした中、プレイセラピストは CCPT 研究のための最新かつ信頼性のあるリソースを見つけ出し活用する必要があります。CCPT の実践家と研究者にとって現代のリソースの一つは、https://evidencebasedchildtherapy.com で検索可能なオンラインのプレイセラピーに関するアウトカムリサーチデータベースです。これは Bratton ら（2015）によって最初に開発され、CPT によって更新されている運用中のデータベースで、プレイセラピーのアウトカム研究の知見に関する特徴と要約を学ぶことのできる最新の参考文献を提供しています。CCPT による介入や RCTs の研究デザインに限定されることなく、研究者たちは、出版年、懸念事項、設定、治療方法、研究デザインなどに基づいて、1995 年以降に英語で刊行あるいは翻訳されたすべてのプレイセラピーのアウトカム研究の要約を検索してレビューすることができるようになっています。

　厳格な CCPT 研究を行うためには、アウトカム研究で使われる CCPT による介入が研究間、治療提供者間で、同じように、かつ整合性をもって行われていることを研究者が証明することが重要です。前述のように、プレイセラピーの実践家と研究者は、UNT プレイセラピーセンターを通じて CCPT と CPRT のトレーニングを受け認定されることで、CCPT 研究における治療整合性を高めることができます。CCPT と CPRT のトレーニングと認定に関する情報は、https://cpt.unt.edu/ で入手できます。現在第 4 版となっている本書（Landreth, 1991; 2002; 2012）は、CCPT の実践家と大学のプレイセラピープログラムにとって、引き続き影響力のあるトレーニングのためのリソースとなっており、英語、中国語、日本語、韓国語、北京語、ロシア語の少なくとも六つの異なる言語で入手することができます。前述したように、CCPT のプロトコル（Ray, 2011）、グループ CCPT 実施ガイド（Ray & Cheng, 2018）、子どもと親の関係性セラピー（CPRT）の最新の教科書（Landreth & Bratton, 2020）とその治療マニュアル（Bratton & Landreth, 2020）は、CCPT の実践の整合性をさらに高めるために、利用され、貢献しています。CPRT 治療マニュアルの最新版には、特化した集団（たとえば幼児、教師、前思春期の子ども、アタッチメントやトラウマの問題をもった人々など）に適合させたプロトコルと、研究者のための治療整合性に関するチェックリストが含まれています。さ

らに Ray ら（2017）は、治療整合性に関するチェックリストを発表しました。これらのプロトコル化された治療マニュアルと追補的研究リソースが、CCPT 調査研究間での治療整合性を評価し、介入の一貫性を評価するうえで、CCPT 研究者を支援するために出版されました。

　近年、プレイセラピー研究者は、多様な研究参加者集団を対象とする CCPT 研究を行うことに特化した追補的リソースを発表してきました（たとえば Burgin & Prosek, 2021; Ceballos et al., 2020; Tapia-Fuselier & Ray, 2019）。たとえば、Ceballos ら（2020）は、ラテンアメリカ系の研究参加者を対象とするプレイセラピー研究に関する考慮事項を提示し、これには、参加者募集、文化的適応のレベルや言語障壁、プレイルームの設定、アドボカシーへの努力に関するガイダンスが含まれていました。Burgin と Prosek（2021）は、軍に関係する子どもたちと家族を対象とするプレイセラピー研究の推奨事項を提示しました。Tapia-Fuselier と Ray（2019）は、聴覚障害の子どもたちに対する言語的な応答に関する CCPT の治療推奨事項を提示しました。プレイセラピー研究者は、CCPT 研究で用いられる厳格さと研究方法を強化し続けながら、多様な研究参加者の集団で研究の普及を促進するようなリソースを開発し続けています。

結語

　メンタルヘルスサービスを必要とする子どもたちの大幅な増加とともに、管理型ケアとコスト管理が求められる今日の風潮において、プレイセラピストはエヴィデンスに基づいた介入を行わねばならないという、これまで以上のプレッシャーに直面しています。CCPT は、最も研究されてきた理論的なプレイセラピーのモデルであり（https://evidencebasedchildtherapy.com）、国家登録によると（CEB4CW.org ; pewtrusts.org）、エヴィデンスベースドのものとして分類されています。限界はあるものの、本章で扱った厳格な現代の研究に関するレビューを通して、CCPT 研究の最新の状況は、幼少期のどの時期であっても、多様な子どもの集団にとって CCPT がエヴィデンスベースドの治療であることが支持されるということを示しています。文化や現実生活環境を超えた CCPT への実証的支持はとくに強みであり、実践環境や子どもと親という集団への一般化可能性を支持します。諸知見は、自分たちが用いる介入に関するエヴィデンスを説明する責任があるカウンセラー、サイコロジスト、ソーシャルワーカーにとって、意味をもっています。プレイセラピストが、自分たちの CCPT の実践を支え擁護するものとして本章で紹介した研究の要約を活用し、子どもの全人的なウェルビーイングに関する決定を行う大人と交流する際に、プレイセラピーという専門的営みの意義を主張してくれることを願っています。

参考文献

American Psychological Association（2022）. Children's mental health is in crisis: 2022 trends report. Retrieved from www.apa.org

Barcenas Jaimez, G. (2017). Child-centered play therapy (CCPT) with Latina/o children exhibiting school behavior Problems: Comparative effects of delivery by Spanish-speaking and English-speaking counselors [Unpublished doctoral dissertation]. University of North Texas.

Blalock, S., Lindo, N., & Ray, D. (2019). Individual and group child-centered play therapy: Impact on social-emotional competencies. *Journal of Counseling & Development*, 97(3), 238–249. https://doi.org/10.1002/jcad.12264

Blanco, P., & Ray, D. (2011). Play therapy in elementary schools: A best practice for improving academic achievement. *Journal of Counseling & Development*, 89(2), 235–243.

Blanco, P., Muro, J., Holliman, R., Stickley, V., & Carter, K. (2015). Effect of child-centered play therapy on performance anxiety and academic achievement. *Journal of Child and Adolescent Counseling*, 1(2), 66–80.

Blanco, P. J., Holliman, R. P., Ceballos, P. L., & Farnam, J. L. (2019). Exploring the impact of child-centered play therapy on academic achievement of at-risk kindergarten students. *International Journal of Play Therapy*, 28(3), 133–143. https://doi.org/10.1037/pla0000086

Bratton, S. C. (2010). Meeting the early mental health needs of children through school-based play therapy: A review of outcome research. In A.A. Drewes & C.E. Schaefer (Eds.), *School-based play therapy* (2nd ed., pp. 17–58). John Wiley & Sons.

Bratton, S. C. (2015). The empirical support for play therapy: Strengths and limitations. In K.J. O'Conner, C.E. Schaefer, & L.D. Braverman (Eds.), *Handbook of play therapy* (2nd ed.). John Wiley & Sons.

Bratton, S. C., & Landreth, G. L. (1995). Filial therapy with single parents: Effects on parental acceptance, empathy, and stress. *International Journal of Play Therapy*, 4(1), 61–80.

Bratton, S. C., & Swan, A. (2017). Status of play therapy research. In R. L. Steen (Ed.), *Emerging research in play therapy, child counseling, and consultation* (pp. 1–19). IGI Global.

Bratton, S. C., Ray, D., Rhine, T., & Jones, L. (2005). The efficacy of play therapy with children: A meta-analytic review of treatment outcomes. *Professional Psychology: Research and Practice*, 36(4), 376–390.

Bratton, S. C., Landreth, G., & Lin, D. (2010). Child parent relationship therapy: A review of controlled-outcome research. In J. N. Baggerly, D. C. Ray, & S. C. Bratton (Eds.), *Child-centered play therapy research: The evidence base for effective practice* (pp. 267–293). John Wiley & Sons.

Bratton, S. C., Ceballos, P., Sheely-Moore, A., Meany-Walen, K., Pronchenko, Y., & Jones, L. (2013). Head start early mental health intervention: Effects of child-centered play therapy on disruptive behaviors. *International Journal of Play Therapy*, 22(1), 28–42.

Bratton, S. C., Dafoe, E., Swan, A., Opiola, K., McClintock, D., & Barcenas, G. (2015). Play Therapy Outcome Research Database. Retrieved from http://evidencebasedchildtherapy.com/research/

Burgin, E. & Prosek, E. (2021). Culturally responsive play therapy with military-connected children and families: Opportunities for rigorous research. *International Journal of Play Therapy*, 30(4), 221–230. https://doi.org/10.1037/pla0000151

Burgin, E., & Ray, D. (2022). Child-centered play therapy and childhood depression: An effectiveness study in schools. *Journal of Child and Family Studies*, 31(1), 293–307.

Carnes-Holt, K., & Bratton, S. (2014). The efficacy of child parent relationship therapy for adopted children with attachment disruptions. *Journal for Counseling & Development*, 92(3), 328–337.

Ceballos, P. L., & Bratton, S. (2010). Empowering Latino families: Effects of a culturally responsive intervention for low-income immigrant Latino parents on children's behaviors and parental stress. *Psychology in the Schools*, 47(8), 761–775.

Ceballos, P. L., Barcenas Jaimez, G., & Bratton, S. C. (2020). Considerations for play therapy research with Latino populations. *International Journal of Play Therapy*, 29(4), 213–222. https://doi.org/10.1037/pla0000122

Centers for Disease Control and Prevention: CDC (2022). Children's mental health: Understanding an ongoing public health concern: New report. Retrieved August 8, 2022 from https://www.cdc.gov

Chau, I., & Landreth, G. (1997). Filial therapy with Chinese parents: Effects on parental empathic interactions, parental acceptance of child and parental stress. *International Journal of Play Therapy*, 6(2), 75–92.

Cheng, Y. & Ray, D.C. (2016). Child-centered group play therapy: Impact on social-emotional assets of kindergarten children. *The Journal for Specialists in Group Work*, 41(3), 209–237.

Coggins, K., & Carnes-Holt, K. (2021). The efficacy of child-teacher relationship training as an early childhood mental health intervention in Head Start programs. *International Journal of Play Therapy*, 30(2), 112–124. https://doi.org/10.1037/pla0000154

Costas, M., & Landreth, G. (1999). Filial therapy with nonoffending parents of children who have been sexually abused. *International Journal of Play Therapy*, 8(1), 43–66.

Danger, S. & Landreth, G. (2005). Child-centered group play therapy with children with speech difficulties. *International Journal of Play Therapy*, 14(1), 81–102.

Fall, M., Balvanz, J., Johnson, L., & Nelson, L. (1999). A play therapy intervention and its relationship to self-efficacy and learning behaviors. *Professional School Counseling*, 2(3), 194–204

Garza, Y., & Bratton, S. C. (2005). School-based child-centered play therapy with hispanic children: Outcomes and cultural consideration. *International Journal of Play Therapy*, 14(1), 51–80. https://doi.org/10.1037/h0088896

Gonzales-Ball, T., & Bratton, S. (2019). Child-teacher relationship training as a head start early mental health intervention for children exhibiting disruptive behavior. *International Journal of Play Therapy*, 28(1), 44–56. https://doi.org/10.1037/pla0000081

Haas, S. C., & Ray, D. C. (2020). Child-centered play therapy with children affected by adverse childhood experiences: A single-case design. *International Journal of Play Therapy*, 29(4), 223–236. https://doi.org/10.1037/pla0000135

Harris, Z. L., & Landreth, G. (1997). Filial therapy with incarcerated mothers: A five week model. *International Journal of Play Therapy*, 6(2), 53–73.

Jones, E., & Landreth, G. L. (2002). The efficacy of intensive individual play therapy for chronically ill children. *International Journal of Play Therapy*, 11(1), 117–140.

Jones, L., Rhine, T., & Bratton, S. (2002). High school students as therapeutic agents with young children experiencing school adjustment difficulties: The effectiveness of a filial therapy training model. *International Journal of Play Therapy*, 11(2), 43–62.

Kale, A. L., & Landreth, G. (1999). Filial therapy with parents of children experiencing learning difficulties. *International Journal of Play Therapy*, 8(2), 35–56.

Kot, S., Landreth, G., & Giordano, M. (1998). Intensive child-centered play therapy with child witnesses of domestic violence. *International Journal of Play Therapy*, 7(2), 17–36.

Landreth, G. (1991). *Play therapy: The art of the relationship* (1st ed.). Accelerated Development.

Landreth, G. L. (2002). *Play therapy: The art of the relationship* (2nd ed.). Brunner-Routledge.

Landreth, G. (2012). *Play therapy: The art of the relationship* (3rd ed.). Routledge.

Landreth, G., & Bratton, S. (2020). *Child-parent relationship therapy (CPRT): An evidence-based 10-session filial therapy model*, 2nd ed. Routledge.

Landreth, G., & Lobaugh, A. (1998). Filial therapy with incarcerated fathers: Effects on parental acceptance of child, parental stress, and child adjustment. *Journal of Counseling & Development*, 76(2), 157–165.

LeBlanc, M., & Ritchie, M. (2001). A meta-analysis of play therapy outcomes. *Counselling Psychology Quarterly*, 14(2), 149–163.

Lin, Y., & Bratton, S. (2015). A meta-analytic review of child-centered play therapy approaches. *Journal of Counseling & Development*, 93(1), 45–58.

Massengale, B., & Perryman, K.（2021）. Child-centered play therapy's impact on academic achievement: A longitudinal examination in at-risk elementary school students. *International Journal of Play Therapy*, 30 (2), 98-111. https://doi.org/10.1037/pla0000129

Morrison, M., & Bratton, S.（2010）. Preliminary investigation of an early mental health intervention for Head Start programs: Effects of child teacher relationship training on children's behavior problems. *Psychology in the Schools*, 47(10), 1003-1017.

Ojiambo, D., & Bratton, S.（2014）. Effects of group activity play therapy on problem behaviors of preadolescent Ugandan orphans. *Journal of Counseling & Development*, 92(3), 355-365.

Opiola, K. K., & Bratton, S. C.（2018）. The efficacy of child parent relationship therapy for adoptive families: A replication study. Journal of Counseling & Development, 96(2), 155-166. https://doi.org/10.1002/jcad.12189

Packman, J., & Bratton, S.（2003）. A school-based group play/activity therapy intervention with learning disabled preadolescents exhibiting behavior problems. *International Journal of Play Therapy*, 12(2), 7-29.

Parker, M. M., Hergenrather, K., Smelser, Q., & Kelly, C. T.（2021a）. Exploring child-centered play therapy and trauma: A systematic review of literature. *International Journal of Play Therapy*, 30(1), 2-13. https://doi.org/10.1037/pla0000136

Parker, M. M., Hunnicutt Hollenbaugh, K. M., & Kelly, C. T.（2021b）. Exploring the impact of child-centered play therapy for children exhibiting behavioral problems: A meta-analysis. *International Journal of Play Therapy*, 30(4), 259-271. https://doi.org/10.1037/pla0000128

Patterson, L., Stutey, D. M., & Dorsey, B.（2018）. Play therapy with African American children exposed to adverse childhood experiences. *International Journal of Play Therapy*, 27(4), 215-226. https://doi.org/10.1037/pla0000080

Pester, D., Lenz, A. S., & Dell'Aquila, J.（2019）. Meta-analysis of single-case evaluations of child-centered play therapy for treating mental health symptoms. *International Journal of Play Therapy*, 28(3), 144-156. https://doi.org/10.1037/pla0000098

Ray, D.（2011）. *Advanced play therapy: Essential conditions, knowledge, and skills for child practice*. Routledge.

Ray, D., & Bratton, S.（2010）. What the research shows about play therapy: Twenty-first century update. In J. Baggerly, D. Ray, & S. Bratton（Eds.）, *Child-centered play therapy research: The evidence base for effective practice*. John Wiley.

Ray, D. & Cheng, Y.（2018）. Group child-centered play therapy implementation guide. Located on April 2022 at https://cpt.unt.edu/sites/default/files/documents/child-centered_group_play_therapy_implementation_guide_compressed_0.pdf

Ray, D., & McCullough, R.（2015）. Evidence-based practice statement: Play therapy. Retrieved from http://www.a4pt.org/?page=EvidenceBased/resmgr/About_APT/APT_Evidence_Based_Statement.pdf

Ray, D., Schottelkorb, A., & Tsai, M.（2007）. Play therapy with children exhibiting symptoms of attention deficit hyperactivity disorder. *International Journal of Play Therapy*, 16(2), 95-111.

Ray, D. C., Stulmaker, H. L., Lee, K. R., & Silverman, W. K.（2013）. Child-centered play therapy and impairment: Exploring relationships and constructs. *International Journal of Play Therapy*, 22(1), 13-27. https://doi.org/10.1037/a0030403

Ray, D., Armstrong, S., Balkin, R., & Jayne, K.（2015）. Child-centered play therapy in the schools: Review and meta-analysis. *Psychology in the Schools*, 52(2), 107-123.

Ray, D., Burgin, E., Gutierrez, D., Ceballos, P., & Lindo, N.（2022）. Child-centered play therapy and adverse childhood experiences: A randomized controlled trial. *Journal of Counseling & Development*, 100(2), 134-145. https://doi.org/10.1002/jcad.12412

Ray, D. C., Purswell, K., Haas, S., & Aldrete, C.（2017）. Child-centered play therapy-research integrity checklist: Development, reliability, and use. *International Journal of Play Therapy*, 26(4), 207-217.

https://doi.org/10.1037/pla0000046

Ritzi, R., Ray, D., & Schumann, B. (2017). Intensive short-term child-centered play therapy and externalizing behaviors in children. *International Journal of Play Therapy*, 26(1), 33–46. https://doi.org/10.1037/pla0000035

Rubin, A., & Bellamy, J. (2012). *Practitioners guide to using research for evidence-based practice* (2nd ed.). Wiley.

Schottelkorb, A., Doumas, D., & Garcia, R. (2012). Treatment for childhood refugee trauma: A randomized, controlled trial. *International Journal of Play Therapy*, 21(2), 57–73.

Schottelkorb, A., Swan, K. L., Ogawa, Y. (2020). Intensive child-centered play therapy for children on the autism spectrum: A pilot study. *Journal of Counseling & Development*, 98(1), 63–73.

Sheely-Moore, A., & Bratton. S. (2010). A strengths-based parenting intervention with low-income African American families. *Professional School Counseling*, 13(3), 175–183.

Shen, Y. (2002). Short-term group play therapy with Chinese earthquake victims: Effects on anxiety, depression, and adjustment. *International Journal of Play Therapy*, 11(1), 43–63.

Sink, C. & Mvududu, N. (2010). Statistical power, sampling, and effect sizes: Three keys to research relevancy. *Counseling Outcome Research and Evaluation*, 1(2), 1–18.

Smith, D., & Landreth, G. (2004). Filial therapy with teachers of deaf and hard of hearing preschool children. *International Journal of Play Therapy*, 13(1), 13–33.

Stulmaker, H., & Ray, D. (2015). Child-centered play therapy with young children who are anxious: A controlled trial. *Child and Youth Services Review*, 57, 127–133.

Tapia-Fuselier, Jose & Ray, Dee. (2019). Culturally and linguistically responsive play therapy: Adapting Child-centered play therapy for deaf children. *International Journal of Play Therapy*, 28(2), 79–87. https://doi.org/10.1037/pla0000091

Taylor, L., & Ray, D. C. (2021). Child-centered play therapy and social-emotional competencies of African American children: A randomized controlled trial. *International Journal of Play Therapy*, 30(2), 74–85. https://doi.org/10.1037/pla0000152

U. S. News & World Report (2022). Mental health of America's children only getting worse. Retrieved March 14, 2022 from www.usnews.com

Wicks, J. M., Cubillo, C., Moss, S. A., Skinner, T., & Schumann, B. (2018). Intensive child-centered play therapy in a remote Australian Aboriginal community. *International Journal of Play Therapy*, 27(4), 242–255. https://doi.org/10.1037/pla0000075

Wilson, B. J., & Ray, D. (2018). Child‐centered play therapy: Aggression, empathy, and self-regulation. *Journal of Counseling & Development*, 96(4), 399–409. https://doi.org/10.1002/jcad.12222

Yuen, T. C., Landreth, G. L., & Baggerly, J. (2002). Filial therapy with immigrant Chinese families. *International Journal of Play Therapy*, 11(2), 63–90.

訳者あとがき

本書は、ノーステキサス大学のゲリー・ランドレスによる *Play Therapy: The Art of the Relationship* 第4版の全訳です。原著第2版（2002年：日本語版2007年）、第3版（2012年：日本語版2014年）に引き続き、このたび新たに、第4版の日本語版を上梓する機会に恵まれました。

序にて著者が説明している通り、本版には三つの新たな章が加えられ、子どもが所属、所有している文化（第6章）や、沈黙などの意味がないように見えること（第13章）といった潜在的ゆえに今までは見落とされがちであったトピックを俎上にあげるとともに、プレイセラピーの訓練について前版から章を独立させ、体系立った視点を示すことで（第8章）、読み手にみずからの訓練を見直す機会を提供しています。さらには短期集中的プレイセラピー（第18章）、および厳格な方法論のもとで行われた子ども中心プレイセラピー（CCPT）研究のサマリー（第19章）が書き直され、CCPTがいかにその適用の裾野を広げてきたかが示されています。前版から引き継がれたプレイセラピーのエッセンスを伝える各章も相当に書き直され、説明が加えられている部分もあれば、より洗練された表現へと昇華されている部分もあります。そこからは、CCPTに関する著者の知見と経験が円熟と刷新を繰り返している様だけでなく、それらをかみ砕き、読者が自然に受け止め、読み進められるような形で示そうとする著者の尽力が伝わってきます。本書を読めば、常に著者から語りかけられ、頭だけでなく心で感じ、考えるよう促されるような体験が喚起されるのではないかと思います。

また、第3版から第4版までの間になされたであろう、プレイセラピーを学び、普及に努める実践家、研究者との交流や、何よりもプレイセラピーに取り組む子どもたちとの生きた交流が本書の端々から伝わってきます。親がプレイセラピーのエッセンスを習得し、子どもに実践する「子どもと親の関係性セラピー（CPRT）」についても随所でその意義や効果が述べられているのが、本版の特徴といえます。

著者が伝えようとしているエッセンスとは、徹底して子ども中心であること、つまり子どもがそのときどのような気持ちでいるのかを常に見極めながら、子どもの内発的な表現を促していくことだといえます。そして、同時に、子ども中心であるということが、セラピストの自己理解とつながっているということも強調されています。それは、子どもの感情や体験を探索しながら、かつ自分自身の中に生じてくる感情や体験にも目を向け、セッションのその瞬間に起こっている子どもとセラピストの関係性に常に心開かれているというセラピストの在り方そのものへの言及でもあります。

そのような意味で、本書は私たちが取り組んできた子どもとの関わりを問い直させ、みずからの関わり、営みを自覚させ、さまざまな感情や発想が刺激され、かつ自身の営みを再編成させていく力のあるものといえるでしょう。本書はプレイセラピーの初心者のみならず、熟練者

訳者あとがき **365**

の営みにもまた資するものであることと思います。

　本版は、原著第3版（『新版 プレイセラピー』）の訳者の多くが再集結して翻訳に取り組みました。もとは、京都大学 Pädie 研究会（小児科臨床の研究グループ）に所属し、今はさまざまな現場で臨床や教育に携わっている面々です。心理療法の実践経験や、これまで翻訳を通じて著者のパッションに触れてきた経験が何らかの形で翻訳に反映されているのではないかと思います。

　また、本書の完成には多くの方々のご協力をいただきました。山中康裕先生には監訳と序文執筆の労をお取りいただきました。また、小川裕美子先生には第3版以降のプレイセラピーの趨勢と発展を踏まえた豊かな序文をいただきました。心から感謝と敬意を表します。また、日本評論社の木谷陽平氏には、腰を据えて翻訳に取り組む環境を整えていただいただけでなく、細部まで目の行き届いた編集をしていただきました。その他、さまざまな形で翻訳作業を支えていただいたすべての方に心より感謝申し上げます。

　　　2025年2月

　　　　　　　　　　　　　　　　　　　　　　　訳者代表　江城　望

事項索引

ACT　260-262, 265-266
ADHD　347, 355
CEBC　339, 358
DV シェルター　330, 334, 345, 354
Find University Play Therapy Directory　29
NREPP　339
PTSD　332, 347-348, 355
RCTs　340, 351, 353, 359
UNT　359

■あ行

愛情表現　281
アウトカム研究　340, 350-352, 358-359
アクスラインの 8 原則　68
アクティブコントロール　342-349, 353
遊び
　　遊びで表現する　7-9, 12, 14, 24, 146-147
　　遊びの機能　5
　　遊びの中に表現されるテーマ　308
　　遊びは子どもの言語　9, 119, 124
　　遊びは象徴的な言語　10, 12
　　形をもたない遊びの媒介　148
　　繰り返される遊び　308-309
　　攻撃的な遊び　16-17
　　子どもの遊びへの参加　167, 291, 293-294
　　探索的な遊び　16-17
アタッチメント障害　354
安全感　55, 237
アンビバレントな感情　15-16
家出　290
生き抜く　2, 11, 52, 58, 60, 66, 70, 195
依存的　205
依存的な行動　210, 212
一貫性　42, 154, 159, 169-170, 254-255, 257, 306, 352
一般化可能性　356, 358-360
遺尿　127
インフォームドコンセント　134-135
ウェルビーイング　358, 360

映し返すこと
　　感情を映し返す　84, 112, 123, 147, 173-175, 194, 198-199
　　内容を映し返す　112, 197
　　非言語的な遊び行動を映し返す　172, 196
エヴィデンスベースド　339, 351-352, 357-358, 360
『エミール』　21
応答的な態度　276
贈り物　294-296
『オズの魔法使い』　61
大人のプレイセラピー　30
おねしょ　123, 127, 130-131
思いやりのある受容　193
おもちゃ
　　おもちゃおよび道具の選定基準　143
　　おもちゃやプレイ道具の選定に関する理論的
　　　根拠　142
　　子どもがおもちゃを盗もうとしたら　284
おもちゃの種類　145
　　現実生活のおもちゃ　145
　　行動を通して攻撃性を解放するおもちゃ
　　　147
　　創造的表現や感情解放のためのおもちゃ
　　　148
おもちゃは子どもたちの言葉　142
親子分離　117
親との間に築かれる関係性　117

■か行

外在化問題行動　330, 334, 342, 344-346, 351
解釈　22-24, 26, 71, 102, 117-118, 167, 202, 218, 350
階層線形モデル（HLM）　350
回復力　2, 36-37, 41, 44, 69, 191
解放療法　24-25
学習障害　333-334, 346-347
家族の死　328
家族療法におけるプレイセラピーの手続き　31

価値下げ　281
学校におけるプレイセラピー　155
家庭内暴力　328
関係構築　16, 188
関係の終わりへの手続き　321
関係療法　25-26
感受性豊かな理解　191
感情的なブロック　235-236, 244-246
感情表現　81, 143-146, 235, 261
感情を映し出す　199
気配り　52-55, 95, 149
吃音　25
共感　10, 51, 55, 57-58, 64-65, 81-83, 91, 117, 119, 122, 127, 169, 188, 192-195, 198-200, 202, 224, 242-243, 252, 259, 263-264, 296, 330-333, 335, 342-349, 355
記録　127, 184-185
空想　23-24, 88, 144, 214, 254
空想遊び　18, 254
クライエント中心プレイセラピー　27
クライエント中心療法　26
グループプレイセラピー　31, 138, 302, 331
傾聴　29, 72, 192, 197
刑務所　316, 334, 344-345, 354
結果変数　350, 353-355
言語的応答　112, 360
現実生活での体験　144
現象の場　43-45
効果サイズ　341, 347-348, 350, 358
攻撃性　16, 18, 75, 144, 147-148, 320, 330-332, 342, 347, 349, 355
　　攻撃的な感情　147-148
　　攻撃的な行動　11, 18, 24, 50, 147, 296, 332, 347-348
　　攻撃的なふるまい　147
行動化　57
広汎性発達障害　334
子どもが先導する　292-293
子ども時代の逆境体験（ACEs）　347, 352, 356-357
子どもたちの質問テクニック　178
子どもたちを傷つきにくくさせる要因　37
子ども中心プレイセラピー（CCPT）
　　子ども中心プレイセラピーの鍵概念　47
　　子ども中心プレイセラピーの人格構造理論　42

子ども中心プレイセラピーの目的　72
　　子ども中心プレイセラピスト　42, 51, 62, 65, 80, 88, 91, 103, 118-119, 157, 159, 163, 193, 234-235, 244, 246, 291, 305, 319
子どもと親の関係性セラピー（CPRT）　28, 30, 83-86, 119-120, 123, 139, 262, 330, 332-336, 339-340, 342-346, 348-350, 352-354, 356-359
子どもと教師の関係性トレーニング（CTRT）　333
子どもとセラピストの情緒的な関係　22
子どもとの関係の原則　158
子どもと触れ合う　7, 160-161
子どもの後ろをついて回る　166, 172
子どものスペースを尊重する　171
子どものプライバシー　237, 290
子どもの民族的背景　359
ご褒美を与える　296
コンサルテーション　97, 112-113, 290

■さ行

罪悪感　55, 97, 104, 123, 127, 251, 285, 289, 323
サマーキャンプ　354
サンプルサイズ　340, 352-353, 357-358
自己　44
　　自分についての学びの体験　75
自己一致　47
自己イメージ　143-145, 152
自己概念　45-47, 49, 51, 65, 73, 75, 77, 114, 203, 330, 333-334, 343, 345, 355
自己コントロール　37, 75, 77, 103, 143, 145, 147, 247, 250, 253, 261, 265, 297
自己実現　26, 42-43, 48-52, 67, 73
自己受容　52, 73, 77, 99-101, 300
自己紹介　126, 163, 175
自己治癒　7, 9, 41, 93
自己理解　52, 54, 68, 73, 96-98, 101, 109, 143, 145, 205
自己を発展させるプロセスの内的な力動　43
事後解析　341, 347
自殺　290, 348
自尊心を高める　29, 119, 200, 206, 209
実験計画法　340
質問を避ける　201-202, 236
児童精神医学　22

児童入所施設　120
支配的ではないあたたかさ　51
自閉スペクトラム症（ASD）　331, 348, 355
終結
　　　終結の意味　318
　　　終結のときに記念品を与える　296
　　　終結を決定する際の参考点　319
　　　早すぎる終結　324
縦断研究　358
自由連想　22, 24
主観的な体験世界　55
守秘　134, 219, 289-290
守秘義務　122
純粋性　65
小学校のカウンセリングプログラム　120
象徴的意味　23
象徴的な遊び　12, 15, 143, 309, 320
小児科医　127
除反応　24
シングルケース研究デザイン（SCRD）　357
シングルケースデザイン　340
真実性　51-52
人種　85, 342-345, 354, 356, 359
身体的虐待　328, 333
心的外傷　123, 328
心理療法的な関わり　46, 59
スーパーヴィジョン　52, 80, 84, 97, 101, 109-
　　　116, 119, 134, 184, 235, 249
スクールカウンセラー　27, 120, 141, 155
制限（設定）
　　　一貫した制限　255-256
　　　いつ、制限を提示するか　249
　　　完全な制限　248
　　　行動制限　166
　　　時間制限　167, 170, 271
　　　状況に応じた制限　268
　　　条件つきの制限　248
　　　制限が破られたときは　262
　　　制限設定の基本的なガイドライン　247
　　　制限設定の際にためらいがちであること
　　　　259
　　　制限設定のステップ　266
　　　制限は、子どもたちに身体的、情緒的な安心感
　　　　と安全を提供する　251
　　　制限は、子どもの意思決定、自己コントロー
　　　　ル、自己責任能力の発達を促進する　253

制限は、セッションを現実につなぎとめ、「今、
　　　ここ」を強調する　254
制限は、セラピストの身体的安全を守り、セラ
　　　ピストが子どもを受容する助けとなる
　　　252
制限は、専門的で、倫理的で、社会的に受け容
　　　れられる関係を維持するのに役立つ
　　　255
制限は、プレイセラピー用具と部屋を守って
　　　くれる　256
制限は、プレイルームの環境を一貫したもの
　　　にする　254
騒音を制限する　271
治療的な制限設定についての理論的根拠
　　　250-257
治療的な制限設定の手続き　11, 257-258
治療的な制限設定のプロセスにおけるそれぞ
　　　れのステップ　259
誠実さ　51-53, 82
精神科　136
精神分析的心理療法　22
性的虐待　68, 74, 144, 256, 283, 289, 327-328,
　　　334, 343
責任
　　　自分の責任を引き受ける　45, 76, 203
　　　責任ある表現の自由　75
セッションを終える準備　185, 271
セラピストが予約を守れなかったら　286-287
セラピストと子どもの情緒的関係　25
セラピストの感受性　161
セラピストの自己受容　99-100
セラピストの自己理解　96, 98, 205
セラピストの人間性　35, 59, 99
セラピストの忍耐　153, 271, 285
操作的な行動　225
喪失感　64, 322
ソーシャルスキル　358
促進的ではない応答　218
促進的な応答　191-218

■た行

退室しぶり　285
代理人　135
多文化主義　354, 356
チェックリスト　111-112, 357, 359-360

事項索引　　*369*

チャイルド・ライフ・スペシャリスト　32
治療効果　331, 333-334, 340, 350-351, 354, 356-358
治療的な応答　194-195, 205
治療的なプロセス　66, 68, 75, 125, 285, 292, 306
治療プロセスにおける遊び　8
償い　294
抵抗　49, 76, 92, 126, 160, 225, 236, 248, 276, 281, 285
データベース　339, 359
敵意　15, 147-148
適応
　　適応的な子どもと適応的でない子ども　17-18
　　適応と不適応　49
適切な境界　293
転移神経症　23
動機づけ　37, 67, 214-215, 257, 279
糖尿病　354-355, 357
トートバッグ・プレイルーム　150
独創的な遊び　16-17
ドメスティック・バイオレンス　330, 333
共にいる　1, 42, 52-53, 60-62, 64-66, 71, 73, 79-80, 83, 90-91, 93, 99, 170, 172, 174, 191-192, 198, 200-201, 205, 214, 237, 242, 281, 309, 318
トラウマ　310, 327-328, 331-333, 352, 355-357, 359
トラッキング　172-173, 196-197
トレーニングプログラム　28, 100, 114

■な行

内在化問題行動　334
内的な準拠枠　43, 46, 55, 172, 192
内発的動機づけ　200, 205, 215, 221
人間性　35-36, 39, 43-44, 46-47, 53, 55, 59, 61, 63, 69-70, 72-74, 82-83, 87, 99, 101-103, 158
忍耐力　149, 188

■は行

パーソナリティと行動についての子ども中心の考え方　46
パーソナリティの特徴　91
パーソンセンタードセラピー　26

パーソンセンタードの理論　8
ハンス少年　21
反復測定　340, 358
比較統制効果研究　334, 350-352
非言語的な表現に耳を傾ける　170
非指示的セラピー　26
　　非指示的プレイセラピー　26, 350
否定的な感情　16, 194, 261, 293
評価的な応答　280
フィリアルセラピー　29-30, 84-85, 115, 119, 139, 340, 350, 352-353
　　親にプレイセラピーを説明すること　123
　　親の役割　117
　　親面接　73, 119-120, 122-123, 127
　　10セッションのフィリアルセラピー（モデル）　30, 84, 119
不適切な質問　221
プレイセラピー
　　子どもたちがプレイセラピーにおいて学ぶこと　74
　　集中的なプレイセラピー　328-329
　　小学校でのプレイセラピー　27
　　精神分析的プレイセラピー　22
　　病院におけるプレイセラピー　31
　　プレイセラピー入門コース　109, 115
　　プレイセラピーの定義　8
　　プレイセラピーの中で死にゆく子ども　103
　　プレイセラピーのプロセスにおける段階　15
　　プレイセラピーの有効性　333
　　プレイセラピーを受ける理由を伝える　299
プレイセラピー協会（APT）　28-29, 351
プレイセラピースキルのチェックリスト（PTSC）　111-112
プレイセラピスト
　　最初のプレイセラピーセッションに対するセラピストたちの応答　187
　　プレイセラピストの態度　51
　　プレイセラピストの役割　47
プレイルーム
　　親やきょうだいをプレイルームに招き入れる　302
　　子どもがおもちゃや食べ物をプレイルームに持ち込みたがったら　277
　　子どもがプレイルームから出るのを拒んだら

370

285
プレイルームにお勧めのおもちゃと道具
151
プレイルームに友だちを連れてくる　300
プレイルームの大きさ　138
プレイルームの紹介　165-166
プレイルームの特色　139
プレイルームの場所　137, 164
文化的背景　67, 79, 356
分離　126, 154, 164, 283
ペアレントトレーニング　120
ヘッドスタート　332-334, 357
変化するための能力　65
防衛的　95, 219, 253, 278
報酬　6, 194, 296
法的責任　290
法的問題　134
『星の王子さま』　55, 60
ポジティブな自己イメージの発展　143-144
ポストテスト　353
ほめる　214-215, 220, 278-280

■ま行

マジックミラー　28, 184, 210, 212, 265-266
待合室　90, 104, 122, 126-127, 153, 162-164, 186,
　　225, 230, 269-271, 278, 286, 293, 295, 317,

329
慢性疾患　69, 333
未成年者　134-135
無条件の受容　61, 166
メタ分析　85, 334, 340, 350-352, 357-358

■や行

夜驚　25
養子縁組　333, 353, 358
抑うつ　127, 331, 333, 355
予想するという関わり方　62
予測因子　350, 357
予測可能　166, 169-170, 255, 329
欲求不満　6, 8, 17, 48, 50, 142, 147-148, 153, 187,
　　293
予備的診断　128

■ら行

ラポール　41, 173, 181
ランダム化比較デザイン　353
ランダム割り付け　352
倫理的問題　134
ロールプレイ　3, 115, 168, 202, 236
録音　135, 184, 218-219

事項索引　*371*

人名索引

A
Alexander, E. 27
Allen, F. 25–26, 319
Axline, V. 7, 12, 26, 49–50, 91, 102, 243–244, 300

B
Baggerly, J. 31, 349
Baum, L. F. 61
Brandt, M. A. 333
Bratton, S. 30, 32, 84–85, 116, 120, 123, 332–334, 339–340, 342, 344–346, 348, 350–359

C
Carnes-Holt, K. 333, 342–343, 346, 353–355, 357–358
Ceballos, P. 85, 342, 354–357, 360
Chau, I. 85, 335, 343, 354–355
Costas, M. 343, 355
Crow, J. 334

D
Danger, S. 343, 354–355, 357
Dimick, K. 27
Dorfman, E. 300

F
Fall, M. 344, 353–354
Frank, L. 6, 11
Freud, A 22–24
Freud, S. 21–22, 24
Fröbel, F 21

G
Garza, Y. 85, 344, 354–356
Gibran, K. 103
Ginott, H. 31
Giordano, M. 345
Glover, G. 67, 83, 85
Golden, D 31

Guerney (G)
Guerney, B. 29, 30
Guerney, L 29, 30

H
Harris, Z. L. 344, 354–355
Haworth, M. 320
Helker, W. P. 336
Hendricks, S. 16
Holdin, W. 27
Homeyer, L. 31
Howe, P. 18
Huff, V. 27
Hug-Hellmuth, H. 22, 24

J
Jang, M. 85
Johnson, L. 334
Jones, E. 345, 353–355, 357
Jones, L. 345, 354–355, 357

K
Kale, A. L. 345, 355
Kanner, L. 22
Keller, H. 95
Kidron, M. 85
Klein, M. 22–24
Kot, S. 330, 345, 354–355

L
LeBlanc, M. 340, 350
Lee, M. 85
Levy, D. 24–25
Lin, Y. 85, 334, 350
Lobaugh, A. 354–355

M
Morrison, M. 345, 353, 355, 357
Moustakas, C. 15–18, 47, 161, 247
Muro, J. 27
Myrick, R. 27

N

Nelson, R. 27

O

Oe, E. 18

P

Packman, J. 346, 355, 357
Patterson, C. 45
Peccei, A. 3
Perry, L. 18
Piaget, J. 7, 12
Post, P. 334

R

Rank, O. 25
Ray, D. C. 31, 79, 83, 85, 331–332, 341–343, 346–360
Rhine, T. 345
Ritchie, M. 340, 350
Rogers, C. 8, 26, 43–46, 51, 53, 55, 65, 100
Rousseau, J. 21
Rudolph, L. 134

S

Schottelkorb, A. 331–332, 347–348, 354–355

Sh

Sheely-Moore, A. 85, 348, 354–357
Shen, Y. 85, 348, 354–356
Shepherd, M. 127
Silvern, L. 18
Smith, D. M. 148, 348, 355, 357
Smith, E. B. 27
Smith, N. 331
Smolen, E. 9
Sweeney, D. 31, 134–135

T

Taft, J. 25–26
Thompson, C. 134
Tsai, M. 347
Tyndall-Lind, A. 330

W

Waterland, J. 27
Webb, P. 329
White, R. 93
Withee, K. 17
Woltmann, A. 6

Y

Yuen, T. 85, 349, 354–356

■著者　　　　**ゲリー・L・ランドレス**　Garry L. Landreth

ニューメキシコ大学子どもセンター助手を経て、1967年来、ノーステキサス大学カウンセラー教育学部名誉教授。また同大学にプレイセラピーセンターを創設し、所長としてトレーニングプログラムを積極的に推進して、多くの優秀なプレイセラピストを養成してきた。アクスライン賞など幾多の賞を受けている。

■監訳者　　　**山中康裕**（やまなか やすひろ）

1941年愛知県生まれ。66年名古屋市立大学医学部卒、71年同大学院医学研究科修了、医学博士。同大学助手・講師を経て、77年南山大学文学部助教授、80年京都大学教育学部助教授、92年教授。2001年研究科長・学部長を経て、2005年退職。京都大学名誉教授。日本学術会議第19期会員。浜松大学大学院教授を経て、現在、京都ヘルメス研究所長。『少年期の心』（中公新書）、カルフ著『カルフ箱庭療法』（監訳、誠信書房）、バーカー著『児童精神医学の基礎』（同、金剛出版）、『山中康裕著作集』全6巻（岩崎学術出版社）、『深奥なる心理臨床のために』『心理臨床プロムナード』（遠見書房）ほか著書多数。

■訳者代表　　江城　望　　　　　　京都大学学生総合支援機構（3、12、19章）
　　　　　　（えしろ のぞみ）

■訳者　　　　安立奈歩　　　　　　椙山女学園大学人間関係学部（19章）
　　　　　　　天下谷恭一　　　　　京都大学大学院人間・環境学研究科／総合人間学部学生相談室（8章）
　　　　　　　荒木浩子　　　　　　追手門学院大学心理学部・学生相談室（18章）
　　　　　　　岩城晶子　　　　　　宝塚大学看護学部（17章）
　　　　　　　大谷祥子　　　　　　大津赤十字病院（15章）
　　　　　　　國松典子　　　　　　聖泉大学カウンセリングセンター（2、9章）
　　　　　　　清水亜紀子　　　　　京都文教大学臨床心理学部（11章）
　　　　　　　田中史子　　　　　　京都先端科学大学人文学部・人間文化研究科（4、5、6章）
　　　　　　　西尾ゆう子　　　　　渡辺カウンセリングルーム（7、13章）
　　　　　　　西澤伸太郎　　　　　日進市社会福祉協議会（16章）
　　　　　　　松井華子　　　　　　天理大学人文学部（1、10章）
　　　　　　　山本　斎　　　　　　京都大学理学研究科・理学部相談室（14章）

プレイセラピー ［原著第4版］
関係性の営み

2007 年 6 月 10 日　第 1 版第 1 刷発行
2014 年 7 月 25 日　新版第 1 刷発行
2025 年 3 月 15 日　原著第 4 版第 1 刷発行

著者	ゲリー・L・ランドレス
監訳者	山中康裕
訳者代表	江城望
発行所	株式会社日本評論社
	〒 170-8474 東京都豊島区南大塚 3-12-4
	電話 03-3987-8621（販売）　8598（編集）
	振替 00100-3-16　https://www.nippyo.co.jp/
装幀	後藤葉子（森デザイン室）
装画	松枝美枝
印刷所	藤原印刷
製本所	井上製本所

© ESHIRO, Nozomi et al. 2025 Printed in Japan
ISBN 978-4-535-56432-9

JCOPY 〈（社）出版者著作権管理機構　委託出版物〉
本書の無断複写は著作権法上での例外を除き禁じられています。複写される場合は、そのつど事前に、（社）出版者著作権管理機構（電話 03-5244-5088、FAX 03-5244-5089、e-mail: info@jcopy.or.jp）の許諾を得てください。また、本書を代行業者等の第三者に依頼してスキャニング等の行為によりデジタル化することは、個人の家庭内の利用であっても、一切認められておりません。

プレイセラピーへの手びき　こころの科学叢書
田中千穂子[著]　　関係の綾をどう読みとるか
ただ遊んでいればよくなる、という誤解をやさしく解きほぐし、実際のセラピーを実況中継さながらに懇切丁寧に解説。
●四六判　●定価1,870円(税込)

児童養護施設で暮らすということ
楢原真也[著]　　子どもたちと紡ぐ物語
傷つきを抱えながらも懸命に生きる児童養護施設の子どもたち。その心の機微や輝き、傍らで支える職員の思いを温かな筆致で描く。
●四六判　●定価1,980円(税込)

児童養護施設の心理臨床　こころの科学叢書
内海新祐[著]　　「虐待」のその後を生きる
家庭で暮らせないという過酷な過去をもつ子どもたちに、心理職は何ができるのか。日々の丁寧な積み重ねから見えてくることとは。
●四六判　●定価2,200円(税込)

入門 アタッチメント理論　臨床・実践への架け橋
遠藤利彦[編]
養育者等との関係性が生涯に及ぼす影響を包括的に説明するアタッチメント理論。その基礎から実証研究、臨床応用までを丁寧に解説。
●A5判　●定価2,640円(税込)

心理臨床に生きるスーパーヴィジョン
髙橋靖恵・西 見奈子[編]　　その発展と実践
心理臨床領域が拡大する中、様々な心理療法や現場で行われているスーパーヴィジョンという営み。その実際と臨床の在り方を考える。
●A5判　●定価3,630円(税込)

その心理臨床、大丈夫？　心理臨床実践のポイント
遠藤裕乃・佐田久真貴・中村菜々子[編]
若手セラピストに典型的な行き詰まりをどう打開するか。ベテランの誌上スーパーバイズを通じて流派を超えた共通ポイントがわかる。
●A5判　●定価2,530円(税込)

子どもとあゆむ精神医学
滝川一廣[著]
育ちゆく子どものこころの発達・発達障害を多様な角度からわかりやすく丁寧に説く貴重な一冊。臨床に活きる「基本」がここにある。
●A5判　●定価3,300円(税込)

子どものこころがそだつとき
笠原麻里[著]　　子育ての道しるべ
不登校、体の不調、発達障害、うつ、自傷……。幼児期から思春期までの子どものこころのつまずきとその親の不安に寄り添う。
●四六判　●定価1,760円(税込)

山中康裕の臨床作法　こころの科学SPECIAL ISSUE
統合失調症のひろば編集部[編]　高 宜良[編集協力]
風景構成法や遊戯療法など、微かな「表現」に五感を集中させ、回復に寄り添うセラピーとは何か――その神髄に迫る！
●A5判　●定価2,640円(税込)

日本評論社
https://www.nippyo.co.jp/